中东形势与战略

[第二辑]

韩志斌／李 玮◎主编

Middle East Situation and Strategies
(VOLUME 2)

时事出版社
北京

图书在版编目（CIP）数据

中东形势与战略. 第二辑/韩志斌，李玮主编. —北京：时事出版社，2019.12
ISBN 978-7-5195-0071-9

Ⅰ.①中… Ⅱ.①韩…②李… Ⅲ.①中东问题—研究报告—2018 Ⅳ.①D815.4

中国版本图书馆 CIP 数据核字（2019）第 184294 号

出 版 发 行：时事出版社
地　　　址：北京市海淀区万寿寺甲 2 号
邮　　　编：100081
发 行 热 线：（010）88547590　88547591
读者服务部：（010）88547595
传　　　真：（010）88547592
电 子 邮 箱：shishichubanshe@ sina. com
网　　　址：www. shishishe. com
印　　　刷：北京旺都印务有限公司

开本：787×1092　1/16　印张：23.75　字数：400 千字
2019 年 12 月第 1 版　2019 年 12 月第 1 次印刷
定价：129.00 元

（如有印装质量问题，请与本社发行部联系调换）

目 录

海湾地区

沙特阿拉伯：变革与矛盾共生发展路径初探 …………………… (3)
卡塔尔：断交危机常态化下的内外政策转变 …………………… (19)
科威特："2035 愿景"及其城市国家发展新转型 ……………… (31)
阿联酋：瞄准红海地区的战略发展新动向 ……………………… (40)
阿曼："阿拉伯剧变"后的社会恢复与政治改革………………… (56)
也门："战争逻辑"与"和平逻辑"的马赛克化转变 ………… (70)
巴林："王室政治"对政经发展矛盾的介入与调整……………… (78)

沙姆地区

以色列：变化中的国内政治与地区政策及其逻辑 ……………… (91)
巴勒斯坦地区："两国方案"的民意走势与解析 ……………… (100)
约旦：地区冲突新形势下的内外政策评估 ……………………… (109)
黎巴嫩：外部介入与内部困境的共生性分析 …………………… (123)
叙利亚：新阶段的内生性矛盾与介入性博弈 …………………… (150)
伊拉克：后"伊斯兰国"时代的局势变化及其前景 …………… (163)

其他地区

伊朗：美国极限制裁常态化下的政治经济评估 ………………… (179)
土耳其：浅析总统制巩固背景下的内外挑战 …………………… (188)
塞浦路斯：西亚北非地缘联通的机遇与困境 …………………… (203)
埃及：威权秩序重建下的经济改革与社会问题初探 …………… (216)

利比亚：国家重建进程中的多维困境流变 …………………………（229）
突尼斯：地区动荡后的政治转型问题及进展 ………………………（242）
摩洛哥：迪拉姆自由化改革下的政治经济发展嬗变 ………………（256）

2018年全球中东研究舆情汇编 ………………………………………（270）
2018年中东地区大事记 ………………………………………………（369）

海湾地区

沙特阿拉伯：
变革与矛盾共生发展路径初探[*]

近一年来，沙特阿拉伯的发展延续了2017年下半年以来的变革局面。在政治、经济、社会文化、外交等领域，按照沙特的实际掌门人、王储穆罕默德的执政思路，进行着大刀阔斧的改革。沙特的发展既取得了经济成绩显著、社会文化开放的成果，也因为改革"用力过猛"和政策手段过于强硬而造成了政治局势不稳、外交矛盾频发的现象。事实上，当前沙特的国家发展中既有实现更加繁荣昌明的机遇，也暗含着长期政治经济矛盾所带来的潜在危机，甚至可以说发展与停滞、繁荣与衰败只在"瞬息"之间。因此，在当前的形势之下，更应该以寻求发展前路，而非挑剔改革问题的视角审视2018年的沙特局势发展，并总结局势演变的本质与未来变革需要注意的问题。

一、政治形势：强化集权，手段激进

过去一年中，沙特阿拉伯的国内政治局势较为平稳，但仍存在着一些潜在的威胁。2015年初，萨勒曼·本·阿卜杜拉－阿齐兹·沙特（Salman bin Abdel-Aziz al-Saud）就任国王以来，沙特阿拉伯的政治进程经历了数次调整，主要依循着两条主线：一是萨勒曼扶持其儿子穆罕默德·本·萨勒曼·沙特（Mohammed bin Salman al-Saud）执掌权力，实现沙特王权由第二代向第三代的过渡，进而使之成为沙特王国的实际掌控人；二是围绕政治权力的博弈和洗牌，以及为适应新的政治发展形势，推行了诸如反腐运动、机构改革等改革举措，对政治局势产生了极大影响。2018年，沙特阿拉伯的政治发展依然紧紧围绕以上两条主线，同时也在一定程度上受到卡舒吉事件等突发因素的冲击。

---

[*] 作者：陈小迁，西北大学中东研究所博士。

（一）持续打击贪腐与重塑政治秩序

2017年11月4日，萨勒曼国王宣布成立最高反腐委员会，新晋王储穆罕默德担任主席。该委员会的职责是打击贪污腐败和侵吞国家财产的行为，自成立伊始便发动雷霆般的行动，陆续将王室成员、内阁部长等显赫人士共计381人逮捕，囚禁在利雅得的丽斯卡尔顿酒店之中，大部分人最终达成经济和解。① 2018年1月30日，沙特阿拉伯总检察长沙特·穆吉卜（Saud al-Mojeb）宣布调查和审理结果，声称被捕人员涉嫌侵吞国家财产、洗钱、受贿、以权谋私等罪名，已有数人向政府缴纳和解金予以释放，收缴和解金共计1070亿美元。此外，仍有56人被拘押，原因是政府拒绝与他们和解，对于所涉案件将继续履行调查程序，依照法律规定予以审理。②

值得注意的是，在被抓捕的这些人中，有11名王室成员是因为2018年1月6日聚集在首都利雅得省政府门前，要求萨勒曼国王取消停止为王室成员支付水电费的命令，同时为一名杀害平民而被判死刑的王子家人索要经济补偿。对于此种行为，在沙特检方的声明中强调，萨勒曼国王多次重申法律面前人人平等，如若违反法律和法规，任何人都将受到惩罚。③ 此外，这一举措还表明了政治改革中拒绝再让王子们养尊处优的决心。

对于以上严厉举措，伦敦政治经济学院国际关系学教授法瓦兹·吉尔格斯（Fawaz Gerges）认为，"王储穆罕默德依照他所规划的沙特政治愿景付诸实践，实际上在重塑沙特的新秩序。"④ 王室成员与行政高官的贪腐被认为是长期阻碍沙特政治发展的顽疾，同时加大了国家治理成本，削弱了政治合法性。实际上，在阿卜杜拉国王时期，针对阿拉伯剧变后民众对行政体系长期以来存在贪腐和效能低下的批评，2011年5月，沙特成立了国

---

① Economist Intelligence Unit, *Country Report: Saudi Arabia 2018*, London: Economist Intelligence Unit, 2018, p. 4.
② Kareem Fahim and William Branigin, "Saudi Arabia releases most detainees in corruption probe after settlements totaling nearly \$107 billion", January 30, 2018, https://www.washingtonpost.com/world/middle_east/saudi-arabia-releases-most-detainees-in-corruption-probe-after-settlements-totaling-nearly-107-billion/2018/01/30/969d4d5a-05cb-11e8-aa61-f3391373867e_story.html?utm_term=.c83cd743f07b, 2018-11-20.
③ "沙特阿拉伯逮捕11名聚众抗议的王室成员"，新华网，http://www.xinhuanet.com/2018-01/07/c_1122222179.htm，2018年11月22日。
④ Becky Anderson and Sarah El Sirgany, "Saudi anti-corruption sweep leads to high-profile arrests", https://edition.cnn.com/2017/11/05/middleeast/saudi-arabia-anti-corruption-list/, November 6, 2017, 2018-12-02.

家反贪腐委员会,主要聚焦于中层官僚的滥用权力和行政效率低下等问题。① 但是,由于国内政治势力的掣肘,反贪腐、行政低效、政治不透明与不公平等治理中的核心问题并没有得到解决。

在新形势下,沙特的资源型经济模式、宗教式社会范式以及君主制政治制度受到了极大的挑战,"食利契约"无法持久地提供政治合法性,② 使得沙特阿拉伯面临着异乎寻常的改革压力。此外,经济、文化、社会方面的变革,均需要以政治改革为引领,同时割弃旧政治模式的顽疾,捍卫王室家族不同派系的不受约束的特权,③ 塑造高效合理的国家治理模式。因此,在萨勒曼国王的支持下,王储穆罕默德的政治改革举措堪称"乱世用重典",被某些学者称为"乱中求变、解困沙特的政治善念"。④ 此外,沙特国王及王储重塑政治秩序的改革愿望不仅体现在反腐措施上,还表现在国家机构的设立和调整上。2018 年 3 月 11 日,萨勒曼国王发布谕令,在检察机关内设立专门的反腐机构,旨在加大反腐力度,提高办案效率,加速反腐进程。正如萨勒曼国王谕令中所言:"当局将对打击各种形式的腐败保持关切,希望保护国家及其自然资源,维护公共资金不被侵吞,捍卫公职人员群体的诚信。"⑤ 在机制因素的作用下,预计反腐风暴不会偃旗息鼓,而是会持续下去。

(二)内阁大幅调整与强化王储权力

除反贪腐层面,从政治角度上看,2017 年底和 2018 年上半年的反腐风暴中,检察和反腐机构逮捕了王储穆罕默德的大批政敌,同时对其他高级官员进行审查盘问,达到了敲山震虎的目的。因此,有学者认为,反腐举措不仅是对沙特政治生态重塑的变革之举,还是进行权力洗牌的政治手

---

① Bertelsmann Stiftung, *BTI 2018 Country Report*: *Saudi Arabia*, Gutersloh: Bertelsmann Stiftung, 2018, p. 13.

② Justin Gengler, *Group Conflict and Political Mobilization in Bahrain and the Arab Gulf*: *Rethinking the Rentier State*, Bloomington and Indianapolis: Indiana University Press, 2015, p. 13.

③ Martin Chulov, "Saudi Arabia claims anti-corruption purge recouped $100bn", Jan 30, 2018, https://www.theguardian.com/world/2018/jan/30/anti-corruption-purge-nets-more-than-100bn-saudi-arabia-claims, 2018 - 11 - 08.

④ 王猛、王丽君:"沙特阿拉伯的'王储新政'透视",《西北大学学报(哲学与社会科学版)》,2018 年第 4 期,第 144 页。

⑤ "沙特新设反腐机构再释改革信号",《中国纪检监察报》,2018 年 4 月 17 日。

段。① 2015年初萨勒曼担任国王以来，王储穆罕默德迅速掌握权力。从2017年6月起，萨勒曼国王任命了一批年轻的王子在政府、外交，特别是军事部门的关键岗位任职，以扩充王储穆罕默德的权力圈子。② 在持续至今的反腐斗争中，撤职逮捕了包括王储穆罕默德的叔叔、前任国民卫队司令的米特卜·本·阿卜杜拉·沙特（Miteb bin Abdullah al-Saud）在内的一大批掌握实权的高官，使得第二代亲王的影响力大幅下降。

就目前情况而言，现年82岁的萨勒曼国王的身体状况不佳，在有生之年为其儿子的政治继承踏平道路是当务之急。由于王储穆罕默德近乎"莽撞"的政治作风，王室内部的第二代亲王与权力旁落的第三代王子中多有不满。从沙特阿拉伯的继承制度而言，废黜穆克林与纳伊夫的王储职务，转而提升穆罕默德接任王储，不仅是对"兄终弟及"制度的挑战，③还是对"国王与王储不来自于同一分支派系"这一不成文规定的破坏，实际上强化了"苏德里家族"的权势，沙特未来的政治制度有可能从家族共治转向君主世袭独权。此外，卡舒吉事件发生后，沙特国内政治势力对王储穆罕默德的"鲁莽"行为对国家形象造成的影响深表不满，甚至有传闻说借此机会各政治派系逼宫，要求更换王储。因此，无论从制度反弹力上，还是从政治博弈形势上看，王储穆罕默德的政治地位并不十分稳固，仍然需要采取措施强化自身权力。

2018年12月27日，萨勒曼国王发布谕令改组内阁，并重建沙特安全和政治事务委员会。由于上一任内阁成立时间为2015年4月，已经到了每四年一任的调整期，本次内阁重组处于沙特政界的意料之中，但强化王储派系的政治权力也是内阁调整的应有之义。此次内阁改组中，易卜拉欣·阿萨夫（Ibrahim Al-Assaf）接替阿德尔·朱拜尔（Adel Al-Jubeir）担任外交部长。有分析人士认为，朱拜尔的离职受到了卡舒吉事件所导致的沙特外交声望下降的影响，但他接任外交事务大臣后仍然掌管着沙特外交

---

① Politico, "Senior Saudi royal ousted princes reportedly arrested", November 4, 2017, https://www.politico.com/story/2017/11/04/saudi-royal-ousted-princes-reportedly-arrested-244553, 2018–10–24.

② Economist Intelligence Unit, *Country Report: Saudi Arabia* 2018, London: Economist Intelligence Unit, 2018, p. 4.

③ Al Jazeera, "Mohammed bin Salman named Saudi Arabia's crown prince", Jun 21, 2017, https://www.aljazeera.com/news/2017/06/saudi-arabia-appoints-king-salman-son-crown-prince-170621033707437.html, 2018–10–18.

事务。① 此外，萨勒曼国王还任命阿卜杜拉·本·班达尔·本·阿卜杜勒·阿齐兹（Abdullah bin Bandar bin Abdul Aziz）担任国民卫队司令，哈立德·海尔比（Khaled Al-Harbi）接替沙特·本·阿卜杜勒·阿齐兹·希拉勒（Saud bin Abdul Aziz Hilal）为公共安全理事会（Public Security Directorate）主席，穆萨德·艾班（Musaed Al Aiban）被任命为沙特国家安全顾问，等等。②

此次内阁调整很大程度上巩固了王储穆罕默德的权力，一是诸如阿萨夫原本担任财政部长，在反腐风暴中被捕后予以释放，这很可能表明其政治立场与王储穆罕默德达成了一致，或没有反对王储的意愿，应视为政治归化的典范；二是穆萨德·艾班、图尔基·谢赫等人辅佐王储，进一步占据了国家核心权力圈，有助于王储新政的推行；三是内阁改组中新成立了三个新部门，分别管理战略和发展、法律事务、业绩评估和内部审查，以确保沙特情报总局等情报机构遵守国家安全政策、国际法和国际人权条约等，旨在强化沙特情报部门的效能。③ 联想到2018年10月20日王储穆罕默德重组情报机构，这些调整的意义无非在于一方面回应卡舒吉之死的情报人员"处置失当"，另一方面在于再次清理整肃情报机构以为己用。

（三）外部形势险象环生、复杂多变

在复杂多变的地区及国际形势中，沙特因自身较为"鲁莽"的外交行为，以及长期以来积累的尚未解决的地缘政治问题，外交热点事件不断，外交形势险象环生，国际形象受到了负面冲击。概括起来，对沙特外交有较大影响的热点事件及问题主要有以下几个。

第一，因国内政治问题与加拿大的外交纷争。2018年8月3日，加拿大外交部在社交媒体"推特"发文，对沙特逮捕"维权人士"表达"严重忧虑"，"敦促沙特当局立即释放"这些人。8月6日，沙特

---

① Aya Batrawy, "Saudi King orders Cabinet shakeup after Khashoggi's killing", December 27, 2018, https://www.washingtonpost.com/world/europe/saudi-king-orders-cabinet-shakeup-after-khashoggis-killing/2018/12/27/d2916152-09da-11e9-8942-0ef442e59094 _ story. html? utm _ term =. 0debdc252e29, 2018 - 12 - 31.

② Arab News, "Saudi Arabia's King Salman appoints new foreign minister in sweeping Cabinet reshuffle", December 28, 2018, http://www.arabnews.com/node/1426601/saudi-arabia, 2019 - 01 - 10.

③ "沙特新设三个政府部门，强化监督情报机构"，新华网，2018年12月22日，http://www.xinhuanet.com/world/2018-12/22/c_ 1210021659.htm, 2019 - 01 - 08。

外交部发布声明，指责加拿大干涉其内政，要求加拿大驻沙特大使24小时内离境，并召回沙特驻加拿大大使，暂停"与加拿大之间一切新的贸易和投资"。与此同时，沙特阿拉伯航空公司宣布：即刻起停售其往返加拿大多伦多航班的机票，并从8月13日起停飞往返多伦多的所有航班。此外，沙特教育部宣布将在加拿大的1.2万名沙特留学生及其家人转往其他国家，沙特卫生部也宣布在加拿大就医的沙特人将转往其他国家。然而，加拿大外交部部长弗里兰发表声明称，加拿大不会放弃对沙特的外交立场。[①] 实际上，沙特政治中的某些问题一直被西方所诟病，但与西方大国之间的直接外交冲突少之又少。此次沙特与加拿大的外交纷争，损害了其在西方国家中的声望，给它们留下了"鲁莽"和"傲慢"的印象。

第二，卡舒吉事件引发了国内外政治及外交形势的强烈震荡，该事件也成为2018年沙特外交的最主要的热点事件。在卡舒吉事件中，抛开对沙特国内政治的影响不谈，就外交关系而言严重冲击了沙特的国际形象，但所幸并没有严重削弱沙特外交实践的根基。其一，卡舒吉事件给了敌对国家攻击沙特的把柄，伊朗、卡塔尔等国家纷纷群起而攻之，严厉斥责沙特行为的不义。其二，卡舒吉事件给沙特与土耳其两个地区大国之间的关系蒙上了阴影。在叙利亚问题、地缘政治势力范围、政治伊斯兰等问题上，沙特与土耳其的关系本就十分微妙，卡舒吉事件则使得两国关系骤然下降，客观上提升了土耳其的战略主动性和优势。其三，沙特王储穆罕默德在卡舒吉事件中可谓颜面尽失，与西方国家之间的交往基础受到了一定程度的损害。然而，卡舒吉事件并没有对沙特外交造成毁灭性影响，原因主要在于美国的鼎力支持。美国总统特朗普在接受媒体采访时表示，对于沙特的相关调查结果，应该对沙特进行"无罪推定"。[②] 实际上，卡舒吉事件再次考验了美沙之间的盟友关系，凸显了两国之间的战略依存与扶持属性。

第三，久拖不决的也门问题等地区热点问题压缩了沙特的外交战略空间，削弱了沙特的国力。2014年9月也门胡塞武装夺取首都萨那并占领该

---

① "沙特指责加拿大干涉其内政并驱逐加大使"，《世界知识》，2018年第16期，第8页。

② Emily Stwewart, "'You're guilty until proven innocent': Trump compares Saudi Arabia's denials to Brett Kavanaugh", October 17, 2018, https://www.vox.com/policy-and-politics/2018/10/17/17989244/trump-ap-interview-saudi-khashoggi-kavanaugh, 2018 – 12 – 22.

国南部地区后,2015年3月以沙特为首的联军发起了代号为"果断风暴"的军事打击行动。几年来,也门乱局已经演变成为沙特与伊朗博弈的"竞技场"、恐怖主义和极端伊斯兰主义崛起的真空地带,以及人道主义危机频发的困苦之地。2018年,在王储穆罕默德的领导下,沙特继续对也门施行军事打击,同时造成了较大的负面影响。

2018年3月,王储穆罕默德访问英国时遭到了英国民众抗议,民众表示沙特领导的阿拉伯多国联军对也门进行空袭造成了上万名无辜平民死亡,王储穆罕默德应该为也门重大人道主义危机负责。2018年8月9日,沙特领导的多国联军向也门西北部萨达省哈延市的一个市场发动空袭,摧毁了一辆载有儿童的大客车,此举遭到了国际社会的谴责。国际各方普遍要求沙特停止袭击,政治解决也门问题,缓解也门1400万平民流离失所造成的人道主义危机。2018年12月13日,也门政府和胡塞武装代表在涉及停火、战俘交换、荷台达控制权等重要议题上达成协议。未来也门问题能否妥善解决是考验沙特外交智慧的重大问题,否则不仅耗费沙特大量国力,还将在地区矛盾与国际舆论方面留下后患。此外,与也门问题相似的是,叙利亚问题也需要沙特方面接受现实,调整以往与伊朗展开地缘政治博弈的外交思路,务实地接受当前客观情势下的势力安排,为国家外交实践留有更大的回旋空间。

二、经济形势:发展喜人,改革持续

得益于石油价格上涨以及自由化经济改革举措,过去一年中沙特经济取得了快速发展。在国内生产总值、财政赤字、进出口指标等方面,沙特成绩喜人。此外,依据第九个五年发展计划、"沙特2030愿景"等短期和长期发展规划,沙特经济领域改革继续推进,经济治理手段越发强化,营商环境进一步改善,经济多元化与本国劳动力就业取得一定进展。虽然由于2018年末石油价格的回落以及地区安全形势的波折,预计会对沙特未来的经济发展带来消极影响,[①] 但沙特经济治理改革的框架基本搭建完成,整体经济发展向好的大趋势不会轻易改变。

---

① Oxford Business Group, "Saudi Arabia: Year in Review 2018", December 19, 2018, https://oxfordbusinessgroup.com/news/saudi-arabia-year-review-2018-0, 2018-12-30.

（一）各项经济指标成绩喜人

由于石油价格上涨、政府财政刺激以及经济改革举措达成一定实效，相较于2017年，2018年沙特经济发展的各项指标明显回升，成绩喜人。在经济增长方面，由于欧佩克（OPEC）石油减产政策的影响，2017年沙特经济总量缩水了0.7%。2018年以来，石油减产增价的政策起到一定效果，加之服务业、制造业等非石油部门的发展，提振了沙特整体经济形势。[1] 2018年10月，国际货币基金组织（IMF）修订了对沙特2018年和2019年的经济增长预测，预计国内生产总值将分别增长2.2%和2.4%，高于此前两年1.9%的预期。[2] 根据沙特财政部发布的统计报告，2018年第一、二、三季度的石油收入同比增长了2%、82%和63%，分别达到1139.47亿、1841.65亿和1535.9亿沙特里亚尔；非石油收入同比增长了42%、63%和45%，达到523.16亿、894.23亿和693.12亿沙特里亚尔，其中三个季度中商品和服务税的涨幅均超过了100%，所得税、利润税和资本利得税在第三季度的涨幅也超过100%。[3] 2018年的经济增长势头，也将带动对沙特未来四年经济发展的乐观预期。依据经济学人智库的报告显示，2018年至2022年，沙特的实际国内生产总值的增长率预计维持在2%左右。

2019年至2022年沙特阿拉伯经济增长预期（百分比）

	2019	2020	2021	2022
GDP	2.0	2.2	2.3	2.4
个人消费	3.0	3.4	3.1	3.3
政府消费	2.0	1.9	2.0	2.4
总固定投资	4.6	4.1	4.4	4.3
商品和服务出口	0.5	1.0	1.5	1.8
商品和服务进口	3.5	3.6	3.8	3.4

---

[1] Economist Intelligence Unit, *Country Report: Saudi Arabia* 2018, London: Economist Intelligence Unit, 2018, p. 8.

[2] Oxford Business Group, "Saudi Arabia: Year in Review 2018", December 19, 2018, https://oxfordbusinessgroup.com/news/saudi-arabia-year-review-2018-0, 2018-12-30.

[3] Ministry of Finance of Saudi Arabia, *Quarterly Budget Performance Report: Q3 of Fiscal Year 2018; Quarterly Budget Performance Report: Q2 of Fiscal Year 2018; Quarterly Budget Performance Report: Q1 of Fiscal Year 2018*, Riyadh: Ministry of Finance, 2018, p. 12.

续表

	2019	2020	2021	2022
国内需要	3.3	3.3	3.2	3.0
农业	0.3	0.4	0.1	0.3
工业	1.3	1.6	1.7	1.8
服务业	3.0	3.0	3.1	3.5

资料来源：Economist Intelligence Unit, *Country Report：Saudi Arabia* 2018, London：Economist Intelligence Unit, 2018, p.2。

在政府赤字和预算方面，2018年第一、二、三季度的财政赤字为343.29亿、736.1亿和728.7亿沙特里亚尔，2018年全年的财政赤字将少于之前预计的1955亿沙特里亚尔，赤字减少了60%左右。① 由于石油价格呈现上升趋势，加之税收改革以及其他非石油收入进项，未来4年沙特的财政赤字负担将有所缓解，估测平均约占年国内生产总值的3.5%左右。② 2018年底，沙特财政部发布了2019年度财政预算，预计政府支出将增加7%，以促进经济活力，加强经济多元化和提高经济收入，同时有助于降低财政预算。③ 但是，2019年的财政预算以石油每桶80美元计算，在一定程度上依然受到油价变动的影响。虽然欧佩克和非欧佩克成员国会议中宣布2019年1月起减产120万桶/日，有效期6个月，以支撑石油价格。然而，因卡塔尔退出欧佩克、伊朗制裁效果等因素的影响，市场仍处于观望态势。特别是沙特财政预算标定了预期石油价格，给了国际市场压低油价以促进沙特为确保财政稳定而增长的回旋空间。因此，2018年的财政赤字回缩能否依旧延续，还需要最终的市场反馈结果，但整体趋势较为乐观。

在吸引投资方面，沙特作为海湾地区最大经济体仍然保持着全球重要投资市场的地位，2018年的外国直接投资流入为75亿美元，直接投资存

---

① ZAWYA, "Saudi Arabia reduces budget defict by 60%", October 31, 2018, http://www.zawya.com/mena/en/economy/story/Saudi_Arabia_reduces_budget_deficit_by_60-SNG_129678491/, 2018-12-30.

② Economist Intelligence Unit, *Country Report：Saudi Arabia* 2018, London：Economist Intelligence Unit, 2018, p.7.

③ ZAWYA, "Record budget spurs Saudi Arabia economy", December 31, 2018, https://www.zawya.com/mena/en/economy/story/Record_budget_spurs_Saudi_Arabia_economy-SNG_133392644/, 2019-01-02.

量为2310亿美元。① 仅2018年第一季度，外国投资许可数量便同比增加了130%。② 2018年6月，摩根士丹利资本国际发布报告称，沙特将于2019年6月纳入到MSCI新兴市场指数评级中，此举将使沙特证券交易所的投资吸引力增强，预计将带来约100亿美元的资金流入。③ 此外，2018年的沙特海外投资落地项目较多，主要集中于工业部门等实体经济。例如，2018年8月，美国航空产品公司（Air Products）投资80亿沙特里亚尔，与沙特阿美石油公司共同建立一家气化和电力合资企业，美国航空产品公司持有55%的股份。④ 2018年11月，意大利赛科化学公司（Italmatch Chemicals）与沙特发展与创新集团（Saudi Development and Innovation Group）签署合同，投资10亿沙特里亚尔于朱拜勒工业城中建设一体化磷酸盐复合物工厂。⑤ 然而，受到卡舒吉事件的影响，海外投资者的投资意愿受到影响，许多人也短暂抛售了沙特证券交易所中的股票，因此沙特在吸引外资的过程中，还需保持国内政治稳定，同时维护自身国际形象。

（二）市场经济改革举措持续推进

2016年，在现任王储穆罕默德的推动下，沙特公布了新的发展规划文件"沙特2030愿景"。该文件中关于追求经济多元化目标以摆脱对石油收入的依赖，提升私营部门在经济发展方面的贡献，为国家青年男女创造就业机会等主要目标，与"长远战略2025"相一致。⑥ 依照第九个五年发展计划和"沙特2030愿景"的蓝图规划，近年来沙特经济在王储穆罕默德的改革政策推动下，进一步深入调整，并取得了一定的成功。

在营商环境方面，沙特采取多种举措显著改善了自身的营商环境。2018年，沙特国际营商指数排在全球最佳前二十国，在高收入国家和二十

---

① Saudi Arabia General Investment Authority, "Invest Saudi", https://investsaudi.sa/en/; "2018 Index of Economic Freedom: Saudi Arabia", https://www.heritage.org/index/country/saudiarabia#, 2018-12-13.

② Saudi Arabia General Investment Authority, https://investsaudi.sa/en/, 2018-12-02.

③ Oxford Business Group, "Saudi Arabia: Year in Review 2018", December 19, 2018, https://oxfordbusinessgroup.com/news/saudi-arabia-year-review-2018-0, 2018-12-30.

④ ZAWYA, "Foreign investment in Saudi Arabia", October 24, 2018, http://www.zawya.com/mena/en/business/story/Foreign_investment_in_Saudi_Arabia-TR20181024nL8N1X42E2X1, 2018-12-02.

⑤ ZAWYA, "Saudi Arabia to build 272mln phosphate complex", November 29, 2018, http://www.zawya.com/mena/en/business/stroy/Saudi_Arabia_to_build_272_phosphate_complex-SNG_131921195/, 2018-12-30.

⑥ Kingdom of Saudi Arabia, *Vision* 2030, 2016, p.7, http://vision2030.gov.sa/en, 2018-09-27.

国集团中排名第二位。此外，在2018年沙特进一步出台了一系列改革举措，主要集中在保护小微投资者、合同执行力、鼓励创业、促进跨境交易、财产登记和解决破产问题六大方面。沙特政府还为企业经营创建名为"Maraas"的一站式服务平台，简化经营活动所需的审批流程和时间，以及"Etimad"电子平台，促进企业对本地信息和投资机会的掌握。① 2018年8月，沙特免除了对企业注册要求事先获得监管机构许可的规定。②

在经济治理手段变革方面，沙特加快了市场经济改革步伐，在资本市场采取了一系列变革措施，提升了市场能动性和在经济治理中的地位。③此外，在运用治理的政策杠杆方面，沙特增加了税收对经济发展的调节作用。正如发展经济学家所指出的，现代财政体制和发达的税收制度的建立是有效的发展政策的要素之一，而这在沙特显然是一条漫长的道路。④ 为了加强经济治理手段，2018年沙特开始加收5%的增值税（VAT），虽然在短期内造成了一定的通货膨胀，但是对未来沙特经济治理变革打下了较好的基础。⑤ 此外，沙特政府还推行了首部《企业破产法》，以强化经济治理的法律框架。⑥

在经济多元化和劳动力就业方面，2018年沙特持续在制造业、交通运输业、有机农业等方面加大投资力度，推动非石油部门的发展。⑦ 沙特第九个五年发展计划的目标之一，便是将民众失业率降低至9%。为实现这

---

① ZAWYA, "Saudi Arabia launches a digital financial platform", July 26, 2018, https://www.zawya.com/mena/en/business/story/Saudi_Arabia_launches_a_digital_financial_platform-SNG_121929140/, 2018 - 12 - 10.

② 田丰：″西亚北非主要国家经济走势及投资风险″，《中国外资》，2018年第12期，第44页。

③ ZAWYA, "Saudi Arabia steps up capital market reforms", Feberuray 28, 2018, http://www.zawya.com/mena/en/markets/story/Saudi_Arabia_steps_up_capital_market_reform-ZAWYA20180313030919/, 2018 - 12 - 02.

④ David Dunford, "The Kingdom: Can the magic last?" in Abbas Kadhim, *Governance in the Middle East and North Africa: A Handbook*, New York: Routledge, 2013, p. 242.

⑤ Economist Intelligence Unit, *Country Report: Saudi Arabia* 2018, London: Economist Intelligence Unit, 2018, p. 8.

⑥ ZAWYA, "Saudi Arabia steps up capital market reforms", December 4, 2018, https://www.zawya.com/mena/en/markets/story/Saudi_Arabia_steps_up_capital_market_reforms-ZAWYA20180313030919/, 2018 - 12 - 30.

⑦ ZAWYA, "Saudi Arabia approves $544mln agro services firm", August 7, 2018, https://www.zawya.com/mena/en/business/story/Saudi_Arabia_approves_544mln_agro_services_firm-SNG_122907257/, 2018 - 12 - 02; ZAWYA, "Saudi Arabia unveils $200mln organic farming plan", July 6, 2018, https://www.zawya.com/mena/en/business/story/Saudi_Arabia_unveils_200mln_organic_farming_plan-ZAWYA20180706055903/, 2018 - 12 - 12.

一目标，2018年沙特政府增加了民众的就业岗位，主要集中在零售领域。2019年，沙特政府对零售批发业、医疗用品和设备零售、汽车零部件、建筑等相关行业的劳动力"沙特化"措施力度进一步加强，给沙特国民创造更多的就业岗位。① 此外，沙特经济转型战略促进了经济发展，从而使得各级员工的工资和奖金不同程度增长，2018年各部门平均工资增加了2.6%。②

三、社会形势：扩大开放，加强建设

在社会生活领域，萨勒曼国王和王储穆罕默德强力推行社会自由化改革，受到了国内民众，特别是青年人的广泛欢迎。③ 2018年，沙特继续推进文化开放，批准兴建公共娱乐设施，落实提升女性地位与妇女赋权的社会改革政策，加强基础设施建设，强化社会服务体系，在多个方面取得了突出的进展。

（一）文化开放与娱乐设施建设

沙特有2/3的国民年龄低于30岁，④ 但这个年轻人占主体的国家也长期受到伊斯兰教瓦哈比主义相关教义的严格限制。穆罕默德自担任副王储开始便以改革者的形象示人，甚至在其父亲萨勒曼国王的支持下，触及到沙特较为保守的宗教意识形态，呼吁社会文化更加开放，限制宗教警察职能，建立和开放娱乐设施及场所。据相关分析称，王储穆罕默德立志将沙特国家现代化，很重要的一点便是采取措施遏制瓦哈比主义的势力，这导致他与沙特保守宗教人士之间不可避免地产生冲突。为了压制国内保守僵化的宗教势力，王储穆罕默德在萨勒曼国王的支持下，采取软硬兼施的两种手段。一方面，监禁具有重要影响的保守和极端的宗教人士；另一方面

---

① Oxford Business Group, "Saudi Arabia：Year in Review 2018", December 19, 2018, https://oxfordbusinessgroup.com/news/saudi-arabia-year-review-2018-0, 2018-12-30.
② ZAWYA, "Saudi Arabia reforms drive earnings, salary rise", Sepetember 29, 2018, https://www.zawya.com/mena/en/economy/stroy/Saudi_Arabia_reform_drive_earnings_salary_rise-SNG_127193761/, 2018-12-20.
③ Economist Intelligence Unit, *Country Report：Saudi Arabia* 2018, London：Economist Intelligence Unit, 2018, p.4.
④ Central Intelligence Agency, "The World Factbook", https://www.cia.gov/library/publications/the-world-factbook/geos.html, 2018-05-27.

提升温和的及赞同其文化变革观点的宗教人士的地位。

王储穆罕默德的社会文化变革之风,推动了娱乐场所及设施的发展。沙特娱乐总局（General Entertainment Authority）成立以来,采取了多项改革举措。2018年,沙特取消了长达30多年的娱乐禁令,研究开放电影院的相关规章,以及建设游乐园和举行马戏表演,还计划引入美国的《狮子王》等热门影片。2018年3月,沙特视听媒体委员会（the Commision for Audio-Visual Media）发布了国内建立电影院的许可证细则,规定了三种许可证类型:电影院建立许可证、电影院经营许可证以及移动和固定电影院经营许可证。委员会发布的许可证细则要求符合内政部、财政部、城乡部、沙特标准和规范组织等机构的有关规定,并在实施过程中与各机构密切配合。[①] 2018年4月初,沙特娱乐总局在洛杉矶贝弗利山酒店举办峰会,以吸引美国娱乐产业进入沙特。[②] 在其他方面,2018年沙特已经举办了越来越多地允许男女共处的音乐会以及其他娱乐活动,甚至还举行了角斗比赛。[③]

（二）提升女性地位与妇女赋权

提升女性地位,赋予妇女权利是近两年沙特社会变革的主要亮点所在。在"沙特2030愿景"的目标框架下,王储穆罕默德推行了社会开化的现代性改革,很大程度上减弱了伊斯兰教瓦哈比派教义对女性的限制,为她们提供教育,保障女性的权力,允许女性投票和参加选举,在不同部门为女性创造更多的工作岗位。在萨勒曼国王和王储穆罕默德的支持下,2018年3月,沙特政府举办了"阿拉伯妇女论坛",论坛汇聚了女性高层行政人员、专家和公司女性高管等,讨论了增加妇女在阿拉伯国家社会及

---

① ZAWYA, "Saudi Arabia approves regulations for cinemas", March 1, 2018, https://www.zawya.com/mena/en/legal/story/Saudi_Arabia_approves_regulations_for_cinemas-SNG_111052136/, 2018-12-20.

② ZAWYA, "Saudi Arabia seeks to expand entertainment landscape", March 28, 2018, https://www.zawya.com/mena/en/economy/story/Saudi_Arabia_seeks_to_expand_entertainment_landscape-SNG_113085099/, 2018-12-20.

③ Glen Carey and Dana El Baltaji, "Saudi Arabia's Shift", October 22, 2018, https://www.washingtonpost.com/business/saudi-arabias-shift/2018/10/22/eb7461e0-d5ed-11e8-8384-bcc5492fef49_story.html?utm_term=.347300356649, 2019-01-02.

经济中的作用问题。①

2017年9月26日，萨勒曼国王颁布了历史性的法令，允许女性获得机动车驾驶证。2018年6月，该法令正式施行，艾哈迈德·哈马德·阿尔戈萨比兄弟公司（Ahmad Hamad Algosaibi&Bros）的首位女性董事激动地表示："当我们展望光明未来的曙光时，我们正在见证历史的发展。"② 沙特协商会议的一名女性议员拉季法·沙兰（Latifa Shaalan）在评价国王谕令时表示："这是沙特女性的一个巨大胜利，也是沙特女性为之奋斗十几年，甚至是数十年的事情。"③

沙特的女性解放事业还得到了王室家族女性成员的推动。沙特公主瑞玛（Reema）在大西洋理事会发表演讲时，强调沙特政府确保妇女在家中的安全以及保护她们不受暴力侵害时说："赋予女性权利是我们可以，且能够很快做到的事情。女性可以出现在运动场里，可以驾驶，但这并非是所有女性权利的终点。"④ 在2018年1月份召开的达沃斯世界经济论坛上，瑞玛公主还从经济、家庭与女性地位关系的角度发表了演讲，她表示："对沙特阿拉伯而言，推进妇女事业是因为从经济角度上看是必要的，对于家庭的整体性也有很大益处。"但是，瑞玛公主同时指出沙特解放妇女的举措并不是因为外部压力的原因，也不会按照西方的模式加以推行。"我们推行性别平等不是因为西方的看法，也不是因为人权观察的批评，或是因为'大赦国际'组织说'太棒了，你们干得好'。我们这样做只是因为它是正确的。"⑤

---

① ZAWYA, "Arab Women Forum launches in Saudi Arabia", March 27, 2018, https://www.zawya.com/mena/en/press-releases/story/Arab_Women_Forum_launches_in_Saudi_Arabia-ZAWYA20180327072944/, 2018-11-22.

② ZAWYA, "Saudi Arabia lifts ban on women driving", June 24, 2018, https://www.zawya.com/mena/en/legal/story/Saudi_Arabia_lifts_ban_on_women_driving-ZAWYA20180624042415/, 2018-12-02.

③ ZAWYA, "Saudi women overjoyed with positive changes in Saudi Arabia", March 7, 2018, https://www.zawya.com/mena/en/life/story/Saudi_women_overjoyed_with_positive_changes_in_Saudi_Arabia-SNG_111473343/, 2018-11-22.

④ ZAWYA, "Saudi women overjoyed with positive changes in Saudi Arabia", March 7, 2018, https://www.zawya.com/mena/en/life/story/Saudi_women_overjoyed_with_positive_changes_in_Saudi_Arabia-SNG_111473343/, 2018-11-22.

⑤ ZAWYA, "Saudi Princess Reema pushes for gender equality in Saudi Arabia", January 25, 2018, https://www.zawya.com/mena/en/economy/story/Saudi_Princess_Reema_pushes_for_gender_equality_in_Saudi_Arabia-SNG_108469044/, 2018-12-20.

(三) 社会服务发展与基础设施建设

沙特财政部发布的报告显示，截止到 2018 年 10 月底，前三个季度沙特在社会方面的开支进一步提高，在市政服务、教育、医疗与社会发展、基础设施与交通方面的支出分别为 274.48 亿、1455.4 亿、1206.43 亿、202.95 亿沙特里亚尔；相比于 2017 年前三个季度，除市政服务的支出金额下降了 9% 外，教育、医疗与社会发展、基础设施与交通方面的支出分别上涨了 4%、46% 和 14%。[1]

在社会服务方面，沙特政府公布了 1200 亿美元的住房计划，预计到 2030 年将沙特国民住房拥有率从 47% 提高到 70%。为实现这一目标，沙特利用资本市场力量，与新西兰探讨可行性的建筑和房地产发展计划。[2] 除此之外，沙特政府还进一步发挥私营部门的力量推动社会服务方面的发展，加快医疗行业的私有化进程以提升服务质量和减轻财政负担。2018 年 1 月，沙特卫生部制定了新政策，建立一个控股公司和五个医疗公司，这些公司将覆盖沙特所有省份地区。据称此种医疗体系将首先在东部省实行，之后推广到利雅得省和麦加省。预计到 2020 年，将有 37% 的医院和初级医疗中心纳入到新医疗公司的体系下，每个医疗公司将配有一个协商理事会担负监管职能；2021 年，新医保公司的下属医院服务效率将提高 25%。[3]

就基础设施建设而言，2018 年在"沙特 2030 愿景"的规划下，沙特的公路、铁路等基础设施建设方面进展较为快速和顺利。在铁路建设方面，2018 年 3 月 15 日，连接沙特阿拉伯圣城麦加和麦地那的阿拉伯半岛首条高速铁路开通，沿途经过吉达、阿卜杜拉阿齐兹国王国际机场和阿卜杜拉国王经济城车站。该条双轨高铁线路长 450 公里，设计速度为每小时 360 公里。[4] 此外，在 2018 年 10 月首都利雅得举行的未来投资计划（Future Investment Initiative）期间，沙特政府签署了 3 项大型铁路项目的协议，

---

[1] Ministry of Finance of Saudi Arabia, *Quarterly Budget Performance Report: Q3 of Fiscal Year 2018*, p. 19.

[2] ZAWYA, "Saudi Arabia New Zealand discuss construction cooperation", July 11, 2018, https://www.zawya.com/mena/en/business/story/Saudi_Arabia_New_Zealand_discuss_construction_cooperation-SNG_120705387/, 2018-12-22.

[3] Staff Writer, "Hospital privatization in Saudi Arabia making headway", January 17, 2018, http://saudigazette.com.sa/Hospital%20privatization%20in%20Saudi%20Arabia%20making%20headway, 2018-12-10.

[4] 李晓琳: "沙特阿拉伯哈拉曼高速铁路开通"，《国外铁道车辆》，2018 年第 6 期，第 15 页。

总计金额超过140亿美元。第一个项目是通过达曼和利雅得之间的铁路连接红海与海合会国家港口的陆地桥梁项目，投资约106亿美元；第二个项目为沙特哈拉曼高速铁路的二期工程，投资达36亿美元；第三个项目为沙特铁路公司与美国公司共建车厢建造工厂，投资约2.67亿美元。[1] 在公路建设方面，2018年12月，沙特东部省省长沙特·本·纳伊夫（Saud bin Nayef）宣布9项道路交通工程开工，总投资为15亿沙特里亚尔。此外，据沙特交通运输部部长纳比勒·奥姆迪（Nabeel Amudi）表示，2018年沙特共有37个公路项目处于建设之中，总投资额达到35亿沙特里亚尔。[2]

结　语

纵观过去一年沙特阿拉伯的政治、经济、社会文化与外交方面的局势发展，虽然经历了如卡舒吉事件这样的突发事件较为严重的冲击，也蕴含着国内政治矛盾积聚、经济仍很大程度上依赖石油收入等问题，但总体发展道路通畅，未来发展大势向好。本质而言，过去一年中沙特的发展之利与发展之困均得益于当前国家的实际掌门人——王储穆罕默德的改革意念与实施手段。长期以来，沙特在多方面存在的根结性问题，确实需要"壮士断腕"般的决心与"雷霆万钧"的举措才能取得变革之效。世界历史的发展经验同样表明，改革需要在取得民众的政治共识的基础上，由坚定的权力核心加以领导和推行。因此，当前形势下，沙特王权的加强与各方面矛盾的显现是发展的必然附加物。

虽然一些内外因素造成了沙特国家发展进程中稳中有危、变中有乱、暗流涌动的局面，但是由于得到了美国及盟友的鼎力相助，特别是改革举措受到了民众的广泛支持，沙特的发展并未受到根本性冲击，未来仍将延续改革进程，也仍会遭遇政治矛盾、经济波动、宗教文化纷争与外交对冲等问题。沙特应以国内改革为重，切实解决自身发展难题，避免过多地涉足地区冲突的泥潭之中，从而耗费了国力，迟滞了自身的改革步伐。

---

[1] Arab Trades, "Saudi Arabia awards ＄14bln railway projects contracts", October 24, 2018, http://www.tradearabia.com/articles/section/CONS, 2018-12-02.

[2] ZAWYA, "Saudi Arabia launches ＄400mln transport projects", December 5, 2018, https://www.zawya.com/mena/en/story/Saudi_Arabia_launches_400mln_transports-SNG_132337287/, 2018-12-30.

卡塔尔：
断交危机常态化下的内外政策转变[*]

一、政治突围

在断交危机常态化的背景下，卡塔尔为了拓展生存空间而开展了一系列的外交工作，主要包括在伊斯兰世界扩大生存空间，以及加强同域外大国之间的关系。这些外交工作的开展，达到了卡塔尔的战略预期，在一定程度上突破了沙特等国的封锁。

（一）同断交四国关系的继续恶化

断交危机在2018年呈现出了常态化的趋势，其中最主要的表现就是卡塔尔同断交四国关系的继续恶化。2017年10月，卡塔尔同俄罗斯签订了军事和技术合作协议，根据这一协议，卡俄两国将会深化防务合作。因此在2018年1月接受俄塔斯社的采访时，卡塔尔副首相兼国防大臣称卡塔尔正在同俄罗斯进行磋商购买S-400防空导弹系统，并称围绕这一问题的磋商已经进入到了最后阶段。此举引发了沙特的强烈不满，之后沙特就向卡塔尔发出了军事威胁，声称如果卡塔尔购买S-400防空导弹系统的话，沙特将对卡塔尔采取军事行动。

不仅如此，沙特还宣布要在沙卡两国陆路边界挖掘一条运河，并以此对卡塔尔进行恐吓。2018年4月，沙特媒体报道称，沙特投资联盟计划在沙卡边界挖掘一条运河，并在该地区实施旅游项目。虽然声称开发此运河的目的是为了旅游项目，但是该项目的投资者都来自沙特和阿联酋，而计划作业者则来自埃及具有苏伊士运河挖掘经验的公司。无论是出资方还是施工方都来自同卡塔尔断交的四国，再加上卡塔尔三面临海的环境，如果运河挖通的话塔卡尔将会成为一个"岛国"，因此这一计划很容易被解读

---

[*] 作者：宛程，浙江师范大学非洲研究院助理研究员。

为以开发旅游项目为掩护实施对卡塔尔的进一步封锁。不仅如此，此后沙特等国还在开发运河的计划过程中植入了军事和核能议题，并以此对卡塔尔进行恐吓。4月9日，沙特《利雅得日报》报道称，沙特将在沙卡两国边境建立军事基地，并在其他区域建立核废料收容站，而阿联酋也会在其国内临近卡塔尔一侧建立核废料收容站。不管沙特等敌视卡塔尔的国家挖掘这一运河的真正目的为何，阿联酋外交部长安瓦尔·加尔加什在个人社交媒体账户上发表的对运河挖掘计划的看法则坐实了沙特等国对卡塔尔发出的威胁，他声称卡塔尔目前的政治、经济和道德损失相比运河开挖成功后对其造成的地缘孤立是不能相提并论的。值得指出的是，面对沙特的战略压制，卡塔尔也采取了积极的反制措施，例如卡塔尔曾在多个场合表态不会加入针对伊朗的军事行动。此外，在2018年10月的卡舒吉事件之后，卡塔尔以半岛电视台为阵地，针对沙特发起了多轮宣传战，甚至矛头直指王储穆罕默德，称其为杀害卡舒吉的"幕后真凶"。

更为严重的是，沙特同卡塔尔之间的竞争和矛盾已经开始出现外溢的趋势。2019年1月瑞士达沃斯论坛上，卡塔尔和沙特两国争相对黎巴嫩进行经济援助，实则是两国之间竞争外溢的一种表现。1月21日，卡塔尔宣布收购黎巴嫩5亿美元的主权债券。在不到24小时之内的1月22日，沙特财政大臣穆罕默德·贾丹就宣布即使在沙特目前经济发展放缓的情况下，也将会竭尽全力来帮助黎巴嫩渡过当前的经济难关。沙卡两国对黎巴嫩的争相援助看似经济竞争，实则是两国之间的地缘政治竞争。虽然目前黎巴嫩国内并未发生内战，但由于其地缘位置以及国内存在的伊斯兰教什叶派、逊尼派等多股政治宗教势力背后分别为伊朗和沙特等地区大国，使其成为这些大国进行地缘政治竞争的前沿。因此，在这一背景以及黎巴嫩当前面临严重的经济困难下，卡塔尔宣布购买黎巴嫩5亿美元的主权债券无疑是希望通过此举来扩大与黎巴嫩的外交和经济关系。这必然被沙特解读为地缘政治挑衅，因此也就不难理解沙特为何会在这种情况下继续对黎巴嫩进行在2016年就已经暂停的经济援助了。

（二）在伊斯兰世界扩大生存空间

在断交危机背景下，卡塔尔在外交工作中力求扩展生存空间，并在现阶段取得了成功。首先，卡塔尔巩固并进一步强化了同土耳其之间的关系。随着2018年美土关系的持续恶化，美国开始对土耳其进行经济制裁，并希望以此方式造成土耳其经济崩盘。在美国的经济制裁影响下，土耳其里拉首当其冲，汇率不稳定的情况开始出现，至2018年8月，土耳其出现了汇率危机。此时，正是卡塔尔的及时援救，缓解了土耳其的危机。8月15日，卡塔尔埃米尔塔米姆·本·哈马德·萨尼访问土耳其，在同土总统雷杰普·塔伊普·埃尔多安进行会谈之后，承诺对土耳其进行150亿美元的直接投资。正是在得到塔卡尔的投资承诺之后，土耳其里拉兑美元的汇率得以稳定，甚至一度出现反弹之势，埃尔多安随后也宣布对美国部分进口产品大幅加增关税。

在危难时刻对土耳其提供帮助，说明卡塔尔同土耳其在当前已经建立了某种战略同盟关系。土耳其在此次遭遇的汇率危机中显出格外孤立无援，不仅在中东地区有沙特和以色列支持美国做空土耳其里拉，并为此积极造势，欧洲德法等大国虽然口头上声称不希望土耳其经济出现乱局，但一直扮演着旁观者的角色。在这种情况下，塔卡尔对土耳其的支持就显得及时且重要。事实上，此次卡塔尔对土耳其的及时援助是近年来两国友好关系的又一注脚。在2011年西亚北非局势动荡后，卡土两国关系不断深化，并积极互动。共同支持穆斯林兄弟会的政治立场迅速拉近了两国的关系。在埃及推翻穆巴拉克政权的过程中，卡土两国不仅同时为穆兄会提供资金，土耳其还为部分穆兄会成员提供武器和军事培训，而卡塔尔则利用半岛电视台为穆兄会造势。在塞西推翻穆兄会政权上台后，穆兄会再次转入地下活动，而土耳其和卡塔尔则成为穆兄会成员外逃避难的主要收容国。2016年土耳其发生了未遂军事政变，之后卡塔尔埃米尔塔米姆则第一个站出来对埃尔多安表示支持，此举无疑极大地强化了两国之间的关系。之后，在2017年的断交危机中，土耳其则对卡塔尔之前的支持投桃报李，在卡塔尔面临封锁下，不仅及时地为卡塔尔提供淡水和食物，派兵进驻卡塔尔进行联合军事演习以保卫卡塔尔领土安全，还在之后为卡塔尔提供体育场馆的建筑材料，缓解了卡塔尔筹备2022年世界杯的压力。在这种情况下，卡塔尔也意识到，如果土耳其经济崩溃，卡塔尔也将会陷入空前的孤立局面，这正是拉近两国距离的认识基础。

其次，卡塔尔将东非作为积极扩展生存空间的又一区域，并在苏丹和索马里取得了一定成绩。2017年12月，受惠于同土耳其之间的密切关系，在土总统埃尔多安首次访问苏丹之际，卡塔尔总参谋长加尼姆·本-沙欣·加纳姆将军也一同受邀访问该国，并同土耳其和苏丹三国举行了三方高级将领会议。这次会议上同意了卡塔尔在苏丹部署军事力量，其武官将常驻喀土穆。继苏丹之后，卡塔尔势力又成功进入索马里，进一步扩大了在东北的触角。2018年，时任索马里国民军总司令阿布迪维利·哥罗访问多哈并同卡塔尔国防大臣阿提亚举行了会谈，阿提亚则在会谈中承诺将会对索马里军事基地进行投资。①

（三）加强同域外大国的关系

同域外大国建立友好关系，对卡塔尔扩展生存空间至关重要，其中最为关键的就是修补断交危机中同样受损的美卡关系。在沙特主导的断交危机中，美国站在沙特一方，并指责卡塔尔支持恐怖主义和与此相关的极端意识形态。至此，已长期存在的美卡亲密关系遭到了损害。目前，虽然美国在中东地区的影响力在一定程度上有所下降，但是美国仍然是唯一有能力改变中东地缘政治态势的国家。因此，如果美卡关系长期不睦，势必会对卡塔尔自身的发展造成危害。有鉴于此，修补受损的美卡关系就显得尤为必要。正是在这一认知的主导下，卡塔尔积极开展对美外交，修补两国关系。在以金元打造的公共外交攻势下，美卡关系在不到半年的时间内得以修复并走上了正轨。2018年1月30日在华盛顿举行的战略对话会上，美国国务卿蒂勒森一改过去半年在公共外交中谴责卡塔尔"支恐"的外交辞令，声称卡塔尔是美国强大的合作伙伴和长期朋友，以及美国重视两国关系并希望加深两国战略联系。在蒂勒森发表此声明后，卡塔尔则迅速做出回应，在1月31日宣称希望扩建乌代德军事基地。由此，美卡两国关系得以修补。

由于美卡两国实力相差悬殊，因此，可以说改善两国关系的主导权事实上掌握在美国一方，美国改善同卡塔尔的关系符合其在中东整体战略利益。特朗普上台后，其政府中东战略彻底转变为遏制伊朗及其在中东地区的代理人势力。因此，美国在断交危机中对卡塔尔的不满实则在于卡塔尔对伊朗的不断亲近。此后，美国也提出了在中东地区组成以沙特、阿联酋为核心，以海合会国家为基础，并以埃及、约旦等美国盟友共同组成的"中东版北约"，并同以色列组成安全伙伴来共同遏制和对抗伊朗的战略构想。② 但是美国发现如果海合会内部存在分裂的话，不仅这一战略构想无法完成，反而可能会进一步损失在中东地区的战略盟友（之前土耳其已经

---

① 孙德刚、邹志强："域外国家加强对东非进行军事介入：态势及影响"，《现代国际关系》，2018年第12期，第45页。

② 吴冰冰："中东地区的大国博弈、地缘战略竞争与战略格局"，《外交评论》，2018年第5期，第49页。

在叙利亚内战过程中倒向了俄罗斯和伊朗一方）。正是在这一认知的主导下，美国开始改善同卡塔尔的关系并试图调节海合会内部矛盾，而2019年1月美国国务卿蒂勒森对中东八国的访问正是对这一战略的执行。

除此之外，卡塔尔还试图加强同俄罗斯的关系。在断交危机发生之后，卡塔尔开始同俄罗斯接近。2017年，卡塔尔同俄罗斯签署了军事和技术合作协议，根据该协议，俄罗斯会在防务领域加强同卡塔尔的合作。在断交危机的背景下，加强同俄罗斯的关系符合双方的战略利益。对卡塔尔来说，在断交危机中接近俄罗斯虽说是无奈之举，但此举无疑会扩大本国生存空间，从而打破沙特等国的全面封锁。此外，通过强化同俄罗斯的关系来刺激美国，也可以以此来撬动同美国之间关系的改善。而对俄罗斯来说，如果能将卡塔尔拉拢至己方阵营，无疑会继续巩固和扩大其在叙利亚内战过程中不断获得的在中东地区的影响力。虽然目前俄罗斯在中东地区的影响力在不断扩大，但其影响力依然存在地域局限性，还不足以对美国构成挑战。那么继续策动美国在该地区的盟友转向则有利于推动美俄两国在此地区影响力的此消彼长。因此，俄罗斯也自然愿意同卡塔尔接近。正是在这一背景下，2018年卡塔尔同俄罗斯在防务领域互动频繁。2018年1月，卡塔尔驻俄罗斯大使阿提亚就声称卡将会购买俄罗斯的S-400防空导弹系统。7月，俄驻卡塔尔大使马赫马特·霍洛夫则透露称，除了S-400防空导弹系统之外，卡塔尔还决定采购俄罗斯生产的AK系列步枪、榴弹发射器、机枪和反坦克导弹等传统武器。

二、社会经济发展状况

在实施了系列有效措施之后，卡塔尔已经解决了断交危机所造成的物资短缺、劳工流失以及资金不足等问题。此外，卡塔尔于2018年末宣布了退出欧佩克的计划，试图增加天然气产量。目前虽然塔卡尔暂时渡过了经济难关，但受断交危机常态化的影响，其社会经济发展中存在的对能源过于依赖等痼疾不仅没有得到解决，反而有进一步恶化的趋势。

（一）断交危机下的社会经济发展

2018年对于卡塔尔来说，在社会经济发展方面取得的最大成绩就是挺过了断交危机带来的困难，使社会经济得以平稳发展。2017年6月的断交危机发生之后，对卡塔尔社会经济发展造成了严重的影响，其中主要表现在以下三个方面：一是由于受到沙特领导的"倒塔阵营"对卡塔尔陆路和航线的封锁，引发了卡塔尔国内的物资短缺；二是断交危机引发了卡塔尔国内务工人员的恐慌，务工人员纷纷外逃引发了人力资源短缺；三是受断交危机影响，卡塔尔主权信用评级被下调，加之在被封锁状态下国内生产、旅游、外汇储备等方面所遭受的一系列损失。在这些情况出现后，卡塔尔通过一系列内政调整和外交举措，有效解决了断交危机对社会经济发展的影响。在应对物资匮乏发面，卡塔尔一方面在国内补贴物价并新建工厂增加产量，另一方面通过加强同伊朗和土耳其的联系，以伊朗为中转站获得了两国的物资援助；在解决突发的人力资源短缺方面，卡塔尔宣布面向八十国采取落地签证政策，使外来务工人员的数量有所回升；在应对因断交危机所遭遇的经济财产损失方面，卡塔尔不惜动用外汇储备和主权财富基金，从而逐渐渡过了因断交危机而造成的经济难关。①

塔卡尔社会经济的发展情况可以通过一系列的数据来体现。根据贸易经济网（Trading Economics）给出的数据，卡塔尔2017年度的国民生产总值为1680亿美元，人均国民生产总值为65696美元。截至2018年9月份，卡塔尔年度国民生产总值的增长率为4%，国民生产总值的年度增长率为2.2%（根据世界银行于2018年6月发布的《2017—2018阿拉伯国家竞争力报告》中给出的数据，这些数据主要基于国际货币基金组织和世界银行2017年4月发布的报告，统计的是卡塔尔2016年的经济数据），基本上符合国际货币基金组织对卡塔尔2018年度国民生产总值的预测（该机构预测为2.4%）。② 在劳动力市场上，塔卡尔表现也值得肯定，根据贸易经济网的统计，截至2018年6月，卡塔尔失业率为0.1%，同上一季度基本持平，低失业率也保障了塔卡尔社会局势的稳定。③ 此外，高水平的基础设施建设，优良的宏观经济环境，以及高质量的卫生和基础教育水平，都向世界展示了卡塔尔的社会经济发展水平。不仅如此，卡塔尔的创新能力也得到了世界银行的肯定，被世界银行认为是在阿拉伯国家中具有创新能力的国家之一（另外一个被认为具有创新能力的国家是阿拉伯联合酋长国）。

从总体上来看，根据《2017—2018阿拉伯国家竞争力报告》中的评

---

① 丁隆："卡塔尔断交危机一周年：封锁与突破"，《世界知识》，2018年第13期，第52页。

② Country Files, in The Arab World Competitiveness Report 2018, the World Economic Forum, Geneva, 2018, pp. 137–138.

③ 卡塔尔年度失业率数据来源于贸易经济网的统计，参见：https://tradingeconomics.com/qatar/indicators。

估，卡塔尔国家竞争力位居阿拉伯国家前列。该报告将制度、基础设施、宏观经济环境、卫生和基础教育、高等教育和职业技能培训、物资市场效率、劳动力市场效率、金融市场发展、整备程度、市场规模、商业环境成熟度以及创新能力视为竞争力的12个支柱，并从低至高给出了1—7分的评价分数。在该报告统计和评估的137个国家中，卡塔尔在这12项支柱中的平均评价分数为5.1，位列所有137个世界银行所统计和评价国家中的第25位，在阿拉伯国家中位居第2位，仅次于阿拉伯联合酋长国。[①]

（二）社会经济发展中存在的问题

同世界发达经济体相比，阿拉伯国家目前还存在着诸多不足之处，具体到卡塔尔国这些不足之处也都存在。总体上来说，虽然每个阿拉伯国家或某一地区的阿拉伯国家所表现出来的问题并不相同，但某些问题在阿拉伯国家依然具有普遍性，这些问题主要是国家经济结构较为单一，劳动力市场效率较低，高等教育和职业技能培训水平不高，创新能力不足以及整备情况落后等方面。而上述这些问题在海湾富油国的存在，则体现了近半个世纪以来社会经济过度依赖能源开采和出口所导致的结构性弊病。例如，过度依赖能源经济导致政府将大量资源投入到这一领域，而忽视了对其他社会经济领域的投入，这就导致在能源领域就业的薪水要远高于其他领域，这是导致海湾富油国（主要是卡塔尔和沙特）在除了能源领域外无法吸引外来高水平务工人员前来就业的主要原因。最为重要的是，在20世纪七八十年代石油经济大发展时期形成的资助体系（Kalala），目前依然在运行，并且以主要社会契约形式存在于海湾国家劳务市场。对于劳资双方而言，这一劳务契约的主要内容在于不经雇佣者同意，被雇佣者不能离开而另寻他处工作，雇佣者也不能雇佣不在自己名下被资助的其他被雇佣者。在石油经济大发展而导致的海湾富油国人力资源短缺的情况下，这一劳务契约能够有效地保证被雇佣者的权益，但是在当前的经济背景下却极大地限制了人力资源的流动，这也是造成当前海湾富油国人力资源市场效率低下的根本制度原因。[②] 除此之外，海湾富油国实施的一些对外来务工人员的歧视性政策（例如本国公民的薪水要数倍于外国公民）以及准入政

[①] Country Files, in The Arab World Competitiveness Report 2018, pp. 137-138.
[②] Margareta Dazelek-Hanouz and Attllo DL Battlsta, "Staying Competitive in the Next Economic Model: Key Challenges for the Arab World" in The Arab World Competitiveness Report 2018, Geneva, 2018, p. 12.

策上制造的困难（例如提高签证的费用等）都是造成劳动力市场效率低下的原因。

对于卡塔尔而言，虽然自2007年以来，该国不断提升了各个方面的竞争力数据，但是目前存在的一些问题依然较为突出。虽然卡塔尔仿照阿联酋的社会经济发展模式，较早地走上了经济多样化的道路，但目前能源领域在国民经济中的比例依然较高（根据世界银行2018年发布的报告，这一比率略低于50%），而且根据这一报告，卡塔尔是最为关切能源价格的国家，对这一问题的关度注达到了51%。[1] 此外，卡塔尔在社会经济发展中的不足还表现在国内金融市场的不完善，国内市场规模较小以及平均创新水平不够高等方面。

（三）退出欧佩克助力天然气增产

2018年12月3日，在石油输出国组织（下文简称欧佩克）的OPEC+会议召开之前，卡塔尔能源事务国务大臣萨阿德·谢里达·卡比突然在多哈宣布卡塔尔将于2019年1月1日起正式退出欧佩克。萨阿德的此番发言也引发了世人对卡塔尔在当时的情境下退出欧佩克意图的猜想。

卡塔尔退出欧佩克或是为了助力本国的天然气生产。第一，卡塔尔是天然气而非石油的存储和生产大国。卡塔尔的天然气储量占全球天然气储量的13%，在全球天然气储量中次于俄罗斯和伊朗排在第3位。但卡塔尔确是全球最大的液态天然气生产和出口国，其产量可占全球液态天然气产量的30%。而与此同时，卡塔尔的石油产量仅每日60万桶，在欧佩克15个国家中排名11位，并非主要产油国。虽然在欧佩克内部，对成员国的天然气产量并没有量化约束，但是由于组织内部的结构性压力，卡塔尔长期以来并没有加大天然气的产量。如果卡塔尔退出欧佩克，则不会再受制于组织内部的结构压力，可以加大马力增产天然气。萨阿德也强调了卡塔尔之所以宣布退出欧佩克的计划是为了进一步巩固其天然气生产大国的地位。不仅如此，在之前的7月和9月，卡塔尔已经两度宣布会将天然气年产量由当前的7700万吨提升至1.1亿吨。第二，退出欧佩克后天然气产量的提升确实有利于卡塔尔社会经济的发展。按照目前卡塔尔天然气的年产量计算，卡塔尔每年可以通过出口液态天然气而获得将近300亿美元的收

---

[1] Margareta Dazelek-Hanouz and Attllo DL Battlsta, "Staying Competitive in the Next Economic Model: Key Challenges for the Arab World" in The Arab World Competitiveness Report 2018, Geneva, 2018, p. 10.

入，如果按计划提升产量的话，卡塔尔每年无疑可以获得更为可观的收入。① 在目前卡塔尔经济遭遇沙特等国全面封锁的情况下，更多的经济收入无疑对于卡塔尔未来布局金融和投资等行业具有重要意义。

但与此同时，也应当意识到退出欧佩克对卡塔尔社会经济发展带来的可能负面影响。首先，在断交危机背景下，卡塔尔宣布退出欧佩克可能被沙特视为进一步的政治挑衅。虽然萨阿德在宣布卡塔尔退出欧佩克的计划时强调了这一行为同当前的政治情境无关，欧佩克也在第二天对萨阿德的发言进行了回应，称卡塔尔的这一行为可以理解。但是能源作为同政治高度关联的产业，具有影响地缘政治走向的能力，因此在断交危机的背景下，卡塔尔增产天然气的行为在很大程度上会被沙特视为卡以天然气来挑战石油，进而争夺能源生产大国地位。其次，卡塔尔目前经济发展的弊端在于对能源产业过于依赖，退出欧佩克而增加天然气产量的计划无疑会进一步增加卡塔尔对能源产业的依赖，长远看不利于卡塔尔社会经济发展的转型。

三、改善国家形象

近年来，为了提升国家整体竞争力，卡塔尔在致力于改善国家形象上进行了诸多探索和努力。由于在国家公民、社会组织以及政府层面上被认为"支持国际恐怖分子或恐怖组织"，以及同以穆斯林兄弟会为代表的政治伊斯兰组织过从甚密，从而导致长期以来卡塔尔国家形象在国际社会中一直不佳，甚至被贴上了"支持恐怖主义国家"的标签。为了改善国家形象，扭转国际社会对卡塔尔的负面认知，卡塔尔积极和倾力举办大型国际赛事以及在地区冲突中担任调停者。2018年，卡塔尔继续在上述领域有所作为，以改善断交危机中被负面化的国家形象。

第一，通过承办大型国际体育赛事活动来改善和提升国家形象。从理论上讲，举办国际体育赛事活动，确实有助于改善和提升一国的国家形象。根据约瑟夫·奈的国家"软实力"理论，国家通过采取一些积极的和具有吸引力的措施，例如举办全球性体育赛事活动，或许会在一定程度上修补那些因为开展"硬实力"行动而被视为一股灾难性力量国家的国际形

---

① 赵晓飞："天然气正面交锋'油老大'，卡塔尔退出欧佩克影响几多？"，《中国石油和化工》，2018年第12期，第25页。

象。正是基于通过改善国家形象来提升国家整体竞争力的预期，自2000年以来，卡塔尔就积极地争取各种国际体育赛事的举办权，并在近年来成功地举办了多项国际体育赛事活动。例如，塔卡尔已经成功举办了2006年的亚运会，2011年的亚洲杯足球赛，以及2011年的泛阿拉伯体育运动会。不仅如此，更为令人印象深刻的是，在2010年12月2日，卡塔尔成功地竞争到了2022年世界杯足球赛的举办权，从而成为第一个获得世界杯举办权的阿拉伯国家。正是通过举办国际体育赛事活动，卡塔尔试图将自身塑造成一个成功的体育国家形象，将体育活动打造成国家形象标志并将体育赛事活动当作开展公共外交的抓手，从而改善国际社会对本国形象的不良认知。

第二，近年来，卡塔尔试图通过调解区域冲突和为解救被恐怖组织绑架的人质进行协调沟通来改善国家形象。自1995年6月以来，卡塔尔开始改变长期追随沙特的对外立场，转而奉行"独立自主"的外交原则。这一对外政策的改变，凸显了卡塔尔的主权国家意识，成为卡塔尔能够调节国际和地区冲突的基础。近年来，尤其是在2011年西亚北非局势动荡后，中东逐渐呈现出动乱之势，不仅原有的巴以冲突依然存在且持续恶化，而且在利比亚、也门和叙利亚也都出现了内战，这一动乱局势让"伊斯兰国"这一极端恐怖实体得以坐大，并在两河流域宣布建立"哈里发国"，从而对该地区和全球都带来了极大的安全威胁。正是在这样的背景下，卡塔尔积极介入地区冲突的调解工作，在巴以冲突、利比亚内战、也门内战、叙利亚内战等区域热点问题中都可以看到卡塔尔的身影。此外，卡塔尔还积极地介入解救西方人质的工作。其中不乏较为引人关注的案例。例如：2014年，经卡塔尔的协调，"努斯拉阵线"释放了被该组织绑架并关押了两年之久的美国记者彼得·西奥·柯蒂斯；与此同时，经过卡塔尔的协调，美国于塔利班达成协议，在释放了被关押在关塔那摩监狱的5名塔利班成员后，从塔利班换回了鲍威·伯格达尔中士；此外，通过向叙利亚恐怖组织缴纳每人400万至5000万不等的赎金，卡塔尔成功解救了数名被叙恐怖组织劫持的希腊东正教徒。协调区域冲突以及在解救人质工作上取得的成功，都在不同程度上改善了卡塔尔的国家形象。[1]

2017年的断交风波，不仅造成了卡塔尔的经济困难，也对卡塔尔的国

---

[1] Tal Samuel-Azran, Moran Yarchi, Yair Galily and Ilan Tamir, "Promoting Terror or Sport? The Case of Qatars International Image", American Behavioral Scientist, 1777/0002764216632841 (January 2016), p. 4.

家形象造成了一定的影响。首先，以沙特为代表的同卡塔尔断绝外交关系的国家指责卡塔尔支持恐怖主义。然而不管引发这次断交的具体原因如何，这种指责无疑不利于卡塔尔近年来积极塑造的国家形象。其次，目前断交危机的常态化已经逐渐显现，这种情况的持续也会削弱卡塔尔调节地区冲突的能力。最后，断交危机在卡塔尔引发的经济损失、外籍劳工的流失等情况则对目前塔卡尔2022年世界杯足球赛的筹备工作造成了直接影响，无疑会扰乱卡塔尔通过举办国际体育赛事来改善国家形象的战略预期。在这种情况下，未来争取举办国际赛事依然是塔卡尔致力于改善国际形象最有效的方式。因此，2018年卡塔尔改善国家形象的努力落在了2022年世界杯的筹备工作上。受断交危机的影响，体育场馆建筑材料遭到沙特和阿联酋的断供对世界杯筹备工作带来了一定程度的影响，但是在卡塔尔的外交努力下，已经通过伊朗和土耳其找到了新的供货商，解决了场馆建设的原材料断供问题。

此外，卡塔尔还为2022年世界杯举办期间的安全工作进行了诸多方面的筹备。鉴于在大型国际体育赛事期间，由不同参赛队伍的支持者的对抗所引发的冲突和骚乱已经较为常见，因此对这些冲突和骚乱的预防工作已经被卡塔尔提上日程。为了更加有效地应对这些冲突和骚乱，卡塔尔同兰德公司进行了合作，对世界杯期间可能出现的社会冲突和骚乱进行了预判和分析，提出了预防措施，并于2018年11月发布了一系列关于2022年世界杯承办的研究报告。这些报告中分析了以往国际大型体育赛事中出现冲突的原因（尤其是2016年欧足联冠军杯联赛期间在马赛和利特尔出现冲突和骚乱的原因），[1] 借鉴了以往大型赛事成功举办国家的经验（尤其是2018年俄罗斯世界杯期间对球迷骚乱的预防和管理工作经验的借鉴），[2] 并分析了做好志愿者工作对体育赛事期间预防和解决球迷骚乱的重要作用。[3]

不仅如此，作为第一个举办世界杯赛事的阿拉伯国家，卡塔尔还突出研究了由于本国国情的特殊性所可能导致的社会隐患。因此，卡塔尔对以

---

[1] Lucy Strang, "What Factors Contributed to the Different Levels of Disorder Witnessed in Marseille and Lille during the 2016 UEFA European Championship?", RAND Corporation, 2018.

[2] Jirka Taylor, Lucy Strang, Emma Disley, "Early Reflections on the Approach to Preventing and Responding to Violent and Antisocial Behaviour at the 2018 World Cup in Russia", RAND Corporation, 2018.

[3] Lucy Strange, "Insight on the Role of Volunteers in Public Safety at Major Sporting Events", RAND Corporation, 2018.

往中东和北非地区举办国际赛事期间所发生的冲突和骚乱进行了案例研究。①不仅如此，卡塔尔还对世界杯期间含酒精类饮料消费行为的管理工作和方法进行了研究。

结　语

肇始于2017年6月的断交危机，经过2018年的发酵已经呈现出常态化的趋势。在断交危机常态化的背景下，卡塔尔主要采取了外交、经济和改善国家形象等措施来应对危机，并取得了一定的成绩，从而保证了社会经济的正常发展。但是对于在未来的政治、经济和外交布局中都欲有所作为的卡塔尔而言，断交危机依然会对其造成长期影响。即使目前美国有意愿去调节海合会内部出现的危机，但是危机却并没有在短时间内结束的迹象。其原因在于危机出现的背后有着短时期内难以解决的结构性原因。其中既包括地缘政治竞争的因素，即沙特同卡塔尔之间的关系被深刻地嵌套在沙特同伊朗在中东地区的全面地缘竞争，以及沙特同土耳其对逊尼派的竞争这二重结构当中。在这种情况下，卡塔尔同土耳其以及伊朗关系的日益密切自然是沙特所不能容忍的。此外，断交危机的背后又包含着经济竞争的因素，卡塔尔自身经济的不断发展不仅对沙特在海湾地区的地位构成了威胁，更会同阿联酋产生激烈的竞争。这种情况出现的背后更深层次的原因还在于卡塔尔同沙特和阿联酋在政治制度、文化价值、意识形态以及经济结构上具有高度的相似性，因此更容易使上述三国展开竞争而非合作。②不仅如此，断交危机的常态化还置卡塔尔的社会经济发展于某种悖论当中，即遭到全面封锁的卡塔尔在缓解社会经济发展压力的情况下更加依赖于天然气的生产，而对能源产业的进一步依赖则不利于卡塔尔社会经济发展的转型，如何让社会经济发展脱离这一悖论，或许才是断交危机常态化之下卡塔尔最应当进行思考的问题。

---

① Madeline Nightngale, Lucy Strang, Emma Disley and Mohyi Maziad, "Violent and Antisocial Behaviour at Football Matches in the Middle East and North Africa: Scoping the Evidence," RAND Corporation, 2018.

② 孙德刚、［埃及］安然："'同质化联盟'与沙特—卡塔尔交恶的结构性根源"，《西亚非洲》，2018年第1期，第74页。

科威特：
"2035愿景"及其城市国家发展新转型[*]

一、国内政治继续保持稳定

科威特是君主世袭制酋长国，埃米尔是国家元首兼武装部队最高统帅。一切法律以及与外国签订的条约和协定均由埃米尔批准生效。科威特主张维护民族独立、国家主权与领土完整，发展民族经济，实行高福利制度。海湾战争后，科威特迅速开始了战后重建工作，加强国防建设，在政府部门和经济机构中逐步推行科威特化。伊拉克战争后，科威特政府工作重心转到经济建设，陆续启动一批大型基础设施项目，在政治改革进程上，科威特也走在海湾国家前列，这其中包括：科威特政府主动缓解对新闻和言论的控制，众多的政治组织随之出现，社会参与政治积极性空前高涨；2005年，科威特议会通过法律，允许女性参选议员；近年来科威特为吸引外来投资，拒绝了国际货币基金组织提出的有关政府向企业征收所得税以解决财政短缺的提议，将企业税率维持在12.8%的低点。这一系列涉及制度、宗教、人权和经济领域且具有政治和现实双重意义的改革举措使得萨巴赫家族统治地位更为牢固，政局相对稳定，科威特国内安全形势良好。[①]

科威特国内局势的稳定直接体现在社会治安的低犯罪率上。据全球城市数据库NUMBEO "2016年年中犯罪指数排行"显示，科威特的犯罪指数为34.27，安全指数65.73，在118个国家（地区）中排名第86位。[②]

---

[*] 作者：刘经纬，中国建设银行总行战略客户部经济师。
[①] 中华人民共和国外交部网站，https://www.fmprc.gov.cn/web/gjhdq_676201/gj_676203/yz_676205/1206_676620/1206x0_676622/。
[②] https://www.yidaiyilu.gov.cn/zchj/zcfg/6702.htm。

二、国内经济稳定，多维发展开花结果

同海湾地区其他国家一样，科威特经济以石油天然气工业为主，长期以来该国也在为摆脱石油经济而努力，近年来取得了一定的效果。得益于国内局势的稳固和相对中立的对外交往策略，科威特经济近年来保持稳定发展。

2013—2017 年科威特主要经济指标[①]

年份	国内生产总值（GDP）（亿美元）	石油天然气 / 非石油部分	经济增长率（%）	人口（万）	对外贸易（亿美元）	出口（亿美元）/ 进口（亿美元）
2013	1757.5	1103.3 / 654.2	2.3	397	1444.1	1150.15 / 293.95
2014	1633.8	1025.3 / 608.5	-1.6	409	1354.4	1040 / 314.4
2015	1217	763.1 / 453.9	0.9	423.9	868.5	549.6 / 318.9
2016	1108.4	656.2 / 452.2	2.4	422.5	770.9	462.6 / 308.3
2017	1202	658.8 / 543.2	8.7	408.3	885	549.1 / 335.9

（一）石油经济仍然占据主导地位

作为世界主要产油国之一，石油、天然气工业是科威特国民经济主要支柱，截至 2017 年底，石油天然气工业产值占国内生产总值的 54%，占出口收入的 89.8%。[②]

（二）以金融、基建为主要拉动手段的经济模式发展迅速

面对以页岩气为代表的石油替代品的不断发展和国际原油价格受市场

[①] https://www.focus-economics.com/countries/kuwait.
[②] 科威特中央统计局，https://www.yidaiyilu.gov.cn/zchj/zcfg/6702.htm。

和国际政治影响波动较大等因素的影响，科威特政府一直寻求发展除石油、石化工业之外的多元化经济，着力发展金融、贸易、旅游、会展等行业。经过多年发展，科威特在非石油经济发展上已经结出累累硕果。

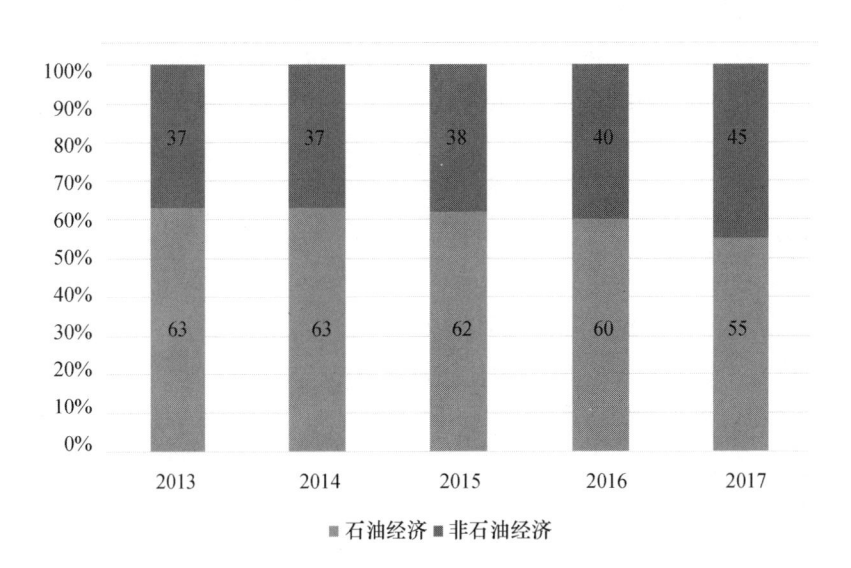

2013—2017 年科威特非石油经济 GDP 占比图

发展金融业，进行国内外投资是科威特政府摆脱石油依赖，发展多元经济的主要手段之一。科威特在经历 1973—1974 年和 1979—1980 年两次石油提价后石油收入剧增，国际收支出现巨额盈余，1979/1980 年度积累的资金余额高达 314 亿美元，与此同时，国际金融形势动荡加剧，这给科威特的金融业发展创造了适逢其时的内外部条件。1982 年科威特成立了隶属于财政部的国家投资局，在伦敦设立中央银行驻西方派驻机构"科威特投资办事处"，专门从事面向西欧、美国和日本等主要发达国家的投资活动。除此之外，政府和私人还成立了一些其他合营或者私营性质的海外投资公司。为确保海外投资的人才需求，政府还培训了一批熟悉经济和投资的专业人才。科威特的海外投资收益增长速度十分惊人，截止 2016 年底，科威特投资局管理的资产总量达到 5920 亿美元，按照管理资产量排名，在全球主权财富基金中排名第六。科威特投资局成立以来，一直以一种低调保守的姿态开展自己的投资，不使用杠杆，不追求控制权，不关注政治和外交利益的投资。① 科威特十分重视其投资的安全性，经过几十年的不断积累，科威特掌握了娴熟的国际投资手段，很好地管理了手中的巨额资金，近年来，随着国际石油价格的剧烈震荡，给域内国家的经济造成严重影响，更加凸显海湾地区国家摆脱石油经济的紧迫性。科威特受巨额金融资产的支持，财政及对外收支状况依旧保持强劲势头，有力对冲了石油价格波动给其自身带来的不利影响，事实证明，科威特金融立国的决策是符合国家利益的，是适合其国情的发展战略，它是科威特在国际石油价格暴跌的情况下依然能够保持经济稳步增长的根本保障，也可以从一个侧面反映出科威特正逐步摆脱对石油经济过度依赖的圈子。科威特国民银行2018年4月发布的国家经济报告显示，经过多年转型发展，2017年科威特非石油经济增长3.3%，增速明显高于2016年的2%，显示该国促进经济多元化发展的努力已见成效。报告预计，2018年，科威特的非石油经济将继续保持良好增长势头，增速预计达到4%。②

在发展以金融业为主的非石油经济的同时，科威特还利用基础设施建设和国内消费来拉动经济增长。为此加大了国内开发力度，科威特提出了北部地区发展计划，将充分发挥科威特北部港口的区位优势，打造国际物流中心。预计将创造20万个就业机会，为经济增长提供动力。2019年3月，科威特政府重申将继续努力发展多元化经济，朝着摆脱对石油依赖的方向努力，保障国家经济安全。③ 科威特政府认为消费领域的健康发展对非石油经济的发展同样重要，着力刺激国内消费，据科威特市场研究机构数据，在包括预期于2019年完工的将来往科威特城、萨比亚海角及布比延岛的车程由1.5小时缩短至17分钟以内的Sheikh Jaber Al-Ahmad大桥工程、科威特城地铁工程以及计划在2020年前建成17.4万个房屋单位等在内的一系列政策和工程的引导下，该国2018年3月份消费者信心指数同比上升15%至113%，显示消费者对当前经济状况和就业机会的看法更加乐观。④

科威特在改变经济结构和增长方式方面的成果不仅得到国内的赞誉，同样也得到国际组织的认同。世界银行最新发布的《2019年营商环境报告》显示，在被评估的全球190个经济体中，科威特排名第97位。与去年

---

① https://finance.qq.com/a/20170731/060202.htm.
② http://www.sohu.com/a/228906846_267106.
③ http://wemedia.ifeng.com/68587163/wemedia.shtml.
④ http://baijiahao.baidu.com/s?id=1598250207198325561&wfr=spider&for=pc.

的第96位排名相比，科威特今年排名稍有倒退，但得分从61.4分提高到62.2分。与上年相比，科威特在"保护少数投资者""开办企业"和"获得电力"等三个领域有所改善，其中："保护少数投资者"领域的排名从第81位上升至第72位，政府通过对相关方交易的独立审核规定以及对所有权和控制结构的明确加强了对少数投资者的保护；开办企业天数从38.5天缩短到35.5天，其所涉及的手续（平均数量）从9.5项减少到7.5项，这一改善得益于科威特在线注册系统的启用、企业登记程序"一站式服务"的建立以及对最低实缴资本规定的取消；"获得电力领域"的排名从第97位上升到95位，将办理相关手续的天数从85天缩短到65天。[①] 鉴于科威特良好的金融发展环境，国际三大评级机构标准普尔、穆迪和惠誉对科威特主权信用评级近三年来一直保持在较高水平。截至2017年底，国际评级机构标普对科威特主权信用评级为AA/A-1+，展望为"稳定"；截至2018年6月，国际评级机构穆迪对科威特主权信用评级为Aa2，展望为"稳定"；截至2018年5月，国际评级机构惠誉对科威特主权信用评级为AA/F1+，展望为稳定，将科威特的长期外币发行人违约评级维持在"AA"级，未来展望为"稳定"。[②]

（三）外籍劳务人员占比较高，未来劳动力市场需求量大

科威特人口较少，因此对外籍劳务需求较大。截至2017年底，外籍人口约为282.34万，占全部人口的69.15%。外籍人口在科威特从事的工作包括医生、律师、工程师、教师、酒店管理人员、各类技术工人、维修人员、专业司机、护士、商场销售员以及普工、力工、保安、清洁工等，几乎涵盖科威特社会的所有行业。其中在政府部门工作的约14.26万人，非政府部门约139.04万人，从事家政服务的约58.77万人。目前在科威特的外籍人口主要来自印度、埃及、孟加拉、叙利亚、菲律宾、巴基斯坦和斯里兰卡。截至2018年底，在科工作的外籍人员总数达238万，占科总劳动力的83%。其中，68%在私营部门工作、27%从事家政服务、5%服务于公共部门；新增劳动力6.6万人，其中8562名为科籍公民、1.1万名为外籍家政人员、4.7万名为私营部门雇佣的外籍员工。[③]

---

① 商务部网站，http://www.mofcom.gov.cn/article/i/jyjl/k/201811/20181102802980.shtml。
② http://kw.mofcom.gov.cn/article/jmxw/201805/20180502739407.shtml。
③ http://kw.mofcom.gov.cn/article/jmxw/201902/20190202836852.shtml。

（四）投资环境进一步开放

2012 年，科威特宣布打造以金融和商业中心为主要建设目标的"科威特 2035 愿景"战略规划，吸引了全球投资者的目光，更为科威特非石油经济发展提供了发展机遇。2018 年 3 月 20 日至 21 日在科威特首都科威特城举办的 2018 年科威特投资论坛（KIF 2018）集中展示了众多可为投资者带来长期增值和回报的投资项目。科威特直接投资促进局主席谢赫·迈沙勒·贾比尔·艾哈迈德·萨巴赫博士在论坛上表示："在过去两年中流入科威特的增值型外国直接投资，促进了科威特的创新能力和国际竞争力，同时也有助于实现'科威特 2035 愿景'中所设定的经济多样化和可持续发展这两大目标。"① 在"KIF 2018"上，科威特展示了包括石油和天然气、可再生能源、制造业、教育和培训、金融服务、信息技术和数字解决方案、医疗服务、交通和通讯等多项涉及国计民生的高增长行业的引资计划。这些领域的开放投资，将为资金内流带来强大吸引力，进一步带动科经济结构转型的动能。会上，主办方宣布科威特将为投资者提供一系列激励措施，其中包括在该国任何地方设立法律主体的 100% 的外国所有权以及免除 10 年的所得税以及项目的关税等。②

从投资大环境上看，得益于国内相对稳定的政治生态、平衡可持续的对外关系政策、不断改善的商业环境以及大量拥有良好教育基础的各领域技术人才，科威特拥有了海湾地区安全性较高、开放性较大的市场，多年的非石油经济布局令该国对内直接投资与对外全球多国的投资建立起了良好的协作、互补关系。此外，科威特市场受其著名的主权财富基金领导，并拥有科威特石油公司（KPC）及旗下子公司所实现的石油和天然气领域的全球领先地位和繁荣的私营经济发展作为保障，③ 投资风险相对可控；在行政保障措施上，科威特直接投资促进局的设立，为现有和潜在对科投资者提供必要的信息、便利和后续服务方面发挥了极其重要的服务和示范作用，这也使得科威特吸引外资方面走在海湾地区前列。④ 为了实现经济结构的转型升级，科威特也特别重视私营企业在发展中的作用。在"KIF 2018"上，科威特工商会主席阿里·加尼姆认为："科威特正迈着坚定的

---

① http://www.xinhuanet.com/world/2014-09/17/c_1112521863.htm.
② http://www.xinhuanet.com/world/2014-09/17/c_1112521863.htm.
③ http://www.xinhuanet.com/world/2014-09/17/c_1112521863.htm.
④ http://www.xinhuanet.com/world/2014-09/17/c_1112521863.htm.

步伐，向着成为'世界上最具竞争力的经济体之一'这一目标迈进。在这一全新的发展篇章中，私营经济将对科威特的腾飞发挥重要作用。科威特一直是一个开放的市场经济体，拥有强大的贸易和商业关系，并且始终是贸易自由化的坚定拥护者，也正是贸易自由化造就了科威特充满活力的、繁荣的经济环境。"[①]

三、军队规模有限，国防依然需要西方支持

科威特虽然因石油和近年来的非石油经济打造了一个较为富裕的内部环境，但是由于其国土面积狭小，周边区域性大国林立，在国防上仍显捉襟见肘。因此，科威特积极从西方国家引进武器装备，常年保持一支陆海空齐全的武装部队，更为重要的是依赖美国维持和平，从一定程度上将国家安全交由美国进行保护。

（一）国防军建设

科威特国家实行义务兵役制，服役期限为：义务兵2年（大学生1年）。埃米尔为武装部队最高统帅，阿里·穆罕默德·阿明为武装部队总参谋长。科威特平均年军费开支为12亿美元左右，占财政预算的10.3%。受海湾战争影响，国防需求骤增，军费开支超常增加。截至2018年，科军总兵力为24754人，其中陆军约1.1万人，空军2500人，海军2000人，准军事部队国民卫队约1万人。[②] 在武器装备方面，科威特空军装备飞机129架，其中固定翼作战飞机80架，包括美国制造F/A-18攻击/战斗机39架（F/A-18-C型31架、F/A-18-D型8架），法国制造"幻影"F1战斗机14架，巴西制造"图卡诺人"防暴兼教练机16架以上，"霍克"MK64型11架；L-100-30型运输机3架、DC-9型1架；直升机45架，包括AS-332型4架、SA-330型9架、SA-342型训练/武装直升机16架，AH-64D武装直升机16架。陆军方面，编有1个装甲营、1个特种兵营、3个预备役营、1个警察营，装备装甲侦察车20辆、装甲输送车92辆。海岸警卫队500人，装备扫雷艇/船30艘以上、海岸巡逻艇5艘、通用登陆艇3艘。另有准军事部队国民警卫队0.66万人，负责国内

---

① http://www.thefreedictionary.com/Kuwait.
② 中华人民共和国外交部网站，https://www.fmprc.gov.cn/web/gjhdq_676201/gj_676203/yz_676205/1206_676620/1206x0_676622/。

治安。

（二）外军驻扎情况

由于科威特得天独厚的地理位置，美国从海湾战争期间就将科威特视为登陆海湾地区的重要跳板。从20世纪90年代开始，经过20多年的建设，美军已经将科威特打造成了一个固定的军事基地，驻科美军所控制的军事禁区的总面积可达科威特国土面积的1/3（包括科威特与美军共用的军事基地）。截至2018年底，美国军事力量在科威特部署有1万余名作战士兵和约400辆坦克。[1]

四、打造平衡中立外交形象，努力化解地区紧张局势

科威特奉行温和平衡的外交政策。维护海湾合作委员会的威信是其外交政策的基本面，在海湾国家政治纷争中不选边站队，力主维护阿拉伯国家间的团结协作关系，确保海湾地区安全稳定。1990年海湾战争后，科威特同以美国为首的西方国家关系更加密切，科威特是美军在中东地区的重要驻扎基地。与此同时，科威特高度重视同其他大国发展关系，力求达到平衡。科威特还积极发展同其他国家的合作，迄今已同120个国家建立外交关系，2017年6月2日，科威特当选为2018年至2019年联合国安理会非常任理事国。[2]

加强同海湾地区各国的团结与合作是科威特发展对外关系的出发点和落脚点。2018年，在面对海湾国家与卡塔尔断交风波、沙特记者卡舒吉遇害、对伊朗关系问题以及美国承认耶路撒冷为以色列首都等一系列地区热点问题中，科威特以国家利益为第一要务，在保持中立立场的前提下，根据事件的不同性质，采取了一系列措施，试图缓解相关事件给自身和地区带来的不稳定影响。在卡塔尔断交风波中，科威特始终充当事件的调停和斡旋角色，致力于紧张局势的缓解并最终和平解决；在沙特记者卡舒吉事件中，科威特从自身实力和国际影响角度出发，对该事件表示了遗憾的态度，但点到为止；在对伊朗关系问题上，科威特继续坚持若即若离的"关系对冲"政策，既不开罪于盟友沙特，也不过度刺激伊朗，在沙伊之间寻

---

[1] http://www.sohu.com/a/257226784_600523.
[2] 中华人民共和国外交部网站，https://www.fmprc.gov.cn/web/gjhdq_676201/gj_676203/yz_676205/1206_676620/1206x0_676622/。

求力量平衡，与此同时，在承认伊朗有权进行和平利用核能的前提下，积极参与美国对伊朗的制裁;① 在美国承认耶路撒冷为以色列首都问题上，科威特与海合会的立场保持一致，但依据其自身实力以及与美国的关系，并没有采取更进一步的措施和言辞来表达其自身对这一事件的态度，这也反映出科威特在外交上务实的一面。

结　语

与国际性大国和区域性大国相比，2018 年对于科威特而言是波澜不惊的一年。但是与自身相比，2018 年的科威特在摆脱现有落后且无可持续性发展模式的道路上却取得了令人满意的结果。在依靠自然条件和国际形势变化实现经济起飞后，能够迅速认识到发展模式的局限性，不失时机地转变发展思路，找准以金融业为主线的发展脉络，同时奉行温和平衡的外交政策，使得国家 20 多年来始终处于相对稳定的局势，在中东较为混乱的大环境中实属难能可贵。正如科威特第一副首相兼国防大臣纳赛尔亲王所说:"我们希望开发石油以外的其他领域，就像是以前没有石油的科威特一样。当时科威特依靠的完全是人力。现在，因为石油、财富的富余，人好像没那么重要了，但这不是长久之计。科威特要学会或者说是找回没有石油也能过好日子的办法。"② 从近年来的发展看，科威特已经逐步开始摆脱对石油经济的依赖，走上了一条可持续性更强的发展道路，相信在未来，这颗波斯湾明珠能够越发明亮。

---

① http://www.globalview.cn/html/global/info_ 19240.html.
② http://v.ifeng.com/201812/video_ 31092418.shtml.

阿联酋：
瞄准红海地区的战略发展新动向[*]

2018年，阿联酋形势总体稳定，局部存在变数。经济实现增长，政治局势稳定。通过主导多国联军发起针对胡塞武装的荷台达争夺战等军事、经济行动，阿联酋成为地区局势稳定的重要攸关方。

一、经济发展

2018年，阿联酋经济实现增长。5月，穆迪维持对阿联酋AA2的主权信用评级，未来展望为稳定。2019年1月，世界银行估测阿联酋2018年经济增长率为2.0%。[①]

全年GDP同比增长。2018年前三季度，阿布扎比国内生产总值达6928亿迪拉姆（约合1893亿美元），按现价计算同比增长14%。前三季度，阿联酋GDP稳步增长。9月，世界银行测算数据显示，阿联酋2018年以现价计算的国内生产总值预计达3825.7亿美元，全球排名提升至第29位；人均GDP为7.44万美元，全球排名第6位。

非石油部门产值占GDP的70%。至2018年9月，阿联酋非石油部门GDP增速为2.5%，与2017年大致相同。1—9月，阿联酋采购经理人指数（PMI）平均值为55.7，与去年基本持平。[②] 11月，英格兰及威尔士特许会计师协会（ICAEW）和牛津经济联合发布四季度经济报告称，受非石油经

---

[*] 作者：陈前，西北大学中东研究所博士研究生；刘亚萍，西北大学中东研究所硕士研究生。

[①] "世界银行下调2018年阿联酋经济增长率0.5个百分点"，中国驻阿联酋大使馆经商参赞处，2019年1月10日，http：//ae.mofcom.gov.cn/article/jmxw/201901/20190102825634.shtml，2019年3月5日。经济部分数据除做特殊说明外，全部来自我驻阿使馆经商处，下文不再给予脚注。

[②] Khatija Haque, "UAE PMI: Steady in September," *Emirates NBD*, October 3, 2018, http://www.emiratesnbdresearch.com/research/article/? a = uae-pmi-steady-in-september-1103, 2019 - 03 - 15.

济部门拉动,阿联酋经济复苏势头强劲。

(一)石油工业

遵守欧佩克协议减产—增产—再减产,全年油价回升。2018年二季度,受减产协议影响,阿联酋石油生产同比减少1.7%。6月,开始增加石油生产。12月,为执行新达成的欧佩克减产协议,阿联酋宣布油田减产。全年,欧佩克原油平均价回升至69.78美元/桶。①

油气产业上下游合作多元化趋势明显。2018年1月,阿布扎比国家石油公司(ADNOC)与马来西亚乐天化学泰坦(LCT)签署百万吨石脑油销售协议。2月,同西班牙石油公司(CEPSA)签署海上区块共20%特许经营协议。同日本国际石油开发控股公司(INPEX)签署海上石油区块10%特许权协议。3月,同法国道达尔签署海上区块25%特许经营协议。与意大利埃尼公司(Eni)签署海上油田股权和40年特许经营权协议。② 5月,与CEPSA签署建设世界级直链烷基苯(LAB)工厂协议。9月,完成作为炭黑和焦化项目组成部分的专业焦化单元试运行。子公司阿布扎比国家石油公司液化天然气公司(Adnoc LNG)将第二次综合天然气开发扩建(IGD-E)项目授予西班牙Tecnicas Reunidas公司与阿布扎比Target Engineering Construction公司组成的联合体。11月,与Eni签署天然气项目部分特许经营权协议。宣布将Ghasha酸气田10%权益授予德国温特沙尔公司(Wintershall)。下属陆上石油公司授予英国Penspen公司价值超过7000万美元的咨询服务合同。12月,将Ghasha酸气田5%权益授予奥地利石油天然气集团(OMV)。

(二)农业

农业朝现代、绿色、外向方向发展。2018年2月,阿布扎比农民服务中心(ADFSC)启动百家有机农场建设计划。③ 6月,气候变化与环境部计划使用无人机对农业地区进行调查和绘图。7月,ADFSC公布2018—2019年度农业生产计划。10月,达赫拉公司斥资1.5亿欧元购买塞尔维亚

---

① "OPEC Basket Price," *Organization of the Petroleum Exporting Countries*, https://www.opec.org/opec_web/en/data_graphs/40.htm, 2019-03-15.
② "意大利公司首次获得阿联酋石油特许经营权",新华网,2018年3月12日,http://www.xinhuanet.com/world/2018-03/12/c_1122526990.htm,2019年2月25日。
③ Binsal Abdul Kader, "100 farms to go organic in Abu Dhabi," *Gulf News*, February 7, 2018, https://gulfnews.com/uae/environment/100-farms-to-go-organic-in-abu-dhabi-1.2169935, 2019-03-15.

PKB Korporacija 公司农业资产。

(三) 非油气其他工业

制定新工业发展战略，目标是实现可持续发展、创新发展，降低碳排放，支持中小企业，以发明创造激活产业，到 2021 年创新在非石油国内生产总值的比重为 5%。2018 年 9 月，阿布扎比启动 "明天 21"（Ghadan21）政府加速器项目。10 月，迪拜举行 "以技术加速工业创新" 为主题的第三届 "未来制造与贸易峰会"。阿联酋绿色经济数据库 "阿联酋绿色仪表盘"（UAE Green Dashboard）上线。12 月，迪拜启动穆罕默德·本·拉希德创新基金加速器项目。阿布扎比举办首届阿拉伯数字经济论坛。①

一般制造、供水供电等事业稳步推进。2018 年 1 月，全球最大淡水储存基地在阿布扎比利瓦（Liwa）建成。4 月，中东北非地区最大 LED 工厂落户沙迦。5 月，塔维拉铝材压制公司（Talex）宣布开工。ADNOC 和摩洛哥磷酸盐集团（OCP）同意探索组建世界级化肥合资企业。7 月，巴拉卡一号核电站（Barakah One）获得发电许可证。11 月，阿联酋国家石油建设公司（NPCC）年初以来新签合同额已达 75 亿迪拉姆（约 20.4 亿美元）。12 月，酋长国钢铁公司（Emirates Steel）对 6.5 亿美元债务进行了重组。迪拜马克图姆太阳能四期项目取得阶段性进展。伊蒂哈德药房（IDS）和两家摩洛哥医药公司联合投资在迪拜设立制药工厂 Pharmax。穆巴达拉（Mubadala）和迪拜铝业联合投资一家发电和海水淡化工厂。12 月，牛津经济研究显示，铝业部门产值占阿联酋经济比重的 1.4%。

(四) 商业服务业

营商环境持续改善，私营部门商业信心积极。② 2018 年 3 月，阿联酋两个最大的房地产开发商 Aldar 和 Emaar 结成战略联盟。③ 4 月，Aldar 将外资持股比例上限放宽至 49%。迪拜商会启动降低企业成本和改善监管环境举措。5 月，地中海航运公司（MSC）同阿布扎比港口公司签署哈里发

---

① "Digital Economy Conference," DEC, https://www.decsummit.com/DEC-2018/, 2019 – 03 – 15.

② Economist Intelligence Unit, Country Report: United Arab Emirates, generated on February 23, 2019, p. 3.

③ John Everington and Dania Saadi, "Aldar and Emaar Properties enter into Dh30 billion strategic partnership," The National, March 20, 2018, https://www.thenational.ae/business/property/aldar-and-emaar-properties-enter-into-dh30-billion-strategic-partnership-1.714628, 2019 – 03 – 15.

港码头30年特许经营协议。阿联酋决定向外籍投资人和专业人才发放10年长居签证,允许在阿外籍投资人拥有100%的公司所有权。① 6月,迪拜水电局(DEWA)再次广泛邀请迪拜居民积极参与迪拜Shams太阳能倡议。阿联酋内阁决定免除重型车辆道路通行一日许可证费用。上半年,迪拜港口世界集团(DP World)集装箱处理量同比增长4.8%。1—8月,阿联酋批发零售业获得融资支持总额63亿迪拉姆(约17.2亿美元)。9月,Aldar划拨200亿迪拉姆(54亿美元)资产成立Aldar Investments。迪拜打车软件公司Careem收购印度交通软件公司Commut的人才和技术。三季度,阿布扎比建筑成本指数达到98.1%,同比上涨1.2%,比二季度下降了1%。至三季度,阿联酋已有超过33.8万私营企业开展业务,吸纳就业526万人。10月,Careem新募集资金2亿美元用于业务扩张。迪拜经济发展局为投资者和经商者提出"即时许可"6项便利举措。阿布扎比全球市场(ADGM)仲裁中心投入使用。阿布扎比国家展览公司(ADNEC)举办10场国际及地区展会。1—10月,在迪拜经济发展局进行商业注册并获许可的新增商业活动达44项。12月,阿布扎比商工会将原产地证书服务费降低至40迪拉姆。截至12月中旬,迪拜新签和完成合同额859亿迪拉姆(约234亿美元)。2018年,迪拜经济发展局新发放执照20467份。沙迦商会新增会员企业5178家。

(五)交通与电信

陆海交通与民用航空建设、运输快速发展。在铁路方面。至2018年9月,迪拜对道路和交通基础设施的投资总量已达1000亿迪拉姆,地铁成为迪拜支柱性公共交通方式。11月,阿联酋联邦财政部、阿布扎比财政局和联邦铁路公司共同签署协议,为联邦铁路二期项目提供融资。在空运方面。2018—2019上半财年(截至2018年9月30日),阿联酋航空(EK)集团净利润11亿迪拉姆(约合3亿美元),下降53%。10月,沙特航空和阿提哈德航空签署一项新的代码共享协议。至12月,阿联酋拥有884架注册飞机,国内航空业投资超过1万亿迪拉姆(包括机场基础设施投资、商

---

① "New visa and investment rules in UAE: Your queries answered," *Gulf News*, May 22, 2018, https://gulfnews.com/uae/government/new-visa-and-investment-rules-in-uae-your-queries-answered-1.2224938, 2019-03-15.

用飞机)。① 2018年，阿联酋各机场接待旅客总人数达1.29亿，同比增长2%，其中迪拜国际机场接待旅客9460万人次，为全球国际旅客最多的机场，阿布扎比国际机场接待旅客2230万人次，沙迦机场接待旅客1070万人次。在海运方面。12月，船运、海运及物流公司GAC启动在阿布扎比哈利法工业区新设施（包括仓库和仓储区）。2018年，阿布扎比港口吞吐量同比增长14.2%，其中集装箱174万标箱，比2017年增长了24%。

电信事业正在实现跨越式发展。在电话和网络通信方面。2018年前三季度，阿联酋两大电信公司Etisalat和Du向联邦政府支付特许经营费62亿迪拉姆（约合16.9亿美元）。11月，Etisalat公司计算机应急处理小组和Senaat公司签署谅解备忘录，将在信息安全领域开展合作和联合行动。GSMA研究数据显示，阿联酋智能手机应用数量占终端设备总数量的85%，其智能手机普及率排在中东北非地区第一位。② 四季度，阿联酋移动电话普及率增长200%。2018年，Etisalat集团境内通讯用户达1260万。在信息交换方面。据国际电信联盟报告，2018年阿联酋具备基本数字技术人口比例高达92%，居全球第二。在光纤通信方面。2月，光纤到户中东北非委员会（FTTH Council MENA）年度报告显示，阿联酋以94.3%的光纤到户（FTTH）覆盖率连续两年高居全球排名之首。③ 在通信卫星方面。至2018年底，按营业收入计算，Yahsat公司已成为全球第六大通讯卫星运营商。

（六）财政金融

实行赤字财政政策，支出增加。2018年，预算赤字占GDP的0.8%。④ 前三季度，联邦、地方政府支出2761.5亿迪拉姆（约752.5亿美元），同比增长6.5%。9月，阿联酋2018年联邦预算支出调增19.69269亿迪拉姆（约合5.366亿美元）。

---

① "Investment in UAE's aviation sector totals AED1 trillion：Saif Al Suwaidi," *Emirates News Agency*, December 30, 2018, http://wam.ae/en/details/1395302729767, 2019 – 03 – 13.

② Staff writer, "UAE has highest smartphone adoption rate in MENA region," *Arabian Business*, November 27, 2018, https://www.arabianbusiness.com/technology/408796-uae-has-highest-smartphone-adoption-rate-in-mena-region, 2019 – 03 – 13.

③ "UAE ranked as global leader in Fiber Optic Network for a second year in a row," *MENA Herald*, February 26, 2018, https://www.menaherald.com/en/tech/telecom/uae-ranked-global-leader-fiber-optic-network-second-year-row, 2019 – 03 – 13.

④ Economist Intelligence Unit, *Country Report：United Arab Emirates*, generated on February 23, 2019, p. 2.

银行业资产稳步增长，资产质量与利润率有所改善。2018年一季度，第一阿布扎比银行（FAB）利润同比增长2%。5月，首家本地银行阿布扎比商业银行（ADCB）入驻阿布扎比全球市场。7月，FAB按一级资本算为205亿美元，成为中东地区最大银行。① 外资银行资产占阿银行总份额（27740亿迪拉姆）的23.2%。至7月底，阿联酋银行业国际储备净值为3770亿迪拉姆（约合1030亿美元），创历史新高。8月底，阿联酋银行总资产达2.8万亿迪拉姆（约合7629亿美元）。1—8月，本地银行为私营部门融资381亿迪拉姆（约合103.8亿美元）。至10月，因美联储自年初以来多次加息，阿联酋银行间拆借利率上升了30.7至48.6个百分点，创下新高。10月，全球首家全数字化银行盎格鲁—海湾贸易银行（Anglo - Gulf Trade Bank）在阿布扎比成立。2018年，酋长国迪拜国民银行（Emirates NBD）净利润逾100亿迪拉姆（约合27亿美元），同比增长20%。迪拜商业银行利润达11.6亿迪拉姆（约合3.2亿美元），同比增长16%。马士革银行利润达21亿迪拉姆（约合5.7亿美元），同比增长0.4%。截至年底，阿布扎比4家上市银行现金和现金等价物达2110亿迪拉姆（约合577亿美元），同比增长26%，阿联酋银行业流动性持续改善。国际金融协会（IIF）预计，2018年阿联酋存款增长6.5%，贷款增长4.2%。②

证券市场活跃，有效利用社会资本。2018年上半年，阿布扎比上市公司向40.6万名个人投资者发放超过234亿迪拉姆（约63.8亿美元）股息。迪拜金融市场（Dubai Financial Market，DFM）净利润为8280万迪拉姆，同比下降43%。8月，阿布扎比全球市场为法国外贸银行（Natixis）和阿联酋努尔银行（Noor）发售首个伊斯兰债券。10月，阿联酋立法赋予联邦政府主权债券发行权。11月，伊斯兰开发银行（Islamic Development Bank，IsDB）在迪拜纳斯达克上市6.5亿欧元伊斯兰债券。DP World集团在迪拜纳斯达克上市33亿美元债券。2018年，由于经济多元化和高油价带来的经济复苏，股市普遍表现不错。阿布扎比股市因银行股表现较好上涨10%以上，但迪拜股市刚好走势相反，因房地产和金融服务股表现极差下

---

① "Top 1000 World Banks 2018 Middle East," *The Banker*, https://www.thebanker.com/Top-1000/2018/2018-regions/Top-1000-World-Banks-2018-Middle-East, 2019 – 03 – 13.

② Babu Das Augustine, "UAE's banking sector profitability to remain strong in 2019," *Gulf News*, December 30, 2018, https://gulfnews.com/business/banking/uaes-banking-sector-profitability-to-remain-strong-in-2019-1.61120149, 2019 – 03 – 13.

跌 25%。①

（七）对外经济关系

经常账户盈余，转口贸易优势显现。2018 年 4 月，迪拜机场自由区与 Wasl 资产管理集团合资组建中东北非地区首个电子商务自由区——Commer City。上半年，杰贝阿里自由区（Jafza）收入 9.92 亿迪拉姆（约合 2.7 亿美元），同比增长 2%。迪拜机场自由区收入同比增长 8%。迪拜食品贸易额达 442.4 亿迪拉姆（约合 120.5 亿美元）。9 月，阿布扎比开始对在酋长国各自由区注册的企业发放双重营业执照。1—9 月，阿布扎比铜铁贸易额 205 亿迪拉姆（约 56 亿美元），同比增长 26%，占酋长国非石油贸易总额（1222 亿迪拉姆，约 333 亿美元）的 17%。阿布扎比铝贸易额 36 亿迪拉姆（约 9.8 亿美元），同比增长 2.8%，占阿布扎比非石油贸易总额的 3%。迪拜经济自由区贸易总额 3940 亿迪拉姆（约 1074 亿美元），同比增长 22%，占同期迪拜贸易总额的 41%。前三季度，迪拜非石油贸易额达 9650 亿迪拉姆（约 2629 亿美元）。② 阿联酋非石油贸易额 1.2 万亿迪拉姆（约 3270 亿美元），其中直接贸易额 7264 亿迪拉姆，占比 62%；自由区贸易额 4392 亿迪拉姆，占比 37%；海关仓储额 84 亿迪拉姆，占比 2%。非石油进口贸易额 6972 亿迪拉姆（约合 1900 亿美元），非石油出口贸易额 1347 亿迪拉姆（约合 367 亿美元），转口贸易额 3422 亿迪拉姆（约合 923 亿美元），同比增长 5%。1—10 月，阿布扎比烟草贸易额同比下降 85.4%。截至 11 月底，阿联酋海湾地区项目指数增长了 2.3%。2018 年，阿布扎比哈利法工业区（Kizad）全年吸收外国直接投资（FDI）共 15 亿迪拉姆（约 4.1 亿美元）。阿联酋向其他海合会成员转移关税达 10 亿迪拉姆（约合 2.7 亿美元）。阿联酋经常账户余额占 GDP 比重为 6.9%，与 2017 年相比几乎翻番。③

国内外工业、商业和金融业投资力度加大。2018 年 3 月，阿布扎比投

---

① Muzaffar Rizvi, "Markets to rebound in 2019," *Khaleej Times*, January 1, 2019, https://www.khaleejtimes.com/business/markets/markets-to-rebound-in-2019, 2019 - 03 - 13.

② "Dubai's foreign trade exceeds AED 965 billion in first nine months of 2018," *Emirates News Agency*, November 6, 2018, http://wam.ae/en/details/1395302718759, 2019 - 03 - 13.

③ Middle East and Central Asia Dept., "IMF Executive Board Concludes 2018 Article IV Consultation with the United Arab Emirates," in *United Arab Emirates*: 2018 Article IV Consultation-Press Release; *Staff Report*; *and Statement by the Executive Director for the United Arab Emirates*, IMF Country Report No. 19/35, January 2019.

资委员会（ADIC）并入穆巴达拉投资集团。穆巴达拉投资公司与希腊新经济发展基金（Taneo）组建4亿欧元（约合4.96亿美元）共同投资基金。6月，穆巴达拉石油公司收购意大利埃尼公司在埃及Shorouk区域海上气田10%特许经营权。上半年，穆巴达拉投资公司净利润109亿迪拉姆（约合30亿美元）。截至7月底，阿布扎比全球市场（ADGM）注册企业数量已达1036家。前三季度，迪拜继续保持对全球金融和商业投资吸引力，吸引外国直接投资282亿迪拉姆（约76.8亿美元），同比增长29%。截至10月中旬，迪拜中高技术项目吸引外资已达36亿迪拉姆（约合9.8亿美元）。10月，阿联酋参加第二届阿拉伯—意大利商业论坛。11月底，阿联酋主权财富基金资产达1.18万亿美元。12月，穆巴达拉石油公司收购埃尼公司在埃及西奈半岛北部NOOR区海上气田20%特许经营权。至12月，沙迦吸引外国直接投资59.7亿迪拉姆（约合16亿美元），同比增长20%。至年底，阿联酋政府和私人对外投资总额超过1.5万亿美元。

对外侨汇增长。2018年上半年，阿联酋对外侨汇879亿迪拉姆（约合240亿美元），同比增长12.9%。

外援占GDP比重维持高位。按援外金额占国民收入比重计算，阿联酋已连续5年保持全球最大官方发展援助国地位。[1] 11月，阿联酋和沙特与世界粮食署等合作启动对也门食品援助新计划"Imdad"。

（八）旅游业

促进旅游业发展，黄金饰品销售下降。2018年6月，阿布扎比调低酒店市政费至2%，酒店旅游费至3.5%，市政房间费10迪拉姆每间每晚。迪拜调低酒店、餐厅市政费至7%。1—8月，阿布扎比酒店行业营业额同比增长5.5%。9月，阿联酋相关部门批准对外国游客提供增值税可退税计划。第三季度，国际游客增长1.6%，迪拜和阿布扎比的酒店入住率分别上升4.2%和0.7%。10月，阿布扎比文化和旅游局与医疗旅行组织签署谅解备忘录，加强双方战略合作。1—11月，迪拜酒店业客房收入总计94.3亿迪拉姆（约25.7亿美元）。2018年，迪拜吸引国际游客数量达

---

[1] "UAE named world's largest humanitarian donor for fifth year," *Khaleej Times*, April 10, 2018, https://www.khaleejtimes.com/news/general/uae-named-worlds-largest-humanitarian-donor-for-fifth-year, 2019-03-17.

1592万人次。① 阿联酋共销售36.2吨黄金首饰，同比下降23%。

（九）国民生活

通胀趋势走低，消费信心提升。2018年一季度，阿联酋信用卡消费支出同比增长8.33%。4月，阿联酋成为首个加入"国际消费者保护与执法网络"（ICPEN）的海合会国家。上半年，阿布扎比消费者价格指数（CPI）为111.9，同比上涨3.6%。阿联酋通胀一季度4.2%，二季度3.4%，三季度3.6%，10月1.6%，11月1.3%。三季度，迪拜消费者信心指数136点，四季度137点。2018年，阿布扎比通胀率为3.3%。阿联酋消费者价格指数113。②

就业相对疲软，政府力推"本地化"。2018年2月，人力资源和本地化部要求约2000家私营企业优先聘用阿联酋籍员工，并挑选400个岗位作为本国人才优先聘用岗位。7月，人力资源和本地化部与阿联酋中央银行共同发起倡议，计划在100天内向阿联酋本地居民提供约1500个银行和金融部门工作岗位。9月，在政府加速器计划框架下，联邦人力资源部同13个联邦及地方酋长国部门签署合作谅解备忘录，100天内为本国居民创造3500个工作岗位。第三季度，阿联酋私营部门工作的高技能劳动力达149.6万，占私营部门劳动力总数（502.6万）的29.7%。

工作时间长，收入相对较低。2018年4月，阿联酋内阁批准了未来3年对低收入群体的110亿迪拉姆（约合30亿美元）社会救助预算。6月，阿布扎比退休金和福利基金（ADRPBF）宣布放开25年强制退休年限。③ 6月，瑞银集团发布对全球77个城市、15个不同职业进行的调查分析报告《价格与收入》（2018），迪拜在工作时长排名中位列第6名，在收入排名中位列第36名。

房地产市场持续低迷。2018年第一季度，住宅平均价格同比下降2%，部分地区租金下降高达5%。第二季度，阿布扎比和迪拜房屋租金分别下降10.6%和8.3%。第三季度，阿联酋住宅物业价格和租金继续下降，其

---

① "Dubai tourism grows marginally in 2018, China tourists up 12 percent: data," *Reuters*, February 24, 2019, https://www.reuters.com/article/us-emirates-travel-dubai/dubai-tourism-grows-marginally-in-2018-china-tourists-up-12-percent-data-idUSKCN1QD0DW, 2019 – 03 – 17.
② "United Arab Emirates," *UNdata*, http://data.un.org/en/iso/ae.html, 2019 – 03 – 17.
③ "Emiratis can opt not to retire after 25 years of work," *Gulf News*, June 6, 2018, https://gulfnews.com/uae/government/emiratis-can-opt-not-to-retire-after-25-years-of-work-1.2233028#, 2019 – 03 – 17.

中阿布扎比和迪拜房屋租金降幅扩大，分别为 11.3% 和 9.6%。2018 年前三季度，迪拜房地产交易 39802 笔，交易金额达 1620 亿迪拉姆（约合 441 亿美元），同比下降 20.6%。2018 年迪拜房地产市场跌幅达 6% 至 10%。[1]至 2019 年 1 月，迪拜公寓租金与 2014 年的峰值相比下降超过 40%。

二、政治生态

2018 年，阿联酋国内政治稳定、对外政策激进。保持对穆兄会等反对势力以及要求民主变革的活动分子高压态势，国内政治稳定。阿布扎比王储手握实权，在政府内部持续扩大势力、巩固自己权力。在全球层面，保持与美国、法国传统友好关系，升级与俄罗斯、韩国关系。在地区层面，团结沙特、巴林，排挤卡塔尔、伊朗。阿联酋对外政策作为倾向明显，但激进成分也在增加。

（一）政治统治和政治管理

严厉对待批评意见以及政治多元呼声。阿联酋政府继续警惕穆兄会及其分支（al-Islah）在国内和地区层面提出的批评和可能造成的威胁。[2] 声称活动分子隶属穆兄会、试图推翻阿联酋政治体制，加大对国内异见活动分子的逮捕、拘留和判罚力度。

软硬兼施，实施政治管理。一方面，阿联酋政府以强力平息民众较少爆发的抗议活动。另一方面，凭借 2018 年油价上涨带来的石油增收，坚持向民众转移财富。通过长期以来的免费医疗教育、政府生活补贴、社会帮困补助金、公共职位供给等政策，政府事实上已经与国民达成了以经济福利换取政治支持的社会协议。阿联酋政府不会轻易取消国民福利、撕毁社会协议。

（二）国家

联邦总统及阿布扎比酋长职位人选确定。阿联酋总统、阿布扎比酋长

---

[1] "Dubai residential prices could fall by up to 10% in 2019 - report," *Gulf Business*, January 7, 2019, https://gulfbusiness.com/dubai-residential-prices-fall-10-2019-report/, 2019-03-17.

[2] al-Islah1974 年成立于迪拜，1994 年被阿联酋政府宣布解散；2014 年阿联酋政府认定穆兄会为恐怖组织后，阿联酋穆兄会迁至土耳其活动。参见刘辰："阿联酋穆斯林兄弟会的历史演变及其与政府关系探析"，《世界宗教文化》，2018 年第 4 期，第 31—33 页。

哈利法·本·扎耶德·阿勒纳哈扬拥有其他六个酋长国统治家族支持，但身体状况堪忧。其弟穆罕默德·本·扎耶德·阿勒纳哈扬是阿布扎比王储以及事实上的统治者。若穆罕默德继位，权力交接将平稳顺利且不影响既定政策。穆罕默德也将确保盟友占据政府及安全部门高级职位、把政策制定过程集中在自己权力基础内部，从而持续巩固自己权力。①

其余酋长国权力继续集中在统治家族内部。穆罕默德·本·拉希德·阿勒马克图姆继续执掌迪拜酋长国，次子哈姆丹·本·穆罕默德继续充任王储。联邦政府继续提供财政支持，抵消较小酋长国不满。阿布扎比和联邦政府为经济欠发达的北方酋长国提供高额补贴，可以保证阿布扎比在联邦层面集权的努力获得成功。

（三）政治改革和政治民主

联邦国民议会成员呼吁改革。2019年阿联酋将举行四年一届的联邦国民议会选举。联邦国民议会内一些来自北方较贫穷酋长国的议员，已呼吁议会改革以增加议会影响。

维持威权主义模式。2018年，阿联酋通过遏制政治腐败、精简政府职能，提升了政府运行效率。阿联酋已经成为中东海湾地区廉洁程度最高的国家之一。然而地区局势长期动荡、极端主义余孽未消、伊朗干涉风险加大，阿联酋不得不继续取缔异见，维持国民高福利政策。在对也门采取史上最大强度军事行动、继续派遣阿联酋军队的背景下，阿联酋越来越强调爱国主义。②

（四）与美国关系

"通俄门"险些发酵成"通中东"。2018年3月、5月，美国特别检察官罗伯特·米勒主持"通俄"调查之际，美国媒体曝出特朗普家族"通中东"传闻。5月，特朗普指责相关报道"荒谬"。阿联酋外交事务国务部长安瓦尔·加尔贾什否认干预美国总统选举。

贸易领域产生摩擦，军事交流继续强化。2018年3月，针对美国对进口钢铁和铝产品分别征收25%和10%的关税政策，阿联酋众多专家和学者

---

① 相关内容可以参见［英］蒂姆·尼布洛克："政权不安全感与海湾地区冲突的根源析论"，《阿拉伯世界研究》，2019年第1期，第14页。

② Economist Intelligence Unit, *Country Report*: *United Arab Emirates*, generated on February 23, 2019, p. 5.

认为阿相关公司有能力应对。1月至11月阿美贸易额218亿美元，与2017年同期持平。10月，阿联酋武装部队开始与美军举行为期两周、代号"铁魔术19"的联合军演。①

（五）与俄罗斯、欧洲关系

与俄罗斯建立战略伙伴关系。2018年6月，阿联酋阿布扎比王储穆罕默德与俄罗斯总统普京在莫斯科共同发表两国战略伙伴关系宣言，双方将致力于加强在能源和反恐等领域的合作。

与英国权力平衡发生改变。2018年5月，英国杜伦大学在读博士生马修·赫奇斯在结束为期两周的阿联酋之行时在迪拜机场被捕。11月，阿联酋阿布扎比王储穆罕默德与到访的英国外交大臣杰里米·亨特举行会谈，讨论也门局势、赫奇斯案件等问题。几天后，阿布扎比联邦上诉法院仍然以间谍罪判处赫奇斯终身监禁。英国首相特雷莎·梅和外交大臣杰里米·亨特对法院判决失望，寻求与阿联酋政府交涉。之后，为庆祝阿联酋第47个国庆日，阿联酋总统宣布特赦赫奇斯在内的785名囚犯。但阿联酋自始至终坚称赫奇斯是英国间谍，标志着一个世纪以来英国在双边关系中占据优势地位的历史开始发生重大变化。②

维持与法国传统友好关系。阿联酋是海湾国家中唯一一个以法式武器装备为主的国家。2018年1月，阿联酋航空订购了36架空客A380客机。11月，阿联酋阿布扎比王储穆罕默德访问法国，与马克龙重申巩固战略伙伴关系的决心。③

（六）与韩国关系

与韩国关系在出现波折后得到加强。2017年底、2018年初，李明博被指控2009年为签署核电站建设订单，与阿联酋签署一项绕开国会立法的附加军事条约。李明博为此受到文在寅政府的韩国检察官办公室特别调查。

---

① "阿联酋与美国举行'铁魔术19'联合军演"，新华网，2018年10月22日，http：//www.xinhuanet.com/world/2018-10/22/c_1123596496.htm，2019年2月26日。对外关系部分消息除做特殊说明外，全部来自新华网，下文不再给予脚注。

② "'Spy' Dispute Highlights Shifting Balance of Power Between the UK and the UAE," *Chatham House*, November 27, 2018, https://www.chathamhouse.org/expert/comment/spy-dispute-highlights-shifting-balance-power-between-uk-and-uae, 2019-03-15.

③ "UAE, France re-affirm determination to consolidate strategic partnership," *Emirates News Agency*, November 23, 2018, http://wam.ae/en/details/1395302722600, 2019-03-13.

同时，朴槿惠也被曝为保住阿联酋核电站建设项目订单，在2013年与阿联酋秘密签署军需相互补给支援协议（MLSA）。附加军事条约细节遭到曝光，引发阿联酋担忧与不满。阿联酋向韩国建筑集团施压。为安抚战略合作伙伴并加强双边关系，文在寅在2017年12月派遣青瓦台秘书室长任钟晳携带亲笔信出访阿联酋。2018年1月，任钟晳又在首尔与阿联酋阿布扎比行政事务局主席哈勒东·哈利法·穆巴拉克会晤，双方就两国战略伙伴关系的发展现状进行评价，并就全面深化各领域实质性合作展开讨论。3月，文在寅访问阿联酋，将两国战略合作伙伴关系升级为特殊战略伙伴关系。①

（七）与中东非洲国家关系

与沙特加强军事、经济等领域合作。2018年6月，阿联酋和沙特宣布，两国决定实施共同军事安全和经济战略，以进一步深化两国合作、维护两国安全，加强两国国际及地区地位。11月，阿联酋欢迎沙特检察官关于记者卡舒吉死亡的调查结果。②

巩固与埃及在应对恐怖主义等问题上的合作。2018年4月，阿联酋阿布扎比王储穆罕默德在开罗拜会埃及总统塞西，双方商讨了反恐及若干地区热点问题，表示将携手抵制对阿拉伯国家内部事务的干涉。

与伊朗敌对关系加剧。2018年9月，伊朗阿瓦士纪念两伊战争的阅兵式遭到武装袭击，25名军人和平民死亡，大约60人受伤。哈梅内伊指认袭击者获美国支持，受到沙特和阿联酋资助。伊朗法尔斯通讯社在"推特"上发布视频，威胁要用导弹打击沙特和阿联酋的首都。革命卫队副司令侯赛因·萨拉米警告沙特和阿联酋不要越过"红线"，否则将面临伊朗猛烈报复。未来，阿联酋将继续跟伊朗敌对，造成地区紧张，贸易受损。

与土耳其关系持续恶化。2014年，土耳其收容阿联酋被禁穆兄会成员。2018年1月，安卡拉市政府以奥斯曼帝国驻麦地那总督名字重新命名阿联酋大使馆所在街道，以回应阿联酋官方"污名"该总督。

促成塔利班与美国开展和谈。2018年12月，阿联酋主持阿富汗塔利班组织与美国代表在阿布扎比举行的会谈。

---

① 阿联酋与韩国战略合作伙伴关系正是缘自2009年核电站建设订单。参见钮松："韩国与阿联酋的战略合作伙伴关系"，《东北亚学刊》，2015年第1期，第12—13页。

② "UAE welcomes Saudi public prosecutor's findings on death of journalist Jamal Khashoggi," *Emirates News Agency*, November 15, 2018, http://wam.ae/en/details/1395302720890, 2019-03-13.

在阿拉伯国家中率先恢复与叙利亚关系。2018年12月，阿联酋7年后重新开放驻叙利亚大使馆。

排挤伊朗、卡塔尔、土耳其在非洲影响。2018年7月，阿布扎比王储穆罕默德欢迎厄立特里亚总统伊萨亚斯·阿费沃尔基访阿。促成埃塞俄比亚和厄立特里亚关系正常化。8月，阿联酋计划在埃塞俄比亚首都亚的斯亚贝巴和厄立特里亚港口城市阿萨布之间修建一条输油管道。12月，阿布扎比王储穆罕默德接见几内亚总理福法纳。[①]

（八）与卡塔尔关系

与卡塔尔不断爆发领空等各种纠纷。2018年1月，卡塔尔就阿联酋军机两次闯入其领空事件向联合国提出两次申诉。阿联酋指责卡方战机在国际空域"骚扰"三架阿方军机，指责卡方战机试图拦截其民航客机并指示空军面对挑衅不得与卡方摩擦。3月，卡塔尔就阿联酋军机闯入其领空再次向联合国提出申诉。4月，阿联酋民航部门指认卡塔尔战机在巴林领空"危险接近"阿方客机，扬言向国际民用航空组织投诉。卡塔尔否认拦截阿方客机，反指一架阿方军机前一天闯入卡方领空。6月，阿联酋、沙特、巴林和埃及发表联合声明，决定就领空纠纷到联合国海牙国际法院讨说法，认为国际民航组织"不具备受理相关纠纷的能力"。

与卡塔尔就卡王室成员以及在阿侨民爆发摩擦。2018年1月，卡塔尔半岛电视台等媒体播出王室成员阿卜杜拉·本·阿里·阿勒萨尼自称遭到阿联酋拘禁的一段视频。[②] 阿联酋随后报道，阿卜杜拉自愿来到阿联酋，在阿期间"行动自由，也表达了想要离开的意愿，所有相关手续都毫无障碍地提供给他"。阿联酋暗示视频可能由卡方"自导自演"。对此，卡塔尔称与阿布扎比方面缺乏联络，正在密切关注有关情况。此外，6月，卡塔尔向海牙国际法院提交诉讼，指认阿联酋侵犯在阿的卡塔尔侨民人权、违反《消除一切种族歧视国际公约》。

与卡塔尔在金融领域产生矛盾。2018年2月，卡塔尔央行代理律师事务所美国保罗—韦斯律师事务所分别致信美国财政部和商品期货交易委员

---

① "His Highness Sheikh Mohamed bin Zayed receives Guinean Prime Minister," *UAE Ministry of Foreign Affairs and International Cooperation*, December 18, 2018, https://www.mofa.gov.ae/EN/MediaCenter/News/Pages/18-12-2018-UAE-Guinean.aspx, 2019 – 03 – 13.

② "Qatari royal 'held against his will in the UAE'," *Al Jazeera*, January 14, 2018, https://www.aljazeera.com/news/2018/01/qatari-royal-held-uae-180114134434265.html, 2019 – 03 – 13.

会，称第一阿布扎比银行美国分行涉嫌经由美元结算和相关银行业务操纵卡塔尔货币里亚尔和证券市场，对卡塔尔政府发动"金融战争"，请求美国两机构调查该银行分行。3月，该行回应称，第一阿布扎比银行与市场监管方密切合作，以"维持业内监管和治理的高标准"。

与卡塔尔商业关系将持续受到影响。2018年3月，阿布扎比酋长国最高石油委员会、阿布扎比石油公司等4家公司与卡塔尔石油公司签订共同开发本杜克海上油田的协议，达成卡塔尔断交危机爆发以来阿卡之间的首个合作协议。将来，海豚（Dolphin）公司管道输送天然气也不会受到影响，尽管风险犹存；但卡塔尔争端看不到解决迹象，确实影响商业关系。①

（九）与也门关系

主导荷台达争夺战。2018年1月，阿联酋支持的也门南部分离主义力量与沙特支持的哈迪政府力量在亚丁爆发冲突。6月，哈迪访问阿联酋修补盟友关系，并回到亚丁。阿联酋主导多国联军发起针对胡塞武装、代号为"金色胜利行动"的荷台达争夺战。荷台达军事行动成为2015年沙特领导的军事联盟干预也门冲突以来规模最大的一场战斗。② 7月，阿联酋向胡塞武装提出"弃地留人"以配合联合国的促和努力，即胡塞武装出让荷台达港口、联军保全胡塞武装作战力量。9月，联合国也门问题特使格里菲斯促成的哈迪政府与胡塞武装在日内瓦的和谈失败。多国联军陷入与胡塞武装截至目前的拉锯战和持续谈判进程。

扩大在也门南部影响。近年来，阿联酋在红海航线沿岸构建了武力辐射范围延伸到非洲大陆的军事基地链条。在也门南方打造"阿联酋版真主党"的"安全地带武装"。主导荷台达争夺战有助于阿联酋扩大在也门南部影响，保证红海航线石油运输安全。阿联酋有意效仿历史上的阿曼，成为影响力横跨东非与阿拉伯半岛、从红海南部延伸到波斯湾南部的地区大国。③ 美前国防部长詹姆斯·马蒂斯戏谑的"小斯巴达"阿联酋，在阿拉伯半岛以外地区寻求建立长期的军事影响；其巨额石油财富支撑的军事、

---

① Economist Intelligence Unit, *Country Report: United Arab Emirates*, generated on February 23, 2019, p. 5.

② Mohammed Ghobari and Mohamed Mokashef, "Civilians flee bombardment as Arab states pound Yemen port," *Reuters*, June 14, 2018, https://www.reuters.com/article/us-yemen-security/civilians-flee-bombardment-as-arab-states-pound-yemen-port-idUSKBN1JA0N2, 2019-03-13.

③ 吴冰冰：《中东地区的大国博弈、地缘战略竞争与战略格局》，《外交评论》，2018年第5期，第59、68页。

经济行动注定将影响红海沿岸地区。①

继续在也门内战中发挥军事作用。② 依据目前哈迪政府与胡塞武装在荷台达打打停停的情势来看，也门冲突获得政治解决的难度很大。阿联酋为了维护自身利益，将继续保持对也门局势的卷入。甚至有分析称，阿联酋倾力打造的"世俗—威权—发展"三位一体的"阿拉伯新模式"，或因其军事冒险主义和干涉主义面临风险。③ 但同时，阿联酋正在获取的军事影响，及其在也门行动的不透明性赋予的某种程度上的免责，可能使其采取进一步的破坏行动。时至今日，阿联酋对曼德海峡的军事包围尽管极不可能被用作未来的杠杆或工具，但也不是没有可能被其用来发起类似伊朗有时利用霍尔木兹海峡实施过的恐吓。④

结　语

2018 年，阿联酋形势稳定与变化共存。经济上，以石油工业为基础，大力发展经济多元化和创新战略，阿联酋巩固经济增长势头。政治上，通过钳制国内反对势力和异见活动分子，向国民输出高额福利补贴，阿联酋维持威权主义模式。在全球层面，阿联酋维持、加强与美国和法国强有力的关系，升级与俄罗斯、韩国之间的关系。但在地区层面，联合沙特、巴林等国对卡塔尔进行封锁，与伊朗进行对抗，特别是主导在也门进行军事行动以并行维护红海一带经济利益，阿联酋成为地区局势稳定的重要攸关方。

---

① Braden Fuller and Valentin d'Hauthuille, "Exporting (In) Stability: The UAE's Role in Yemen and the Horn of Africa," *ACLED*, October 10, 2018, https://www.acleddata.com/2018/10/10/exporting-instability-the-uaes-role-in-yemen-and-the-horn-of-africa/, 2019 - 03 - 13.

② Economist Intelligence Unit, *Country Report: United Arab Emirates*, generated on February 23, 2019, p. 2.

③ 丁隆:"阿联酋：世界最慷慨国家的悖论",《世界知识》，2018 年第 7 期，第 47 页。

④ Braden Fuller and Valentin d'Hauthuille, op. cit.

阿曼：
"阿拉伯剧变"后的社会恢复与政治改革[*]

一、政治局势与社会管理

1970年7月23日，在英国的介入下，现任阿曼苏丹卡布斯（Qaboos Bin Said）推翻了其父赛义德·本·塔慕尔（Said Bin Taimur）的统治。卡布斯苏丹上台后以强力手段结束了自1962年以来经年不断的佐法尔叛乱，令阿曼逐渐走上稳定和发展的道路。在可以预见的未来，阿曼国家的政治稳定不会受到严重威胁。阿曼国家权力集中于苏丹手中，卡布斯身兼首相、国防大臣、财政大臣，然而时至今日，卡布斯苏丹年事渐高，他的健康问题已经引起了阿曼民众的忧虑。目前卡布斯尚未指定自己的继承人，外界普遍认为时年63岁的阿萨德·本·塔里克·赛义德（Assad bin Tariq al-Said）是卡布斯苏丹的继承人，前者是后者远房表亲中最年长者，并已于2017年被任命为负责国际合作的副首相。真正的继承人将在苏丹去世后产生，届时苏丹家族内部有3天时间选定继承者，若未能达成一致，卡布斯苏丹留下的一封指定继任者的信将被打开。此一继承方式尚未有先例，因此产生了相当大的不确定性。然而，维护国内政治稳定的愿望，加上苏丹享有广泛的公众支持，预计继承过程将会保持平稳。

根据阿曼《基本法》，阿曼议会（协商会议或舒拉会议，Majlis al-Shura）成员由普选产生，拥有部分立法权，每届任期四年。在2015年的选举中，诸位独立候选人获得允许，在街道和公共场合张贴海报，在电视和报纸上做广告，或在公共场合举行公开演讲，但政府以威胁国家或苏丹等名义取消了百余位候选人资格。鉴于阿曼目前仍禁止公民组建政党，且候选人受到严格审查，可预见议会仍将由忠于政府，并得到地方部落强力支持的人控制。

---

[*] 作者：张弛，西北大学中东研究所博士研究生。

与大多数阿拉伯国家类似，阿曼亦未能幸免于 2011 年爆发的"阿拉伯剧变"。为了平息民众旨在争取更多工作岗位及平等和反腐败诉求的抗议，苏丹卡布斯以腐败为由免除了数位长期任职的部长，并增加了舒拉会议（协商会议）的特权。得益于 2017 年国际油价复苏，政府在过去一年里宣布了一系列举措，包括一项从 2018 年 1 月起，向收入低于 600 阿曼里亚尔的家庭提供燃油补贴的计划。① 政府还将采取措施，解决大量年轻人的不满和就业机会的缺乏。但在更广泛的层面上，"阿拉伯剧变"对阿曼国家体制并未造成较大冲击，民众抗议活动多集中于 2015 年之前。至 2018 年，抗议活动趋于平静。"剧变"并未引发阿曼国家任何实质性改革，王室的传统支持者（经济精英与安全机构）对抗议者的诸多要求不感兴趣。

　　根据海湾人权中心（Gulf Center for Human Rights，GCHR）报道，2018 年 1 月 14 日，阿曼颁布了新修订的刑法，对社会活动家和公民自由做了进一步限制。② 根据第 97 条的规定，将对诽谤苏丹及其权威的刑罚从 6 个月至 3 年增加到 3 年至 7 年。第 269 条还将亵渎或侮辱伊斯兰教的刑罚从 10 天至 3 年增加到 3 年至 10 年。可见阿曼政府为应对民众不满情绪，有向更加保守转变的倾向。新刑法再一次强调了禁止结社，第 121 条规定参加 10 人或 10 人以上的公众集会可被视为违反安全或公共秩序的行为，会被判处最高一年的监禁，第 116 条规定发起、管理或资助任何反对国家或苏丹的组织或团体者，会被判处 3 年至 10 年监禁，加入这些组织或团体者会被判处 1 年至 3 年监禁。这些新修订的法令界限模糊，极容易被用于针对公民群体，政府也可以此给公民贴上"反国家"的标签。据"人权观察"（Human Rights Watch）报道，③ 就在新刑法颁布不久，1 月 29 日，一群抗议者聚集在阿曼首都马斯喀特敦促政府解决高失业率问题，其中一部分抗议者就被安全部门所逮捕。

　　同时，阿曼政府加强了对言论的管控以稳定社会秩序。2016 年，政府以"超出了言论自由的限制，且伤害国家司法系统"为由，关停了《阿扎姆》（*Azamn*）杂志之后，④ 在新刑法中加入了禁止出版、传播危害政府权

---

① Fahad Al Mukrashi, "Oman Introduces New Fuel Subsidy Scheme," *Gulf News*, Dec. 16, 2017.
② Gulf Center for Human Rights, "Oman's New Penal Code Targets Activists and Public Freedom," www.ifex.org/oman/2018/01/19/new-penal-code/, 2019 – 02 – 21.
③ Human Rights Watch, "Oman Events of 2018," www.hrw.org/world-report/2019/country-chapters/oman, 2019 – 02 – 21.
④ Reuters News, "Oman closes down newspaper, journalists held", August 10, 2016.

威的印刷品这一内容。① 此外，政府根据《网络犯罪法》（Cyber Crimes Law）查处了几位网络公众人物。②

在对外关系方面，阿曼政府在国际上一直持中间立场，这为其在巴以和谈中扮演调停者角色打下基础。据路透社报道，以色列总理本杰明·内塔尼亚胡（Binyamin Netanyahu）于当地时间 2018 年 10 月 26 日到访阿曼首都马斯喀特，后者因此成为国际关注的焦点。③ 这是 20 多年来以色列总理首次访问海湾地区。就在两天前，巴勒斯坦权力机构主席马哈茂德·阿巴斯（Mahmoud Abbas）也访问了阿曼，并与内塔尼亚胡一样会见了苏丹卡布斯。这些会议首次公开表明，阿曼正努力帮助以色列—巴勒斯坦冲突找到解决办法。

这次访问在秘密中进行，直到内塔尼亚胡离开阿曼之后才对外公布。传闻这一访问计划已经秘密谋划了数月，甚至阿曼的海湾邻国也并不知情。目前，只有埃及和约旦这两个阿拉伯国家与以色列建立了全面的外交关系。近年来，由于伊朗在中东地区影响力日益增长，引起多方担忧，以色列与海湾国家的关系在幕后得到极大改善，其中前者与沙特阿拉伯、阿联酋的关系缓和尤为引人注目。内塔尼亚胡访问一周后，以色列情报和交通部长伊斯雷尔·卡茨（Israel Katz）也前往阿曼参加一个国际交通会议，在会上前者表示："以色列和阿拉伯海湾国家应在航空安全以及交通、商业航空和旅游等民用领域展开合作。"④

在内塔尼亚胡访问后不久，阿曼外交大臣尤素福·本·阿拉维（Yusuf bin Alawi）在一年一度的中东安全峰会上发表演讲，对这一历史性事件发表评论。⑤ 阿拉维重申了阿曼长期以来的立场，即建立一个独立的巴勒斯坦国具有战略必要性。尽管阿拉维否认阿曼是"和平进程"的调解人，但他承认阿曼有自己的想法，并开始了他所称的"适度主动"，以理解各方的观点。他呼吁："以色列是这个地区的一个国家……世界也意识到这个

---

① Gulf Center for Human Rights, "Oman's New Penal Code Targets Activists and Public Freedom".

② Human Rights Watch, "Oman Events of 2018".

③ Reuters, "Israeli PM Netanyahu makes rare visit to Oman", October 26, 2018, www.reuters.com/article/us-israel-oman/israeli-pm-netanyahu-makes-rare-visit-to-oman-idUSKCN1N01WN, 2019-02-21.

④ Alexander Cornwall, Reuters, "Israeli intelligence minister calls for Gulf cooperation on aviation security, other areas", November 9, 2018, www.reuters.com/article/us-israel-gulf-aviation-security/israeli-intelligence-minister-calls-for-gulf-cooperation-on-aviation-security-other-areas-idUSKCN1ND2O1, 2019-02-21.

⑤ Katie Paul, Reuters, "Oman Says Time to Accept Israel in Region, offers Help for Peace", October 27, 2018, www.reuters.com/article/us-bahrain-summit-oman/oman-says-time-to-accept-israel-in-region-offers-help-for-peace-idUSKCN1N10BH, 2019-02-21.

事实。也许现在是时候让以色列得到和其他国家一样的待遇，并承担同样的义务了……我们并不是说这条道路现在很容易，铺满了鲜花，但是我们的首要任务是结束冲突，走向新世界。"

同时，外交大臣也表示，推动和平进程的主要责任在于美国。阿曼与美国之前曾有较为密切的联系，这也成为美伊（朗）在2015年商讨核协议的沟通渠道之一。但由于特朗普上台后对伊朗采取强硬立场，美国与阿曼的关系明显降温。不过此次以总理之访问阿曼无疑会提升前两者间的关系。就阿曼与伊朗关系而言，内塔尼亚胡访问阿曼之后，伊朗外交部发言人谴责了以方行动。① 但从伊朗仅谴责以色列，以及美国的高压政策迫使伊朗需要保持阿曼这一沟通渠道畅通来看，以色列访问事件并不会影响伊朗与阿曼的关系。

在协助巴以对话的同时，阿曼还以中立身份调解沙特与加拿大之间的关系。在2018年早些时候，沙特阿拉伯暂停了与加拿大的外交关系和新的贸易往来，以回应加拿大要求沙特释放该国"女权活动人士"的呼吁。阿曼外交部在阿曼官方通讯社发表的一份声明中表示："苏丹国一直在跟进姐妹王国沙特阿拉伯和加拿大之间目前的政治现状……虽然苏丹国重申了其不干涉其他国家内政的永久立场，但它希望两国之间的局势将得到解决"。②

2018年底，阿曼最大的水泥生产企业赖苏特水泥公司收购了肯尼亚ARM水泥公司，作为阿曼水泥产业在非洲扩张战略的一部分。这次收购价值估计超过1亿美元。赖苏特公司已开始在索马里筹建一座年产100万吨的工厂。③

---

① Raphael Ahren, Times of Israel, "Iran, Hamas condemn Netanyahu visit to Oman: 'Israel seeking Muslim division'", October 27, 2018, www.timesofisrael.com/iran-condemns-netanyahu-visit-to-oman-israel-seeking-muslim-division/, 2019 – 02 – 21.

② Kuwait News Agency, "Oman Follows up Saudi-Canada Situation", August 7, 2018, www.zawya.com/mena/en/economy/story/Oman_follows_up_SaudiCanada_situation-SNG_122906793/, 2019 – 02 – 21.

③ AETOSWire, "Raysut Cement of Oman on Expansion Mode in Africa: Eyes Acquiring ARM Cement in Kenya", December 5, 2018, https://www.zawya.com/mena/en/press-releases/story/Raysut_Cement_of_Oman_on_expansion_mode_in_Africa_Eyes_acquiring_ARM_Cement_in_Kenya-ZAWYA20181205115220/, 2019 – 02 – 21.

二、经济情况

尽管阿曼并非石油输出国组织（OPEC）成员，但2017年1月石油输出国组织的减产决定依然极大影响了它的经济状况，该年度GDP萎缩约0.9%。2018年OPEC终止减产协议之后，阿曼宏观经济指标明显好转，GDP增速估计为2.7%。鉴于阿曼政府对石油和天然气行业的进一步投资，以及市场对油气价格的乐观态度，未来几年阿曼经济能够保证稳中有升。

同样由于近两年石油工业减产，导致阿曼工业产值萎缩，2017年减产2.5%，2018年减产1.0%。这说明虽然阿曼政府努力扶持非石化工业发展以稳定经济，但效果不彰。除工业外，农业和服务业发展稳定。未来阿曼政府将会继续致力于经济多样化改革，加大旅游业、制造业和渔业等的投资，尽可能摆脱对石化的依赖。

自2014年油价暴跌以来，阿曼政府采取紧缩措施，减少公共开支，但由于担心公众的强烈反对，政府在增加财政收入方面进展缓慢。作为海湾合作委员会协议的一部分，新的增值税方案原本计划于2018年初实施，但目前已被推迟到2019年，部分原因是担心企业未能做好准备。[1] 阿曼的财政赤字在2016年达到顶峰，超过GDP的20%，此后逐渐减少，2018年赤字约为27亿阿曼里亚尔，[2] 估计占GDP的7%。有报道称，由于赤字的重压，阿曼中央银行的外国资产在2018年9月达到五年来的最低，包括金条在内的资产降至59.2亿里亚尔，较上年同期减少18.2%，较6月水准减少3.5%。仅相当于该国7个月的出口额。由于油价的部分反弹缩小了阿曼的国家预算赤字，减少了动用储备来弥补赤字的必要性。[3] 预计随着油价的稳定，未来阿曼财政赤字将进一步减少。

由于2018年初的低油价，阿曼发行了价值65亿美元的传统债券，但

---

[1] Times of Oman, "VAT in Oman Postponed until 2019", December 25, 2017, www.zawya.com/mena/en/story/VAT_in_Oman_postponed_until_2019-ZAWYA20171226033719/，2019 – 02 – 21.

[2] Sylvia Westall, Reuters News, "Oman's Actual Budget Deficit $7bln in 2018", February 13, 2019, www.zawya.com/mena/en/economy/story/Omans_actual_budget_deficit_7bln_in_2018_ONA-TR20190213nB2N1YO02JX2/，2019 – 02 – 22.

[3] Andrew Torchia, Reuters News, "Oman Central Bank Foreign Assets Fall to Five-year Low as Deficit Weighs", www.zawya.com/mena/en/economy/story/Oman_central_bank_foreign_assets_fall_to_fiveyear_low_as_deficit_weighs-TR20180920nL8N1W65YOX1/，2019 – 02 – 21.

并不能缓解财政压力。① 同年10月，随着油价上涨，阿曼再一次发行价值15亿美元的伊斯兰债券，预计到2019年，净公共债务占GDP的比例也将升至略低于60%。

在货币政策方面，阿曼执行阿曼里亚尔与美元挂钩的政策，固定汇率将在未来继续执行下去，这也意味着货币利率将大致跟随美元利率的变动。与海湾合作委员会的其他大多数国家不同，阿曼没有立即追随美国在9月底加息，但它最终会赶上美国的加息步伐。尽管如上文所述，阿曼中央银行的外汇储备较2017年缩水较多，不过仍足以维持其货币汇率。若发生危机，阿曼的海湾合作委员会邻国和国际货币基金组织也会提供援助。

在中东海湾国家中，阿曼始终维持着较低的通胀水平，2018年通胀率约为1%，预计到2019年，通胀将以更快的速度上升，部分原因是全球油价进一步上涨推高私人消费，并更直接地推高运输价格。增值税的实施也将产生一次性的通货膨胀影响。随着增值税实施带来的价格上涨的影响逐渐消退，通胀率将在2020年回落至2.4%，但随着美元走软推高进口成本，通胀率将在2021—2023年再次回升至2.7%的年平均水平。长年保持较低的通胀率表明阿曼国内消费能力增长潜力有限。尽管2018年前7个月，政府在补贴民众方面的支出增加了26%，但家庭支出能力仍面临压力，尤其是低收入者。2017年，阿曼结束了连续三年的进出口负增长，预计2018年进出口将会有超过4%的增长。届时进口总额能够恢复到接近2013年的水平，而得益于东亚对石化产品需求的增长，出口总额则超过了2013年的水平。目前，阿曼每年有超过一半的出口货物的目的地是东亚。

三、能源发展情况

石化行业依然是阿曼经济的支柱产业，是经济增长的主要动力，在2017年的经济活动中占到近38%。2018年4月1日，在马斯喀特举办的一个石油和天然气论坛上，阿曼石油和天然气部长断言："尽管政府倡导经济的多元化，希望摆脱长期依赖石油和天然气收入的情况，但油气行业

---

① Reuters News, "Oman Preparing Dollar Islamic Bond Sale", February 8, 2018, https://www.zawya.com/mena/en/markets/story/Oman_preparing_dollar_Islamic_bond_sale_sources-TR20180208nL8N1PY3EIX3/, 2019-02-22.

预计将在未来 20 年内，在推动增长方面继续发挥重要作用"。①

随着 OPEC 与俄罗斯在 6 月达成增产协议，2018 年阿曼石油生产稳步提升，至九月单日石油产量已突破 99 万桶，比前 8 个月的平均日产量 97 万桶高出 2%，石油出口量也从 1—8 月的平均 2440 万桶增至 9 月的近 2710 万桶，增幅超过 12%。② 阿曼国家统计中心周三表示，2018 年该国原油和凝析油的平均日产量为 97.84 万桶，较上年增长 0.8%。③ 至 11 月，阿曼石油单月产量已超过 3000 万桶，出口 2275 万桶。④

整体来看，2018 年世界油价并不平稳，至 9 月达到每桶近 89 美元的 4 年高位后，在两个月内下跌了 34%。由于阿曼官方的月平均交割油价以迪拜商品交易所（DME）提前两个月的期货价格为准，近期油价下跌将不会影响 2018 年政府预算的结果。据 DME 的数据，2018 年 12 月阿曼原油均价稳定在每桶 80.2 美元，使阿曼 2018 年石油均价达到每桶 69.7 美元，比政府在年初预算中预估的每桶 50 美元的均价高出 39%。⑤ 2018 年下半年的石油增产与油价上涨使得阿曼财政赤字同比下降 36%。

天然气销售对阿曼的公共收入越来越重要。据国家数据与信息中心（NCSI）11 月底统计，2018 年第二季度，天然气产值同比增加了 97%，至 13 亿阿曼里亚尔，⑥ 前七个月天然气出口额同比增长 39%，至 24 亿美元，而天然气收入同比增加 26%，占同期政府总收入的 18%。

2018 年 1 月 21 日，阿曼天然气公司与英国石油公司新加坡有限公司

---

① Conrad Prabhu, Oman Daily Observer, "Key role for oil and gas industry in Oman despite diversification", April 1, 2018, https://www.zawya.com/mena/en/business/story/Key_role_for_oil_and_gas_industry_in_Oman_despite_diversification-ZAWYA20180401042052/, 2019 - 02 - 22.

② Maher Chmaytelli, "Oman oil output rises to 990, 200 bpd in September", October 21, 2018, www.zawya.com/mena/en/markets/story/Oman_oil_output_rises_to_990200_bpd_in_September_oil_ministry-TR20181021nB2N1VO01VX3/, 2019 - 02 - 22.

③ Maher Chmaytelli, "Oman 2018 oil Production averaged 978, 400 bqd, Rises 0.8%", February 06, 2019, www.zawya.com/mena/en/business/story/Oman_2018_oil_production_averaged_978400_bpd_rises_08__stats_center-TR20190206nB2N1YO01PX2? utm_campaign = magnet&utm_source = article_page&utm_medium = related_articles, 2019 - 02 - 22.

④ Mubasher, "Oman's Oil Production Exceeds 30mln Barrels in November", December 15, 2018, www.zawya.com/mena/en/business/story/Omans_oil_production_exceeds_30mln_barrels_in_November-SNG_133170463? utm_campaign = magnet&utm_source = article_page&utm_medium = related_articles, 2019 - 02 - 22.

⑤ Andrew Torchia, Reuters, "Oman 2018 state budget lifts spending; little to reassure rating agencies", January 1, 2018, www.zawya.com/mena/en/economy/story/Oman_2018_state_budget_lifts_spending_little_to_reassure_rating_agencies-TR20180101nL8N1OW0CAX2/, 2019 - 02 - 22.

⑥ Oman Observer, "Oman GDP grows 15.1% till Q2, 2018".

签署了一项向英国石油新加坡公司供应液化天然气的重要销售和采购协议，该协议为一项为期7年的合同，对阿曼的意义在于每年将提升110万吨天然气产量，这将极大推动全球天然气市场的发展。① 3月，英国石油阿曼分公司宣布提高哈赞油气田天然气产量，将致密气开发项目的产量提升至每天10亿立方英尺。② 5月，法国能源集团道达尔（Total）表示，已与阿曼的政府签署了一份谅解备忘录，以开发后者的天然气资源。道达尔集团称，"道达尔和壳牌将作为合作运营商，分别开发位于陆地第6区块大巴里科（Greater Barik）地区的数个天然气区块，份额分别为25%和75%。"该项目预计初步日产气约5亿立方英尺，有望达到每日10亿立方英尺。③ 据报道，10月，阿曼天然气公司CEO在中东天然气峰会上表示，该公司将采取两种方式发展本国天然气工业能力：其一勘探新的油气田，并加速新技术应用；其二投资发展天然气工业下游行业发展。④

阿曼的油气储备相对海湾其他国家较少，因此在大力发展油气工业的同时，阿曼政府也积极开发本国新能源潜力。2018年2月，阿曼首次发起大型太阳能项目的竞标，该项目预计发电量达500兆瓦，共有20家企业参与竞标，最终被英国石油公司取得。⑤ 至当年10月，阿曼已计划启动第二个大型太阳能项目，该项目位于阿曼的达卡拉省，装机容量达10亿瓦，预计在2022年投入商业运行。⑥ 据媒体报道，阿曼计划在五年内再开发4个

---

① Emirates News Agency, "Oman to Provide Singapore with LNG", January 21, 2018, https://www.zawya.com/mena/en/markets/story/Oman_to_provide_Singapore_with_LNG-WAM20180120190042480/, 2019 - 02 - 22.

② Conrad Prabhu, Oman Daily Observer, "BP Oman Ramps up Khazzan gas output", March 8, 2018, www.zawya.com/mena/en/business/story/BP_Oman_ramps_up_Khazzan_gas_output-ZAWYA20180309042810/, 2019 - 02 - 23.

③ Luke Baker, Reuters News, "Total set to Develop Natural Gas Resources in Oman", May 13, 2018, https://www.zawya.com/mena/en/business/story/Total_set_to_develop_natural_gas_resources_in_Oman-TR20180513nL5N1SK08CX1/, 2019 - 02 - 23.

④ Conrad Prabhu, Oman Daily Observer, "New gas finds buoy hopes for Oman LNG's business growth", October 29, 2018, https://www.zawya.com/mena/en/business/story/New_gas_finds_buoy_hopes_for_Oman_LNGs_business_growth-SNG_129496069/, 2019 - 02 - 23.

⑤ Oman Daily Observer, "20 Firms to Compete for Oman's First Large-scale Solar Project", February 23, 2018, https://www.zawya.com/mena/en/story/20_firms_to_compete_for_Omans_first_largescale_solar_project-ZAWYA20180223042048/, 2019 - 02 - 23.

⑥ TradeArabia, "Oman Set to Launch Second Giant Solar Project", October 8, 2018, https://www.zawya.com/mena/en/business/story/Oman_set_to_launch_second_giant_solar_project-SNG_127829934/, 2019 - 02 - 23.

大规模太阳能项目,总发电量达到 1600 兆瓦,价值约 6.16 亿阿曼里亚尔。① 阿曼在开发太阳能资源的同时也启动了风能资源的利用,2018 年 8 月,阿曼第一个风力发电场的工作已经展开。该风力发电场位于多法尔省,将采用抗沙漠风力涡轮机和其他尖端技术,以确保即使在环境条件恶劣的情况下,也能实现最高产量。②

四、制造业发展情况

2018 年阿曼的制造业发展势头良好。③ 据国家统计信息中心(NCSI)发布的数据,2018 年第一季度制造业同比增长 17.8%,超过了同期 6.5% 的整体 GDP 增长率,并推动了整体工业部门的增长,后者增长了 2.6%。阿曼央行的数据显示,这一强劲表现建立在 2017 年 9.2% 的制造业增长基础上,该行业占非石油 GDP 的比重从 2016 年的 45.3% 升至去年的 48.6%。

2017 年的统计显示,制造业占 GDP 的 9.6%,略低于前两年 10.2% 的平均水平。作为阿曼"2020 年远景"(Oman Vision 2020)的一部分,阿曼正在努力扩大制造业基础,并在 2020 年之前将制造业对 GDP 的贡献率提高到 15%。一系列新的投资将在未来几年提振制造业产出。阿曼本土企业索哈尔铝业宣布,将与印度汽车零部件生产商希纳吉德铸件合作,建设一家价值 1 亿美元的工厂,生产面向海外汽车市场的合金车轮。该工厂将位于阿曼北部城市苏哈尔,一旦全面投产,每年将生产 250 万台。预计建设将在年底前启动,并于 2020 年投产。

另有一家大型监护材料综合体落户杜古姆工业园,该综合体将由当地公司阿萨林混凝土公司开发。该公司表示,工厂将于 8 月底在靠近港口的一块 6 万平方米的地块上建设,为建筑业生产混凝土,以及瓷砖、铺路板和路石,用于该地区的一系列基础设施项目。

---

① TradeArabia, "Oman to Develop $1.6bln Solar Projects in 5 Years", October 5, 2018, https://www.zawya.com/mena/en/business/story/Oman_to_develop_16bln_solar_projects_in_5_years-SNG_128484061/, 2019-02-23.

② Oman Daily Observer, "Construction of First Wind Power Project in Oman on Track", August 8, 2018, https://www.zawya.com/mena/en/business/story/Construction_of_first_wind_power_project_in_Oman_on_track-ZAWYA20170803045928/, 2019-02-23.

③ Oxford Business Group, "Oman: Year in Review 2018", January 15, 2018, https://oxfordbusinessgroup.com/news/oman-year-review-2018, 2019-02-24.

2018年，阿曼政府加快私有化步伐的计划，进一步支持增加制造业投资。有报道称，政府计划到2021年出售至少18亿美元的国有企业。阿曼食品投资控股公司是被列为私有化目标的企业之一。该公司在许多食品生产和加工企业，以及物流和公用事业等制造业公司中都持有股份。这些举措符合国际货币基金组织7月6日发布的最新阿曼报告中提出的建议。该报告呼吁，政府应促进私营部门更多地参与阿曼经济，以支持增长和多元化，从而推动实现"2020年远景"目标的势头。

五、旅游、酒店业发展情况

为了保证经济结构多样性，减轻经济对石油的依赖，旅游业是阿曼政府重点发展的产业之一。根据世界旅行和旅游理事会（world travel & tourism council）的报告，[①] 2018年阿曼旅游业延续了之前几年的发展势头。旅游业对阿曼2017年GDP的直接贡献为8.5亿阿曼里亚尔，约占该年度GDP的3.2%，2018年的增幅将为6.0%；2017年总贡献为17.74亿阿曼里亚尔，约占该年度GDP的6.6%，2018年的增幅将为6.3%，至33.3亿阿曼里亚尔。旅游业在2017年为阿曼解决了7.25万个直接就业岗位，约为整体就业率的3.4%，就业岗位包括酒店、旅行社、航空业及其他交通工具服务人员，加上由旅游业支撑的餐馆和休闲娱乐行业人员，2018年直接就业岗位将增加1.5%，至9.5万个；2017年旅游业为阿曼就业总体贡献14万个岗位，约为总就业率的6.6%，2018年旅游业总就业岗位将增加3.3%，达到14.4万个。游客接待人数是旅游业对经济贡献的重要指标之一。2018年阿曼将接待273万人次的外国游客。2017年阿曼旅游业共接受投资2.72亿阿曼里亚尔，占全年资本总投资的2.9%，2018年将会增长4.3%。在2017年旅游业收入中，休闲旅行消费占其中的72.8%，达10.7亿阿曼里亚尔，2018年该项消费总额将增加6.1%。国内旅行占旅游业总收入的29.7%，而入境消费占70.3%，前者在2018年将增长3.6%，而后者预计增长6.5%。

2018年5月，阿曼政府决定实施新的旅游业营销活动，旨在将本国打

---

① World Travel & Tourism Council, "Travel & Tourism Economic Impact, 2018: Oman".

造成全球领先的商务休闲目的地。① 该活动通过一系列的营销和促销活动，突出阿曼最具吸引力和参观人数最多的历史遗迹，以阿曼丰富的古代文化和文明为特色，提高文化意识，促进旅游业发展。同年下半年，阿曼主权基金启动了一个由五星级酒店、餐厅和其他设施组成的项目，旨在吸引更多游客，实现国家经济的多元化。②

根据阿曼国家信息统计局数据，③ 2018年1月至11月，阿曼高档酒店的收入较2017年同期增长了8.5%，达到1.887亿阿曼里亚尔。酒店入住率也增长了0.9%，至57%。然而，阿曼酒店的总住客数量从2017年同期的138万人减少了2.8%，至135万人。在不同的国家中，欧洲以47.6875万人的最大游客数量高居榜首，与2017年同期相比下降了7.8%。其次是阿曼本地游客（36.9373万人次，同比下降3.5%）和海湾合作委员会国家游客（18.084万人次，同比下降8.8%）。数据显示，在11个月的时间里，非洲、亚洲、大洋洲和美洲的游客数量分别增长了15.8%、17.3%、3.3%和0.8%，达到10888人、168807人、13787人和48454人。

六、就业和基础设施发展情况

与其他海湾国家类似，阿曼国内也存在相当数量的外籍劳工。但自2011年"阿拉伯剧变"以来，无业和失业人群不断抗议政府的就业政策，2016年阿曼失业率高达17.5%。为平息本国民众的不满，阿曼政府一方面努力创造新的就业机会，并于2017年底开始实施"阿曼化"（Omanization）政策；另一方面对外籍劳工的限制也越来越严厉。这一方针延续至2018年。

2018年1月，阿曼民众在首都举行示威抗议失业。为此，阿曼政府表

---

① TradeArabia, "Oman Launches New Tourism Marketing Campaign", May 23, 2018, https://www.zawya.com/mena/en/business/story/Oman_launches_new_tourism_marketing_campaign-SNG_117081888/, 2019-02-24.

② Nadim Kawach, ZAWYA, "Oman Launches Major Tourism Project", October 8, 2018, https://www.zawya.com/mena/en/business/story/Oman_launches_major_tourism_project-ZAWYA20181008100729/, 2019-02-24.

③ TradeArabia, "Oman Hotel Revenues up 8.5%", January 23, 2019, https://www.zawya.com/mena/en/business/story/Oman_hotel_revenues_up_85-SNG_135809821/, 2019-02-24.

示将在 6 个月内创造 2.5 万个就业岗位，作为遏制高失业率努力的一部分。① 当月底，阿曼政府出台了外籍劳工禁令，禁止外国人在阿曼的若干行业工作，被禁行业包括信息技术、金融、人力资源和行政、市场营销、保险、媒体、医疗、航空、工程和技术等领域。② 随后，该禁令得到严格执行，至 2 月中旬，阿曼政府严惩了国内各省共 199 家不雇佣本国公民的私营企业，商务部声称这些公司违反了"阿曼化"政策。③ 至 3 月中旬，阿曼人力资源部门宣称，共有 1.6 万多阿曼人在私营企业找到工作，其中男性求职者为 11121 人，女性求职者为 5383 人。④ 4 月底，阿曼政府宣布，实现新增 2.5 万个就业岗位的目标已经达成。人力资源部门称，建筑行业雇佣了大部分工人，占 32.4%，其次是批发和零售贸易、制造业、运输业，分别雇佣了 14.5%、13.5% 和 7.1%，在这些被招募的人中，有 16884 人是男性，8061 人是女性，其中 48% 的人没有文凭，34% 的人拥有文凭，18% 的人拥有高等教育学位。⑤ 该部门还宣称，"阿曼化"政策取得成功。⑥

2018 年 5 月底，受惠于外国劳工禁令的阿曼政府宣布，该禁令继续延长 6 个月。⑦ 据统计，过去半年内，阿曼外籍人口同比下降了 2%，降至

---

① Reuters, "Omani Government Working to Create 250000 Jobs in Six Months", January 25, https://www.zawya.com/mena/en/economy/story/Omani_government_working_to_create_25000_jobs_in_six_months-TR20180125nL8N1PK6BIX2/, 2019-02-26.

② Oman Daily Observer, "No Jobs for Expats in 10 Sectors for six Months in Oman", January 29, 2018, https://www.zawya.com/mena/en/story/No_jobs_for_expats_in_10_sectors_for_six_months_in_Oman-ZAWYA20180129044240/, 2019-02-26.

③ Times of Oman, "Oman Cracks down on 199 Firms for not Hiring Citizens", February, 18, 2018, https://www.zawya.com/mena/en/legal/story/Oman_cracks_down_on_199_firms_for_not_hiring_citizens-ZAWYA20180218081439/, 2019-02-26.

④ Times of Oman, "Employment: More than 16000 Omanis Get Private Sector jobs", March 14, 2018, https://www.zawya.com/mena/en/economy/story/Employment_More_than_16000_Omanis_get_private_sector_jobs-SNG_112006650/, 2019-02-25.

⑤ CPI Financial, "25000 Omani Jobs Target Hit; Ban on hiring Expats Ongoing", Apirl 25, 2018, https://www.zawya.com/mena/en/economy/story/25000_Omani_jobs_target_hit_ban_on_hiring_expats_ongoing-SNG_115075060/, 2019-02-26.

⑥ Arab News, "More than 26000 Omani Citizens Employed in Omanization Push", May 2, 2018, https://www.zawya.com/mena/en/economy/story/More_than_26000_Omani_citizens_employed_in_Omanization_push-SNG_115539530/, 2019-02-26.

⑦ Arab News, "Oman's Expat Visa Ban Extended on Certain Jobs", June 25, 2018, https://www.zawya.com/mena/en/legal/story/Omans_expat_visa_ban_extended_on_certain_jobs-SNG_119497120/, 2019-02-26.

203.6万。① 据报道，上半年共有2324名外籍劳工因违反阿曼劳动法被捕，进而被驱逐出境。② 6月初，阿曼舒拉会议表示，作为国内第二大劳动力雇佣行业，零售业将在未来三年内解决1.1万个工作岗位。③ 至11月，阿曼政府宣布，外籍劳工禁令将覆盖更多行业，并将继续延长，目前共有87个职业的移民签证被冻结。④ 2018年底的统计数据显示，从2017年到2018年，外籍劳动力减少了3.4%，其中制造业、工程、工业、金融、矿业和建筑业降幅最大。阿曼公民失业人数降幅最大的是25岁至29岁的阿曼公民，上个月他们的失业率下降了13.6%，30岁至34岁的失业率下降了11%，35岁至39岁的失业率下降了7.1%。⑤

2018年较为稳定的国内环境为阿曼的基础设施建设提供了良好环境。2018年1月，阿曼农业和渔业部耗资约1.04亿美元开发巴卡（Barka），开发一个面积达13公顷的渔港。⑥ 随着油价复苏，海湾国家能够将更多的资金投入到基础设施建设中。据报道，至当年4月，阿曼在建项目超过2400个，价值约1900亿美元，其中有1840个市政项目，70个油气项目和150个交通项目。⑦ 7月，阿曼交通部宣布，该国正在开发21个沥青公路

---

① Arab News, "Thousands of Expats Quit Oman as Visa Ban Continues", June 19, https://www.zawya.com/mena/en/legal/story/Thousands_of_expats_quit_Oman_as_visa_ban_continues-SNG_119054376/, 2019 - 02 - 26.

② Times of Oman, "Over 2000Expat Workers Arrested for Violating Labour Laws in Oman", July 11, 2018, https://www.zawya.com/mena/en/legal/story/Over_2000_expat_workers_arrested_for_violating_labour_laws_in_Oman-ZAWYA20180711101830/, 2019 - 02 - 25.

③ Times of Oman, "11000 Jobs for Omanis Coming in Sales Sectors: Shura", June 27, 2018, https://www.zawya.com/mena/en/economy/story/11000_jobs_for_Omanis_coming_in_sales_sector_Shura-SNG_119595113/, 2019 - 02 - 26.

④ Times of Oman, "Expatriate Visa Ban to Cover More Sectors in Oman", December 25, 2018, https://www.zawya.com/mena/en/legal/story/Expatriate_visa_ban_to_cover_more_sectors_in_Oman-SNG_131600673/, 2019 - 02 - 25.

⑤ Arab News, "Oman's Expat Population Falls, so Does Unemployment among Locals", December 5, 2018, https://www.zawya.com/mena/en/economy/story/Omans_expat_population_falls_so_does_unemployment_among_locals-SNG_132315624/, 2019 - 02 - 25.

⑥ TradeArabia, "Oman to Set up $103.9m Fishing Port", January 17, 2018, https://www.zawya.com/mena/en/economy/story/Oman_to_set_up_1039m_fishing_port-SNG_107860080/, 2019 - 02 - 26.

⑦ CPI Financial, "Over $190bln Invested in Oman's Construction Sector", May 9, 2018, www.zawya.com/mena/en/business/story/Over_190bln_invested_in_Omans_construction_sector-SNG_116051856/, 2019 - 02 - 26.

项目，总长度为778公里，这些公路符合全球最高标准。① 10月，阿曼水利在东南省部验收了一座库容量约为2200立方米的大坝，该大坝旨在拦截苏尔市上游洪水。② 12月，阿曼在贾巴尔·阿卡达（Jabel Akhdar）建成最大的数据中心，为本国和外国的政府实体、企业及各种商业机构提供领先的数据中心服务。③ 同月，阿曼计划在中部省修筑该国第一条矿产铁路的计划得到多方响应，预计很快就会上马，这条铁路旨在强化阿曼国内运输能力，并进一步刺激就业和经济发展。④ 同样在12月，阿曼巴提纳高速公路正式通车，该条公路由交通部主持建造，包括23个十字路口，17个立交桥和12个地面通道。⑤

结　语

2011年"阿拉伯剧变"对阿曼的影响正逐步消弭，预计未来数年，阿曼国内政治更加平稳。但鉴于苏丹的健康状况，他的表亲阿萨德·本·塔里克·赛义德可能会在未来几年内接替他。阿曼政府将会继续加大力度实现经济多元化，摆脱对石油的依赖。制造业、旅游业、渔业等将会是未来发展的重点，但上述经济部门原本基础薄弱，油气行业依然会主导国民经济。得益于油价的回升，以及若干正在实施的重大项目的投产，阿曼的国民经济在未来几年预计能够保证增长，赤字也将进一步削减。阿曼相对稳定的政治环境和政府的开放态度，将使之拥有一个较为明朗的前景。

---

① Times of Oman, "Oman Executes 21 New Projects", July 2, 2018, https://www.zawya.com/mena/en/business/story/Oman_executes_21_new_road_projects-SNG_120031231/, 2019 - 02 - 26.

② Oman Observer, "Major Dam Constructed in Oman", October 16, 2018, https://www.zawya.com/mena/en/business/story/Major_dam_constructed_in_Oman-SNG_128493799/, 2019 - 02 - 26.

③ ZAWYA, "Datamount Launches Oman's Largest Data Center in Jabel Akhadar", December 2, 2018, www.zawya.com/mena/en/companies/story/Datamount_launches_Omans_largest_data_center_in_Jebel_Akhdar-ZAWYA20181202081546/, 2019 - 02 - 26.

④ Times of Oman, "Oman's Rail Project to become a Reality", December 18, 2018, www.zawya.com/mena/en/business/story/Omans_rail_project_to_become_a_reality-SNG_133329946/, 2019 - 02 - 26.

⑤ Muscat Daily, "Batinah Expressway in Oman Officially Opens for Traffic Movement", December 20, 2018, www.zawya.com/mena/en/business/story/Batinah_Expressway_in_Oman_officially_opens_for_traffic_movement-SNG_133479897/, 2019 - 02 - 26.

也门：
"战争逻辑"与"和平逻辑"的马赛克化转变[*]

也门于1990年实现南北统一，但因长期存在的地区发展差异、教派矛盾和家族、部落利益冲突等因素，使也门政治舞台长期活跃着各种政治力量。

肇起于突尼斯的西亚北非局势动荡于2011年波及也门，萨利赫被迫签署海合会倡议及其执行机制，结束了全国人民大会党（GPC）一党独大的局面。政治过渡时期，哈迪总统因其平衡者地位而享有国家事务最后决定权，但其进行的安全和军事改革触犯了萨利赫家族的利益，激化了过渡政府内部的矛盾，为胡赛武装和南方分离运动发展壮大提供了机遇。胡赛武装于2014年9月进入萨那，并在9月21日与各政治力量签订《和平与民族伙伴协议》。不同于海合会倡议及其执行机制，《和平与民族伙伴协议》规定各政治力量共同分享国家权力，限制哈迪总统权力，使哈迪丧失了其平衡者优势地位。2015年1月，胡塞武装软禁哈迪总统和内阁成员，总统和政府辞职。胡塞武装于2月6日宣布解散国会，组建以胡赛组织为首的革命委员会，革命委员会负责监督组建国家过渡委员会（National Transitional Council）代替国会，再由国家过渡委员会选出5人组成总统委员会行使总统职责，总统委员会成员需要革命委员会批准。[①] 众多政治力量反对这一行为，称之为"政变"[②]。2月20日，哈迪逃出萨那前往亚丁，并收回辞呈，哈迪拒绝在胡赛武装不撤出萨那情况下的联合国调停，而胡赛武装则坚称哈迪不具合法性，也门内战爆发。

2018年以来，也门局势有了新的发展，各政治力量努力调整自身生存环境，内战升级和经济崩溃给民众带来了严重的人道主义灾难，而年底的

---

[*] 作者：吕生富，西北大学中东研究所博士研究生。

[①] Simoen Kerr, "Houthis Take Control of Yemeni Government," Financial Times, Feburary 6, 2015, https://www.ft.com/content/358bbb34-ae29-11e4-8188-00144feab7de, 2019 – 03 – 12.

[②] "Yemen 2018 Country Review", Country Watch, Houston, Texas, 2018, pp. 85 – 88.

双方会谈却让人们看到了和平的希望,也门问题特使格里菲斯(Martin Griffiths)称之为"战争逻辑"与"和平逻辑"的转变。

一、政治力量新动态

2018年,也门政治力量延续了2017年的重组态势,并有了新的发展。

(一)萨利赫阵营与哈迪阵营结盟

2017年11月,萨利赫公开号召支持者与沙特合作,反对胡塞武装,导致了胡赛—萨利赫联盟的正式决裂。萨利赫阵营的实力虽因哈迪改革和萨利赫之死大为削弱,但其掌权30多年来培植了大量亲信和忠于自己的军事力量。在阿联酋的资助下,萨利赫侄子塔里克·萨利赫组建"民族抵抗力量",其主要成员为忠实于前总统萨利赫的原共和国卫队和中央情报武装人员,具有强悍的战斗力,并且只忠诚于萨利赫家族。"巨人旅"(Giant Brigate)和帖哈麦抵抗组织与之保持紧密的联系。[①] 塔里克·萨利赫领导的"民族抵抗力量"全程参加了荷台达军事行动,对攻取荷台达省南部城市发挥了重要作用,塔里克·萨利赫本人在荷台达军事行动中被授予指挥官职位。胡赛—萨利赫联盟破裂后,阿联酋王储亲自拜访萨利赫之子艾哈迈德解除了也门内战以来对他的软禁。

萨利赫阵营与哈迪阵营虽然因共同的敌人结成同盟,但其内部存在尖锐的矛盾,主要是与也门副总统阿里和哈希德部落首领艾哈迈尔家族的矛盾。副总统阿里是一个瓦哈比萨拉菲主义者,与伊斯兰改革党关系密切,曾任萨利赫政权时期第一装甲师指挥官,与萨利赫之子不和,参与2011年逼迫萨利赫下台的抗议活动。[②] 他与萨利赫属于同一部族,二者都对萨那周边部落有巨大影响力。沙特和阿联酋对待两种势力的态度截然不同。内战发生后,伊斯兰改革党坚定支持哈迪总统,取得了沙特的谅解。沙特倾向于支持阿里和艾哈迈尔家族,而与萨利赫家族则有历史旧怨。阿联酋则选择支持萨利赫家族,指责伊斯兰改革党是也门的"穆斯林兄弟会",伊

[①] "National Resistance," Wekipedia, https://en.wikipedia.org/wiki/National_Resistance, 2019 - 03 - 02.

[②] Brian Whitaker, "Will Saudi Arabia Impose Ahmed Ali Saleh as ruler of yemen", MPN News, December 19th, 2017, https://www.mintpressnews.com/will-saudi-arabia-impose-ahmed-ali-saleh-son-of-a-dictator-as-ruler-of-yemen/235762/, 2019 - 03 - 28.

斯兰改革党在也门南部备受阿联酋代理人"安全卫士"等地方武装打压，其主要力量只能存在于马里卜（Marib）和塔伊兹（Tariz）。为了改善生存环境，伊斯兰改革党努力改善同阿联酋的关系。2018年11月，伊斯兰改革党领导人访问阿布扎比，并受到阿联酋王储扎耶德会见，一定程度证明二者尝试打破外交坚冰的努力。①

（二）南方分离运动斗争手段由激进转向柔和

"南方过渡委员会"于2017年5月成立，致力于将南方政治力量团结起来，主张"也门南方独立"。2017年10月，"南方过渡委员会"在舍卜沃（Shabwa）建立第一个地方民族议会。"民族议会"的任务是建立一个"南也门过渡政府"。②

内战多年来，也门的经济趋于崩溃，电力、水、教育、医疗和安全受到重要影响，南方分离运动与哈迪政权的矛盾不断加深。2018年1月，"南方过渡委员会"与哈迪政府矛盾达到顶点，祖拜迪发出最后通牒，一周后双方爆发冲突。这次冲突发出了明显的信号，如果没有足够的经济注入，哈迪政权就会因也门经济的螺旋下跌而崩溃。冲突发生后，沙特为也门提供了20亿美元的援助，政府承诺补发公共服务部门18个月薪水。然而，"南方过渡委员会"占领亚丁的行动受到国内外的广泛批评并遭受到政治上的孤立。

"南方过渡委员会"政治上的孤立说明它不能代表所有的南方政治力量，它对军事力量的控制力度也较弱。鉴于此，"南方过渡委员会"的斗争策略变得更为柔和，试图通过联合南方各政治势力和与外国政府及国际组织交往改善生存环境。2018年5—6月，"南方过渡委员会"与南方重要政治人物在开罗和阿布扎比召开多次会议。"南方过渡委员会"民族委员会主席布里克说，这次会谈明确了将团结合作，支持"南方过渡委员会"

---

① "The UAE and Yemen's Islah: A Coalition Coalesces," The Washington Institute Improving the Qulity of Us Middle East Policy, December 6, 2018, https://www.washingtoninstitute.org/policy-analysis/view/the-uae-and-yemens-islah-a-coalition-coalesces, 2019 – 03 – 14.

② "Southern National Assembly Holds First Session in Aden," Middle East Monitor, December 23, 2017, https://www.middleeastmonitor.com/20171223-southern-national-assembly-holds-first-session-in-aden/, 2019 – 03 – 15.

冲破政治孤立。①

2018年8月29日，联合国也门特使格里菲斯与祖拜迪等"南方过渡委员会"代表在约旦见面，并探讨"南方过渡委员会"在也门政治进程中能够扮演的角色。② 12月，也门内战双方在瑞典首都斯德哥尔摩展开正式会谈。"南方过渡委员会"表示，任何关于也门问题的最终解决方案必须有其参与，否则不可能成功。

（三）极端组织活动趋弱

"基地"组织和"伊斯兰国"是在也门影响力最大的极端组织，另外在也门东部和南部地区也长期存在一些宗教极端组织，如"阿比扬伊斯兰军"等。"基地"组织在也门耕耘已久，主要活动地区为也门东南省份，于2009年将也门分支改名为"基地"组织"半岛分支"。成立"半岛分支"以来，"基地"组织加大了恐怖袭击力度，并利用西亚北非局势动荡和也门内战乘机扩张，于2015年占领重要港口城市穆卡拉（Mukalla），势力达到顶点。"伊斯兰国"于2014年12月宣称在也门建立"国家"，并于2015年3月在萨那针对两座什叶派清真寺发动首次恐怖袭击。③ "伊斯兰国"没有"基地"组织根深蒂固，但比"基地"组织更加血腥，活动范围更广，不断发动对萨那和亚丁等地区的恐怖袭击。

2016年是两个极端组织发动恐怖袭击最多的年份，这一趋势在2017年得以扭转，并延续至2018年。恐怖袭击逐年减少，主要原因可能有以下几点：第一，内战双方均加强了占领地区的安全管控，极端组织只能在冲突地区实施恐怖活动。第二，世界各国为也门提供了大量的人道主义援助，对帮助民众远离极端组织起到了重要的作用。第三，极端组织转型。

极端组织活动趋弱并不一定意味着极端组织力量衰弱，卡耐基国际和平基金会网站刊登的一篇文章认为：沙特盟军与胡赛武装的战斗为"基

---

① General Ben Brik, "Southern Talks in Abu Dhabi Discussed Fateful Issues Defining 'the Political and Administrative of the South' According to Public Will," SMA news, June 5, 2018, https://en.smanews.org/general-ben-brik-southern-talks-in-abu-dhabi-discussed-fateful-issues-defining-the-political-and-administrative-of-the-south-according-to-public-will, 2019-03-13.

② "UN Envoy Meets Soutern Transitional Council On Restruction Of Political Process," OSESGY, Aug 30, 2018, https://osesgy.unmissions.org/un-envoy-meets-southern-transitional-council-resumption-political-process, 2019-03-20.

③ "Key Facts About the War in Yemen," Al-Jazeera, March 25, 2018, https://www.aljazeera.com/news/2016/06/key-facts-war-yemen-160607112342462.htm, 2019-03-10.

地"组织的扩张提供了条件,阿联酋官员在 2018 年 8 月发表了"也门的'基地'组织只剩下 200 名成员"的误导性声明,因为据也门政府估计,其成员仍有 6000—7000 名之多。2018 年,"基地"组织和"伊斯兰国"都没有停止在也门的恐怖活动。"基地"组织于 8 月 28 日袭击了阿比扬的军事检查站,杀死 5 名也门政府军,而"伊斯兰国"也在亚丁发动了恐怖袭击。文章认为,基于其成功的财政网络,招募成员和加强与地区部落合作的战略调整,"基地"组织现今更注重管控所在地区,而不是恐怖袭击。[1]

二、"战争逻辑"与"和平逻辑"的艰难转变

2018 年,升级的也门战争使人道主义危机进一步恶化,国际社会极为关注。也门内战以来,联合国一直扮演着居中调停的角色,虽然内战双方自 2016 年以来再无正式会谈,但联合国始终从中斡旋,为也门人民提供紧急的人道主义援助。联合国也门问题特使格里菲斯于 3 月份接替伊斯梅尔,开启了政治解决也门问题新的征程。

荷台达军事行动自 6 月份打响以来,交战双方势均力敌,任何一方都没有快速取得胜利的希望,在此背景下,也门问题特使格里菲斯于 7 月份在萨那与交战双方代表举行了会谈,所有党派强调了他们对实现和平的强烈愿望。[2] 8 月 2 日,联合国安理会就也门问题召开会议,也门问题特使格里菲斯表示,经过与也门冲突各方的沟通,计划于 9 月 6 日在日内瓦举行会谈。格里菲斯强调,通过政治途径解决也门问题"可以实现",并呼吁各方在荷台达实施冲突降级措施,释放战俘,为谈判创造有利条件。[3] 遗憾的是,胡塞武装因无法解决交通安全问题最终未能参会。荷台达战火重燃。多个国家呼吁立即恢复也门政治进程和措施,并在也门停止敌对行动。美国国务卿蓬佩奥及国防部长马蒂斯于 10 月 30 日呼吁也门内战各方

---

[1] Jonathan Fenton-Harvey, "Al-Qaeda's Future in a War-torn Yemen," Carnegia Endowment for International Peace, September 25, 2018, https://carnegieendowment.org/sada/77334, 2019 – 03 – 02.

[2] "Yemen parties underscore 'strong desire' for peace, UN Envoy reports," UN News, July 5, 2018, https://news.un.org/en/story/2018/07/1013962, 2019 – 03 – 01.

[3] "也门冲突政治解决'可以实现'——联合国特使宣布将于 9 月 6 日开启首轮磋商",联合国新闻,2018 年 8 月 2 日,https://news.un.org/zh/story/2018/08/1014802,2019 年 3 月 1 日。

停火,并希望他们在11月于瑞典举行谈判。① 2018年11月16日,联合国安理会讨论也门局势,格里菲斯表示,欢迎也门总统哈迪近期宣布将尽快寻求政治解决方案的声明,"胡塞武装也通过联络人向我表明了对于达成政治解决方案的决心"。他还表示,"和谈的前期准备工作已接近完成",并将于下周前往萨那落实最终安排。②

在各方努力下,2018年12月6—13日,交战双方在瑞典首都斯德哥尔摩进行时隔两年半来的首次会谈,并最终达成《斯德哥尔摩协议》。在瑞典,各方还提到了格里菲斯提出的政治框架,这一框架旨在提供一个明确的政治未来,从而恢复国家机构和国家对军队的控制;各方同意在下一轮磋商中讨论该框架。③ 也门政府与胡塞武装同意于明年1月底展开下一轮谈判,双方在此次会议中达成的一致意见将对也门产生重大意义。④

《斯德哥尔摩协议》如果能够顺利实施,将会大大降低交战双方冲突烈度,改善也门人道主义困境,为着手讨论政治解决方案铺平道路。截至2019年2月底,虽然荷台达省再未发生大规模战斗,但荷台达市及其港口的第二阶段撤军计划仍未达成,荷台达市内仍有零星冲突发生。另外,塔伊兹备忘录和交换囚犯协议均未顺利实施,而贝达、塔伊兹和哈吉等省份的战斗仍在继续。也门的和平之路任重而道远,也门问题特使格里菲斯的"和平逻辑"仍有待观察。

三、经济困境和人道主义危机

(一)经济困境

也门人口众多,经济落后,向来严重依赖国际援助。内战前,也门的经济来源主要是油气、侨汇、经济作物和农产品出口,其中油气产出占年度GDP约25%和国家财政收入的75%。面对逐渐枯竭的油气资源和拮据

---

① "联合国也门特使欢迎立即恢复也门政治进程和停止敌对行动的呼吁",联合国新闻,2018年10月30日,https://news.un.org/zh/story/2018/10/1021792,2019年2月29日。
② "联合国:和谈进程有望近期重启 也门儿童已'虚弱到无力哭泣'",联合国新闻,2018年11月16日,https://news.un.org/zh/story/2018/11/1023141,2019年3月4日。
③ "联合国在也门协议达成后强调:承诺必须得到落实,和平进程必须加速",联合国新闻,2018年12月14日,https://news.un.org/zh/story/2018/12/1024861,2019年2月28日。
④ "也门和平谈判结束 联合国欢迎各方达成荷台达停火协议",联合国新闻,2018年12月13日,https://news.un.org/zh/story/2018/12/1024771,2019年2月27日。

的财政，也门政府试图通过一系列改革措施发展多元化经济，同时为了争取国际货币基金组织 4.5 亿美元中期贷款，也门政府减少了对燃料的补贴，① 这导致也门民众大规模的抗议，为胡赛组织进入萨那提供了条件。2015 年内战爆发以来，也门基础设施遭到严重破坏，国内外投资大量减少，油气生产直线下降，造成了严重的货币贬值、通货膨胀和失业人群。

2018 年是也门内战的第五年，GDP 年度下滑 13.8%，五年来年均下滑 16.1%，一半多国民需要联合国的救济。2018 年发起的荷台达军事行动，令也门经济雪上加霜。荷台达市是荷台达省省会，是一个濒临红海的重要港口城市，也是也门全国"食品和基本救援物资最为重要的入口"，也门近 70% 的进口，包括商业和人道主义物资在内，都必须通过荷台达和北部的萨利赫港进入。② 另外，联军的轰炸和内战导致国内基础设施严重损毁，进一步影响国际贸易和投资。

也门经济困境带来了严重后果，大量人才出走，资本外流，经济进一步螺旋式下跌。

（二）人道主义危机

2018 年，也门内战升级进一步加重了人道主义危机，全国超过一半人口处于饥饿的边缘，大量民众失去家园、流离失所，儿童、妇女、少数族群和难民生存权利受到严重侵害。

受内战影响，也门的食品和药品供应问题相当严峻。整个也门地区有 2200 万人需要人道主义救助。情况在 2018 年更加严重，联军对荷台达港口发动的军事行动，严重阻碍了联合国人道主义物资的输送和发放；内战造成了基础设施的严重破坏，各武装力量经常拒绝给予联合国援助人员通行证，造成战争周边地区人道主义物资难以抵达。联合国紧急救助协调专员洛科克（Mark Lowcock）警告，如果形势没有好转，处于饥饿边缘的人数年底前将增加 1000 万。③

内战双方不顾国际谴责，均征募童军入伍。另外，"非洲之角"每年有大量难民逃往也门，这些难民在也门时常遭到贩卖、虐打和奴役。

---

① "Yemen 2018 Country Review", Country Watch, Houston, Texas, 2018, p. 208.
② "250, 000 People 'May Lose Everything - Even Their Lives' in Assault on Key Yemeni Port City: UN Humanitarian Coordinator," US News, June 8, 2018, https://news.un.org/en/story/2018/06/1011701, 2019 - 03 - 15.
③ "Yemen: Human Suffering at Risk of Further Deterioration, Warns UN Aid Chief", US News, May 24, 2018, https://news.un.org/en/story/2018/05/1010651, 2019 - 03 - 17.

结　语

2018年，萨利赫阵营与哈迪阵营结成同盟，这一政治力量的重新组合为发动荷台达军事行动铺平了道路。全力以赴夺取荷台达与胡塞武装的顽强抵抗，使战争升级造成了严重的人道主义危机，精疲力竭的交战双方终于重回和谈之路，并达成也门问题特使格里菲斯称之"和平逻辑"的《斯德哥尔摩协议》，给人们带来了和平的希望。马赛克图案式的也门政治力量总是不断变换着排列组合，区域大国寻找代理人的行为进一步加剧了也门的分裂。《斯德哥尔摩协议》降低了也门内战的烈度，但距离其成功落实和进入下一步的政治框架谈判仍有很长的路要走。

巴林：
"王室政治"对政经发展矛盾的介入与调整[*]

西亚北非局势动荡后不久，巴林国内就受到了波及。2011年初，什叶派走上街头，开始大规模抗议逊尼派统治者。这次抗议不仅对巴林国内社会的诸多方面造成负面影响，也充分暴露了巴林国内严重的政治问题。现如今，经过几年的发展，巴林社会发展又回归正常。虽然近年来巴林在诸多方面取得了新的成就，但国家所面临的问题依旧存在。

一、国内政治的发展与困境

哈利法家族统治下的巴林是一个君主立宪制国家，由哈马德国王领导。哈马德国王享有广泛的行政权力，其中包括任命总理及其大臣、指挥军队、担任高级司法委员会主席、任命议会上议院、解散选举产生的下议院。[①] 政府首脑是首相谢赫·哈利法·本·萨勒曼·阿勒哈利法，他是现任国王的叔叔，自1971年以来一直担任这一职务，这也使他成为世界上任职时间最长的首相。[②] 2010年，大约一半的政府成员都来自哈利法家族。[③]

巴林国内人口中85%信奉伊斯兰教，其中多数属于什叶派，而统治阶级则为逊尼派，派别的对立以及人口数量上的多寡，一直给巴林统治阶级带来巨大压力。同样，如何处理与周围国家的关系，也是事关巴林安全的必修课。

（一）人权状况的发展

1999年，现任国王哈马德·本·伊萨·阿勒哈利法继承他的父亲

---

[*] 作者：赵广成，西北大学中东研究所副教授；柳青，西北大学中东研究所硕士研究生。
① "Report of the Bahrain Independent Commission of Inquiry". BICI.
② "Bahrain News — The Protests". New York Times. 24 June 2012.
③ "Bahrain Shia demand cabinet change". Al Jazeera English. 5 March 2010.

伊萨·阿勒哈利法的王位后，推行了广泛的改革，人权状况得到显著改善。①"大赦国际"将这些行动描述为"人权的历史性时期"。②但是问题依旧存在。

第一，什叶派的问题。虽然什叶派占据巴林人口的大多数，但是，由于逊尼派哈利法家族执政，什叶派的任何行为都会被视为是对其政权的挑战和威胁。因此，巴林境内的什叶派一直受不到公平对待。在政治上，什叶派一直处于边缘。虽然有些什叶派在政府中任职，但人数较少，而且职位较低，不具有实权。在经济上，什叶派构成了巴林贫民的主体。虽然巴林人均国民收入很高，但是财富分布严重不均，国家大部分财富掌握在少数逊尼派手中，形成鲜明对比的是什叶派，虽然人数处于多数，但是生活水平却处在平均水平之下。宗教问题加上在巴林国内受到的不公平对待增加了什叶派与王室的矛盾，这类问题的存在成为巴林国内不稳定的因素。

2017年8月，美国国务卿雷克斯·蒂勒森发表讲话，反对巴林对什叶派歧视，称"巴林的什叶派社区成员反应政府在就业、教育和司法系统中持续存在歧视"，"巴林政府必须停止歧视什叶派"。他还讲到，"在巴林，政府继续对什叶派宗教人员、居民和反对派进行盘问、拘留和逮捕。"③但在2017年9月，美国国务院仍批准了对巴林价值超过38亿美元的军售计划，其中包括F-16喷气机升级导弹和巡逻艇。④

第二，女性权力的改善。在传统的伊斯兰国家中，女性在整个社会中极少有参与权，许多社会活动都对女性进行限制。随着巴林的独立以及诸多现代化政策的施行，巴林女性获得了越来越大的社会空间，越来越多参加到国家政治活动中。巴林妇女虽然获得了选举权和参加2002年全国选举的权力，但在投票中没有女性当选。针对妇女候选人的失败，巴林政府任命了六名女性参加舒拉理事会。纳达·哈法德博士在2004年被任命为卫生部长，成为该国首位女性内阁部长。准妇女政府组织——妇女最高委员会，负责培训女性候选人参加2006年大选。

2006年，身为律师和妇女权利活动家的哈亚·宾特·拉希德·阿勒哈

---

① "Country Reports on Human Rights Practices". United States Department of State. 4 March 2002.
② "Bahrain: Promising human rights reform must continue". Amnesty International. 13 March 2001.
③ "Bahrain must stop discriminating against Shias: Tillerson". Shiite News.
④ The New Arab, 5 December 2014. "US approves huge arms sale to Bahrain despite human rights concern". Alaraby. co. uk.

利法成为联合国大会主席,这是历史上第三位担任联合国大会主席的女性。① 在2011年的递补选举中,女议员的数量上升到了4位。② 2008年,胡达·诺诺被任命为驻美国大使。③ 2011年,艾丽丝·萨曼被任命为驻英国大使。④

第三,国际社会对于巴林人权状况的态度。2011年,"人权观察"组织对巴林人权状况的评价为"非常差"。⑤ 正因为如此,巴林在某些方面的国际排名下降。⑥⑦ 2011年,国际社会批评巴林政府镇压抗议行动。巴林政府承诺对此进行改革并避免这种"糟糕的事情"。⑧

2016年7月7日,欧洲议会以绝大多数支持通过了一项决议,谴责巴林当局侵犯人权的行为,并强烈呼吁停止对该国人权捍卫者、政治反对派和民间社会的镇压。⑨ "大赦国际"在其最新报告中指责美国和英国对巴林的人权状况视而不见。⑩ 巴林警方在英国接受了应对公开抗议的培训。⑪

可以说,巴林的人权状况在独立及融入国际化的过程中有了改善,特别是女性在社会中的身份地位。但是其对什叶派的政策性忽视和排斥,刑罚上缺乏人道主义都受到西方媒体指责。

（二）军事的依赖性与对外关系的调整

第一,军事严重依靠美国。巴林王国有一支装备精良的小型军队,名为巴林国防军,人数约为13000人。⑫ 巴林军队最高指挥官是国王哈马

---

① "UN General Assembly to be headed by its third-ever woman president", Unite Nations, 8 June 2006.
② Toumi, Habib, 8 October 2011. "Bahrain women MPs set to make a difference as parliament reconvenes". Gulf News.
③ "Bahrain names Jewish ambassador". BBC News. 29 May 2008.
④ Toumi, Habib, 27 May 2012. "Bahrain urges greater global religious tolerance". Gulf News.
⑤ "World Report 2011：Bahrain". Human Rights Watch. 2011.
⑥ "Freedom in Bahrain 2011". Freedom House. 2011.
⑦ Freedom of the Net 2011 – Bahrain part（PDF）Report. Freedom House. 2011.
⑧ Elizabeth Dickinson（23 November 2011）. "Bahrain commission issues brutal critique of Arab Spring crackdown". The Christian Science Monitor.
⑨ European Parliament adopts resolution condemning Bahrain's human rights abuses. Indexoncensorship.org.
⑩ "Document｜Amnesty International". Amnesty.org. 7 September 2017.
⑪ "Britain Trained a Bahraini Police Chief Who Presided Over Abuse of Political Dissidents- VICE".
⑫ "Bahrain". The 2011 US Department of State Background Notes. United States Department of State.

德·本·伊萨·阿勒哈利法，副最高指挥官是王储萨勒曼·本·哈马德·本·伊萨·阿勒哈利法。巴林国防军主要装备有美国的 F-16 战鹰、F-5 自由战斗机、UH-60 黑鹰、M60A3 坦克，以及奥利弗·哈扎德·佩里级护卫舰。① 巴林政府与美国关系密切，与美国军方签署了一项合作协议，并自 20 世纪 90 年代初以来为美国提供了贾法勒军事基地。这里是美国第五舰队司令部和大约 6000 名美国军人的总部所在地。②

虽然巴林购买了美国精良的军备，但是由于其国内逊尼派人数较少，以及士兵作战素养较低，其军事实力总体偏弱。2011 年面对国内抗议的升级，巴林政府压力陡增。巴林政府求助沙特帮助其维护国家安全，并宣布国家进入紧急状态。在 2014 年 3 月，有超过 80 名公民和 13 名警察在冲突中死亡。③ 2015 年，巴林参加了沙特阿拉伯领导的对也门内战的干预行动。2018 年 4 月，英国皇家海军在米娜·萨勒曼的永久性军事基地正式启用。④

第二，对外关系的调整。巴林与世界范围内 190 个国家建立了双边关系。截至 2019 年，巴林在阿拉伯联盟、联合国和欧洲联盟分别设有 33 个大使馆。⑤ 巴林在地区政治中发挥适度的调解作用，支持"两国解决方案"，坚持阿拉伯联盟关于中东和平和巴勒斯坦权利的观点。巴林同样是海湾合作委员会的创始国之一。

2011 年，在沙特的帮助下，压制了什叶派抗议行动的进一步升级，稳定了哈利法家族政权。然而，国际危机组织 2011 年的报告称，"沙特的介入行为很可能适得其反"⑥，这或许会增加沙特、巴林和科威特的什叶派对伊朗的同情，并导致沙特和巴林境内的什叶派反抗情绪增加。伊朗因素以及宗教与安全的关系使得巴林向沙特靠得更近，双边联系更加紧密。2016 年 1 月 4 日，巴林宣布与伊朗断绝外交关系，并责令伊朗外交人员在 48 小时内离境。2017 年 6 月 5 日，巴林追随沙特与卡塔尔断绝外交关系。2019 年 4 月，沙特国王萨勒曼受巴林国王哈马德邀请访问了巴林，巴林媒体发

---

① Singh Singh, Ravi Shekhar, 2005. Asian Strategic And Military Perspective. Lancer Publishers. p. 368. ISBN 978-81-7062-245-1.
② "Welcome to Naval Support Activity Bahrain". Commander, Navy Installations Command.
③ "Bomb blast kills three Bahrain policemen". BBC. 3 March 2014.
④ "UK opens Persian Gulf military base in Bahrain". The Washington Post. 5 April 2018.
⑤ "Ministry of Foreign Affairs, Bahrain".
⑥ International Crisis Group, Popular Protests in North Africa.

表题为《沙特与巴林如兄弟般的友谊源远流长》的报道。①

可见,巴林进一步加强了与西方的军事合作,并更加坚定地站在海湾大国沙特的背后,跟随沙特行动,希望凭借多方势力共同确保其政权稳定。

二、国内经济的困境与转型

根据联合国西亚经济社会委员会 2006 年 1 月的一份报告,巴林是阿拉伯世界经济增长最快的国家。② 根据世界遗产基金会/《华尔街日报》公布的 2011 年经济自由指数显示,巴林拥有中东地区最自由的经济体,也是世界上最自由的第十二个经济体之一。③ 2008 年,巴林被伦敦全球金融中心指数评为全球增长最快的金融中心。④ 巴林的银行业和金融服务业,特别是伊斯兰银行业,受益于地区石油行业的繁荣发展。⑤ 石油及其衍生品是巴林出口最多的产品,其收入占出口收入的 60%,占政府收入的 70%,占国内生产总值的 11%。⑥ 但是巴林经济的发展过于依赖石油,随着石油资源日渐枯竭,巴林经济问题也凸显出来。

(一)传统产业的困境

第一,油气产业仍占主导。自 1985 年以来,经济状况随着石油价格的变化而波动。例如,在 1990—1991 年波斯湾危机期间和之后,国际油价降低,国家石油收入减少。巴林拥有高度发达的通讯和交通设施,是许多跨国公司的所在地。出口的很大一部分是由进口原油制成的石油产品,2007 年原油进口占该国进口的 51%。⑦ 政府努力进行经济多元化转型,但受自身条件限制,经济多元化效果并不明显。石油和天然气仍然在巴林经济中扮演着重要角色,石油收入仍占巴林财政收入的 85%。⑧

---

① "Historical Fraternal Relations between Saudi and Bahrain Hailed", Bahrain this Week, April 7, 2019.
② Bahrain expected to bustle Arabian Business, 1 February 2007.
③ Index of Economic Freedom Heritage Foundation.
④ Gulf Daily News 18 March 2008.
⑤ "Bahrain calling-Banking & Finance". ArabianBusiness.com. 25 April 2008.
⑥ "CIA World Factbook, 'Bahrain'". Cia.gov.
⑦ The Report: Bahrain 2010. Oxford Business Group. pp. 12 – 25. ISBN 978 – 1 – 907065 – 22 – 4.
⑧ CIA World Factbook, Bahrain, Economy.

最近几年，由于国际油价走低，巴林的石油收入减少，国家财政赤字严重。由于海外资产较少，加之国内石油资源日渐枯竭，巴林对于财政赤字力不从心。2016 年美国主要的信誉评级机构对巴林政府负债率的评级为"垃圾"，充分说明低油价以及政府的高负债率对巴林政府的影响。[1] 但是，巴林在 2017 年通过发行外币债券筹集了约 40 亿美元，暂时缓解了其财政困难。2018 年 4 月，巴林宣布在该国西海岸发现了一个油田，但仍在评估有多少石油可以开采。[2]

第二，其他产业的发展。铝制品是巴林仅次于油气产品的第二大出口产品。为了支持不断扩大的石化和铝工业，巴林需要继续寻求新的天然气供应作为原料。

由于巴林只有 2.9% 的土地是可耕地，农业占巴林国内生产总值的 0.3%，[3] 因此巴林严重依赖粮食、肉类进口来满足其不断增长的人口，其水果消费需求总量的 75% 也都来自于进口。[4][5]

如何应对后石油时代所产生的一系列问题，是巴林政府亟需解决的问题。

（二）旅游业的兴起

作为经济多元化的一部分，旅游产业在巴林国内经济中的作用越来越明显。巴林利用其开放的环境，独特的地理位置，以及丰富的历史遗产，吸引着来自周围国家以及世界的游客。

第一，巴林旅游业的历史优势。巴林王国融合了现代阿拉伯文化和考古遗产。岛上有许多城堡，包括被联合国教科文组织列为世界遗产的巴林城堡。巴林国家博物馆收藏了该国古老的艺术品，一些艺术品的历史可以追溯到大约 9000 年前该岛的第一批人类居民，古兰经博物馆内收藏着古兰经伊斯兰艺术品。巴林国内一些受欢迎的历史旅游景点包括：该地区最古老的清真寺之一——哈米斯清真寺、穆哈拉格岛上的阿拉德堡、巴林帝尔穆尼特时期的巴尔巴儿庙，以及阿里古冢和萨尔圣殿。[6] 除此之外，在萨基尔沙漠，有一棵生长了 400 年的古树，附近没有水，被称为"生命之

---

[1] CIA World Factbook, Bahrain, Economy.
[2] "Bahrain discovers largest oil field in country since 1932", CNBC, April 2, 2018.
[3] CIA World Factbook, Bahrain, Economy.
[4] "Bahrain fully stocked for Eid al-Adha: official". Al Shorfa. 3 November 2011.
[5] "Bahrain food import bill to zoom 128pc". Daily Tribune. 9 November 2011.
[6] "Popular Attractions". Bahrain Guide.

树",也是一个受欢迎的旅游景点。①

第二,巴林旅游业的开放创新意识。除了充分利用其固有的历史资源外,巴林政府不断开发新的旅游项目,增加对游客的吸引力。观鸟、潜水和骑马是巴林的热门旅游项目。2019年1月,巴林通讯社宣布,2019年夏季,一座占地约10万平方米的水下主题公园开幕,该公园以一架沉没的波音747客机为中心,其中还包括人造珊瑚礁、珍珠展和雕塑。该项目是在最高环境委员会、巴林旅游和展览局以及私人投资者共同合作下展开的。巴林希望来自世界各地的潜水者能参观这个水下公园,② 旨在将此公园打造成世界最大的生态友好型水下主题公园。③

同样,巴林也是半岛地区购物和娱乐的圣地。许多来自沙特阿拉伯和半岛地区的游客来麦纳麦的主要目的是购物。麦纳麦有两个购物中心:一个是巴林市中心的购物中心,另一个是麦纳麦泽夫区的泽夫购物中心。自2005年起,巴林每年3月举办一个名为"文化之春"的活动,届时邀请国际知名音乐家和艺术家进行表演。④ 麦纳麦被阿盟评选为2012年阿拉伯文化之都和2013年阿拉伯旅游之都。2018年8月,巴林成功举办了为期10天的乐高展,吸引了超过2.6万名游客。⑤ 2019年8月,巴林官方宣布将上演百老汇音乐剧《绿野仙踪》,借此吸引周边国家游客。⑥

作为一个旅游目的地,巴林2008年接待游客超过800万。⑦ 2018年,巴林的国际游客数量达到了1370万,比2017年增长了7.6%,游客平均停留2.9个晚上,比2017年增长3.8%。⑧ 虽然越来越多的人来巴林旅游,但巴林的大多数游客来自周边的阿拉伯国家。

---

① "Tree of Life, Bahrain". Wonder mondo. Archived from the original on 18 August 2012.
② CNN, Francesca Street, 23 January 2019. "Underwater theme park opening in Bahrain". CNN Travel.
③ "The World's Largest Underwater Theme Park Is Coming to Bahrain". Travel + Leisure.
④ "Bahrain's 'Spring of Culture Festival' opens". Trade Arabia.
⑤ "Bahrain Tourism and Exhibitions Authority Concludes Lego Shows with a Huge Success", Bahrain this week, September 3, 2018.
⑥ "Bahrain Tourism and Exhibitions Authority Hosts Broadway Musical 'The Wizard of Oz'", Bahrain this week, August 14, 2019.
⑦ "Tourism sector performance". Economic Development Board - Bahrain.
⑧ "Bahrain Tourism and Exhibitions Authority Celebrates Arab Tourism Day 2019", Bahrain this Week, February 26, 2019.

三、社会的活力与多元化

在教育方面,巴林努力吸收现代化教育的优点,学习西方教学理念;在体育方面,巴林大力引进现代化体育项目,举办大型国际赛事。这些都成为巴林在海湾地区的闪光点,世界各地的人们也开始了解巴林。

(一)教育事业的发展

第一,大力发展现代化基础教育。巴林针对6—14岁儿童实行义务教育。对于巴林公民而言,公立学校的教育是免费的,并且由巴林教育部提供免费教材。公立学校中不存在混合教育,男学生与女学生分别在独立的学校上课。在20世纪初期,古兰经学校是巴林唯一的学校形式。这些学校主要教授儿童和年轻人诵读古兰经。在第一次世界大战之后,巴林受到西方的影响,现代化教育机构逐渐出现。截止2011年,巴林共有126981名学生在公立学校学习。[①] 2004年,哈马德·伊本·伊萨·阿勒哈利法国王引入了"哈马德国王未来学校"项目,该项目利用信息通信技术支持巴林的K–12教育。该项目的主要目的是将巴林国内的所有学校用网络联系起来。

第二,促进高等教育发展及人才储备。巴林大学是标准的全日制高等学府,阿卜杜勒阿齐兹国王大学健康科学学院由巴林国家卫生部统一管理,培训医生、护士、药剂师和护理人员。2001年的《国家行动宪章》为组建诸如麦纳麦的阿赫利亚大学(Ahlia University)和萨尔的巴林大学等私立大学铺平了道路。皇家女子大学成立于2005年,是巴林第一所专门培养女性的私立国际大学。[②] 巴林政府还引入了美国大学,并于2019年开放招生。[③] 巴林鼓励高等教育机构利用外籍人才,并鼓励越来越多的巴林国民从国外学成回国。

(二)打造海湾体育中心

第一,体育发展多样化。足球联赛是巴林最受欢迎的运动。巴林国家

[①] "Statistics for the academic year2011/2012". Ministry of Education, Bahrain.
[②] "Management Consultancy Group – Bahrain". InfoBahrain.
[③] "American University of Bahrain Open for Admission for Academic Year 2019", Bahrain this week, May 2, 2019.

足球队曾多次参与亚洲杯、阿拉伯国家杯比赛，并多次参加世界杯预选赛，虽然并未能获得出线资格。① 巴林同样拥有自己的国内顶级职业足球联赛——巴林超级联赛。篮球、橄榄球和赛马在这个国家也很受欢迎。巴林政府每年举办的巴林篮球杯赛受到巴林国内的广泛关注。巴林政府还赞助了 UCI 世界自行车队，该车队参加了"2017 环法自行车赛"。② 2018 年，巴林将板球运动引入国内，并宣布在其国内启动 T20 板球超级联赛。③

第二，体育赛事专业化。巴林作为阿拉伯国家中拥有 F1 赛道的国家，2004 年 4 月 4 日举办了首届海湾航空巴林大奖赛，这是在阿拉伯国家举办的第一次 F1 赛事。随后是 2005 年的巴林大奖赛。同年 3 月 12 日又主办了 2006 赛季的开幕式大奖赛。此后，除了 2011 年由于持续的反政府抗议活动被取消外，比赛每年都举行一次。④ 巴林也是除美国以外第一个主办 MMA 世界锦标赛的国家。有记录显示，2017 年世界各地众多运动员到巴林参加 MMA 训练。⑤

巴林政府推行现代化教育，提高人口受教育程度，这将为巴林社会的进一步发展提供必要的人才基础。体育事业的蓬勃发展不仅让社会活动形式更加多元化，也提高了巴林在地区和国际的知名度和影响力。这都将为整个社会发展提供更大的活力和更多的机遇。

结　语

经历了 2011 年内乱的巴林在政治、经济、社会方面逐渐回归正轨。但是国内有些痼疾依旧存在。什叶派多数依然受到不公正的待遇；女性的社会参与度虽然在提高，但能否获得更多的权利以及得到整个社会的认可和尊重，仍然是个未知数。国家经济的发展严重依赖矿产资源，后石油时代的经济发展道路至关重要。虽然经济多元化改革已然实行，但经济多元化发展心有余而力不足。

由于巴林相对于周边海湾国家来说有着较高的开放性和包容性，其在

---

① "Bahrain Football Association"（in Arabic）. Bahrainfootball. org.
② "Who is really behind the Bahrain-Merida team？– Cycling Weekly". Cycling Weekly. 19 September 2016.
③ "Bahrain Premier League for T20 Cricket to be launched"，Bahrain this week，December 6, 2017.
④ Noble，Jonatha（17 February 2011）. "Bahrain GP2 Asia race cancelled". Autosport.
⑤ "Other Sports：Bahrain top venue for MMA training". Gdnonline. com. 27 August 2017.

一些领域也取得了较大的成绩。旅游业已经成为巴林国内的重要产业，其收入在国内生产总值中的占比逐年提高。① 教育事业的发展可以让巴林与世界进行人才共享，更好地宣传巴林、服务巴林。体育赛事的发展与推广不仅扩大了巴林的知名度，也为其增加了游客流量，进一步促进了旅游业的发展。

因此，在国家资源和产业结构相对单一的情况下，作为海湾地区文娱中心的巴林应该更加专注和专业地发展其第三产业，将巴林打造成阿拉伯地区的休闲度假中心，将第三产业做出特色，更好地为巴林社会和经济服务。但是需要注意的是，开放和稳定的政治环境将是决定第三产业能否健康蓬勃发展的必要条件。所以，巴林在大力发展第三产业的同时，还需积极协调国内外问题，以确保国内社会健康有序地发展。

---

① "Bahrain Tourism and Exhibitions Authority Celebrates 'Arab Tourism Day'", Bahrain this week, February 25, 2017.

沙姆地区

以色列：
变化中的国内政治与地区政策及其逻辑[*]

2018年以色列经济保持了良好的发展势头，国内社会秩序稳定。在外交上，以色列得到重要盟友美国的不断力挺。特朗普在巴以问题上的态度，使得巴以和平遥遥无期。一方面，特朗普政府在耶路撒冷问题上偏向以色列的立场，使得美国在巴以问题上的公正形象受到挑战；另一方面，特朗普中东团队迟迟未能公开宣布巴以问题新的和平方案，也使得人们对于美国主导下的巴以和平能否实现心存疑虑。此外，以色列—伊朗关系持续紧张，与阿拉伯世界关系不断走近。

在以色列国家内，政坛不稳定因素增加，社会氛围进一步"右转"。2019年是以色列大选年，为此以色列各个政治党派在2018年纷纷"博出位"，通过叙利亚内战、黎巴嫩真主党"威胁"、巴勒斯坦建国、加沙示威潮、以色列总理贪腐、极端正统派参军等议题，表达各自态度，凝聚选民支持。2018年年底，以色列内阁因为"极端正统派参军"事宜而宣布解散。利库德集团、"我们的家园以色列"、犹太家园党、前进党，以及左翼工党，都有实力争夺以色列2019年的政治主导权。2018年7月《犹太民族国家法案》在以色列议会获得通过，以色列国家的犹太属性被进一步强调和提升，舆论对于巴以和平前景普遍感到悲观。

一、经济与政治

以色列经济近些年保持了良性发展的势头，在联合国人类发展指数（UN Human Development Index）排名中，将以色列列为"非常先进发达国家"（Very Highly Developed），显示出国际社会对于以色列经济发展形势的

---

[*] 作者：王晋，西北大学中东研究所副教授，西北大学叙利亚研究中心研究员。本文是2018年度国家社会科学基金青年项目"'一带一路'倡议在以色列推进的重点与难点研究"（18CGJ023）的阶段性研究成果。

乐观态度。以色列经济在 2018 年实现了 3.2% 的增长率,低于以色列中央统计局(Cenral Bureau of Statistics)在年初的预期。其中农业领域增长 2.3%,工业领域增长 26.6%,服务业领域增长 69.5%。2018 年以色列出口额增长 4%,达到了 630 亿美元,较 2017 年 5.1% 的增长率有所下降;进口额增长 7.6%,达到 710 亿美元,较 2017 年的 5.1% 进口增长率进一步提升。[1] 2018 年政府支出增长了 4.6%,其中公共服务开支占据政府开支的 60.3%。2018 年以色列人口增长约 2%,人均国内生产总值增长 1.2%,达到了 41400 美元(约 148600 谢克),以色列货币市场保持稳定,市场通胀率增长仅为 0.2%。[2] 以色列失业率仅为 3.1%,就业领域中,农业领域就业者占据就业人口总数的 1.1%,工业领域就业者占据就业人口总数的 17.3%,而服务业就业人口占据就业人口总数的 81.6%。[3]

2018 年以色列主要贸易伙伴与贸易额

主要贸易国	美国	欧盟	中国	印度	土耳其
双边贸易额	445 亿美元	370 亿美元	140 亿美元	21 亿美元	10 亿美元

数据来源:Isreal Hayom;以色列中央统计局。

2018 年以色列国内政治形势依旧复杂,与此同时出现了新的政治现象。2018 年末,以色列内阁由于分歧难以被调和,因此宣告本届议会解散,于 2019 年 4 月举行大选。本届以色列议会和政府组建于 2015 年以色列大选之后。在那次大选中,现任总理内塔尼亚胡(Benjamin Netanyahu)领导的利库德集团成功组成了议会多数票联盟,并且最终上台执政。内塔尼亚胡的政治联盟并不牢靠,仅仅占据以色列议会刚刚过半席位。

在上台之初,内塔尼亚胡曾想通过内阁中的"外交部长"职务,来邀请当时以色列左翼工党[4]领导人伊萨克(Issac Herzog)加入执政集团,双方的接触和谈判一度非常顺利,接近达成政治协议。但是随着工党内部政

---

[1] "Isreali Economic Growth Slowed in 2018, Preliminary Figures Show", *Haaretz*, December 31, 2018, https://www.haaretz.com/israel-news/business/economic-growth-slowed-in-18-early-figures-show-1.6802415.

[2] "Growth Estimate For Israel Economy in 2018 Just 2.3%", *Globes*, December 31, 2018, https://en.globes.co.il/en/article-growth-estimate-for-israeli-economy-in-2018-just-32-1001267076.

[3] "The World Facebook—Israel", *Central Intelligence Agency*, https://www.cia.gov/library/publications/resources/the-world-factbook/geos/is.html.

[4] 工党在 2015 年大选中获得 19 席。

治斗争日趋激烈，伊萨克在党内的领导职务被新崛起的加巴伊（Avi Gabbay）所取代，政治联盟关系无法建立。而加巴伊将自己视为内塔尼亚胡的"最大对手"，认为未来的政治选举将会是"自己与内塔尼亚胡之间的对决"，① 导致利库德集团与工党难以继续合作。2017年，内塔尼亚胡与时任国防部长的摩西·亚阿隆（Moshe Ya'alon）关系恶化，亚阿隆公开要求以色列军队恪守军人道德准则，反对以色列政治纷争影响到军队内部。最终内塔尼亚胡将亚阿隆撤职，并且任命右翼政党"我们的家园以色列"领导人利伯曼（Avigdor Liberman）担任以色列国防部长，暂时夯实了内塔尼亚胡执政团队在议会中的优势地位。

但是内塔尼亚胡和利伯曼之间"亦敌亦友"的状态，又决定了双方的合作难以持续。"我们的家园以色列"和利库德集团都是以色列右翼政治团体，因此双方选民的基础存在着相当的重合度。从个人性格上看，利伯曼和内塔尼亚胡一样积极与强势，尽管之前在不同的内阁中担任过多个部长职务，但是始终未能担任总理职务，因此一直希望能够增强在以色列国内的政治影响力。利伯曼本人最大的软肋在于没有担任过军中职务，而在以色列政治传统中，总理候选人的军旅背景，往往被以色列选民视为能够给国家带来安全的重要加分项。因此，利伯曼愿意接受国防部长职务，内塔尼亚胡也清楚利伯曼的愿望，但是，由于双方自身政治背景和政治意愿难以协调，导致双方的合作势必短暂。在2018年加沙地区民众不断前往以色列—加沙边境地带抗议的浪潮中，利伯曼就多次表达自己的强硬态度，认为以色列军队应该更加坚决地维护国家安全。最终在2018年11月，利伯曼因不满政府与加沙地带巴勒斯坦武装组织停火而辞职抗议，导致内塔尼亚胡内阁在议会的优势地位岌岌可危（仅占120个议会席位的61席），最终在12月底不得不宣布解散议会，在2019年4月举行大选。

2019年4月的大选，内塔尼亚胡面临众多的政治挑战者。除了利伯曼可能的挑战以外，以色列极右翼政治团体"犹太家园党"领导人纳夫塔利·贝内特（Naftali Bennett）也有可能冲击总理职务。贝内特长期在外交上奉行强硬态度，其选民基础主要是约旦河西岸的犹太定居者以及以色列国内的保守派强硬人士，但是，也正是由于这种独特的选民结构，使得贝内特难以获得足够多的票数来主导议会，因此，贝内特势必需要调整自己

---

① "Isreal's New Labor Party", the Economist, October 26, 2017, https://www.economist.com/news/middle-east-and-africa/21730664-rebranding-israels-left-israels-new-labour-party.

的政治理念，吸引更多的右翼和中间翼选民支持。

根据以色列民调显示，以色列国防军前总参谋长冈茨（Benny Gantz）将会成为内塔尼亚胡最大的竞争对手，其领导的"坚韧党"很有可能在2019年4月的大选中获得近20个席位（内塔尼亚胡领导的利库德集团将可能获得28个议席）。① 由于冈茨既有出色的军旅生涯（曾指挥2014年针对加沙地区的"防卫之盾"军事行动），又与内塔尼亚胡关系不佳，加之，此次选举是第一次亮相政坛，因此极有可能吸引那些不满于内塔尼亚胡长期执政选民的选票。除了冈茨之外，以色列中间翼和左翼政治团体，如现任财长、以色列中间翼政党"我们大家党"领导人，以"廉洁先生"著称的摩西·卡隆（Moshe Khalon），以及中间翼在野党"未来党"领导人拉皮德，都有可能竞争未来的总理或者其他关键的部长职务。但是总的来说，以色列当前社会政治氛围仍然偏右，左翼和中间翼政治力量仍然分散和弱小，且内部关系复杂，难以形成合力。

当前以色列国内最大的政治变数，来源于以色列总理内塔尼亚胡面临贪腐丑闻。内塔尼亚胡的腐败丑闻由以色列警方负责调查，经过了多年的摸底，以色列警方已经将相关证据提交给了以色列总检察长阿维哈伊·曼德尔卜利特，在近期将决定是否正式起诉内塔尼亚胡。而如果以色列检察机关起诉内塔尼亚胡，势必对以色列政坛产生重要影响。一方面，内塔尼亚胡执掌以色列政坛多年，从1999年第一次担任以色列总理职务以来，已经断断续续担任长达13年之久，如果能够在2019年的大选中再次取得胜利，很可能会成为历史上担任总理职务时间最长的以色列政治人物。考虑到以色列国内独特的政治模式，尤其是以色列国内政党林立的现实和意识形态、宗教派别隔阂深刻的社会现状，内塔尼亚胡在以色列政坛驰骋纵横的同时，也深刻影响了以色列国内政治生态格局。因此，内塔尼亚胡如果受到起诉，必然会极大地冲击以色列当前政治环境，不仅会对内塔尼亚胡所在的利库德集团带来巨大的挑战，更会震撼以色列政治右翼团体。另一方面，内塔尼亚胡贪腐丑闻涉及面广泛。与之前以色列国内贪腐事件不同的是，内塔尼亚胡贪腐丑闻不仅涉及到自己和家人，而且还涉及到以色列传媒集团、大型油气公司、房地产企业、以色列军队等多个领域，因此其罪名一旦坐实，必然会对以色列社会造成剧烈震荡。

---

① "Gantz Fights Back Against Galant's Operation Protective Edge Criticism", *Jerusalem Post*, January 13, 2019, https://www.jpost.com/Breaking-News/Gantz-fights-back-against-Galants-Operation-Protective-Edge-criticism-577180.

二、对外关系

以色列的对外关系主要目标是为了维护以色列的国家安全，通过与更多的国家实现外交关系以提升以色列的国际合法性，同时，通过各种与其他国家的务实合作来促进以色列经济和社会的发展。以色列自身民族国家构建的独特历史，尤其是现代以色列国家的犹太公民与欧洲的独特关系，以及以色列和美国的"不破联盟"关系，使得以色列国家身份带有极强的"亲西方色彩"。西奥多·赫茨尔在《犹太国》当中就突出了未来"犹太之家"与亚洲之间的相互联系："巴勒斯坦是我们难忘的历史家园……也将成为欧洲防卫亚洲的一道强大壁垒，我们可以成为阻隔野蛮主义的重要卫士。"① 犹太复国主义著名右翼代表人物弗拉基米尔·雅博廷斯基（Vladimir Jabotinsky）也认为："我们的精神内核来自于欧洲……在巴勒斯坦，这种精神内核将会生生不息……我们来到以色列之地，就是为了扩张欧洲道德的边界线。"② 因此，在外交层面，如何平衡自身"亲西方"特性，与地处亚非欧尤其是阿拉伯国家包围之下的地缘政治现实，保证以色列自身的国家安全，是以色列外交需要考虑的敏感且重要的议题。

（一）与美国关系

2018年以色列外部环境发生了新的变化。美国特朗普政府对于以色列的支持进一步上升。美国是以色列的最重要外交对象，也是以色列国内政治精英和社会各个阶层最为关注的国家。美国前总统克林顿曾经将美国和以色列关系形容为"享有独特的纽带（sepcial bond），我们的关系是与众不同的独特关系。与美国一样，以色列是一个民主国家，是自由的标志，是民主的港湾，是被压迫者和被迫害者的依靠"。③ 但是长期以来，美国在巴以问题上并没有对以色列完全支持，尤其是在耶路撒冷归属问题上，一直拒绝承认耶路撒冷是以色列的首都，而是希望在美国的调停之下，巴以双方通过对话来解决争端和分歧。但是，特朗普上台之后，在巴以问题上

---

① Jacob Abadi, *Israel's Quest for Recognition and Acceptance in Asia*, London: Frank Cass Publishers, 2005, p. 2.
② Jacob Abadi, *Israel's Quest for Recognition and Acceptance in Asia*, London: Frank Cass Publishers, 2005, p. 2.
③ Keith Peter Kiely, *US Foreign Policy Discourse and the Israel Lobby*, Cham: Palgrave Macmillan, 2017, p. 1.

态度发生转变，对于以色列的支持有所增加。2018年5月，美国正式宣布将驻以色列大使馆从特拉维夫迁往耶路撒冷，并且将耶路撒冷视为"以色列的首都"。

与此同时，特朗普的中东事务特别代表库什诺（Jared Kushner）和特朗普中东团队共同策划针对巴以问题的"世纪方案"。但是，由于"世纪方案"涉及国家众多，内容太过敏感，因此，具体内容迟迟未能宣布。而且，以色列国内也非常担心特朗普政府在耶路撒冷问题上向以色列做出"倾斜"之后，将会在巴以谈判中的其他方面要求以色列做出让步。

（二）与俄罗斯关系

以色列与俄罗斯在2018年仍然保持着密切的关系。一方面，以色列和俄罗斯在叙利亚问题上有着密切的合作关系。2018年，以色列总理内塔尼亚胡分别在1月、5月和7月造访俄罗斯，与俄罗斯总统普京进行会面。此外，两人还多次通过电话讨论地区和国际热点问题。对于以色列来说，俄罗斯是重要的大国，也是帮助以色列稳定周边局势的重要伙伴。[①] 以色列希望俄罗斯能够在叙利亚问题上，保证伊朗军事人员和其他什叶派民兵武装不要靠近以色列控制下的戈兰高地周边80—120公里区域，同时，希望俄罗斯监督叙利亚政府军手中的导弹、火箭和防空系统不要流入什叶派民兵武装手中；而俄罗斯则希望能够利用以色列作为与美国沟通的重要"第三方"，同时，安抚以色列不要贸然介入叙利亚局势之中。另一方面，以色列和俄罗斯则在叙利亚问题上发生矛盾。俄罗斯反对以色列空军随意进入叙利亚领空展开军事打击行动。2018年9月以色列战机在叙利亚领空执行任务时，为了躲避叙利亚政府军的防空导弹，最终使得一架俄罗斯军机被叙利亚防空部队击落，导致俄罗斯和以色列关系出现了短暂的紧张，俄罗斯也在不久后决定向叙利亚提供先进的S-300防空体系。但是，随着俄罗斯和以色列之间的沟通，最终双方并没有因为此事件而矛盾激化，双方在叙利亚问题的默契关系也得以延续。

（三）与巴勒斯坦关系

以色列与巴勒斯坦关系仍然微妙。一方面，2018年以色列继续敌视加

[①] 关于俄罗斯和以色列之间的双边关系，可以参见：王晋："以色列与俄罗斯之间的关键议题"，《世界知识》，2016年第11期，第26—27页。

沙地区的"伊斯兰抵抗运动"（哈马斯），并且持续对加沙地区进行封锁。而哈马斯则不断号召加沙地区民众前往边境地区示威游行，一些示威民众和武装人员趁机向以色列边境军警发动攻击，甚至向以色列境内发射火箭弹，导致以色列和加沙地区哈马斯的冲突不断升级。2018年10月以色列对加沙地区进行了军事打击行动，最终在埃及等国的斡旋下，冲突才得以平息。另一方面，以色列与约旦河西岸"巴勒斯坦民族解放运动"（法塔赫）之间的关系也十分微妙。由于美国搬迁驻以色列大使馆到耶路撒冷，而且承认耶路撒冷"是以色列的首都"，导致法塔赫领导人、巴勒斯坦民族权力机构主席阿巴斯宣布不再接受美国的调停，并且与以色列的关系也处于"僵冷"状态。但与此同时，阿巴斯仍然得到了以色列的帮助和支持，双方在情报合作、与哈马斯关系和打击恐怖主义等议题上密切合作。2018年末约旦河西岸爆发民众示威游行，敦促法塔赫与哈马斯实现和解，最终酿成与巴勒斯坦安全部队的冲突，而以色列军警也介入其中，帮助维护民族权力机构在约旦河西岸的政治秩序。

（四）与伊朗关系

以色列一直将伊朗视为地区内最重要的安全威胁，进而将伊朗问题和叙利亚问题联系在一起，警惕伊朗在叙利亚境内的扩张。[①] 在以色列看来，伊朗已经通过2011年之后的一系列扩张，成功地在以色列周边地区密布了一张稠密的大网，将以色列置于危险的冲突境地。以色列认为其所面对的安全威胁需要采取强硬的手段予以应对，希望国际社会能够共同"遏制伊朗"。2018年以色列空军多次入境邻国叙利亚，对伊朗在叙利亚境内的军事目标实施打击，旨在震慑伊朗不要试图通过叙利亚来向以色列发动攻击。[②] 在国际场合，以色列抨击伊朗谋求发展核武器的野心，认为美国特朗普政府退出伊朗核协议是"正确的决定"，并且号召国际社会重新发起针对伊朗的经济制裁。

以色列与伊朗之间的对立关系，促使同样警惕伊朗地区扩张的阿拉伯国家，尤其是海湾地区阿拉伯国家，与以色列关系逐渐走近。2018年10月，以色列体育部长雷戈夫女士（Miri Regev）到访阿联酋，并且在阿联

[①] 关于以色列在叙利亚问题上的态度，可以参见：王晋："以色列在叙利亚问题上的关切、应对与挑战"，《当代世界》，2019年第1期，第59—63页。

[②] Karim Sadjadpour, "Iran's Unwavering Support to Assad's Syria", *Syria Special Issue*, Vol. 6, Issue 8, p. 1.

酋有关人士的陪同下参观了阿布扎比的大清真寺。而在阿联酋举办的世界柔道锦标赛中，以色列选手获得金牌，阿联酋组委会也允许升起以色列国旗，奏响以色列国歌。在10月底，以色列内塔尼亚胡秘密访问阿曼，被视为以色列与沙特为首的海湾地区阿拉伯国家恢复关系正常化的重要一步，内塔尼亚胡自己也表示，自己"将会访问更多的阿拉伯国家"。①

（五）与非洲国家关系

非洲地区是以色列外交的另一个重点，是以色列打破阿拉伯世界封锁的重要突破口。与此同时，非洲广大国家，尤其是撒哈拉以南国家，在历史上与以色列和犹太人并没有太多交集，以色列希望利用自身科技和经济优势来吸引非洲国家。但是长期以来，以色列和非洲国家关系容易受到巴以问题的冲击，广大非洲国家受到来自于阿拉伯国家的压力，在巴以问题紧张之时容易放弃与以色列关系。在2018年，以色列与非洲国家关系实现了进一步的突破，11月，乍得总统代比访问以色列，成为恢复乍得与以色列双边外交关系的重要一步。此外，尽管绝大多数非洲国家仍然在巴以问题上批评以色列，但是保持着与以色列在经贸、科技、农业和教育等领域的密切合作。

结　语

总的来说，2018年以色列国内社会和经济保持稳定，但是政治局面则相对微妙。在外交上，得益于美国对于以色列的支持和帮助，以色列在巴以问题上继续保持强硬姿态，而由于巴勒斯坦内部派别纷争和约旦河西岸巴勒斯坦民族权力机构孱弱，巴以和谈仍然陷入僵局；与此同时，以色列与伊朗的对立仍然持续，与同样敌视伊朗的海湾地区阿拉伯国家的关系不断改善，与非洲国家的关系也实现了新的发展。

中国是以色列重要的贸易伙伴，也是以色列珍视的世界大国。以色列开国总理本·古里安（David Ben Gurion）就曾提出："欧洲的霸权在衰落，而亚洲则在崛起……两个古老而强大的国家——印度和中国——重新独

---

① "Israel's Netanyahu Says He Plans More Visits to Arab World", *Bloomberg*, November 25, 2018，https://www.bloomberg.com/news/articles/2018-11-25/president-of-chad-to-arrive-for-visit-in-israel-radio-says.

立，它们在世界中的地位正在上升，并会以史无前例的速度重新崛起。"①
以色列与中国的关系同样获益于双方务实的合作态度，但是也受到了巴以问题的困扰。中国和以色列自从1992年正式建立外交关系以来，双方经贸交往不断加强，2017年中以双方贸易额达131亿美元。② 此外，以色列除了在北京开设大使馆外，还分别在上海、广州和成都开设了领事馆，以色列航空、中国国际航空、海南航空、四川航空等纷纷开通了中国与以色列的直航航线。以色列特拉维夫大学、耶路撒冷希伯来大学、海法大学、本·古里安大学、巴伊兰大学、海法理工等院校，纷纷与中国高校签署了合作协议。中国企业参与了海法港、阿什克隆港、特拉维夫轻轨等以色列国内基础设施建设项目。2017年中国和以色列宣布建立"创新全面伙伴关系"。2018年10月王岐山到访以色列，进一步推动了中国和以色列合作关系的深入发展。

---

① Amotz Asa-El, "Pivoting East: Israel's Development Strategic Relationships in Asia", *Jerusalem Post*, July 4, 2018, https://www.jpost.com/Jerusalem-Report/East-side-story-539690.
② "中国同以色列的关系"，中华人民共和国外交部，https://www.fmprc.gov.cn/web/gjhdq_676201/gj_676203/yz_676205/1206_677196/sbgx_677200/t312274.shtml。

巴勒斯坦地区：
"两国方案"的民意走势与解析[*]

自特朗普上任以来的一系列在巴以问题上的激进政策，使得巴勒斯坦问题再次引发国际社会的关注。虽然巴勒斯坦问题在国际事务中日趋边缘化，但其无疑仍是中东问题的核心之一，它的解决会在根本上改善中东地区的地缘政治环境，进而促进地区的稳定与发展。但是，巴勒斯坦问题如何才能解决？"两国方案"能否实现？从2018年至今的民意调查显示，对"两国方案"的民意支持率持续走低，甚至降为自《奥斯陆协议》签订以来的最低点；与此同时，支持"一国方案"的民意出现增长。这在一定程度上反映了巴勒斯坦人对《奥斯陆协议》签订以来巴以"和平进程"及其一系列制度构建的失望与担忧。巴勒斯坦的路在何方？巴勒斯坦知识界为此展开了激烈的讨论。本文拟以巴勒斯坦2018年至今的民意调查及巴勒斯坦知识界围绕"两国方案"的讨论为基础，分析"两国方案"在如今巴勒斯坦公众舆论中的认知现状及其替代方案"一国方案"的可行性，以期对近来巴勒斯坦的政治形势做一简要窥探。

一、"两国方案"的民意现状及原因

巴勒斯坦政策与调查研究中心（Palestinian Center for Policy and Survey Research，PSY）于2018年至2019年7月在约旦河西岸和加沙地带针对当前巴勒斯坦主要问题进行了六次民意调查。根据这六次民调显示，巴勒斯坦民众对巴以和平进程中"两国方案"的支持率呈持续下滑状态，降低至《奥斯陆协议》签订以来的最低点。

在观念层面，2018年3月的民调显示，约旦河西岸和加沙地带48%的人支持"两国方案"，50%的人反对；46%的人认为巴勒斯坦多数派支持

---

[*] 作者：成飞，西北大学中东研究所博士研究生。

"两国方案"，47%的人表示多数派反对；同样，50%的人认为大多数以色列人反对"两国方案"，41%的人认为大多数以色列人支持该方案。① 时至7月份，民调中对"两国方案"的支持率竟跌至43%；② 9月份，民调中对"两国方案"的支持率又上升至47%，反对者为50%；③ 12月份，民调中对"两国方案"的支持率再次跌至43%，反对者升至55%。④ 2019年3月、7月的民调中对"两国方案"的支持率分别为48%和47%，反对者同为50%。⑤

在可行性层面，2018年3月的民调显示，57%的人认为"两国方案"不再可行，只有40%的人认为"两国方案"仍然可行。同样，73%的人认为，在未来五年内，在以色列旁边建立一个独立的巴勒斯坦国的可能性很小，或者根本不存在，而25%的人认为可能性很高，或者中等。⑥ 基于同样的问题，2018年9月和12月的民调数据分别为：56%、41%、72%、26%与63%、35%、73%、26%。⑦

2019年4月的民调显示，58%的人认为"两国方案"不再可行，37%的人认为该方案仍然可行。此外，77%的人认为，在未来五年内，建立巴勒斯坦国的可能性很小，甚至不存在；21%的人认为，建立巴勒斯坦国的可能性中等或很高。⑧ 而2019年7月的民调数据则为：56%、40%、71%、26%。⑨

另据2018年最新一期的巴以联合民意调查显示，2006年至2018年6月期间，巴勒斯坦人对"两国方案"的支持率呈整体的持续下滑趋势，从最高点71%下降至2018年的最低点43%；在以色列方面，民意对"两国

---

① "Public Opinion Poll No（67）", *Palestinian Center for Policy and Survey Research*, 27 March 2018.
② "Public Opinion Poll No（68）", *Palestinian Center for Policy and Survey Research*, 4 July 2018.
③ "Public Opinion Poll No（69）", *Palestinian Center for Policy and Survey Research*, 12 September 2018.
④ "Public Opinion Poll No（70）", *Palestinian Center for Policy and Survey Research*, 18 December 2018.
⑤ "Public Opinion Poll No（72）", *Palestinian Center for Policy and Survey Research*, 7 July 2019.
⑥ "Public Opinion Poll No（67）", *Palestinian Center for Policy and Survey Research*, 27 March 2018.
⑦ "Public Opinion Poll No（70）", *Palestinian Center for Policy and Survey Research*, 18 December 2018.
⑧ "Public Opinion Poll No（71）", *Palestinian Center for Policy and Survey Research*, 9 Apri 2019.
⑨ "Public Opinion Poll No（72）", *Palestinian Center for Policy and Survey Research*, 7 July 2019.

方案"的支持率呈同样趋势,从最高点68%跌至2018年最低点49%。① 这是过去两年以来,巴以两国民意对"两国方案"支持度最低的一次,也是近20年来巴以联合调查研究中最低的一次。

据这次巴以联合民调显示,在巴勒斯坦和以色列的各个年龄群体中,处于18岁至24岁和25岁至34岁年龄段的群体最不支持"两国方案"的设想。在以色列犹太人中,这两个年龄段的群体对"两国方案"设想的支持率只有27%和26%,而在55岁以上犹太人中,这一比例则上升至51%;在巴勒斯坦方面,基于同一问题的百分比分别为41%、41%、55%。②

从近期的民意调研来看,不论在观念还是可行性方面,"两国方案"似乎正在趋于失效,究其原因可归为以下三方面:

首先,犹太定居点的持续扩建。截止2016年,在"绿线"之外的东耶路撒冷和约旦河西岸地区分布着230多个犹太定居点,居住约63万犹太人,其总数接近以色列犹太人口的10%。③ 随着近年来以色列社会的日益右倾化,其政治领导人在言辞和行动上不断强化和推动在犹太定居点上的立场和扩张。时任以色列国防部长的阿维格多·利伯曼(Avigdor lieberman)在2018年早些时候表示,以色列将计划在占领下的约旦河西岸新建3900套住房,以供应新的犹太定居者;随着以色列大选的逼近,总理内塔尼亚胡直言在其当选后将吞并所有西岸地区的犹太定居点。正是以色列在犹太定居点上咄咄逼人的态势,使得越来越多的巴勒斯坦人认为,"两国方案"在事实层面上失去了可行性。

其次,特朗普政府在巴以问题上的激进政策。2017年1月,特朗普在万众瞩目中宣誓就任美国总统,巴以关系何去何从引发了强烈关注。而特朗普上任后在巴以问题上使出了一系列"组合拳"。2017年12月6日,特朗普正式宣布美国承认"耶路撒冷为以色列的首都",并表示将把美国驻以使馆从特拉维夫迁至耶路撒冷;2018年5月14日,美国驻以大使馆在耶路撒冷正式开馆。截止2018年6月,美国迁馆及其后续事件引发的冲突

---

① Khalil Shikaki, Dahlia Scheindlin, "Role of Public Opinion in the Resilience/Resolution of the Palestinian-Israeli Conflict", *Palestinian Center for Policy and Survey Research*, December 2018, p. 2.
② Khalil Shikaki, Dahlia Scheindlin, op. cit, p. 3.
③ 伊恩·布莱克著,王利莘译:《敌人与邻居:阿拉伯人和犹太人在巴勒斯坦和以色列(1917—2017)》,中信出版集团,2019年版,第552页。

已造成至少 100 余名巴勒斯坦人死亡，超过 2000 多人受伤；① 8 月 24 日，特朗普在对约旦河西岸和加沙地区的援助项目进行评估后，决定取消超过 2 亿美元的对巴勒斯坦援助；8 月 31 日，特朗普又宣布停止向联合国近东巴勒斯坦难民救济和工程处（UNRWA）提供资金；9 月 10 日，美国决定关闭巴解组织驻华盛顿的办事处。特朗普政府对巴勒斯坦一系列的冲击政策主要目的是，迫使巴解接受美国主导下的巴以"和平计划"——"世纪协议"（deal of the century）。而"世纪协议"则完全是特朗普政府偏袒以色列、忽略巴勒斯坦感受的"一厢情愿"，自然遭致巴勒斯坦社会的强烈抵制。

最后，巴勒斯坦问题在主要阿拉伯国家的政治议事日程中被边缘化。在 21 世纪的第二个十年当中，中东地缘政治发生巨变，从西亚北非局势动荡到叙利亚内战、再到"伊斯兰国"的崛起，都加剧了各主要阿拉伯国家政权对各自政局动荡的担忧。因此，从现实战略考量出发，阿拉伯国家都缺乏政治意愿去支持一场巴以之间的对抗。随着中东形成以沙特为首的逊尼派政权与伊朗为首的什叶派政权之间相对抗的地缘政治格局，巴勒斯坦问题日益被大多数阿拉伯国家的领导者视为与以色列建立对抗伊朗战略联盟之间的障碍。这一逻辑体现在海湾阿拉伯国家与埃及在有关巴勒斯坦问题上所达成的两点共识：一是遏制加沙地带的哈马斯，以恢复法塔赫领导的巴勒斯坦权力机构的权威；二是敦促巴勒斯坦当局接受以色列提出的所谓"和平计划"。2019 年 6 月，在巴勒斯坦官方与民间普遍强烈呼吁阿拉伯国家抵制旨在解决巴以问题的巴林会议的情况下，沙特、埃及、约旦等阿拉伯国家仍然如期参加了会议。正如巴勒斯坦学者杰哈德·阿布萨利姆所言，"之前，在官方立场上严肃谴责以色列的侵略行径，并在国际法框架内倡导巴勒斯坦人的权力，是阿拉伯国家领导人在巴以问题上的必要前提条件；如今，阿拉伯国家领导人却对此日益缺乏兴趣，甚至允许讨论一劳永逸地'解决'巴勒斯坦问题。"② 2019 年 7 月的民调显示，80% 的巴勒斯坦人认为阿拉伯国家已经抛弃了他们，同时也放弃了巴勒斯坦的民族事业。③

---

① 龚正："'激进的一国方案'：巴勒斯坦人的出路？"，《世界态势》，2018 年第 12 期，第 34 页。

② Jehad Abusalim, "The Great March of Return: An Organizer's Perspective", *Journal of Palestine Studies*, Vol. 188, NO. 4, 2018, p. 91.

③ "Public Opinion Poll No (72)", *Palestinian Center for Policy and Survey Research*, 7 July 2019.

总之，2018年至今，巴勒斯坦民意对"两国方案"支持率的下降，即是自《奥斯陆协议》签订以来巴以"和平进程"屡屡受挫、走入死胡同的结果，也是近年来受美国巴以政策及中东地缘政治变动的影响所致。由此，越来越多的人认为，"两国方案"已经失效、或寿终正寝、或濒临死亡、或根本不可行，因此，关于"两国方案"的替代性方案的讨论越发激烈、呼声也越来越高，特别是其中的"一国方案"。

二、民意中的"一国方案"

"两国方案"在巴民意中的支持率出现下滑的同时，作为其替代性方案的"一国方案"开始上升。2018年3月的民调显示，约旦河西岸和加沙地带的巴勒斯坦人对"一国方案"的支持率为28%；7月的民调显示，30%的人支持放弃"两国方案"，建立一个包括巴勒斯坦与以色列在内的统一国家；[1] 9月、12月及2019年3月和6月的民调中对该方案的支持率则分别为：29%、32%、31%、31%。[2]

虽然从比例上看，"两国方案"的支持度仍然远远高于"一国方案"，但后者的支持度在近年来的增长，在一定程度上反映了一种明显的政治趋势。据此，巴勒斯坦知识界展开了激烈的争论。其中，对于"一国方案"支持者而言，其所倡导的是在巴勒斯坦传统的历史地理空间内建立一个民主国家，其特点可归为：一是所有公民一律平等；二是难民拥有返回的权力；三是不论是穆斯林、基督徒还是犹太人，一律享有平等的民族权力；四是制定短期和中期计划，消除公民在社会各领域、特别是经济层面上的差距，包括经济发展机会及对低收入群体的歧视；五是奉行中立的外交政策，即不因该地区在人类文明发展过程中特殊的历史和宗教意义、或为谋利于未来可佳的旅游和商业发展前景，而从事任何国际性或地区性的结盟活动。

对于积极倡导"一国方案"的巴勒斯坦人而言，其构想主要建立在三个前提条件之上：

首先，以色列在约旦河西岸地区持续不断地扩建犹太定居点，使得巴勒斯坦人理所当然地认为"两国方案"不再可行。而且，巴勒斯坦问题已

---

[1] "Public Opinion Poll No (67)", *Palestinian Center for Policy and Survey Research*, 27 March 2018.

[2] "Public Opinion Poll No (72)", *Palestinian Center for Policy and Survey Research*, 7 July 2019.

经不再是以色列各政党议事日程中所关注的事务；国际社会又缺乏持续的意愿和能力对以色列施压。许多巴勒斯坦人认为，由于在解决巴勒斯坦难民问题上没有形成一个公正的方案，即使实现了"两国方案"，巴以之间的冲突也不会结束。

其次，由于经济原因或内部权力的冲突，巴勒斯坦权力机构在履行国家制度构建的职能方面令人失望。2018年至2019年7月的6次民调显示，巴勒斯坦人支持"巴勒斯坦权力机构解体"的比例分别为：49%、42%、42%、47%、41%、38%。[①] 但与"自然崩溃"相比，巴勒斯坦权力机构如"自行解体"则是战略上的一种手段，其遵循的逻辑是：巴政治领导层可与民众团结在巴解组织的框架之内；对巴解组织的制度、决策做出改革，使其更具包容性和代表性，这将有助于制止巴解组织作为巴勒斯坦人唯一合法代表在政治凝聚力上的大规模削弱；下放权力，整合社会各类资源；领导和统一巴勒斯坦各阶层战线，采用广泛、和平、大众的抵抗方式，迫使以色列转向建立"一个包括约旦河西岸和加沙地带在内的统一的民主国家"。

最后，巴以之间的政治、地理、经济现状不具持久性。犹太定居点的持续扩张及其配套基础设施修建，导致大量巴勒斯坦土地被侵占，连接以色列本土与犹太定居点的交通网络与军事哨所将整个西岸地区分割得支离破碎。经济上，巴勒斯坦对以色列的依赖完全是结构性的，事实上整个地区已经是在后者控制下的一个统一市场。因此，在巴勒斯坦人看来，既想改变现状，又想揭露和消除这种事实，就必须在整个巴勒斯坦地区建立"一个统一的民主国家"，而这一方案既符合巴勒斯坦人的利益，又能弥补《奥斯陆协议》在解决方案上的长期失效。

三、"两国方案"与"一国方案"的可行性比较

事实上，巴民意中的"一国方案"现在仍然只是理论层面上的设想，但这种理论层面的设想其实在一定程度上是巴以之间权力结构不对称的现实反映。

巴勒斯坦人对"一国方案"的设想，主要是基于道德基础之上的理想主义。作为一种代表性的观点，巴勒斯坦人认为，实现正义与永久和平的唯一途径，是废除以色列强加于巴勒斯坦人身上的种族隔离制度，建立一

---

① "Public Opinion Poll No (72)", *Palestinian Center for Policy and Survey Research*, 7 July 2019.

个以充分实现公民平等、充分执行巴勒斯坦难民返回权力为基础的新的政治制度,并实施以相关配套的保障机制,进而平息因"犹太复国主义"扩展而导致的巴勒斯坦人历史性的不满,最终建立一个统一、平等的民主国家。客观而言,这种设想是美好的,但却是乌托邦式的。

从最基本的心理与经济层面来看,巴勒斯坦人的"一国方案"缺乏必要的现实基础。在民主、平等的一国模式之下,巴勒斯坦人将不得不与大量犹太人共存,并接受分布于阿拉伯人口中心地带的犹太定居点,而这一事实在短期内很难在双方的心理层面上获得接受。巴以民众因残酷的历史所造成的心理隔阂不可能因单一国家的建立而在短期内消失。在经济方面,巴以之间差距巨大。2015 年,以色列人均国内生产总值为 3.7 万美元,约旦河西岸与加沙地带的巴勒斯坦人则分别为 3700 美元和 1700 美元。[①] 如果没有大规模的财富和资源再分配,如此大的经济差距将使巴勒斯坦人永远成为社会底层。

本质上而言,"一国方案"的设想,其实是巴勒斯坦人在巴以权力结构中弱势地位的表现。从 1948 年以色列建国至 20 世纪 80 年代,巴以之间的冲突在实质上是由周边阿拉伯国家与以色列之间的冲突所主导的。《奥斯陆协议》签署之后,巴勒斯坦人在追求民族解放、独立建国的道路上,虽然拥有了国家主权代表的象征——巴勒斯坦权力机构,但其能力是有限的,受制于以色列所设置的各种规章制度,比如巴以之间的安全协调制度及其代收关税制度。自 2000 年以来,以色列重新占领约旦河西岸和加沙地带,对巴勒斯坦的控制日益严密。隔离墙的修筑、定居点的扩张及其配套基础设施的建立,以及对加沙的军事封锁与打击,使其稳定与发展受到严重影响。

因此,从巴以之间的权力结构和国家政治的现实角度来看,相比于"一国方案","两国方案"仍是巴勒斯坦人的最现实的选择,原因如下:

其一,巴勒斯坦人的"一国方案"主要是民粹主义或民调意义上的,其政治意义不大;它是建立在理想主义的道德基础之上的,而非现实主义的政治基础之上;既缺乏具体连贯的政治计划和框架,又没有形成大规模的政治影响力。因此,这种民主的"一国方案"既没得到巴勒斯坦各政党的认可,也没有得到以色列和美国等任何其他国际社会力量的支持。

其二,"两国方案"是巴以双方及国际社会在政治资源上长期投入的

---

① *The Economist*, 20 – 26 May 2017.

结果,是在相关国际法框架下的国际共识,在巴勒斯坦实力羸弱的情况下,想要对其做出改变,是不切实际的。自1988年11月15日的《巴勒斯坦独立宣言》发表以来,中东最持久的冲突只能通过建立一个与以色列并行的巴勒斯坦国来解决,这已是国际上所达成的广泛共识。181号、242号、338号等数次联合国决议、《奥斯陆协议》及各种国际会议,都使旨在解决巴以冲突的"两国方案"在国际上具有了深厚的合法性基础,并且被巴以双方接受。因此从政治的角度而言,取代或取消"两国方案"在现实层面上缺乏可行性。

其三,对巴勒斯坦而言,游说国际社会接受"两国方案"的替代性方案,将会耗时甚久,且期间会充满各种不确定性因素,结果可能适得其反。巴以冲突持续半个多世纪,而旨在解决这场冲突的"两国方案"从提出到接受再到部分执行,耗时近半个世纪。因此,试图游说国际社会接受解决巴以冲突的新方案不仅困难,而且在时间消耗上会更长。再加之受复杂多变的地区和国际局势的影响,巴勒斯坦问题的解决仍会被拖进一个摇摇无期的"政治进程"当中。而本已在政治资本上所剩无几的巴勒斯坦人,在内部政治权力斗争的情况下,还必须将主要政治精力从保障巴勒斯坦人权利的主要目标上转移到一个没有保障或具有巨大潜在不利影响的政治进程上来,这无异于一场"政治自杀"。[①]

总之,巴勒斯坦人基于理想主义基础之上的"一国方案",在现实层面缺乏可行性,并且可能带来潜在的灾难性后果。虽然"两国方案"在巴以"和平进程"中似乎进入了死胡同,但在现实层面仍存在实施的可能性,尤其是考虑到其所具有的深厚的国际合法性基础。

结　语

综上所述,"两国方案"在2018年以来的巴勒斯坦民意调查中出现持续下滑,既是长期以来巴以和谈停滞不前所带来的失望情绪使然,也是自特朗普上台以来美国激进的中东政策、以色列政治日益右转及地区局势变动的结果。虽然取代"两国方案"的"一国方案"在不少巴勒斯坦民意中备受推崇,但因其过于理想主义,所以在现实层面上缺乏可行性;由于巴

[①] Sam Bahour, "Asynchronous and Inseparable Struggles for Rights and a Political End-Game", *Palestinian Center for Policy and Survey Research*, May 2016, p. 6.

勒斯坦政治资本所剩无几及国际社会的广泛共识，"两国方案"仍是巴勒斯坦未来最现实合理的选择。但"两国方案"的实现，必须在巴以双方拿出最大的政治意愿，尤其是以色列，再加之国际社会的共同努力下，方可达成；否则，巴以之间将会陷入遥遥无期的"和平进程"当中，备受暴力冲突的"折磨"，尤其是对巴勒斯坦人而言。

约旦：
地区冲突新形势下的内外政策评估[*]

一、政治局势治中有乱

2018年，约旦整体政局较稳定，但期间频繁出现抗议和游行示威活动。2018年初，美国将驻以色列使馆迁至耶路撒冷的决定引发约旦国内民众大规模的示威抗议活动，约旦政府召开紧急会议，与其他阿拉伯国家商讨对策。但美沙以三国不再把约旦视为利益核心，使约旦在"和平进程"中的作用更加复杂微妙。2018年中，穆勒吉政府颁布的新税法草案损害了约旦民众利益，引发大规模抗议，约旦国王迅速委派奥马尔·拉扎兹为新首相组阁，撤回草案以平息民怨。此后，约旦政府再次颁布税法改革草案，但并未改变实质性问题。约旦发生反对政府现行经济政策的每周集会，将矛头对准新任总理，增加了国内局势发展的不确定性。

2018年末，叙政府军逐渐占据战场主动权，起初跟随美国站在反政府军一边的约旦今年调整对叙政策，加上其自身经济发展的迫切需要，使约旦决定对叙南部开放纳西卜边境口岸，两国贸易逐步恢复正常，同时大量叙难民通过该口岸回国，在一定程度上可减轻约旦压力。

（一）民众抗议美国搬迁驻以使馆至耶路撒冷

"中东桥头堡"约旦哈希姆王国分别与叙利亚、伊拉克、沙特阿拉伯、以色列和巴勒斯坦接壤，自一战以来其地缘政治地位极其重要，作为巴勒斯坦和以色列的邻国，约旦是巴以和谈和阿以和平重要的斡旋者。2017年年底，特朗普宣布承认"耶路撒冷为以色列首都"，并在以色列建国日5月14日将大使馆迁至耶路撒冷。此举动立即引起阿拉伯各国抗议，数以百

---

[*] 作者：李茜，西安外国语大学国际舆情与国家传播研究院副教授；陈嘉琪，西安外国语大学硕士研究生。本文是陕西省社会科学基金项目"约旦政权稳定性研究：现代化与民族国家构建的视角"（项目编号：2019H002）的研究成果，同时受约旦研究创新团队资助。

计的约旦民众聚集在美国驻约旦使馆前示威，同时还呼吁约旦河东岸和西岸应该团结起来，一起对抗以色列①。

首先，历史上的约旦与巴勒斯坦同属巴勒斯坦地区，共同的民族、宗教与文化根源，使约旦格外注重巴勒斯坦问题②。自 1994 年与以色列签订和平条约以来，约旦一直是巴以冲突稳定的基石。奥巴马政府期间，约旦是反"伊斯兰国"组织运动的主要发起者，受到奥巴马政府的赞赏。2011 年至 2017 年，"外部大国需要约旦解决它们的危机。但随着近年来美以沙三国在地区舞台上的崛起，实际情况已不再如此。"③ 其次，历来约旦王室以"圣殿山的守护人"自居，约旦国王则是圣地的监护人。此时，美国宣布将耶路撒冷设为以色列首都并加强控制，从阿拉伯国家内部来看，意味着约旦在"和平进程"中的作用今非昔比。

2018 年初，约旦就耶路撒冷问题呼吁召开阿拉伯国家外长紧急峰会，与会者包括约旦、埃及、沙特、阿联酋、摩洛哥和巴勒斯坦外长，以及阿盟秘书长艾哈迈德·阿布·盖特，会议重点研究如何应对美国关于耶路撒冷的决定，旨在协调阿拉伯方面与国际社会的共同努力和行动，以保持耶路撒冷的法律和历史地位。④ 在道义层面上，沙特、约旦、埃及等国抗议美国和以色列的做法，对巴勒斯坦表示同情和支持；但从现实利益关系考虑，沙特等国更倾向于美国。

一方面，阿拉伯国家普遍推出了经济多元化发展和国家现代化计划的愿景规划，需要美国支持；另一方面，逊尼派阿拉伯国家更需要美国和以色列的战略配合以应对和遏制什叶派国家伊朗在中东的扩张。因此，基于上述两点，沙特、埃及等主要阿拉伯国家对此次约旦提出的呼吁持保留态度。可以看出，逊尼派阿拉伯国家目前正在美国操盘下，共同对付伊朗和其他什叶派国家，难以为巴以和谈以及维护巴勒斯坦权利出力。⑤ 约旦政府虽极力呼吁国际社会对该事件做出反应，但由于美以沙三国在地区的崛

---

① "约旦民众抗议美国搬迁驻以使馆至耶路撒冷"，http：//m. news. cctv. com/2018/05/15/ARTIYpP651GndDRTymecORdr180515. shtml。

② 陈天社："约旦对巴勒斯坦问题的对策及影响"，《郑州大学学报（哲学社会科学版）》2008 年 7 月，第 154 页。

③ "英国媒体：'美以沙轴心将约旦踢出局？'"，https：//chinese. aljazeera. net/news/2018/6/3/has-us-israe-saudi-axis-kicked-out-the-role-of-oman。

④ "半岛电视台：约旦呼吁就耶路撒冷问题召开紧急峰会 沙特与埃及持保留态度"，http：//chinese. aljazeera. net/news/2018/1/7/saudi-arabia-and-egypt-hold-a-reservation-for-an-emergency-summit-on-jerusalem。

⑤ 凤凰国际智库网，https：//pit. ifeng. com/a/20180523/58413888_0. shtml。

起,约旦在巴以问题上已被边缘化。

(二)内阁重组

约旦政府于2016年向国际货币基金组织(IMF)借款7.23亿美元,却无法于2018年按期还款。为此,约旦穆勒吉政府终止面包补贴,提高了本年度一般销售税,为提高公民个人所得税颁布了新税法草案,并采取缩减政府开支等一系列财政紧缩措施。此举导致约旦国内民怨四起,引发社会各界罢工游行,约旦出现该国多年以来最大规模的抗议活动。罢工者们要求推翻穆勒吉政府计划实施的经济改革,废除新税法草案。压力之下,约旦国王阿卜杜拉二世于6月5日任命前教育部长欧马尔·拉扎兹(Omar Razzaz)为新首相,并责成其组建新内阁。约旦国王要求新内阁务必审查整个税收制度,并就税收法案与各政党、工会和民间团体进行对话。①

拉扎兹为国家人权中心及经济社会理事会董事会成员,负责管理约旦社会保障总局,曾担任阿卜杜拉国王卓越基金董事会主席,约旦战略论坛董事会主席和约旦国家就业战略制定技术小组组长,并牵头约旦私营化评估委员会。他还曾主持改革国家养老基金。② 拉扎兹上台后,撤销前任首相穆勒吉的税法修正案,主张反对损害穷人利益的自由市场改革,采取循序渐进的方式调整政策,该举措暂时使他获得民意支持。随后拉扎兹重组内阁,但他未遵从约旦国王阿卜杜拉二世的命令,"组建一个全新的政府",而是保留了前政府的大部分部长。随后,他的政府又再次提交新的税法修正案,其中有两项关于所得税法案的建议,第一项是要求内阁撤销当前的所得税法修订案,并成立全国对话委员会,以全面研究国家的经济方针;第二项是建议通过召开国民议会特别会议,授权发布皇室意志。与此同时,国王暂停了所得税法案,并呼吁政府和议会领导"全面和理性的全国对话",以达成税法草案的妥协方案。③

然而,约旦政界和民众认为拉扎兹的做法与其前任的做法没有什么区别,随之对这位"礼貌和冷静"的首相也不抱太大希望,④ 约旦民调显示,

---

① "约旦抗议进入第八晚 拉扎兹呼吁进行对话",半岛电视台通讯社,http://chinese.aljazeera.net/news/2018/6/7/protests-in-jordan-entered-eighth-night-razacall-fordialogue。

② "约旦新总理是谁?",半岛电视台通讯社,http://chinese.aljazeera.net/news/2018/6/6/who-is-jordans-new-prime-minister。

③ "约旦国王任命新首相",商务部网站,http://silkroad.news.cn/2018/0606/98825.shtml。

④ "约旦首相拉扎兹想通过改组内阁来挽救声望?",阿纳多卢通讯社,https://chinese.aljazeera.net/news/2018/10/8/razzaz-rescue-his-popularity-by-reshuffling-his-cabinet。

民众对所得税法改革持消极态度，导致政府支持率下降，较三个月前任命时，拉扎兹政府的公众和民意领袖样本支持率分别下降了 27 个和 29 个百分点。49% 的受访者认为首相能够履行职责，但 58% 的公众和 60% 的民意领袖支持政府改组或有限改组。①

尽管阿卜杜拉二世在抗议中采取有效措施迅速平息局势缓解了民怨，但也增加了社会的不稳定因素，因此新政府仍需保持警惕，避免国内再次出现类似抗议事件及其他不稳定因素影响社会稳定。

（三）约叙边境口岸重新开放

2011 年中东乱局中约旦各省都有支持变革的声音和力量，国王阿卜杜拉二世运用政治改革、开放国民对话、组阁等方式争取民心，使国内平稳度过了这一特殊时期。安定之后的约旦开始在叙利亚危机中衡量立场，果断加入以美国为首的支持反政府的国际阵营之中，对叙利亚政府施加外交压力。但约旦并未全盘支持反政府力量，未驱逐叙利亚政府驻约旦的外交官员，也未关闭其驻大马士革的使馆，没有像土耳其和沙特一样完全断绝同叙利亚的外交关系。

此外，约旦还接收了大量叙利亚难民。虽然叙利亚政府不时指责约旦在其境内的叙利亚难民中挑选适龄男子补充到叙利亚反政府武装中，并配合美国和沙特在约旦国内建立了军事训练营以训练反政府武装人员，但约旦政府在公开场合都对此予以否认。②

叙利亚危机爆发前，纳西卜口岸是叙利亚最繁忙的边境口岸，也是中东地区最重要的陆路口岸之一。③ 这里不仅是叙利亚与约旦直接贸易往来的主要通道，也是土耳其与海湾国家、黎巴嫩与海湾国家之间长途货物运输中转地。④ 由于 8 年多的叙利亚内战，约旦政府出于安全、社会资源、接纳难民能力问题不得不关闭纳西卜—贾比尔口岸，但 2018 年逐步开放了此口岸。

---

① "逾七成五约旦公民反对新所得税法草案"，驻约旦使馆经商处，http：//jo.mofcom.gov.cn/article/jmxw/201810/20181002792430.shtml. 2018.10.24。

② "叙利亚内战中尴尬的约旦"，国际在线，http：//news.cri.cn/gb/42071/2014/01/29/2165s4409384.htm。

③ "约叙边境贾比尔—纳西卜口岸将重新开放"，新华网，http：//www.xinhuanet.com/world/2018-10/15/c_1123557067.htm。

④ "开放与叙利亚边境口岸 约旦'还得再谈谈'"，新华网，http：//www.xinhuanet.com/world/2018-10/11/c_129968830.htm。

此举有利于滞留在约旦境内的叙利亚难民通过该口岸回国,对于减轻约旦的负担有益。此外,约旦几乎是一个内陆国,虽然在红海有一小段海岸线,但是如果要与欧洲进行贸易往来的话,还是借道叙利亚和约旦边境及使用叙利亚或黎巴嫩的港口进行贸易更为快捷。[①] 纳西卜—贾比尔口岸的重新开放,给约旦人民提供了更多资源和选择,也让约旦的经济和民生开始重新焕发活力。[②]

二、经济社会发展缓慢

2018 年约旦的经济增长速度总体较缓,邻国叙利亚政治持续动荡,大量难民涌入增加了约旦政府的压力。尽管约旦旅游收入和财政收支状况正在改善,但其他领域表现欠佳甚至恶化,整体经济指标未见好转。约旦的经济发展受地缘因素影响大,不仅需要承受周边局势动荡的风险,还要应对来自于外部的经济助推力。在国际货币基金组织的压力下,约旦政府不得不进行经济改革,穆勒吉政府因推行增税及削减开支等系列措施严重触犯了民众利益,引发约旦社会爆发大规模游行抗议。

约旦经济改革曲折缓慢,经济强劲复苏难以预料。虽然约旦重新开放与叙利亚、伊拉克的贸易路线,期望增加消费和进出口贸易额,但区域暴力冲突和难民问题仍将影响约旦经济。约旦的经济结构脆弱,长期需要国际援助和来自该地区的转移支付。当上述资金源减少时,财政和经济不可避免地会受到影响。约旦的"借贷型""外援型"经济转型困难,新政府的经济改革之路依然任重道远。

(一)经济发展受地缘因素影响大

由于约旦邻国政治持续动荡、地区内恐怖主义力量活跃、国内市场狭小以及资金相对匮乏等因素,2018 年约旦的经济增长速度总体较为缓慢,波动相对较大。2017 年,约旦主要受国内需求扩大的拉动,其名义 GDP 达到 119.11 亿第纳尔(404.87 亿美元),经济实际增速达到 2.3%,其

---

① "叙利亚战后重建大幕拉开,叙利亚与约旦率先重开边境口岸",https://baijiahao.baidu.com/s?id=1612841567878440194&wfr=spider&for=pc。
② "叙约边境口岸重开 促进贸易改善民生",国际在线,http://news.sina.com.cn/w/2019-03-02/doc-ihrfqzkc0451777.shtml?cre=tianyi&mod=pcpager_mil&loc=13&r=9&rfunc=100&tj=none&tr=9。

中，最终消费增长了 4.91%，是拉动 GDP 增长的主要动力①。进入 2018 年，约旦 GDP 增速先降后升，一季度降至 1.9%，二季度又回升至 2.1%。总体来看，约旦经济近年来增长较慢，近 10 年的平均 GDP 增速仅为 3.29%，大幅度低于 BBi② 级国家。从波动率来看，约旦近 10 年 GDP 增长的波动率达到 1.7%，高于 BBi 级国家 1.45% 的平均水平。未来两年，受全球经济复苏步伐放缓等因素影响，约旦的经济增速恐将小幅放缓。③

2018 年，约旦受国际能源价格下跌影响，通货膨胀率升幅较大：从 2015 年起，约旦 CPI 增幅连续两年低于 1%，经济进入轻度通缩。但 2017 年以后，因国际能源和大宗商品价格回升，约旦的通胀率显著上升，当年的 CPI 增幅达到了 3.33%。通胀率的回升使得约旦摆脱了前两年通缩的威胁。通货膨胀率从 2017 年的 3.3% 降至 2018 年的 1.5%。进入 2018 年，约旦的 CPI 保持了震荡上升的趋势，至 2018 年 10 月已升至 2.2%。另外，经济增速较慢而人口增长较快，特别是周边叙利亚等战乱国家的难民大量涌入，使约旦的失业率一直维持 12% 以上的高水平。④

（二）个税草案引发抗议，经济改革艰难进行

2018 年，约旦政府采取了严厉的财政紧缩政策，虽然取得了比较明显的效果，但该政策在很大程度上影响了民众的实际利益，以至于约旦民众纷纷走上街头抗议，迫于抗议压力的前总理哈尼·穆勒吉引咎辞职，新总理欧马尔·拉扎兹再次颁布新税法，约旦众议院于 11 月 18 日通过了该所得税法。新所得税法将只影响 12% 的高收入家庭，目标是净利润，不会导致价格上涨。该新税法修订内容包括：

（1）家庭免征额为 2 万约第/年。⑤ 现行税法规定为 2.4 万约第/年。

（2）个人免征额为 1 万约第/年。现行税法规定为 1.2 万约第/年。

（3）家庭健康、教育、贷款利息费和住宅租金支出免征额为 2000 约

---

① "约旦哈希姆王国信用评级报告"，第 3 页，http://www.lhratings.com/reports/B010525-P12043-2018.pdf。

② 存在一定信用风险，尚可从商业部门或金融部门获取资金偿付债务本息，但易受到不利环境和经济条件冲击的国家。

③ "约旦哈希姆王国信用评级报告"，第 3 页，http://www.lhratings.com/reports/B010525-P12043-2018.pdf。

④ "约旦哈希姆王国信用评级报告"，第 3 页，http://www.lhratings.com/reports/B010525-P12043-2018.pdf。

⑤ 约旦货币第纳尔。

第。现行税法规定为4000约第。

（4）对农业公司和农民个人的农业投入和产出全面免税。

（5）银行业所得税率为35%。

未来几年，约旦将把控制预算赤字作为重点，重新安排贷款，削减汽油、食品补贴和加税的力度，也许在中近期内会有所减缓，但鉴于目前约旦一般政府债务与GDP比值仍然处于95%左右的高位，财政政策大幅度宽松的可能性依然较小。① 预计约旦的财政政策可能出现从严重紧缩向相对较紧方向调整。

在货币政策方面，因约旦紧盯美元汇率，在美联储加息缩表加速的形势下，约旦央行已被迫多次跟随上调利率，货币政策进一步收紧趋势明显。在2017年3次提升利率后，约旦2018年利率上涨了4倍。尽管货币数量增加，但货币政策收紧以及货币流通速度下降已经成为商业和投资以及约旦借款人普遍性的主要问题。预计2019年约旦的货币政策将面临比财政政策更大的压力。②

（三）经济结构保持基本稳定

2018年约旦经济结构基本保持稳定。约旦系发展中国家，工业多属轻工业和小型加工工业。国民经济主要支柱为侨汇、旅游和外援。③ 约旦政府一直积极探索符合国情的经济发展模式。2007年，约旦政府就着手实施为期10年的"国家计划"（National Agenda），之后又施行"可持续发展战略"与2015—2025年愿景发展规划。兼顾政治、社会、经济、教育等平衡发展，大力推广绿色经济，使约旦经济从消费模式转变为可持续发展模式。今年约旦政府规划2018—2022年约旦经济增长计划，继续积极改善商业环境、吸引新的国际投资进入约制造业、电力、运输和ICT等目标行业。

2018年年初，约政府出台优惠政策，赋予国外投资者国籍，改善约旦总体投资环境，以期刺激投资，推动资金流向约旦。约旦政府还注意到，阿拉伯投资者，尤其是伊拉克投资者与其他投资者的不同之处在于，他们通常会把亲属带到工作的地方，因此，该政策还规定，任何获得约旦国籍

---

① "约旦众议院通过新所得税法"，驻约旦使馆经商处，http://jo.mofcom.gov.cn/article/jmxw/201811/20181102808467.shtml。

② "约旦哈希姆王国信用评级报告"，第3页，http://www.lhratings.com/reports/B010525-P12043-2018.pdf。

③ "约旦哈希姆王国信用评级报告"，第4页，http://www.lhratings.com/reports/B010525-P12043-2018.pdf。

或永久居住权的投资者都有权使妻子及子女,以及唯一赡养的父母们具有同样的约旦国籍或永久居留权。该举措有效地激励了投资者来约投资。

2018年约旦工业领域前景可期。作为约旦的经济支柱产业,制造业、采矿业、采石业和建筑业等领域直接或间接地贡献了40%的GDP。尽管因地缘政治和战争因素,约伊边境关闭,以及逾130万名涉叙难民的涌入等为约旦经济带来了极大的挑战,但是,近年来约旦工业领域仍稳步发展。究其原因主要有以下几点:

第一,约旦重视工业企业带来的经济效益,在中小企业面临缺少融资渠道等困难和挑战时,拉扎兹政府启动扶持出口型企业计划,积极为约旦企业寻求新的出口市场,增加高附加值产品出口,扩大对外出口,减少逆差,力争多种渠道增加企业收入,提高企业的国际竞争力,带动当地经济的发展。

第二,工业制造业发展迅猛,科研应用于产业发展。随着约旦与欧盟宽松原产地规则协议的实施,2017年,约旦工业制造业成为约GDP的最大贡献者:拥有1.8万家注册公司,雇用超过24万名员工。[1] 工业制成品出口占全国出口总量的91%,主要出口到美国、沙特阿拉伯、伊拉克、印度、阿联酋和印度尼西亚。此外,约旦大学和约旦科技大学均拥有一流的先进工程研究中心和研究所,其中包括Hamdi芒果科学研究中心和纳米技术中心,这些研究机构极大地支持了约旦工业、制造业投资。

第三,边境、对外贸易及区域经济合作加强。约旦与伊拉克的边境关闭两年后于2018年8月底重新开放;约叙边境纳西卜边境口岸也随着叙利亚内战局势变化而重新开放。作为中东和北非地区现代零售业最不饱和的市场之一,约旦在2018年陆续新开张一批大商场和小商店,旨在提振国内消费。[2]

第四,旅游业持续增长,经济支柱地位不变。约旦丰富的历史和文化遗产备受全球旅游业关注,2018年的旅游收入猛增。为吸引更多游客,约旦政府与私营部门分工合作,利用Friends of Jordan Festivals(FJF)[3] 邀请

---

[1] "2018:工业领域依然是约旦最有前途的领域",http://www.mofcom.gov.cn/article/i/jyjl/k/201810/20181002792420.shtml。

[2] "工业领域依然是约旦最有前途的领域",驻约旦使馆经商处,http://jo.mofcom.gov.cn/article/jmxw/201810/20181002792420.shtml。

[3] 成立于2010年的约旦最大的节日组织者之一FJF,其宗旨是"将世界上最优秀的音乐天才带到安曼城堡等标志性的地标现场",与首都安曼联合策划,分别在安曼城堡山和许多歌剧院及地标性的地点举办各种音乐和文化表演活动。

世界各地明星到安曼城堡山演出，引来世界各地对约旦历史遗迹的极大关注，通过举办活动及利用节庆吸引世界游客访约。约旦游客主要来自于美国、欧洲、加拿大、海湾国家、东南亚地区等。2018 年前 6 个月，约旦旅游团的数量和旅游收入分别增加了 27.2% 和 25%，① 整一年，游客数量从去年的 4.6 万人增加到今年的 4.9 万人，同比去年增长 7%。② 在约旦政府合理的策划下，约旦作为中东国家中既安全又拥有文化底蕴的国家之一，将会越来越受到世界的关注。

（四）"借贷型"经济转型艰难

外援是约旦经济主要来源之一。由于约旦特殊的政治和社会结构，其传统的部落社会仍在向半现代国家转变，且过度依靠外援。③ 海湾战争前，约外援主要来自美等西方国家以及海湾地区阿拉伯国家。在海湾危机中，约采取同情伊拉克的立场，致使主要援助国中断了对约援助，约经济形势恶化。后来约旦逐渐调整对伊政策，改善与美及海湾地区阿拉伯国家关系，主要援助国恢复了对约援助。约以关系加深后，美对约援助大幅增加。过去 3 年，约美两国签订了 2015—2017 年谅解备忘录，美国每年为约旦提供 10 亿美元援助（包括经济援助和军事援助），此外，美国每年还会为约旦提供额外援助。2018 财年，美国将为约旦提供 12.749 亿美元援助，其中 8.123 亿美元用于经济援助，4.5 亿美元用于军事援助，370 万美元用于军事教育和培训，880 万美元用于防核扩散、反恐、排雷等专项援助。④ 由此看来，约美双边关系与美国中东外交政策密切相关，保障约旦的稳定仍然是美国中东战略的重要组成部分。

约旦也积极发展同欧盟关系，尤其是与英、法、德等国的关系，希望欧盟在中东地区事务中发挥积极作用，并寻求其经济援助。2018 年 5 月，约旦与意大利签订发展合作框架协议。意大利支持约旦实施发展计划，该协议将取代 1965 年 6 月两国在安曼签署的技术合作协定。意大利对约援助

---

① "2018 年约旦旅游收入突飞猛进 历史和文化遗产引世界关注"，《财经时报》，https://www.businesstimes.cn/articles/120725/20180815/yuedan.htm。
② نمو يصل إلى 7% في أعداد السائحين بالأردن في 2018.. والسعوديون يتصدرون الزوار https://arabic.cnn.com/business/article/2019/04/08/bapr19-jordan-tourism-statistics-saudies-first-visitors。
③ "约旦经济危机威胁政治稳定"，半岛电视台，https://chinese.aljazeera.net/news/2018/2/15/jordans-economic-crisis-threatens-political-stability。
④ "2018 年美国将为约旦提供 12.75 亿美元援助"，驻约旦使馆经商处，http://jo.mofcom.gov.cn/article/jmxw/201802/20180202710437.shtml。

将有助于缓解地区紧张局势，妥善解决涉叙难民问题和促进约社会经济发展。①

2018年5月，约旦计划与国际合作大臣艾马德·法胡里会见了来自荷兰众议院和参议院代表团。荷兰政府作为约旦发展进程中的战略伙伴，持续给予约旦援助，代表团将约旦作为荷兰发展援助的优先国家，并将对约旦实施4年的援助计划。②

2018年6月21日，德国总理默克尔会见约旦国王阿卜杜拉二世后宣布，德国将向约旦提供1亿美元贷款，用于支持其经济改革。两国元首讨论了当前的区域危机和解决途径，以实现区域和平稳定和人民安全。会谈同时涉及约旦经济改革计划，促进约旦对欧盟出口及简化原产地规则。③

2018年6月沙特国王萨勒曼、约旦国王阿卜杜拉二世、科威特埃米尔萨巴赫和阿联酋副总统兼总理穆罕默德宣布向约旦提供总额达25亿美元的一揽子经济援助，以帮助约旦渡过目前的经济危机。④ 其中包括在约旦中央银行存款、替约旦向世界银行担保，以及未来5年向约旦提供财政支持和为约旦发展项目提供资助。

然而，经济援助的附加条件及施援国要求约旦承担的义务和责任也随之而来。援助国出于自身利益考量，对于约旦有外交及战略方面的要求，对约旦的经济发展模式及国家长期发展不利。

三、难民问题凸显消极影响

自2011年3月叙利亚危机爆发后，约旦接纳了大量从叙出逃的难民，据人口委员会（HPC）研究估算，约旦境内的叙利亚人约占总人口的14%。⑤ 据约旦官方公布的数字，截至2018年7月，约旦共接纳了约130万名叙利亚难民，已很难再接收更多难民。除叙利亚人外，还有200多万

---

① "约旦和意大利签署发展合作框架协议"，驻约旦使馆经商处，http://jo.mofcom.gov.cn/article/jmxw/201805/20180502748668.shtml。
② "法胡里：约旦和荷兰拟签署4年援约协议"，驻约旦使馆经商处，http://jo.mofcom.gov.cn/article/jmxw/201805/20180502748669.shtml。
③ "德国承诺向约旦贷款1亿美元支持经济改革"，新华网，http://world.people.com.cn/n1/2018/0622/c1002-30077154.html。
④ "海湾三国向约旦提供25亿美元援助"，新华网，http://world.people.com.cn/n1/2018/0611/c1002-30050482.html。
⑤ "约旦副首相呼吁国际社会向叙难民提供更多援助"，http://www.xinhuanet.com//world/2015-06/22/c_1115684986.htm。

名巴勒斯坦难民长期住在约旦。约旦有限的资金无法接收更多难民。以前国际社会对安曼的支持和援助，仅帮助承担了 50% 的叙利亚难民费用。

就是否接收叙难民，约旦民众的意见不一，部分民众认为应关闭边界。约叙边境区域人口占全国人口的 40% 以上，而国内缺水问题日益严峻，许多街区在炎热的夏季每周只有 12—24 小时的自来水，如果再开放边界，难民大量的用水需求会使得水资源更加紧缺，势必降低本国民众生活质量。而且，对于约旦本国的青年人来说，由于薪资更低的叙利亚劳动力进入约旦，造成约旦本国劳动力大量失业。

另一部分约旦人表示对叙难民的同情，认为"保持边界关闭是一个不人道的决定"，应该让他们进来。[1] 在约旦国内，大部分民众支持并同情叙利亚反政府武装，只有极少数左翼人士支持叙利亚政府。在此情况下，如果约旦公开转变对叙外交方针，将会给约旦国内脆弱的政治平衡带来严峻的考验。国内和国际压力使得约旦必须同叙利亚政府撇清关系，而现实政治中叙利亚局势的向好发展，又使约旦不得不认真考虑保持同叙利亚政府的某种联系。约旦对叙的"暧昧"政策确实有点身不由己。[2]

大量叙难民的涌入给约旦造成沉重的负担，也严重影响到约旦社会经济以及当地人民的生活，具体体现为如下方面：

（一）安全问题凸显

约政府认为与 ISIS 有联系的武装团体仍存在于叙利亚南部，此地的恐怖分子对约旦构成直接威胁。2016 年约旦军队的 Rukban 营地发生自杀式袭击，造成 7 人丧生。这次袭击凸显出约旦北部边界的安全真空问题。自此，约旦对叙利亚南部事态发展的担忧增加。

约旦恐怖主义力量依然存在。叙利亚南部的恐怖分子和与 ISIS 有联系的武装团体仍存在，对约旦边境安全构成直接威胁。2017 年 11 月，由"伊斯兰国"组织策划的恐怖主义阴谋被约旦情报总局（GID）挫败。GID 共逮捕了 17 名嫌疑犯，并缴获了准备用于恐怖袭击的武器和材料。这些嫌疑犯的目的是破坏约旦的国家安全，并在公民中传播混乱和恐惧，袭击目标包括安全部门、军事中心、商场、媒体和温和的宗教人士。截至 2017 年

---

[1] "半岛电台：'叙利亚的战争：为什么约旦对德拉难民关闭其边界'"，https://chinese.aljazeera.net/news/2018/7/8/syrias-war-why-jordan-keeps-borders-shut-deraa-refugees。

[2] "叙利亚战后重建大幕拉开，叙利亚与约旦率先重开边境口岸"，https://baijiahao.baidu.com/s?id=1612841567878440194&wfr=spider&for=pc。

约旦国家安全法院（SSC）共接到 14150 起恐怖主义和毒品案件，其中恐怖案件达 320 起，而缉毒部门的案件总数则达到 13830 起。从 2014 年至 2017 年，恐怖主义和毒品案件总数呈上升趋势，约旦社会依然存在恐怖主义威胁和巨大的社会安全隐患。①

（二）出口减少，需求加大，经济不稳定因素增加

叙利亚是约旦的第四大贸易伙伴，约旦大部分商家的货物超过 90% 都从叙利亚进口，包括建筑材料、食品和衣物等，自叙利亚战乱以来，两国贸易额猛降约 50%。叙利亚也是约旦出口欧洲的最重要通道，叙利亚战乱加上欧盟对叙的经济制裁，使约旦对欧洲的贸易额也大幅下降。约旦能源极度匮乏，96% 的能源依赖进口。由于近年难民人数激增，约对能源需求加大。据 JRPSC 统计，在危机的第一个 5 年间（2011—2015 年），政府累计补贴石油和电力达到 71 亿美元。② 2011 年至 2016 年，约居民用电总量增加了 34%，液化石油气消费量由 2011 年的 37 万吨增加到 2016 年的 43 万吨，增长率达 17%。此外，2011 年至 2016 年间，约人均能源消费量下降了 18%，而人均电力消费量则从 2011 年的 2166 千瓦/时下降到 2016 年的 1701 千瓦/时。③

（三）环境恶化

叙利亚危机在水资源、空气质量、毁林、滥用土地资源和废物管理等方面给约旦造成极大的负面影响。过度放牧、非法伐木、二氧化硫、一氧化碳和氮氧化物等高浓度的废气排放加重了约旦的空气污染。约旦内部的污染问题也较严重，据统计，约旦制药废料平均产生量从 2011 年 1731.68 立方米/年增加到 2016 年 2500 立方米/年。④ 目前，约旦危险废物料倒放点只有一个，废料数量增加势必影响当地的大气环境。

---

① "约旦挫败恐怖组织阴谋，逮捕 17 人"，驻约旦使馆经商处，http://www.mofcom.gov.cn/article/i/jyjl/k/201801/20180102698944.shtml。
② "叙利亚难民危机与约旦叙利亚危机响应平台"，第 1 页，http://images.mofcom.gov.cn/jo/201808/2018082118134249.docx。
③ "叙利亚难民危机与约旦叙利亚危机响应平台"，第 2 页，http://images.mofcom.gov.cn/jo/201808/2018082118134249.docx。
④ "叙利亚难民危机与约旦叙利亚危机响应平台"，第 2 页，http://images.mofcom.gov.cn/jo/201808/2018082118134249.docx。

(四) 教育医疗开支增加

叙利亚难民危机直接影响了约教育部门，造成教育系统不断扩张和公共开支大幅增加。叙利亚难民危机增加了对公共医疗服务的需求，造成了医疗设备短缺及过度使用和损坏、药品供应不足、传染病增加等问题。医务人员的工作量也随之增加，影响了医生的服务质量。

(五) 难民安置困难

难民薪资要求低，导致约旦本国失业率增加至少 20%，贫困人口增加，社会环境日益恶化，部分省社会基本服务受到很大的影响。[1] 约旦政府安置叙难民花费高。根据联合国开发署估算，约旦政府安置叙难民的非直接支出每年高达 31 亿—34 亿美元，除主要用于维护国家和边境安全外，还包括教育、医疗、水、电、基础设施损耗、市政服务、商品补贴、交通损耗及安全支出等。2018 年约旦人口估计为 990 万，却已接纳叙难民 50 万。在修建难民营问题上，约旦政府在约叙交界的马弗拉克市附近建设了世界第二大难民营——扎塔里难民营，仅次于肯尼亚的达达布难民营，收容叙利亚难民 13 万人。

面对接踵而来的多批难民，约旦政府又在其北部阿兹拉克建设了新的难民营，以解决扎塔里难民营过度拥挤的问题。目前约旦四大叙利亚难民营分别是扎塔里难民营、阿兹拉克难民营、拉巴难民营、萨尔汉难民营。[2] 在对待叙利亚难民问题上，约旦政府积极作为，并得到国际社会和中东地区有关国家的高度评价。但国际组织提供给约旦用于扶持难民的"约旦响应平台"资金从 2017 年 65% 的国际援助，到 2018 年下降至 63.9%。由于约旦国内压力巨大，2018 年 2 月 12 日，联合国难民署计划将 1 万名叙利亚难民迁离约旦，并呼吁美国、丹麦等国能够增加接收和安置难民的数量。[3]

此外，大量难民涌入约旦，势必对约旦的就业、社会治安、国家稳定产生不良影响。因此，约旦积极参与交战各方间的调解谈判，促成停火协

---

[1] "叙利亚难民危机对约宏观经济的影响"，http://images.mofcom.gov.cn/jo/201808/2018082118134249.docx。

[2] "从难民危机看约旦的外援机制"，http://images.mofcom.gov.cn/jo/201808/20180821181 34249.docx。

[3] "联合国难民署计划将 1 万名叙利亚难民迁离约旦"，新华网，http://www.xinhuanetcom/2018-02/13/c 1122410725。

议，希望停战协议会使边界局势稳定下来，减少难民涌入，减少资金投入以及社会不稳定因素的风险。

结　语

2018年，约旦总体发展缓慢。政治上，以美沙以三国为中心的新秩序正在崛起，美国在巴以问题上对以色列的偏袒表明约旦在该问题上的作用被边缘化，约旦不得不调整外交战略。就约旦与叙利亚开放纳西卜口岸问题上，约旦迫于国内和国外压力身不由己，也对约旦国内脆弱的政治平衡带来严峻考验。经济上，因伊拉克和叙利亚安全形势正在改善，约旦出口和旅游收入前景乐观；持续有效的经济援助和支持，使约旦经济、金融和社会暂时稳定。但同时约旦也面临着经济增长疲软、失业率居高不下、财政政策多变、借贷成本增加等问题。经济上的不稳定很大程度上会引发政治上的动荡，民众频繁的抗议给国家的发展增添许多不稳定因素，约旦未来的经济改革及"2025愿景规划"任重道远。

黎巴嫩：
外部介入与内部困境的共生性分析*

黎巴嫩一直是中东地区穆斯林和基督教徒共存的国度，扮演着中东地区面向世界的橱窗的角色。1943年，黎巴嫩实现民族独立，逐步走上稳定与复兴的发展道路。1943年，在国家权力分配方面，黎巴嫩各教派达成了一种不成文的协议，即"国民公约"，它奠定了黎巴嫩独特的教派分权政治体制的基础。"国民公约"确立协合民主是黎巴嫩国家的治理模式和官方权威的来源，并确保了教派比例代表制和教派精英的协合制度，它规定黎巴嫩所有重大决策必须由所有少数派间妥协和达成一致。① 黎巴嫩长期保持着政治稳定与经济繁荣，贝鲁特发展为地区的金融和贸易中心，但政治动荡和武装冲突时有发生。进入21世纪，黎巴嫩政坛出现了"雪松革命"，2008年各派达成了民主协议"多哈协议"，使黎巴嫩逐步形成了较为开放、民主的政治氛围，同时重启自由化经济的发展道路。

2018年以来，黎巴嫩政局相对稳定，顺利举行议会选举，但未能形成一个民族团结政府，各种政治力量之间也在重组与整合。2018年以来，黎巴嫩经济虽面临风险与几乎停滞，但也有一些复苏迹象；民众对政府的不满日益增强，各种社会矛盾丛生，引发了民众的示威游行，边境地区仍存在着安全隐患。此外，黎巴嫩仍处于中东地区大国争夺的重要场所，面临着与以色列一触而发的冲突、影响政治和社会稳定的叙利亚危机的后遗症，地区局势的变化成为危及黎巴嫩政局稳定和经济发展的重大威胁。

---

* 作者：胡耀辉，西安航空学院马克思主义学院讲师、西北大学叙利亚研究中心特约副研究员。本文是陕西省社会科学基金项目"黎巴嫩在'一带一路'建设中的角色与前景研究"（项目编号：2019H004）的研究成果。

① Kūresel Aktörleryn Kiskacinda, "Lebanon in Global Powers Grasp", *International Center for Watching Violation of Rights*, Ýstanbui, no. 10, (2013), p. 14.

一、民主政治的艰难前进

经历叙利亚危机长达7年的漫溢性影响，黎巴嫩顺利完成政治过渡进程，举行了议会选举，政局总体趋于稳定。2016年米歇尔·奥恩当选黎巴嫩总统后，开启了2016—2017年间相对政治稳定，2017年6月议会通过一项新的选举法，助2018年4月举行了议会选举。然而，2017年11月4日，总理萨阿德·哈里里访问沙特时突然提出辞职，导致黎巴嫩与沙特的外交争论，黎巴嫩指控沙特迫使哈里里辞职，并造成黎政治的不稳定。由于总统奥恩要求哈里里不要急于辞职，12月5日，哈里里撤销了此前提出的辞职决定，使黎巴嫩摆脱了一场政治危机。截至2018年年底，黎巴嫩政坛趋于稳定，民主选举告一段落，但政府组阁仍陷入僵局。真主党对黎巴嫩政坛的控制日益加强，真主党军事力量的强大，不利于黎巴嫩军队的发展，也不利于民主政治的发展。

（一）顺利举行议会选举

自2005年"雪松革命"[①]后至今，"3月14日联盟"和"3月8日联盟"这两个政治联盟一直主宰着黎巴嫩政坛，"3月14日联盟"由逊尼派"未来阵线"和基督教派黎巴嫩力量党和长枪党主导，而"3月8日联盟"则由什叶派真主党和"阿迈勒运动"以及基督教派"自由爱国运动"主导。与此同时，黎巴嫩也兴起了一些世俗或不结盟的政党，它们急于通过合法的议会选举和获取政府部门职位，来挑战教派分权的政治制度。由于黎巴嫩各政治派别一直未能就新的选举法达成一致，[②]以及地区安全局势不利于议会选举，议会选举一再推迟，直到2017年6月新的选举法颁布，才促进了黎巴嫩议会选举的正常进行。

2017年6月16日，黎巴嫩议会投票通过了一项新的选举法（44/2017），废除了自1920年黎巴嫩共和国建立起一直采取的"多数代表制"

---

① 雪松革命，是指2005年2月14日前总理拉菲克·哈里里被暗杀后引发黎巴嫩国内近一个月之久的反对叙利亚的街头示威活动。这场民众抗议最终导致叙利亚军队撤出黎巴嫩，该事件通常被称为"雪松革命"，或是"独立因提法达运动"。

② 2013年议会选举前，黎巴嫩各派别就改革选举法产生分歧，其焦点是降低投票年龄从21岁到18岁，采取一种更普遍的比例选举制度，改革监督选举和从大使馆国外发邀请函登记黎巴嫩侨民为选民参与投票。

选举制度。① 这是黎巴嫩历史上首次引入比例代表制度,并将选举推迟至2018 年 5 月。② 但在教派分权政治制度下,黎巴嫩每个教派在议会和政府中都有一定的席位。

新选举法规定,议会席位将根据政党和各联盟在黎巴嫩 27 个分区提出的候选人名单按比例分配;选民在原选区拥有优先投票权,即选民需要投两票:一票给选区的固定候选人,另一票给他们最喜欢的候选人;首次允许海外黎巴嫩侨民通过代理人或邮政参与投票;选民必须在出生地而非居住地投票。③ 例如,尽管在选举中,黎巴嫩山省四个选区中舒夫和阿莱分为一个选区,但舒夫地区选民不能把他们的优先票给阿莱参选的候选人。④ 很显然,选民投优先票时,他们最喜欢的候选人必须包括在他们选择的名单中。⑤ 政治分析家萨米·纳德解释说,"因为它使传统上被边缘化的少数群体获得席位,并将动摇议会集团的教派组成,从而削弱了主要政党的历史霸权。但是,把比例投票制和实质上的一人一票制混在一起达不到目的,这破坏了两种投票制度的优势。"⑥

2018 年 5 月 6 日,黎巴嫩举行了近 10 年来的首次议会选举。通常,比例投票制会提高投票率,但此次选举 49% 的投票率低于 2009 年议会选举 54% 的投票率,贝鲁特的投票率为 32%—42%。⑦ 本届选举投票率较低的原因是,不少在贝鲁特的市民必须回籍贯所在地投票,颇为不便。这对黎巴嫩民主制度是一个打击。而亨廷顿认为,"在伊斯兰世界,惟一能够

---

① Salām Nawwāf, *Options for Lebanon*, New York: I. B. Tauris St. Martin's Press, 2004, p. 1.
② Sami Atallah and Zeina el-Helou, "Our New Electoral Law: Proportional in Form, Majoritarian at Heart", *The Lebanese Center for Policy Studies*, (June 2017), https://www.lcps-lebanon.org/featuredArticle.php? id =117, accessed 4 December 2018.
③ Asma Ajroudi, "Will the Lebanese vote in parliamentary elections?", *Al Jazeera News*, 23 April 2018, https://www.aljazeera.com/news/2018/04/lebanese-vote-parliamentary-elections-180422155558725.html, accessed 12 October 2018.
④ "Lebanese electoral law 2017: Full text in English", *The Daily Star*, 5 May 2018, http://www.dailystar.com.lb/News/Lebanon-News/2017/Jul-07/411988-lebanes, accessed 15 July 2018.
⑤ Asma Ajroudi, "Will the Lebanese vote in parliamentary elections?", *Al Jazeera News*, 23 April 2018, https://www.aljazeera.com/news/2018/04/lebanese-vote-parliamentary-elections-180422155558725.html, accessed 12 October 2018.
⑥ Asma Ajroudi, "Will the Lebanese vote in parliamentary elections?", *Al Jazeera News*, 23 April 2018, https://www.aljazeera.com/news/2018/04/lebanese-vote-parliamentary-elections-180422155558725.html, accessed 12 October 2018.
⑦ Maguy Arnous, "The Robustness of Sectarian Politics in Lebanon: Reflections on the 2018 Elections", *Civil Society Knowledge Centre*, 1 August 2018, https://civilsociety-centre.org/paper/robustness-sectarian-politics-lebanon-reflections-2018-elections, accessed 15 October 2018.

在较长时期内维持民主制度的国家是黎巴嫩,尽管这种民主带有协合制的色彩"。① 本届选举中共有 360 万注册选民参与投票,全球共有 82956 名黎巴嫩侨民选民参与投票,选民将在 583 名候选人中选出 128 个议会席位,候选人分布在 15 个选区,其中 27 个分选区的 77 个名单中。外交部长吉卜兰·巴西勒在"推特"上发文:"这是黎巴嫩历史上第一次海外侨民投票,这是一条所有海外黎巴嫩人回国的道路。"② 此外,本届议会选举中有 86 名女性候选人参加竞选,而 2009 年只有 12 名女性候选人竞选公职,2005 年仅有 4 名女性候选人竞选公职。根据各国议会联盟的指数,目前黎巴嫩只有 4 名女议员,在 193 个国家中排名第 185 位。③

2018 年 5 月 7 日,黎巴嫩内政部长努哈德·马什努克宣布议会选举计票结果,总理萨阿德·哈里里领导的逊尼派政党"未来阵线"及其盟友"3 月 14 日联盟"赢得 42 个席位;而亲伊朗的什叶派政党真主党及其政治盟友"3 月 8 日联盟"赢得 128 个议席中 68 个席位,成为最大赢家,真主党获得 13 个席位,"阿迈勒运动"赢得 15 个席位,"自由爱国运动"获得 22 个席位;社会进步党等其他独立人士和党派赢得了 18 个席位。④ 隶属于"3 月 14 日联盟"党的结果喜忧参半。黎巴嫩力量党的代表人数从 8 名增加到 15 名,长枪党获得了 3 个席位,而萨阿德·哈里里的"未来阵线"则从 34 个席位降至 19 个席位。⑤ 与 2009 年议会选举相比,议会的多数席位从隶属于"3 月 14 日联盟"的政治团体转向了隶属"3 月 8 日联盟"的政治团体。而议会中占多数议员的政党联盟将影响到政府的组阁,就目前的政党联盟而言,显然真主党处于更有利的位置。

从 1943 年独立至今,黎巴嫩议会选举制度一直是教派主义制度化的工

---

① [美] 亨廷顿:《民主的第三波》,刘军宁编:《民主与民主化》,商务印书馆,1999 年版,第 379—380 页。
② Asma Ajroudi & Alia Chughtai, "Lebanon elections 2018: Politics as usual", 2 May 2018, https://www.aljazeera.com/indepth/features/lebanon-elections-2018-politics-usual-180501091710689.html, accessed 12 July 2018.
③ Leela Jacinto, "Record number of women brace for tough fight in Lebanese elections", *France*24, 3 May 2018, https://www.france24.com/en/20180503-lebanon-elections-parliament-record-number-women-female-candidates-beirut, accessed 12 July 2018.
④ Carla E. Humud, "Lebanon's 2018 Elections", *CRS INSIGHT*, May 2018, p. 1. https://fas.org/sgp/crs/mideast/IN10900.pdf, accessed 12 January 2019.
⑤ "2018 Election Results", *Ministry of Interior*, 2018, https://goo.gl/mhZYJu, accessed 24 May 2018.

具,以加强教派认同和团结意识。① 本届议会选举彰显了黎巴嫩民主政治的进程,也反映了教派协合民主政治的新发展。新选举法的采用,是为了防止新兴政治力量对传统教派政治体制构成挑战,本届选举将产生新的政治精英间权力平衡,将分享黎巴嫩各教派所拥有的所谓"联合民主"的战利品。② 显然,选举制度是"最具操控性的政治工具"③。黎巴嫩政治在选举后的格局,至少在真主党/伊朗与哈里里/沙特方面,与选举前并没有真正意义上的不同。

(二)政府组阁危机凸显

自从 2018 年 5 月哈里里被任命为黎巴嫩总理以来,黎巴嫩一直在努力组建政府,各党派在新政府中的代表问题上存在严重分歧。黎巴嫩实行建立在宗教派别分权基础上的代议制民主共和政体。④ 在黎巴嫩,组建内阁的要求很高,因为政治上需要容纳各种教派的政治团体,涉及到各教派在政府中的权力分配,以及当前两大政党联盟在联合政府中的权力制衡。政府权力的再分配,是分享和分割国家权力过程中各教派暂时妥协的产物。至今,教派分权制仍然是黎巴嫩国家权力结构的基础,是黎巴嫩政治制度的最显著特征。⑤ 2008 年,黎巴嫩各派达成了解决政治危机的《多哈协议》,它规定了新内阁的构成,包括多数派"3 月 14 日联盟"有 16 位部长,反对派有 11 位,由总统任命 3 个。⑥《多哈协议》赋予内阁中 2/3 多数有否决政府政策的权力。

2018 年 5 月 24 日,黎巴嫩总统米歇尔·奥恩宣布任命看守政府总理萨阿德·哈里里为新一届政府总理,并授权他组建新政府。由于各政党和派别对新政府内阁的部长职位分配的分歧,致使议会选举结束后黎巴嫩的

---

① Edmond Rabbath, La Constitution Libanaise: origines, textes et commentaires, Beirut, Publications de l' Université Libanaise, 1982, p. 5.
② Leela Jacinto, "Can Hariri's 'selfie diplomacy' boost his chances in Lebanon's upcoming election?", 12 April 2018, https://www.france24.com/en/20180412-lebanon-saudi-arabia-hariri-twitter-selfie-diplomacy-mbs, accessed 24 June 2018.
③ Larry Diamond and Marc Plattner, *Electoral Systems and Democracy*, Baltimore, John Hopkins University Press, 2006, p. 74.
④ 刘振堂:《中国中东大使话中东:黎巴嫩》,世界知识出版社,2012 年版,第 4 页。
⑤ 王新刚:《中东国家通史:叙利亚和黎巴嫩卷》,商务印书馆,2003 年版,第 370—371 页。
⑥ Simon Haddad, "Lebanon: From Consociationalism to Conciliation", *Nationalism and Ethnic Politics*, vol. 15, no. 3, (2009), p. 409.

政府组建陷入僵局。① 由于黎巴嫩主要政治力量之间相互指责，选举中赢得较多席位的政党坚持要求在新政府中拥有更广泛的代表权，致使组建联合政府进程一再推迟。② 政府组阁主要有五大障碍。第一，两大基督教派政党，即现任总统米歇尔·奥恩建立的"自由爱国运动"和萨米尔·吉加领导的黎巴嫩力量党之间围绕着内阁职位分配的争夺，"自由爱国运动"领袖吉卜兰·巴西勒拒绝给予黎巴嫩力量党在新政府中4个部长职位后，加剧了两派在组建联合政府中的矛盾。③ 第二，真主党与哈里里之间就"3月8日联盟"内逊尼派议员进入内阁产生分歧。2018年11月初，真主党秘书长纳斯鲁拉要求1名与什叶派结盟、反对哈里里的逊尼派议员进入他的内阁，④ 还要求任命由6名议员组成联盟的领导人、来自的黎波里的前部长费萨尔·卡拉米出任部长。之后，总理萨阿德·哈里里断然拒绝了这一要求，声称逊尼派的代表权只能掌握在"未来阵线"的手中，他反对"3月8日联盟"在内阁中有一名逊尼派代表。⑤ 为了打破僵局，奥恩总统建议把他内阁中的一个席位让给真主党，从而使哈里里的逊尼派内阁集团保持完整。⑥ 第三，关于德鲁兹部长的职责范围存在分歧，是阻碍政府形成的另一个主要障碍。⑦ 第四，关于黎巴嫩与叙利亚的关系问题，也是制约政府组建的重要障碍。此次选举中，叙利亚政权已经非常明确地表示，

---

① Tarek Ali Ahamd, "Lebanon: Between a political rock and an economic hard place", *Arab News*, 2 September 2018, http://www.arabnews.com/node/1365781/middle-east, accessed 15 November 2018.

② Edward Haddad, "Sources reveal likely members of incoming Lebanon gov't", *Anadolu Agency*, 21 December 2018, https://www.aa.com.tr/en/middle-east/sources-reveal-likely-members-of-incoming-lebanon-govt/1345031, accessed 15 February 2019.

③ "Lebanon has 10 days to form a government or I'm out, Hariri says", 9 October 2018, https://www.thenational.ae/world/mena/lebanon-has-10-days-to-form-a-government-or-i-m-out-hariri-says-1.778975, accessed 15 February 2019.

④ Natasha Turak, "Lebanon's central bank chief calls for political haste as country approaches an economic crisis", *CNBC*, 10 September 2018, https://www.cnbc.com/2018/09/10/lebanon-economy-central-bank-governor-riad-salame-calls-for-market-visibility.html, accessed 5 February 2019.

⑤ "Lebanon's Hariri 'pretty sure' of new government by year end", *Al Jazeera News*, 14 December 2018, https://www.aljazeera.com/news/2018/12/lebanon-hariri-pretty-government-year-181213160352463.html, accessed 6 February 2019.

⑥ Sami Moubayed, "Christian bloc, Sunni 'opposition' key players", *Gulf News*, 4 November 2018, https://gulfnews.com/news/mena/lebanon/christian-bloc-sunni-opposition-key-players-1.2296051, accessed 16 February 2019.

⑦ "Lebanon: Still No Government Country Outlook 2018", *Arabia Monitor* 2018, Aston House, p.5. https://www.arabiamonitor.com/zh, accessed 12 December 2018.

如果哈里里不承诺恢复与叙利亚的完全正常关系，就不会促进政府的形成。① 第五，真主党希望在内阁中有三个而不是两个席位，并希望拥有比以往更有影响力的部长职位，包括公共服务部长职位。② 而美国警告黎巴嫩政府不要采取这一行动，说这将意味着华盛顿可能不再区分贝鲁特政府和真主党。③

黎巴嫩各派经过长达 8 个月的谈判，2019 年 1 月 31 日，黎巴嫩新一届内阁组建终于完成，萨阿德·哈里里再次出任总理。此次政府组阁僵局的两大原因：一是黎巴嫩各政治派别对内阁席位分配的争执，二是政府组阁的背后映射出中东地区大国沙特阿拉伯与伊朗的博弈，以及美国与俄罗斯角力的影子。④ 尽管新政府的内阁席位有些变化，内阁成员有些新面孔，但仍属"新瓶装旧酒"，代表的依然是黎巴嫩传统的教派政治势力。

议会选举结束后，黎巴嫩又陷入了冗长的内阁谈判。总统、立法权和行政权之间的默契，在长期沉寂之后促成了新总统的选举，而新选举法的通过，目前无法克服组建新政府的分歧。⑤ 拖延组成内阁是黎巴嫩过去 10 年来的一种新趋势，也是黎巴嫩民主政治发展的重要危机。显然，只有真主党与哈里里领导的逊尼派一如既往地保持合作关系，才能组建起一个民主的联合政府。

（三）真主党主导黎巴嫩政坛

自 1992 年首次参与议会选举至今，真主党逐渐融入黎巴嫩政治体系，由一个教派民兵组织转变为合法化的政党，由参与国内政治成为了国内政坛的主导力量。2011 年 6 月组建的新政府中，"3 月 8 日联盟"的内阁职

---

① Joseph Bahout, "Lebanon Struggling To Form Government", *INSTITUT MONTAIGNE*, 5 October 2018, https：//carnegieendowment. org/2018/10/05/lebanon-struggling-to-form-government-pub77438, accessed 12 December 2018.

② Tom Perry, "Lebanon hits political logjam after election", *Reuters*, 3 August 2018, https：//www. reuters. com/article/us-lebanon-politics-analysis/lebanon-hits-political-logjam-after-election-idUSKBN1KO1DX, accessed 7 December 2018.

③ "US warns Lebanon that Hezbollah Cabinet pick would cross 'red line'", *Al-Monitor*, 23 October 2018, https：//www. al-monitor. com/pulse/originals/2018/10/lebanon-government-hezbollah-health-ministry-us-sanctions. html, accessed 7 November 2018.

④ 李良勇："黎巴嫩新内阁面临严峻内外挑战"，新华社，2019 年 2 月 1 日，http：//www. ibenxi. com/dzb/content/2019-02/02/066896. html, 2019 年 2 月 20 日。

⑤ Hussein Dakroub, "Lebanon set for long delay in Cabinet formation", *The Daily Star*, 7 July 2018, http：//www. dailystar. com. lb/News/Lebanon-News/2018/Jul-07/455691-lebanon-set-for-long-delay-in-cabinet-formation. ashx, accessed 7 August 2018.

位由 10 个增加至 16 个，超过内阁半数，这标志着真主党在政府中的权势进一步扩大。① 自 2011 年叙利亚危机以来，真主党积极参与叙利亚内战，在总统竞选、议会选举和政府组阁中扮演着关键性角色，俨然成为黎巴嫩国内最强大的政治力量。真主党借助民主的方式，重组对其有利的黎巴嫩政治制度，通过和平的政治进程来实现其目标。②

在黎巴嫩，真主党在政治和军事上占据主导地位。2018 年 5 月选举后，黎巴嫩真主党领导人在议会选举中取得重大胜利。真主党及其政治盟友"3 月 8 日联盟"赢得了 68 个席位，使真主党控制着黎巴嫩议会多数席位，这一结果也凸显了真主党在黎巴嫩日益增长的影响力。真主党总书记哈桑·纳斯鲁拉表示，选举的胜利将为真主党提供"保护"。③ 真主党及其亲叙利亚盟友在议会中拥有足够的席位，足以在议会中拥有第三方否决权，这意味着他们可以阻止任何他们反对的总统当选，或者阻挠立法机构的法定人数，真主党及其盟友在政府组建中拥有决策权。因此，以色列教育部长纳夫塔利·贝内特在"推特"上评论真主党的进展："真主党＝黎巴嫩"，国防部长阿维格多·利伯曼发了一条类似的推文。④ 真主党不仅赢得了黎巴嫩的选举，而且还获得了什叶派民众和基督教、逊尼派盟友政治派别的支持。这有助于真主党对黎巴嫩的政治体制施加重大影响。"无论真主党与谁结盟，无论是'自由爱国运动'，还是'未来阵线'，它都能轻而易举地在议会中获得绝对多数，并在政府中获得主导权。"⑤ 2016 年 10 月，真主党策划了一项政治协议，结束了长达 2 年多的总统选举僵局，使真主党盟友米歇尔·奥恩当选为总统，任命总理萨阿德·哈里里领导联合政府，联合政府由"3 月 8 日联盟"的多数部长组成，30 名部长中有 17 名来自真主党或其盟友，其中包括国防部长、外交部长和司法部长。⑥ 真

---

① 李福泉："黎巴嫩真主党政治参与解析"，《国际政治研究》，2011 年第 4 期，第 58 页。
② Ranstorp M，*Hizbollah in Lebanon*，New York：Palgrave MacMillan，1997，pp. 107—108.
③ "Lebanon elections：Hezbollah makes big gains in Parliament as PM loses seats"，8 May 2018，https://www. abc. net. au/news/2018-05-08/hezbollah-stronger-in-lebanon-parliament-after-elections/9737264，accessed 7 August 2018.
④ Michael Young，"Lebanon ≠ Hezbollah"，*Carnegie Middle East Center*，8 May 2018，https://carnegie-mec. org/diwan/76280，accessed 7 September2018.
⑤ Mona Alami，"Lebanon's Elections：Hezbollah in the Driver's Seat？"，*Atlantic Council*，24 May 2018，https://www. atlanticcouncil. org/blogs/iransource/lebanon-s-elections-hezbollah-in-the-driver-s-seat，accessed 17 September2018.
⑥ "Hezbollah's Influence over the Lebanese Political System"，5 June 2018，https://www. idf. il/en/minisites/facts-and-figures/hezbollah/hezbollahs-influence-over-the-lebanese-political-system/，accessed 20 January 2019.

主党与哈里里实现和解，黎巴嫩才组建了新一届联合政府，真主党在新政府中具有重要地位，两派只有合作才能有效地治理国家。正如哈里里所讲："国家需要稳定……黎巴嫩需要就业、发展、旅游和电力。"① 研究黎巴嫩局势的黎巴嫩民主防御基金会研究员托尼·巴德兰讲道："就权力的实际平衡而言，黎巴嫩的实际权力，不考虑政治，不考虑内阁，不考虑议会多数，但必须考虑真主党。"② 截至 2019 年 2 月，真主党在黎巴嫩新内阁中获得了 3 个部长职位。③ 其中奥恩总统领导的"自由爱国运动"获得了 10 个部长职位，"阿迈勒运动"获得 3 个部长职位，而哈里里的"未来阵线"获得了 5 个部长职位。真主党获得了卫生部长的职位，卫生部是黎巴嫩的国际捐助部门，可以向选民提供服务。此外，真主党的盟友掌握着重要的部长职位，如"阿迈勒运动"的阿里·哈桑·哈利勒担任财政部长，"自由爱国运动"领导人吉卜兰·巴西勒担任外交部长。奥恩集团的成员埃利亚斯·布·萨阿卜出任国防部长，这有助于增强真主党的政治影响力。黎巴嫩美国大学政治学教授艾迈德·萨拉米说，"由于以色列的经济制裁和军事威胁，真主党正在新政府中寻求安全，它需要国家的保护和支持。"④ 萨阿德·哈里里与真主党组建的联合政府，使哈里里、奥恩和"阿迈勒运动"之间实现了政治妥协，他们共同控制了黎巴嫩的关键性部门。⑤

时至今日，真主党仍保留着一支强大的武装抵抗力量，在确保黎巴嫩国家安全方面发挥着重要作用。真主党在负责监督安全机构和国家批准使用武力，以及决定战争与和平问题的决策机构中拥有很大的权力。黎巴嫩最高国防委员会是负责制定国家安全政策的最高机构，目前由"3 月 8 日

---

① "Lebanon elections: Hezbollah makes big gains in Parliament as PM loses seats", 8 May 2018, https://www.abc.net.au/news/2018-05-08/hezbollah-stronger-in-lebanon-parliament-after-elections/9737264, accessed 7 August 2018.

② Jenna Lifhits, "Lebanese PM's Resignation Magnifies Congressional Scrutiny of Hezbollah," Weekly Standard, 7 November 2017, http://www.weeklystandard.com/lebanese-pms-resignation-magnifies-congressional-scrutiny-ofhezbollah/article/2010377, accessed 24 May 2018.

③ "Lebanon's New Cabinet: Up to the Challenge?", Naharnet News, 1 February 2019, http://www.naharnet.com/stories/en/256021-lebanon-s-new-cabinet-up-to-the-challenge, accessed 24 February 2019.

④ "Lebanon's New Cabinet: Up to the Challenge?", Naharnet News, 1 February 2019, http://www.naharnet.com/stories/en/256021-lebanon-s-new-cabinet-up-to-the-challenge, accessed 24 February 2019.

⑤ Mike Harman, "Clash of Counter-Revolutions in Lebanon", 4 April 2018, https://libcom.org/library/clash-counter-revolutions-lebanon, accessed 24 July 2018.

联盟"的 3 名部长和"3 月 14 日联盟"的 3 名部长组成，奥恩总统是最高国防委员会主席，而"3 月 8 日联盟"在负责处理国家最敏感安全事务的机构中属于多数派，拥有更大的决定权。总统米歇尔·奥恩是真主党的盟友，他经常为真主党的军事活动及行为进行辩护。2017 年 2 月 12 日，奥恩讲道："真主党的武器对国家不是矛盾的，而是保卫国家所必需的。只要以色列占领着黎巴嫩领土，只要黎巴嫩军队不足以强有力抵抗以色列，我们觉得有必要保持抵抗的武装，以补充军队。"① 黎巴嫩武装部队与真主党的联系日益紧密。2017 年 4 月，真主党带着十几名国际记者前往黎巴嫩与以色列的边境，轻松地通过了由国家情报机构和黎巴嫩武装部队把守的几个检查站，这表明双方之间高度密切的联系。② 2017 年 9 月，真主党在黎巴嫩武装部队中安插了一名叫叶海亚·胡塞尼的军官，他充当黎巴嫩武装部队和真主党之间的联系人，并确保真主党对军队的持续影响力。③ 美国国会研究服务中心最近的一份报告指出，真主党领袖哈桑·纳斯鲁拉"将黎巴嫩武装描述为真主党所谓'黄金模式'的'伙伴'和'支柱'，这意味着抵抗、军队和人民"。④ 显然，真主党构成的威胁仍然存在，其政治和军事影响力不断削弱黎巴嫩政府和武装部队的权威。⑤ 从根本上说，真主党利用其在黎巴嫩的军事和政治影响，使国家机构服从于其自身利益。

此外，真主党在政府行政机构中获得权力，逐渐改变了从非正式到正式的渠道给其支持者提供服务，从而增强了它在国内的政治和社会影响力。通过社会福利活动，真主党的实力与影响相比其他政党都在稳步增强

---

① "Hezbollah's Influence over the Lebanese Political System", 5 June 2018, https://www.idf.il/en/minisites/facts-and-figures/hezbollah/hezbollahs-influence-over-the-lebanese-political-system/, accessed 20 January 2019.

② Elliott Abrams, "What's Next For Lebanon? Stability and Security Challenges", *Senior Fellow for Middle Eastern Studies Council on Foreign Relations*, 21 March 2018, p. 4.

③ "Hezbollah's Influence over the Lebanese Political System", 5 June 2018, https://www.idf.il/en/minisites/facts-and-figures/hezbollah/hezbollahs-influence-over-the-lebanese-political-system/, accessed 20 January 2019.

④ Carla E. Humud, "Lebanon", *CRS Report*, No. R44759, Washington, DC: Congressional Research Service, 2017, p. 11, https://fas.org/sgp/crs/mideast/R44759.pdf, accessed 24 July 2018.

⑤ Paul D. Shinkman, "Lebanon's Precarious Place in the Syria War", 16 April, 2018. https://www.usnews.com/news/best-countries/articles/2018-04-16/lebanons-precarious-place-in-the-syria-war, accessed 24 July 2018.

和扩大,以至于成为黎巴嫩最得民心的一支政治力量。① 真主党与地区市长和村长都有联系,这巩固了其对公共服务、民用基础设施的影响力。②

总之,对黎巴嫩而言,2018年不仅是在长期沉寂后恢复议会活动的一年,也是在地区动荡中国家与社会转折的一年。当前,真主党对国内安全、国防和外交政策的监督可能会把黎巴嫩进一步推向地区风暴的中心,使美国、沙特阿拉伯、以色列和伊朗之间的对抗日益加剧。

二、经济遇严峻挑战

黎巴嫩实行开放、自由的市场经济,私营经济占主导地位。③ 黎巴嫩国内具有自由贸易和投资政策的悠久传统,大多数商品和服务实行自由市场定价,实行不受限制的交流和贸易制度,并与发达世界有着广泛的经济联系。政府继续支持私营部门在自由政策环境中发挥强有力的作用。④ 内战前,黎巴嫩被誉为中东地区的金融、贸易、交通和旅游中心。内战后,黎巴嫩经济正处于复苏和发展时期,经济重建取得很大进展,但受到地区局势不稳的负面影响。自2011年叙利亚危机以来,由此引发的地区局势动荡、侨民汇款减少、对波斯湾国家陆路出口下降、旅游业和金融业停滞不前和政府未能实施关键性的改革措施,致使黎巴嫩经济长期低迷,经济发展连年衰退,公共债务失控,经济发展遭遇严重挑战。

(一)宏观经济增长低迷

黎巴嫩属于中高等收入国家,由于持续的财政和经常项目赤字,经济表现疲软。自2011年以来,受地区动荡影响,黎巴嫩经济增长疲软,经济一直呈衰退状况。叙利亚内战给黎巴嫩经济带来了螺旋式的下降。黎巴嫩前财政部长哈桑对阿拉伯新闻说:"我们正在经历具有挑战性的时期,我

---

① 李福泉:"黎巴嫩真主党的社会福利活动及影响",《国际资料信息》,2009年第2期,第27页。

② "Hezbollah's Influence over the Lebanese Political System", 5 June 2018, https://www.idf.il/en/minisites/facts-and-figures/hezbollah/hezbollahs-influence-over-the-lebanese-political-system/, accessed 20 January 2019.

③ 刘振堂:《中国驻中东大使话中东:黎巴嫩》,世界知识出版社,2012年版,第70页。

④ "Lebanon: Market Profile", Hong Kong Trade Development Council, 19 February 2019, p. 1. http://china-trade-research.hktdc.com/business-news/article/The-Belt-and-Road-Initiative/Lebanon-Market-Profile/obor/en/1/1X000000/1X0A3P5S.htm, accessed 23 February 2019.

们陷入了巨大的衰退，所有的经济指标都表明经济活动在衰退。"[1] 根据黎巴嫩国家统计局的数据，黎国内经济增速从2010年的8%放缓至2017年的0.6%。[2]

2013年以来，黎巴嫩国内生产总值缓慢增长，经济复苏迹象较为明显。2013年，黎巴嫩国内生产总值为460亿美元，增长率为2.6%；2014年黎巴嫩国内生产总值为478亿美元，增长率为2%。2013年黎人均国内生产总值为10399美元，2014年人均国内生产总值为10810美元。[3] 2015—2018年间，黎巴嫩国内生产总值和人均国内生产总值一直在缓慢增长，经济增长率也在逐年递增，经济总体表现良好。2018年4月11日，黎巴嫩财政部长阿里·哈桑·哈利勒讲道："黎巴嫩将致力于削减开支、增加收入，并采取措施推动经济发展。希望到2018年底，经济能够实现超出预期2%到2.5%甚至3%的增长率。"[4] 然而，2018年黎巴嫩经济机遇与挑战并存，经济呈现出低增长状态，经济增长率为2%（见下表）。

2015—2018年黎巴嫩国内生产总值情况表

主要指标	2015年	2016年	2017年	2018年（约）
国内生产总值（十亿美元）	49.46	50.46	52.70	55.02
国内生产总值（年变化率%）	0.8	1.0	1.5（约）	2.0
人均国内生产总值（美元）	11178（约）	11295	11684（约）	12082

资料来源："Lebanon：Economic and Political Overview", *Nordea Trade*, IMF - World Economic Outlook Database, October 2018, Latest Update：February 2019. https：//www. nordeatrade. com/fi/explore-new-market/lebanon/economical-context。

（二）服务业经济发展复苏

黎巴嫩经济以私营经济为主，它实施以服务为导向型的经济发展战略，其中金融业和旅游业是主要经济产业，房地产和建筑业也是推动经济

---

[1] Tarek Ali Ahamd, "Lebanon：Between a political rock and an economic hard place", *Arab News*, 2 September 2018, http：//www. arabnews. com/node/1365781/middle-east, accessed 23 October 2018.

[2] Bank Audi, "The Lebanon Weekly Monitor", July 23- July 29, 2018, http：//www. bankaudigroup. com/GroupWebsite/openAudiFile1. aspx? id =4044, accessed 23 August 2018.

[3] "Lebanon：Still No Government Country Outlook 2018", *Arabia Monitor* 2018, Aston House, p. 5. https：//www. arabiamonitor. com/zh, accessed 12 December 2018.

[4] Chloe Domat, "Is Lebanon The New Greece？", 11 April 2018. https：//www. gfmag. com/magazine/april-2018/lebanon-new-greece, accessed 23 June 2018.

增长的重要行业。黎巴嫩服务业包括金融业、旅游业、零售业和房地产市场。2018 年,服务业是黎巴嫩经济的主导部门,占国内生产总值的 79.5%,雇佣了 76.5% 的劳动力;工业占国内生产总值的 16.7%,雇佣了超过 20.3% 的劳动力;农业不发达,仅占国内生产总值的 3.8%,雇佣了 3.2% 的劳动力;[1] 制造业也不景气,2018 年 11 月 22 日,黎巴嫩工商和农业协会会长穆罕默德·舒科尔表示,2018 年至今,黎巴嫩已有 2200 家企业关门歇业。[2]

金融业是黎巴嫩经济的支柱产业,黎巴嫩银行向来以自由和保护个人账户私密安全著称于中东,是中东地区的主要金融中心。黎巴嫩金融业主要依赖国外资本的流入和黎巴嫩侨民的汇款。海外黎巴嫩侨民约在 1500 万—2000 万人之间,黎巴嫩银行的存款大部分来自侨民,尽管地区局势不稳定,黎巴嫩非本地居民存款仍占国内生产总值的 66%。[3] 国际货币基金组织曾强调,金融业在确保可持续经济增长方面发挥着关键作用。[4] 黎巴嫩商业银行和金融机构对经济复苏发挥了重要作用。[5] 2017 年,黎巴嫩银行总资产增长了 7.6%,达到 155 亿美元,按占国内生产总值的比重衡量,黎巴嫩的银行资产在全球排名第四。[6] 根据黎巴嫩中央银行统计的数据,截至 2018 年 7 月,非居民私营部门在商业银行的存款增长了 15 亿美元,高于 2017 年同期的 7.942 亿美元。[7] 截至 2018 年 7 月,商业银行对

---

[1] "Lebanon: Economic and Political Overview", *Nordea Trade*, IMF-World Economic Outlook Database, October 2018, https://www.nordeatrade.com/fi/explore-new-market/lebanon/economical-context, accessed 23 November 2018.

[2] Bassem Mroue, "Lebanon's economy faces stark choice: Reform or collapse", *The Associated Press*, 22 November 2018. https://www.680news.com/2018/11/22/lebanons-economy-faces-stark-choice-reform-or-collapse/, accessed 3 December 2018.

[3] Mona Alami, "Lebanon's Perfect Financial Storm", *Carnegie Endowment for International Peace*, 17 October 2018, https://carnegieendowment.org/sada/77521?utm_source=rss&utm_medium=rss, accessed 20 October 2018.

[4] International Monetary Fund, "LEBANON 2015 ARTICLE IV CONSULTATION—PRESS RELEASE; STAFF REPORT; AND STATEMENT BY THE EXECUTIVE DIRECTOR FOR LEBANON", *Country Report* 15/190, July 2015, http://www.imf.org/external/pubs/ft/scr/2015/cr15190.pdf, accessed 3 May 2018.

[5] Bilal Malaeb, "State fragility in Lebanon: Proximate causes and sources of resilience", International Growth Centre's Commission, on State Fragility, Growth and Development, APRIL 2018, p. 8.

[6] "Rising US Rates, Political Risk Weigh on Economic Activity", *SGBL Research*, N°73, October 2018, p. 2.

[7] "Rising US Rates, Political Risk Weigh on Economic Activity", *SGBL Research*, N°73, October 2018, p. 2.

非居民私营部门的贷款同比增长15.2%，至65亿美元，居民贷款同比减少0.2%，至522亿美元。① 至今，黎巴嫩经济的支柱仍然是银行业及其吸引大量侨民的单边转移和汇款的能力。② 因此，黎巴嫩银行部门的稳固有利于整体经济的复苏。

自2014年以来，黎巴嫩房地产业长期衰退。房地产业是黎巴嫩经济的主要推动力之一，约占国内生产总值的15%。2014—2016年间，长达两年半总统职位的空缺和政府的瘫痪给制造业各部门造成了负面影响，特别是建筑业和房地产业低迷。③ 2017年，贝鲁特的房地产价格下跌了4%，跌至每平方米3693美元，此后一直停滞不前。④ 然而，因政府组阁僵局、黎巴嫩与以色列的潜在军事冲突、税收的变化如提高资本利得税和建筑税，均抑制了黎巴嫩人对旅游业和建筑业的投资，对金融服务和建筑公司也带来不利影响。⑤ 截至2018年8月，黎巴嫩注册房地产交易同比下降20.6%，至52亿美元，其中贝鲁特的交易总额仅为15亿美元，促使开发商大幅削减开支。⑥ 为了刺激房地产市场需求，9月26日黎巴嫩议会批准向低收入借款人提供6630万美元的住房贷款利息补贴，这给购房者和开发商带来了一线希望。

黎巴嫩旅游业占国内生产总值的近20%，雇佣了约18%的劳动力。⑦ 自1990年内战结束以来，旅游业一直是黎巴嫩经济的支柱之一。2011年游客数量下降之前，黎巴嫩旅游业一直很繁荣。自2011年叙利亚危机以来，黎巴嫩旅游业进入间歇期。然而，2017年旅游业开始复苏，游客人数

---

① "Rising US Rates, Political Risk Weigh on Economic Activity", *SGBL Research*, N°73, October 2018, p. 5.

② Chloe Domat, "Is Lebanon the New Greece?", 11 April 2018. https://www.gfmag.com/magazine/april-2018/lebanon-new-greece, accessed 23 June 2018.

③ "Lebanon Central Bank head expects economy to grow 2% in 2018", *Gulf News*, 12 July 2018, https://gulfnews.com/business/lebanon-central-bank-head-expects-economy-to-grow-2-in-2018 – 1.2250460, accessed 26 October 2018.

④ "Lebanon: Still No Government Country Outlook 2018", *Arabia Monitor* 2018, Aston House, p. 6. https://www.arabiamonitor.com/zh, accessed 12 December 2018.

⑤ "GDP Growth to Drop in 2018 Due to Political Instability in Lebanon", *Albawaba*, 28 August 2018. https://www.albawaba.com/business/gdp-growth-drop-2018-due-political-instability-lebanon-1178322, 5 September 2018.

⑥ "Rising US Rates, Political Risk Weigh on Economic Activity", *SGBL Research*, N°73, October 2018, p. 2.

⑦ "Lebanon: Economic and Political Overview", *Nordea Trade*, IMF-World Economic Outlook Database, October 2018, https://www.nordeatrade.com/fi/explore-new-market/lebanon/economical-context, accessed 23 November 2018.

增长了10%。腓尼基酒店集团市场营销总监特蕾西·博尔顿表示,自2017年以来,该酒店入住率增长了5%,到2018年年底入住率达60%,她说,"对于他们这样规模的酒店(446间客房)来说,这是一个例外"。①

（三）对外贸易逆差严重

由于区域冲突对主要贸易伙伴和航线的影响,加之叙利亚内战阻断了黎巴嫩与叙利亚的贸易路线、海湾国家实施的旅行制裁以及国内政治僵局对出口增长造成的压力,很难短期内减少黎巴嫩庞大的经常账户赤字。2016年黎巴嫩经常账户赤字占国内生产总值的比例从2015年的16.3%扩大至18.9%。② 2018年,黎巴嫩对外贸易总额有所增长,但仍处于逆差状态。2017年出口额为35.24亿美元,进口额为183.4亿美元,贸易逆差达148.1亿美元。③ 2017年,贸易差额继续恶化,经常账户赤字持续增长。赤字增加的主要原因是燃料进口急剧增加了99%,而进口总额231亿美元,增长23.7%。④ 2018年,由于贸易不平衡,国际收支仍出现巨额赤字。据黎巴嫩海关统计,2018年1—8月,黎巴嫩贸易总额约为157.03亿美元,同比增长8.3%。其中,黎进口额137.18亿美元,同比增长8.9%;出口额19.85亿美元,同比增长4.3%;贸易逆差117.33亿美元,同比增长25.5%。⑤

黎巴嫩外汇储备充足,2017年为435亿美元,截至2018年6月底,黎巴嫩中央银行的外汇储备达到了440亿美元左右。⑥ 黎巴嫩是新兴市场国家外汇储备占国内生产总值比重最高的国家之一,约占国内生产总值的

---

① "Lebanon's Five Star Hotels Focus on New Markets to Recover From Losses", *Albawaba*, 20 December 2018, https://www.albawaba.com/business/lebanons-five-star-hotels-focus-new-markets-recover-losses-1228882, accessed 4 January 2019.

② "Rising US Rates, Political Risk Weigh on Economic Activity", *SGBL Research*, N°73, October 2018, p. 8.

③ "Economic Studies Lebanon", *Coface for Trade*, February 2019, https://www.coface.com/Economic-Studies-and-Country-Risks/Lebanon, accessed 15 January 2019.

④ "Rising US Rates, Political Risk Weigh on Economic Activity", *SGBL Research*, N°73, October 2018, p. 2.

⑤ 中国驻黎巴嫩使馆经商处:"2018年1—8月黎巴嫩贸易总额约为157.03亿美元,同比增长8.3%",2018年10月29日,http://lb.mofcom.gov.cn/article/d/g/201810/20181002801961.shtml,2018年12月13日。

⑥ Georgi Azar, "World Bank: Lebanon's economic prospects look bleak", *Annahar*, 30 October 2018, https://en.annahar.com/article/889837-world-bank-lebanons-economic-prospects-look-bleak, accessed 15 January 2019.

85%。黎巴嫩外汇储备达440亿美元，这已超过历史最高水平，有利于黎巴嫩镑的汇率稳定和经济复苏。2018年9月，黎巴嫩金融专家瓦利德·阿布·苏莱曼指出，"黎巴嫩中央银行有足够的外汇储备，可以保护黎巴嫩镑，防止它恶化。"①

此外，黎巴嫩的外部援助和外国直接投资有所增长，有利于国际收支平衡。根据国际金融协会统计数据，2018年包括外国直接投资在内的非居民资本流入总额将增长2.4%，至85亿美元，2019年将再增长6.2%，至90亿美元。② 外国直接投资占国内生产总值的比重从2015年的3.4%升至2018年的4%，而净投资组合增长了5倍，达到国内生产总值的5.1%。③

自2012年以来，黎巴嫩外部债务占国内生产总值的比重逐年增长，如2013年为170.4%、2014年为175.0%、2015年为175.8%、2016年为183.9%。④ 2016年外债为363亿美元，2017年外债为393亿美元，逐年增长。外债占国内生产总值的比重从2016年12月的148.4%升至2017年底的10年高点151.1%，但仍低于2006年183%的历史最高水平。⑤ 2018年11月15日，世界银行负责中东和北非事务的副行长费尔德·贝勒哈吉表示："多年来，黎巴嫩一直承诺致力于解决电力危机，电力支出每年使黎巴嫩损失约20亿美元，是黎巴嫩债务累积的主要因素"。⑥

（四）政府财政赤字严重

自2011年叙利亚危机以来，黎巴嫩的经济形势仍然困难重重，财政预

---

① "Lebanon: Western Reports Warn of Economic Collapse", *Asharq Al-Awsat*, 2 September 2018. https://aawsat.com/english/home/article/1380896/lebanon-western-reports-warn-economic-collapse, accessed 15 September 2018.

② "Rising US Rates, Political Risk Weigh on Economic Activity", *SGBL Research*, N°73, October 2018, p. 5.

③ "TRANSITION REPORT 2017-18 SUSTAINING GROWTH, COUNTRY ASSESSMENTS: LEBANON", *European Bank for reconstruction and development*, EBRD Transition Report 2017-18, p. 2, 13 November 2017, https://www.ebrd.com/transition-report-2017-18, accessed 8 June 2018.

④ "TRANSITION REPORT 2017-18 SUSTAINING GROWTH, COUNTRY ASSESSMENTS: LEBANON", *European Bank for reconstruction and development*, EBRD Transition Report 2017-18, p. 3, 13 November 2017, https://www.ebrd.com/transition-report-2017-18, accessed 8 June 2018.

⑤ "Lebanon: Still No Government Country Outlook 2018", *Arabia Monitor* 2018, Aston House, p. 4. https://www.arabiamonitor.com/zh, accessed 12 December 2018.

⑥ Bassem Mroue, "Lebanon's economy faces stark choice: Reform or collapse", *The Associated Press*, 22 November 2018. https://www.680news.com/2018/11/22/lebanons-economy-faces-stark-choice-reform-or-collapse/, accessed 3 December 2018.

算赤字严重，财政状况一直在恶化，公共债务很高，财政收支平衡和公共债务均为赤字状态，财政状况堪忧。由于高利率，以及每年向黎巴嫩电力公司大量支出4%—5%的国内生产总值，黎巴嫩结构性的财政赤字长期占国内生产总值的8%—10%。① 2016年，黎巴嫩财政赤字占国内生产总值的8.1%，这一比例高于2015年的7.4%。② 2016年，黎巴嫩银行开展的金融业务带来了更高的银行利润，而对这些利润征税带来了一次性收入。2017年总体财政收支状况有所改善，财政总收入为116亿美元，总支出为154亿美元，财政赤字达38亿美元，财政赤字占国内生产总值的7.3%。③ 2017年10月议会通过了2017年政府预算，2018年3月议会通过了2018年政府预算，这是黎巴嫩12年来第一次实施积极的公共财政改革。④ 2018年，黎巴嫩财政总收入为121亿美元，总支出为177亿美元，财政赤字达56亿美元，财政赤字占国内生产总值的9.7%。⑤ 黎巴嫩岌岌可危的财政状况，反映了黎巴嫩日益严峻的经济状况和日益恶化的政府治理。黎巴嫩政府收入的70%以上的支出用于政府工资和偿债，高达10%的资金用于电力补贴。显然，黎巴嫩需要国际援助，但由于真主党在黎巴嫩拥有主导性的影响力，致使包括沙特阿拉伯在内的海湾国家不愿像以往那样在财政上援助黎巴嫩。⑥

　　由于公共财政赤字的恶化，黎巴嫩的公共债务也日益加重。黎巴嫩的债务负担是世界上最高的国家之一，2016年底，黎巴嫩的政府公共债务总

---

① Deena Kamel, "Report: delays on Lebanese reforms put economy in jeopardy", 15 September 2018. https://www.thenational.ae/business/economy/report-delays-on-lebanese-reforms-put-economy-in-jeopardy-1.770553, accessed 21 October 2018.

② "TRANSITION REPORT 2017-18 SUSTAINING GROWTH, COUNTRY ASSESSMENTS: LEBANON", European Bank for reconstruction and development, EBRD Transition Report 2017-18, p. 3, 13 November 2017, https://www.ebrd.com/transition-report-2017-18, accessed 8 June 2018.

③ "IMF Executive Board Concludes Article IV Consultation with Lebanon", *IMF Communications Department PRESS RELEASE*, (no. 18/250), June 2018, https://www.imf.org/en/News/Articles/2018/06/21/pr18250-imf-executive-board-concludes-article-iv-consultation-with-lebanon, accessed 8 July 2018.

④ "Lebanon's parliament approves country's first budget since 2005", *The New Arab & agencies*, 20 October 2017, https://www.reuters.com/article/uslebanon-economy-budget/lebanons-parliament-approves-countrys-first-budget-since-2005-idUSKBN1CO2, accessed 31 October 2018.

⑤ "Rising US Rates, Political Risk Weigh on Economic Activity", *SGBL Research*, N°73, October 2018, p. 5.

⑥ Donna Abu-Nasr, Dana Khraiche and Onur Ant, "It could be crunch time for world's third most-indebted country", *Bloomberg News*, 9 March 2018. https://business.financialpost.com/news/economy/caught-in-debt-and-conflict-lebanon-wants-a-greek-style-rescue, accessed 15 May 2018.

额达748.9亿美元，总债务占国内生产总值的143.4%；① 2017年政府债务占国内生产总值的147.7%；2018年政府债务为820亿美元，相当于国内生产总值的150.7%，位居全球第三，仅次于日本和希腊。② 黎巴嫩的政府公共债务主要由黎巴嫩银行机构持有（90%），这些债务主要由地方银行（47%）和中央银行（32%）认购。③ 当前，黎巴嫩负债累累，经济停滞不前，迫切需要实施经济改革，使其公共财政建立在更可持续的基础上，并吸收外国援助。④ 而黎巴嫩财政状况的改善，需要降低公职人员的工资、改革公共养老基金、重组电力行业、减少对黎巴嫩国有电力公司的预算支出、提高燃油税、出售不良国有资产等。

（五）通货膨胀率上升，贫困率和失业率严重

由于经济整体较为低迷，相比2017年黎巴嫩通货膨胀率4.5%，2018年5月通胀率同比上升6.5%，高于前一个月的5.8%和2017年5月的4.2%。⑤ 而据国际金融协会预测，黎巴嫩2018年平均通胀率为5.7%。⑥ 尽管公共财政状况疲软，截至2017年5月，国际储备仍保持高位稳定，达到402亿美元，增强了黎巴嫩汇率和金融体制的稳定。2018年9月12日，黎巴嫩央行行长利亚德·萨拉米说："黎巴嫩镑将保持稳定……黎巴嫩央行拥有海外资产，完全控制着外汇市场。"⑦ 2018年，黎巴嫩镑保持稳定，

---

① "TRANSITION REPORT 2017 - 18 SUSTAINING GROWTH, COUNTRY ASSESSMENTS: LEBANON", *European Bank for reconstruction and development*, EBRD Transition Report 2017 - 18, p. 3, 13 November 2017, https://www.ebrd.com/transition-report-2017-18, accessed 8 June 2018.

② "Rising US Rates, Political Risk Weigh on Economic Activity", *SGBL Research*, N°73, October 2018, p. 6.

③ Ahmad Naous, "The Economic Bankruptcy of Lebanon: Will It Happen? And WHO Is Responsible?", 7 May 2018, https://qswownews.com/the-economic-bankruptcy-of-lebanon-will-it-happen-and-who-is-responsible/, accessed 8 June 2018.

④ "Lebanon's Hariri 'pretty sure' of new government by year end", *Al Jazeera News*, 14 December 2018, https://www.aljazeera.com/news/2018/12/lebanon-hariri-pretty-government-year-181213160352463.html, accessed 26 December 2018.

⑤ "Lebanon: Still No Government Country Outlook 2018", *Arabia Monitor* 2018, Aston House, p. 5. https://www.arabiamonitor.com/zh, accessed 12 December 2018.

⑥ "Rising US Rates, Political Risk Weigh on Economic Activity", *SGBL Research*, N°73, October 2018, p. 6.

⑦ Natasha Turak, "Lebanon's central bank chief calls for political haste as country approaches an economic crisis", *CNBC*, 10 September 2018, https://www.cnbc.com/2018/09/10/lebanon-economy-central-bank-governor-riad-salame-calls-for-market-visibility.html, accessed 5 February 2019.

汇率一直保持在1500黎巴嫩镑兑换1美元。[1]

此外，黎巴嫩接受了占国内总人口近1/3的叙利亚难民，造成公共财政和基础设施的巨大压力，加剧了黎巴嫩国内的贫困和失业。虽然人均国内生产总值12082美元使其成为中等收入国家，但黎巴嫩的贫困率高达30.2%。[2] 失业率居高不下，2018年黎巴嫩失业率约为36%，[3] 这一数字在年轻人中的比例甚至更高。[4] 2018年两块油田授权协议的签署标志着黎将步入产油国行列，有利于招商引资、提振经济、促进就业。[5]

三、社会发展问题突出

2018年，黎巴嫩社会矛盾依然存在，群体性事件多发，面临许多社会问题。叙利亚难民的大量涌入，动摇了黎巴嫩的人口平衡、劳动力市场，并给租金、基础设施和公共服务供应（水和电）带来了沉重的社会负担。因垃圾处理、电力供应、政府腐败等民生问题引发了民众的抗议示威活动，虽然族群和教派冲突有所缓解，但叙利亚难民问题引发了黎巴嫩的人道主义危机。

（一）民生问题引发示威游行

黎巴嫩的相对稳定使得公民要求更有效的治理。因电力供应不足、垃圾处理、政府腐败等社会问题突出，引发了民众抗议政府的示威游行活动。

民众身着"黄背心"抗议政府腐败，要求社会平等与公正。根据"透

---

[1] "TRANSITION REPORT 2017-18 SUSTAINING GROWTH, COUNTRY ASSESSMENTS: LEBANON", *European Bank for reconstruction and development*, EBRD Transition Report 2017-18, p.2, 13 November 2017, https://www.ebrd.com/transition-report-2017-18, accessed 8 June 2018.

[2] Ahmad Naous, "The Economic Bankruptcy of Lebanon: Will It Happen? And WHO Is Responsible?", 7 May 2018, https://qswownews.com/the-economic-bankruptcy-of-lebanon-will-it-happen-and-who-is-responsible/, accessed 8 June 2018.

[3] Bassem Mroue, "Lebanon's economy faces stark choice: Reform or collapse", *The Associated Press*, 22 November 2018. https://www.680news.com/2018/11/22/lebanons-economy-faces-stark-choice-reform-or-collapse/, accessed 3 December 2018.

[4] 李良为："黎巴嫩新内阁面临严峻内外挑战"，新华网，2019年2月1日，http://www.xinhuanet.com/world/2019-02/01/c_1124077134.htm，2019年2月27日。

[5] "黎巴嫩2018年经济展望：机遇与挑战并存"，中国驻黎巴嫩使馆经商处，2018年1月4日，http://www.mofcom.gov.cn/article/i/jyjl/k/201801/20180102694669.shtml，2018年7月20日。

明国际"公布的 2017 年"清廉指数",黎巴嫩在 180 个国家中排名第 143 位,创历史新低。国际货币基金组织表示:"政府承认腐败现象普遍存在,与巨大的社会和经济成本有关。"① 黎巴嫩反腐败专家和律师拉比·查尔指出,"黎巴嫩社会中宗教和部落关系占上风,法治并不适用,而黎巴嫩没有司法独立,这是打击腐败的第一步。"② 由于腐败问题,民众对政府越来越不满,从而引发示威游行。2018 年 9 月 9 日,在黎巴嫩的黎波里出现的一场抗议活动要求结束腐败和贫困。③ 2018 年 12 月 23 日,数千名黎巴嫩人在贝鲁特身着印有黎巴嫩雪松图案的"黄色背心"呼吁结束选举 7 个月后组建政府的僵局,抗议者游行到贝鲁特市中心的政府大楼,手持标语牌,呼吁结束僵局和腐败。④ 一名抗议者说:"我来这里是为了打击国家的腐败,我们是来恢复我们的社会服务,我们需要我们的权利,需要我们的政府尊重我们。"⑤

　　垃圾问题引发社会与政治危机,成为民生的重大问题。黎巴嫩的垃圾危机迄今为止已持续了三年。2015 年,纳梅村的村民们封堵了通往附近垃圾填埋场的道路,以阻止垃圾运入。负责处理贝鲁特及周边地区废弃物的苏克林公司只好停止向该填埋场运送垃圾,致使贝鲁特街头垃圾堆积如山。2015 年 7 月,黎巴嫩民众将示威行动命名为"恶臭"运动(You Stink Movement),这一名称一语双关,既指贝鲁特满城垃圾所散发的恶臭,又指黎巴嫩政府部门的腐败无能。⑥ 2018 年 9 月 11 日,贝鲁特遭遇暴雨侵袭,城市内涝严重,大量垃圾涌入城市街道,形成了"垃圾河"。贝鲁特市这次"垃圾河"事件将当地政府推至风口浪尖,甚至引发了一场名为

---

① Chloe Domat, "Is Lebanon The New Greece?", 11 April 2018. https://www.gfmag.com/magazine/april-2018/lebanon-new-greece, accessed 23 June 2018.

② "In Lebanon, Endemic Corruption Undermining Economy, Accountability", *Fanack*, 12 December 2018, https://fanack.com/lebanon/economy/endemic-corruption-undermining-econom, accessed 25 December 2018.

③ Michal Kranz, "Protesters in north Lebanon want Tripoli development to help poor", *Middle East Eye*, # *InsideLebanon*, 9 September 2018. https://www.middleeasteye.net/news/far-reaching-development-plans-north-lebanon-face-deep-distrust-tripoli-793748499, accessed 21 September 2018.

④ Sarah El Deeb, "'Yellow vests' protests spread to Beirut: 'The people want to bring down the regime'", *Washington Times*, 23 December 2018, https://www.washingtontimes.com/news/2018/dec/23/yellow-vests-protest-beirut-lebanon/, accessed 5 January 2019.

⑤ Sarah El Deeb, "Lebanese, some in yellow vests, protest political gridlock", AP News, 23 December2018, https://www.apnews.com/a90142d89e214abb938533e0301b0407, accessed 5 January 2019.

⑥ 龚正:"'垃圾危机'折射的黎巴嫩之困",《世界知识》,2015 年第 22 期,第 52 页。

"你真臭"的全国性大型示威游行活动。① 10 月，官员们的最新动议引发了新一轮抗议：建造焚化炉烧掉垃圾，同时实现发电。② 12 月 4 日，黎巴嫩自然保护中心首席工程师安瓦尔·萨米声称，"他没有看到有证据表明政府在焚化炉方面会更加努力，该国一半的垃圾是由不易燃烧的有机材料构成的。"③

因国家的基础设施较差，引发民众的不满。黎巴嫩的基础设施仍很落后，间断地供电和供水。由于历届政府未能进行大规模投资，以改善境况不佳的行业及其过时的基础设施，电力危机一直存在。2017 年 3 月，政府公布的电力改革计划呼吁租赁电力舶船，旨在改善夏季的电力供应。④ 2018 年，黎巴嫩城市和农村地区每天都在经历停电、缺水、医疗系统不完善和公共交通的缺失，⑤ 由此引发了民众的抗议和不满。2018 年 9 月 9 日，黎巴嫩的黎波里市发生了一场民众抗议运动，示威者称之为"穷人的革命"，人们要求获得清洁的水和医疗保险，以及每天至少 20 小时的电力供应。12 月 23 日的"黄背心"抗议运动中，示威者要求他们所称的"最基本的权利"，包括重新引入停滞了近一年的住房贷款，以及更多地获得医疗、水和电力。⑥

（二）教派冲突趋于缓和

自 2011 年叙利亚危机以来，黎巴嫩国内逊尼派与阿拉维派冲突不断，影响国内局势的稳定。尽管黎巴嫩一直在努力保持中立，不参与叙利亚冲

---

① 叶昊颖："黎巴嫩首都街道惊现恐怖'垃圾河'引民众愤怒"，中国日报网，2018 年 9 月 13 日，https://baijiahao.baidu.com/s?id=1611454619570492041&wfr=spider&for=pc，2018 年 10 月 7 日。

② 王卓一："一觉醒来'垃圾河'惊现社区，黎巴嫩垃圾危机何时终结?"，《文汇报》，2018 年 11 月 24 日，https://baijiahao.baidu.com/s?id=1617941032677921759&wfr=spider&for=c，2018 年 12 月 6 日。

③ "Lebanon continues to drown in its own trash", *Gulf News*, 4 November 2018, https://gulfnews.com/news/mena/lebanon/lebanon-continues-to-drown-in-its-own-trash-1.2289426, accessed 12 December 2018.

④ "TRANSITION REPORT 2017-18 SUSTAINING GROWTH, COUNTRY ASSESSMENTS: LEBANON", *European Bank for reconstruction and development*, EBRD Transition Report 2017-18, p. 3, 13 November 2017, https://www.ebrd.com/transition-report-2017-18, accessed 8 June 2018.

⑤ Amreesha Jagarnathsingh, "Lebanon-Country Report Legal & Policy Framework of Migration Governance", *Working Papers Global Migration: Consequences and Responses*, August 2018, p. 12.

⑥ "Hundreds take to Beirut streets over corruption", *France24*, 23 December 2018, https://www.france24.com/en/20181223-hundreds-take-beirut-streets-over-corruption, accessed 28 December 2018.

突，但的黎波里却深受叙利亚内战的影响，陷入了经常性的教派暴力冲突中。2011 年 6 月，的黎波里发生第一起暴力事件，阿拉维派发动了对抗巴布—塔巴尼支持叙利亚反对派的集会，导致 7 人死亡，59 人受伤。① 2013 年 8 月，的黎波里两座清真寺发生两起袭击事件，造成 47 人死亡，5 人受伤。② 尽管 2014 年 4 月实施了一项旨在缓和局势的安全计划，的黎波里仍然处于水深火热之中。8 月 6 日，的黎波里一个军事检查站附近发生炸弹爆炸，炸死 1 名平民，炸伤 10 人。③ 2015 年 1 月，贾巴尔·莫森发生自杀式炸弹袭击，造成至少 7 人死亡，多人受伤。④ 2016 年，的黎波里的安全局势有所改善，只发生一些零星的冲突事件。随着 2017 年黎巴嫩宣布清剿"伊斯兰国"行动取得胜利，黎巴嫩国内安全形势得到极大改善。2018 年，叙利亚政府军的胜利，使黎巴嫩国内的极端恐怖活动骤减，北部地区如的黎波里的局势也趋于稳定。

（三）黎巴嫩人道主义危机

叙利亚内战的蔓延，给黎巴嫩带来严重的人道主义危机，包括大量的难民涌入，加剧了黎巴嫩国内的社会负担，使黎巴嫩的公共基础设施更加不堪重负。2018 年，黎巴嫩国内收容了 100 多万名叙利亚难民，使其成为世界上人均接收难民比率最高的国家。⑤ 叙利亚难民的到来，加剧了黎巴嫩政府在医疗、教育和基础设施方面的支出，增加了财政支出。联合国难民署指出，2017 年黎巴嫩的叙利亚难民支出需要 20 亿美元的资金。⑥ 叙利亚难民正在非正式部门与黎巴嫩工人竞争，其中 70% 以上的难民生活在贫困线以下。

---

① "Lebanon… Perils of the Syrian Quake Aftershocks", *Al Jazeera Centre for Studies*, 24 August 2011, studies. aljazeera. net/en/positionpapers/2011/07/2011730101540624364. html, accessed 13 september 2018.

② Holmes Oliver and Siddiq Nazih. "Bombs Lill 42 outside Mosques in Lebanon's Tripoli", *Reuters*, 25 August 2013. www. reuters. com/article/us-lebanon-explosion-deaths-idUSBRE97M0FL20130823, accessed 25 February 2018.

③ "Tripoli Explosion Near Army Post Kills Civilian", *The Daily Star*, 7 August 2014. www. dailystar. com. lb/News/Lebanon-News/2014/Aug-07/266339-tripoli-explosion-near-army-post-kills-civilian. ashx#axzz3AB S02nte, accessed 25 February 2018.

④ "Lebanon Violence: Bomb Blast Hits Northern City Of Tripoli", *BBC*, 10 January 2015. www. bbc. com/news/world-middle-east-30765820, accessed 25 February 2018.

⑤ Chloe Domat, "Is Lebanon The New Greece?", 11 April 2018. https://www. gfmag. com/magazine/april-2018/lebanon-new-greece, accessed 23 June 2018.

⑥ http://data. unhcr. org/syrianrefugees/country. php? id = 122, accessed 15 October 2017.

黎巴嫩当局一直在寻求解决叙利亚难民与黎巴嫩人之间矛盾的办法，黎巴嫩政府和真主党协调建立一个重新安置叙利亚难民的联合机制。2018年4月19日，黎巴嫩组织了近500名叙利亚难民从黎巴嫩西南部返回叙利亚首都大马士革西南部地区。① 5月，真主党开设了若干办事处，监测从贝卡到南部的叙利亚难民的情况。② 由于叙利亚难民给黎巴嫩电力、供水、环境卫生和市政服务以及交通基础设施等带来了压力，黎巴嫩政府迫切希望叙利亚人回国。③ 8月初，黎巴嫩安全总局宣布，全国各地开设了17个中心办事处，接收希望回国的叙利亚人的申请。④ 9月11日，黎巴嫩总统米歇尔·奥恩在欧洲议会称，黎巴嫩支持俄罗斯疏导叙利亚难民回国的倡议，反对其他拖延此问题解决的方案。⑤ 10月11日，联合国黎巴嫩问题副特别协调员、驻地协调员和人道主义协调员菲利普·拉扎里尼在国际新闻协会人道主义事务系列活动上就黎巴嫩人道主义局势发表讲话，"难民已经造成黎巴嫩疲惫不堪，在过去一年里，黎巴嫩成功地阻止了难民的脆弱性进一步增加。"⑥ 然而，据联合国难民署统计，2018年自愿返回的难民仅为3.7万人。据黎巴嫩负责难民事务的国务部长穆因·梅赫比声称，截至2018年12月，大约有94万名叙利亚难民仍滞留在黎巴嫩。⑦

---

① "Hundreds of refugees return to Syria from Lebanon", *Reuters*, 19 April 2018, https://www.reuters.com/article/us-mideast-crisis-syria-lebanon/hundreds-of-refugees-return-to-syria-from-lebanon-idUSKBN1HP2E9，accessed 25 May 2018.

② Jiwan Soz, "The Future of the Syrian Refugee Crisis in Lebanon", *Washington Institute*, 13 July 2018. https://www.washingtoninstitute.org/fikraforum/view/the-syrian-refugee-crisis-in-lebanon，accessed 20 August 2018.

③ "As Syria war winds down, 1.2 million refugees stay put in Lebanon despite hardships", 24 December 2018，https://www.japantimes.co.jp/news/2018/12/24/world/social-issues-world/syria-war-winds-1-2-million-refugees-stay-put-lebanon-despite-hardships/#.XCBcxYVpwTg，accessed 5 January 2019.

④ Doreen Abi Raad, "Status of Syrian refugees in Lebanon remains largely unchanged", 29 August 2018. https://cruxnow.com/church-in-asia-oceania/2018/08/29/status-of-syrian-refugees-in-lebanon-remains-largely-unchanged/，accessed 5 October 2018.

⑤ "黎巴嫩总统支持俄罗斯疏导叙利亚难民回国"，俄罗斯卫星通讯社，2018年9月12日，http://sputniknews.cn/politics/201809121026333364/，2018年10月8日。

⑥ "Addressing the Humanitarian Situation in Lebanon", *International Peace Institute*, 11 October 2018, https://www.ipinst.org/2018/10/lazzarini-humanitarian-situation-lebanonon, accessed 25 October 2018.

⑦ Bassem Mroue, "As Syria war winds down, 1.2 million refugees stay put in Lebanon despite hardships", 24 December 2018. https://www.japantimes.co.jp/news/2018/12/24/world/social-issues-world/syria-war-winds-1-2-million-refugees-stay-put-lebanon-despite-hardships/#.XCBcxYVpwTg, accessed 5 January 2019.

四、外部安全形势较为严峻

自 2011 年叙利亚危机以来,叙利亚局势的不稳定严重影响到黎巴嫩的外部安全,2017 年哈里里辞职风波彰显黎成为伊朗和沙特争夺的要地。进入 2018 年,黎巴嫩与以色列边境安全局势不太稳定,但双方维持着"冷和平"状态。

(一)深陷叙利亚危机漩涡

2018 年以来,叙利亚危机仍未彻底解决,它给黎巴嫩政治生活带来了深远的影响。叙利亚危机对黎巴嫩产生了三大影响:一是大量的叙利亚难民涌入黎巴嫩;二是导致黎巴嫩成为逊尼派和什叶派对抗的"代理人战场";三是引发黎巴嫩国内什叶派和逊尼派之间的教派冲突和对抗。[①] 叙利亚危机使黎巴嫩政坛分裂为亲叙利亚政府的"3 月 8 日联盟"和反对叙利亚政府的"3 月 14 日联盟"两大政治集团。"3 月 14 日联盟"由哈里里领导的逊尼派"未来阵线"党、基督教派的黎巴嫩力量党和长枪党组成,并得到了美国和沙特阿拉伯的支持。"3 月 8 日联盟"由什叶派真主党、"阿迈勒运动"和基督教派"自由爱国运动"组成,得到了叙利亚和伊朗的支持。真主党长期参与叙利亚内战,并支持叙利亚巴沙尔·阿萨德政权,引发了国内各派的争议。2018 年,随着叙利亚政府军收复大部分国土,真主党撤军叙利亚提上了日程。9 月 19 日,真主党总书记哈桑·纳斯鲁拉说,鉴于叙利亚局势逐渐缓和,黎巴嫩真主党会减少在叙利亚武装人员数量。[②]

(二)深陷沙特与伊朗争夺中东霸权漩涡

2018 年以来,黎巴嫩深受沙特与伊朗争夺中东地区霸权的影响,外部安全恶化。黎巴嫩外交缺乏自主性,自身处于沙特与伊朗冲突的触发点,这不利于黎巴嫩政局的稳定。美国总统特朗普退出伊核协议,加剧了伊朗

---

① Tamirace Fakhoury, "The EU and Lebanon in the wake of the Arab Spring", *Middle East Policy Council Journal*, vol. XXI, no. 1, (2014), p. 135.
② 陈立希:"黎巴嫩真主党考虑减少在叙利亚装人员数量",新华网,2018 年 9 月 21 日,http://www.xinhuanet.com/world/2018-09/21/c_129957941.htm,2018 年 10 月 9 日。

与美国的紧张关系，可能引发以色列与伊朗和真主党之间的直接对抗。[1]在黎巴嫩国内，伊朗支持的真主党与沙特阿拉伯支持的逊尼派政党针锋相对。2018年以来，沙特与伊朗之间的角力加剧，对黎巴嫩国内局势的影响愈发凸显，如议会选举和政府的组阁。沙特需要黎巴嫩，因为它可以从中损害什叶派伊朗的利益。[2]后由于黎巴嫩真主党与伊朗结盟，沙特不再愿意援助黎巴嫩。[3]但2018年4月5日哈里里访问利雅得受到欢迎，表明黎巴嫩与沙特的关系似乎正在解冻。卡舒吉事件发酵后，沙特处在风暴中心，哈里里却是少数支持者之一。正如黎巴嫩圣约瑟夫大学国际关系教授卡里姆·埃米尔·比塔尔所讲："对黎巴嫩逊尼派而言，无论是物质援助还是地缘政治的需要，沙特阿拉伯都具有重要的象征意义。"[4]

2018年的议会选举，真主党成为最大赢家。伊朗对黎巴嫩选举结果表示欢迎，伊朗外交部发言人巴赫拉姆·加西米说，"伊朗将支持任何以多数票当选的政府"。[5]伊朗最高领袖哈梅内伊的外交政策顾问阿里·阿克巴尔·韦拉亚蒂说，"黎巴嫩人民及其代表，真主党和其他抵抗组织，在对抗以色列及其盟友，包括与美国的斗争中取得了胜利。"[6]

---

[1] Heiko Wimmen, "In Lebanon's Elections, More of the Same is Mostly Good News", *International Crisis Group*, 9 May 2018, https://www.crisisgroup.org/middle-east-north-africa/eastern-mediterranean/lebanon/lebanons-elections-more-same-mostly-good-news, accessed 5 January 2019.

[2] Robert Fisk, "Lebanon is on a tightrope, balancing Saudi, Iranian and Western interests-its position is precarious", Independent News, 30 August 2018, https://www.independent.co.uk/voices/lebanon-syria-middle-east-robert-fisk-saudi-iranian-western-interests-precarious-position-a8514891.html, accessed 5 September 2018.

[3] Elliott Abrams, "What's Next For Lebanon? Stability and Security Challenges", *Senior Fellow for Middle Eastern Studies Council on Foreign Relations*, March 2018, p. 3, https://www.foreign.senate.gov/imo/media/doc/032118_Abrams_Testimony.pdf, accessed 5 September 2018.

[4] Leela Jacinto, "Can Hariri's 'selfie diplomacy' boost his chances in Lebanon's upcoming election?", 12 April 2018, https://www.france24.com/en/20180412-lebanon-saudi-arabia-hariri-twitter-selfie-diplomacy-mbs, accessed 15 May 2018.

[5] "Lebanon elections: Hezbollah makes big gains in Parliament as PM loses seats", 8 May 2018, https://www.abc.net.au/news/2018-05-08/hezbollah-stronger-in-lebanon-parliament-after-elections/9737164, accessed 7 August 2018.

[6] Mona Alami, "Lebanon's Elections: Hezbollah in the Driver's Seat?", *Atlantic Council*, 24 May 2018, https://www.atlanticcouncil.org/blogs/iransource/lebanon-s-elections-hezbollah-in-the-driver-s-seat, accessed 17 September 2018.

（三）黎以边境安全严峻

2018年，虽然黎以边境摩擦不断，但黎巴嫩与以色列两国之间维持了暂时的"冷和平"，双方没有发生直接的冲突。

黎以双方因黎巴嫩的油气勘探、以色列在争议领土上修建边境围墙、黎巴嫩与以色列边境的地道挖掘等，加剧了两国边境的紧张局势。2018年1月，黎巴嫩批准了意大利、法国和俄罗斯石油公司联合竞标在黎巴嫩近海勘探石油。以色列则声称对部分水域拥有主权，呼吁通过外交途径解决争端。这加剧了两国之间的紧张关系。

2018年9月5日，以色列在与黎巴嫩绵延超过130公里的边界线上建造"防护墙"，声称要防止黎巴嫩真主党武装成员潜入以色列。① 以色列声称，"防护墙"是在以色列国境内建造的，但黎巴嫩认为，目前黎巴嫩和以色列之间的边界线——"蓝线"不是两国的永久性边境，它侵占了1949年停战协议中的黎巴嫩部分领土，以色列侵犯了它的主权。②

2018年12月4日，以色列国防军宣布，以军发现了数条由黎巴嫩真主党挖掘和修建的从黎巴嫩延伸至以色列境内的地道。为摧毁这些跨境地道，12月5日，以军方发起了"北方盾牌行动"。③ 12月17日，联合国驻黎巴嫩临时部队证实，黎巴嫩南部与以色列边境存在4条地道，其中2条地道越过黎以临时边界"蓝线"。④ 黎巴嫩总理哈里里与联合国驻黎巴嫩临时部队司令德尔科尔会谈时表示，黎巴嫩坚持全面执行联合国第1701号决议，在南部边境尊重"蓝线"。

2018年4月12日，黎巴嫩媒体报道，以色列军机在黎首都贝鲁特和沿海地区上空进行了密集的空袭。⑤ 12月5日，黎巴嫩临时外交部长纪伯

---

① "以色列建高墙防黎巴嫩真主党"，新华网，2018年9月10日，http：//www.xinhuanet.com/world/2018-09/10/c_ 129950413. htm，2018年10月7日。

② Jtaron Kampeas, "5 REASONS WHY ISRAEL IS READY FOR WAR WITH HEZBOLLAH IN LEBANON", 8 February 2018, https://www. jpost. com/Arab-Israeli-Conflict/Israel-is-ready-for-war-with-Hezbollah-in-Lebanon-Here-are-5-reasons-why-541023, accessed 17 September 2018.

③ "No Israeli aggression against Lebanon will go unanswered, Hezbollah warns", *Scofield Biblical Institute*, 5 December2018, http://scofieldinstitute. org/no-israeli-aggression-against-lebanon-will-go-unanswered-hezbollah-warns/, accessed 17 January 2019.

④ 2000年以色列军队撤离黎巴嫩南部、结束占领后，联合国在黎以边境划定一条称为"蓝线"的临时停火线，后被视作黎以之间的临时边界。

⑤ "In unlikely clash, Russian planes challenge Israeli jets over Lebanon", *i24NEWS*, 28 May 2018, https://www. i24news. tv/en/news/international/175809-180528-in-unlikely-clash-russian-planes-challenge-israeli-jets-over-lebanon, accessed 17 September 2018.

伦·巴西勒说，2018年以来，以色列侵犯黎巴嫩领空主权1400次。[①] 12月17日，哈里里强调，黎巴嫩政府"致力于履行第1701号决议的全部义务，致力于黎巴嫩当局和联合国部队之间的协调与合作"，同时抨击以色列"继续侵犯黎巴嫩领空和领海"。[②] 12月19日，黎巴嫩驻联合国大使穆达拉利指责以色列多次违反决议，让其空军定期飞越侵犯黎巴嫩领空。[③] 以色列入侵黎巴嫩领空，引发了黎政府和民众对以色列的抗议，使真主党抵抗以色列具有了切实的合法性。因黎以边境本身处于联合国的监控之下，从目前来看不会爆发大规模的冲突。

结　语

2018年对黎巴嫩来说是极具挑战的一年。在政治方面，它顺利举行了时隔9年之久的议会选举，且采用了新的选举法，彰显了黎巴嫩民主政治的魅力，但教派分权的政治体制仍无法摆脱教派、家族等传统因素的制约。议会选举后长期未能完成联合政府的组建，凸显了长期存在的政府危机。在经济方面，黎巴嫩负债累累，整体经济低迷，财政赤字严重，通货膨胀率上升，贫困率和失业率严重，对外贸易长期逆差，急需政府进行深层次的经济改革。在社会方面，总体形势趋于稳定，但仍存在矛盾，民生问题突出，引发民众抗议示威，教派冲突缓和，叙利亚难民引发国内严重的人道主义危机。在安全方面，黎巴嫩的外部安全环境严峻，身处地区大国争夺的漩涡，伊朗和沙特在一定程度上左右着黎巴嫩的政局。叙利亚危机加剧了国内政治和社会紧张局势，加深了社会的承载压力，社会安全局势严重。黎巴嫩与以色列边境局势恶化，加剧了两国的紧张关系。

[①] Anchal Vohra, "Lebanon's border tense as Israel excavates 'Hezbollah tunnels'", *Al Jazeera News*, 22 December 2018, https://www.aljazeera.com/indepth/features/lebanon-border-tense-israel-excavates-hezbollah-tunnels-181221072351423.html, accessed 17 January 2019.

[②] "Russia calls on Lebanon to deal with Hezbollah tunnels on Israel border report", *i24NEWS*, 17 December 2018, https://www.i24news.tv/en/news/international/191123-181217-russia-calls-on-lebanon-to-deal-with-hezbollah-tunnels-on-israel-border-report, accessed 18 January 2019.

[③] Josef Federman, "Israel urges UN to condemn Hezbollah over tunnels", *AP News*, 20 December 2018, https://en.annahar.com/article/916732-israel-urges-un-to-condemn-hezbollah-over-tunnels, accessed 18 January 2019.

叙利亚：
新阶段的内生性矛盾与介入性博弈*

2018年，叙利亚国内局势在危机中日渐向好，叙政府军在俄罗斯、伊朗等国家的支持下，不断巩固扩大消灭"伊斯兰国"的战果，继续大面积收复失地，目前已恢复了对全国近七成国土的控制权，[①] 叙内战日渐尾声。在美国、俄罗斯在叙利亚延续对立态势的背景下，美俄各自的盟友在叙利亚的利益诉求矛盾尖锐突出。在协助巴沙尔政权获得军事胜利的同时，伊朗不断扩大在叙利亚的军事存在引起了以色列的高度警惕，以国防军日益加大对叙境内伊朗军事目标的打击力度，以色列与伊朗因国家利益矛盾而在叙利亚领土上采取军事行动成为叙危机的"衍生品"。土耳其不顾叙政府反对，在2018年初对叙阿芙林地区发起代号为"橄榄枝"的军事行动，打击该地区的库尔德武装，同时干预叙政府军收复伊德利卜省的军事行动，谋求在该地区建立非军事区。随着叙利亚内战降级步伐加快，叙国内经济状况出现好转，叙政府也加大引资力度，吸引外国资金对叙投资推动国内重建，但面对巨大资金缺口、和平进程未有实质性突破、大国代理人战争持续等诸多不利因素，叙利亚若想恢复至2011年前的经济水平仍需要漫长的过程。

一、国内局势持续改善

（一）政府逐步恢复领土控制权

自2015年俄罗斯派遣武装力量进入叙利亚至今，叙政府在俄罗斯、伊朗等国的支持帮助下，逐步收复被叙反对派及"伊斯兰国"占领的大片领

---

* 作者：姜铁英，新华社主任记者、新华社研究院研究员，以色列海法大学访问学者。
① "叙利亚政府已经收复2/3的国土 内战有望结束"，人民网，2018年8月3日，http://military.people.com.cn/n1/2018/0803/c1011-30205514.html。

土。截至 2018 年底，叙政府军已经控制除伊德利卜省（叙反对派控制）、拉卡省（叙利亚库尔德武装控制）及戈兰高地（以色列占领）外的近七成领土。当美国总统特朗普 2018 年 12 月宣布从叙利亚撤军之后，叙利亚库尔德武装随即表现出与叙政府接触谈判的积极意愿，除戈兰高地外，目前只有伊德利卜省仍没有在叙政府的实质控制之下。

（二）"伊斯兰国"势力被有效瓦解

"伊斯兰国"在叙境内据点已被全部清除，叙境内恐袭大幅减少。2018 年 12 月，极端组织"伊斯兰国"在叙利亚的最后据点东部代尔祖尔省哈金镇被以叙利亚库尔德人为主的武装力量彻底攻破，特朗普随后称美国"已经击败"叙利亚境内的"伊斯兰国"势力。随着"伊斯兰国"等极端恐怖组织被清除，叙境内的安全形势有了明显的好转。据不完全统计，除南部苏韦达省 7 月遭到"伊斯兰国"袭击致 215 人死亡外，叙境内其他地区未发生较大规模的恐怖袭击。

（三）"阿斯塔纳进程"推动叙利亚各方加快和解

在俄罗斯、土耳其和伊朗三国 2017 年发起的"阿斯塔纳进程"框架内，已先后举办 11 轮叙利亚问题阿斯塔纳进程高级别国际会议，叙利亚政府、反政府武装组织、俄罗斯、土耳其、伊朗及联合国、约旦等各方就推动政治解决叙利亚问题、伊德利卜省局势、交换战俘及组建叙利亚宪法委员会等问题开展磋商。虽然该机制并未获得美国支持，但该机制目前成为推动叙国内相关方开展对话的重要平台。俄罗斯外长拉夫罗夫认为"西方国家至今也没有明确叙利亚危机解决方案。在当前打击恐怖主义、为难民返乡创造条件、提供人道主义援助、推进政治进程的大氛围下，俄方没有看到比阿斯塔纳进程更有效的方案"。[①]

（四）与阿拉伯国家关系日益改善

叙利亚与阿拉伯国家联盟（阿盟）成员关系出现改善信号。2011 年叙利亚危机爆发后，多数逊尼派阿拉伯国家因支持叙反对派而与巴沙尔政权关系紧张，沙特、阿联酋更是带头关闭驻叙使馆，降级与叙外交关系，阿

[①] "俄外长说俄土将继续推进叙利亚伊德利卜省非军事区建设"，人民网，2018 年 12 月 3 日，http://military.people.com.cn/n1/2018/1203/c1011-30438302.html。

盟则把叙利亚逐出这一在阿拉伯世界最具影响力的地区组织。随着叙政府逐步掌握国内局势的主导权,沙特、阿联酋出于遏制伊朗在叙利亚扩大影响力的战略考量,在2018年开始试图缓和与叙政府的关系,恢复与叙利亚的贸易往来。2018年12月,关闭近7年的阿联酋驻叙利亚使馆重新开放,此举被认为是其他阿拉伯国家重返叙利亚的前奏,叙利亚与其他阿拉伯国家关系将正常化。苏丹总统巴希尔同月访叙,成为自叙利亚危机爆发近8年来首位访问大马士革的阿拉伯国家领导人。巴希尔向巴沙尔表示,苏丹希望叙利亚尽快恢复在中东地区的重要角色,将尽力支持叙利亚维护领土完整。[1]

二、相关国家地区博弈主战场

虽然2018年叙利亚国内局势较以往有明显好转,但是美国、俄罗斯等大国,伊朗、以色列与土耳其等区域内重要国家在叙利亚问题上的博弈却越发公开化,甚至将叙利亚作为开展军事行动的主战场,在叙国内局势日趋缓和的背景下,这些国家间日益加剧的地缘政治博弈为叙利亚形势增添了诸多不确定性。

(一)美俄在叙利亚问题上竞争大于合作

叙利亚危机爆发以来,美国与俄罗斯在叙危机问题上呈现合作与竞争相互交织的动态平衡,但由于两国国家利益与地缘政治目标存在不可调和的矛盾,美俄在叙利亚竞争关系远大于合作关系。一方面,美俄在打击叙利亚境内的"伊斯兰国"武装力量目标接近,但方法不同。2018年,美国领导的打击"伊斯兰国"恐怖团伙国际联军将保持"伊斯兰国"团伙手中解放出来的叙利亚地区的稳定作为主要目标。美国在叙利亚境内保持有2000余人的军事存在,主要建立了13处军事基地,并配备了空投部队。2017年"伊斯兰国"在叙利亚、伊拉克主战场全面崩盘后,美国大幅减少了在当地的空袭行动,更加注重为叙利亚境内的库尔德人武装提供军事训练和作战顾问,通过支持"库尔德民主联盟党"及所辖"民众保护军"和"妇女保护军",巩固美国在叙"势力范围",目前这一"势力范围"已经

---

[1] "7年来首次!此人来访对叙利亚意味什么?",环球网,2018年12月18日,http://world.huanqiu.com/article/2018-12/13846094.html?agt=61。

逐步扩大至叙南部坦夫地区。但是美国在叙利亚的军事存在一直没有获得叙利亚政府的批准，其军事行动始终与叙政府军处于脱节状态。而与美国不同，俄罗斯于 2015 年 9 月应叙利亚政府请求在叙境内展开"反恐军事行动"，对包括"伊斯兰国"在内的恐怖组织和叙反对派武装展开空袭。截至 2018 年底，俄军直接对叙境内的"伊斯兰国"目标实施了超过两万余次空袭，消灭"伊斯兰国"武装分子 8 万多人，从根本上瓦解了"伊斯兰国"的作战能力。同时俄叙政府签订了俄军长久使用叙地中海塔尔图斯军港和赫迈米姆空军基地的协定，让俄罗斯陆海空军事力量以"合法身份"进驻叙利亚本土，巩固俄罗斯在中东的军事存在与影响力。

另一方面，美俄对叙利亚未来主导权的争夺越发加剧。在叙利亚境内打击"伊斯兰国"行动接近尾声之际，叙利亚政府军在俄罗斯武装力量的帮助下已经收复境内超过七成领土，巴沙尔政权转危为安，对国家的掌控力得到根本性巩固，成为叙利亚国内各派力量中影响力最大的一方。而与之相比，美国长期扶植的叙利亚反对派势力范围日益缩小，具有作战能力的反对派武装已经被叙政府军控制在伊德利卜等特定区域内，难以对叙政府产生实质性威胁，这极大影响了美国对叙利亚未来进程施加实质性影响。俄军支持下的叙利亚政府军的军事动向与节节胜利最终引发了美欧等国的高度警觉，并最终行动试图挫败叙政府军对伊德利卜的总攻。2018 年 4 月，在叙利亚政府军取得大马士革市郊东古塔地区最终胜利前夕，西方支持的非政府组织"白盔"和叙利亚反政府武装"伊斯兰军"声称，叙政府军针对大马士革郊区的杜马镇平民"实施化学武器攻击"。作为对所谓"化武事件"的有力回应，美国与英国、法国再度"故技重施"，绕开联合国安理会，对叙大马士革市内一处研究中心、一处军事设施和一处"疑似化武储存地点"发射约 100 枚导弹，美国军方认为此次行动袭击了叙利亚政府"化学武器计划"的"核心"。然而俄罗斯认为上述"化武袭击事件"是由"白盔"一手策划并录制的。其目的则是在东古塔地区把使用化武的罪名强加到叙利亚政府军身上。2018 年 1 月，装载有爆炸物的 13 架攻击型无人机在夜间对俄罗斯驻叙利亚赫迈米姆和塔尔图斯军事基地展开集群式攻击。俄国防部认为该袭击与驻叙美军有关，而美方则予以否认。

随着叙利亚境内"伊斯兰国"势力走向消亡，美国与俄罗斯之间在叙利亚的共同战略目标日益减少，但对于叙利亚重建与未来国家进程主导权的争夺与博弈逐步由"暗斗"变"明争"。

（二）伊朗巩固并扩大在叙利亚的存在

作为叙利亚巴沙尔政权在中东地区最重要的盟友，同为什叶派掌权的伊朗自叙利亚爆发国内冲突并陷入内战以来，就不断向叙政府军提供军事顾问、援助和训练。2012年9月，伊朗伊斯兰革命卫队"圣城旅"入叙作战，由伊朗支持的黎巴嫩真主党也派出3000余人精锐作战力量，协助叙利亚政府与反对派武装力量作战。

2018年，随着叙利亚国内局势向着更加有利于巴沙尔政权的方向发展，伊朗不仅在叙利亚站稳了脚跟，而且通过在叙开展具体行动，不断扩大在叙利亚的现实存在，巩固其影响叙利亚未来政治进程的主要地位。这主要表现为：

在战略上利用叙利亚突破"反伊朗"包围圈。美国总统特朗普上台以来，一改其前任奥巴马时期所奉行的对伊接触对话的政策，并在2018年5月单方面宣布美国退出2015年达成的伊朗核协议，重启并加大对伊制裁，同时对所有与伊朗有能源、经贸合作的国家实施"长臂管辖"甚至是经济制裁。沙特、阿联酋等海湾阿拉伯国家不断扩大对伊朗的遏制力度，打压伊朗在中东地区的影响。作为突破这些国家对伊封锁的战略之一，伊朗越发重视扩大其在叙利亚的现实存在，积极介入叙国内危机，牵制其他国家的战略资源，缓解来自周边国家的围堵压力。

在经济上参与叙利亚重建。随着叙利亚走出危机并步入重建阶段，作为长期支持巴沙尔的伊朗将获得参与叙利亚重建的优先权，而叙国内的重建也可为伊朗提供谋求经济与政治利益的机会。2018年8月，伊朗与叙利亚签署了一项旨在帮助叙利亚重建军队和军事工业的协议，恢复叙利亚的武装部队及军事国防产业。而伊朗外交部也曾多次表示，伊已做好准备参与叙利亚重建，各行各业都会参与其中。

在军事上对以色列予以牵制。长期以来，以色列与伊朗视彼此为中东地区最大的敌人与现实威胁。通过支持黎巴嫩真主党、"巴勒斯坦伊斯兰圣战组织"，并联合叙利亚什叶派，伊朗在以色列周边地区构建起反对美国—以色列的"抵抗轴心"。以色列则通过远程空袭、暗杀破坏等方式，阻止伊朗发展可能被用于军事领域的核技术。对伊朗而言，通过不断巩固其在叙利亚的军事存在，可以有效牵制以色列的军事力量，缩小以色列对伊朗的"威胁半径"，将抗衡以色列的前沿阵地推至以色列"家门口"，降低伊朗本土来自以色列的军事压力。伊朗国防部长阿米尔·哈塔米2018年

8月在大马士革表示,没有第三方能影响伊朗顾问在叙利亚的存在,伊将"不遗余力地帮助叙利亚维护领土完整,因为叙利亚国家安全事关地区稳定"①。

（三）以色列加大对叙利亚介入程度

随着伊朗在叙利亚不断扩大存在,2018年以色列对叙的介入程度也明显增加。以色列总理内塔尼亚胡年内多次警告伊朗,以军将采取行动打击伊朗在叙利亚全境的军事存在。以色列对叙的介入一方面出于本国安全考虑。根据以方情报,叙利亚境内由伊朗军官指挥的士兵已经达到1.8万人,士兵的构成人员主要来自阿富汗、巴基斯坦等地,②伊朗计划将这支部队的总兵力扩充至8万人,这对面积狭小的以色列构成了巨大的现实威胁。以色列占领叙利亚戈兰高地52年,叙一直难以收回这片领土,历时8年的国内危机极大消耗了叙利亚的国力,夺回戈兰高地更是难上加难。通过扩大伊朗在叙的军事存在,无疑有助于叙利亚增加收复戈兰高地的可能性。但戈兰高地关乎以色列的国家安全,以色列必须打击伊朗在叙利亚的现实存在。另一方面,一旦伊朗坐实在叙利亚的存在,将可能向以周边及区域内国家输出其思想与意识形态,挑动地区局势向更加复杂的方向发展,以色列不能容忍伊朗在地区扩大自身影响。

除军事行动外,以色列不遗余力地通过构建"非军事反伊同盟"来遏制伊朗在中东的扩张。其主要策略包括:一是加大与美、俄、英、法、德等国外交力度,通过对伊朗及叙利亚施加政治影响,迫使伊朗减少在叙利亚的军事存在。2019年2月内塔尼亚胡与俄罗斯总统普京达成共识:所有外国武装力量应撤离叙利亚,俄以同意设立联合任务部队,以达成这一目标。③ 二是与美国加强协作,通过经济制裁手段逼迫伊朗缩减在叙存在。在以色列游说下,特朗普再次提出对伊制裁举措。2018年5月,美国国务卿蓬佩奥向伊朗提出放弃核项目、撤离叙利亚等12条"基本要求",作为停止制裁的条件。2018年11月,美国财政部开始对涉及伊朗金融、航运、航空、能源等领域的超过700个个人、实体、飞机和船只实施制裁,其中

---

① "伊朗防长哈塔米访叙利亚 强化'抵抗轴心'合作",新华网,2018年8月28日,http://www.xinhuanet.com/world/2018-08/28/c_129941119.htm。

② "以色列总理:伊朗军队必须从叙利亚全境撤出",新华网,2018年6月5日,http://www.xinhuanet.com/mil/2018-06/05/c_129887206.htm。

③ "以色列总理说将与俄联合推动外国军队撤离叙利亚",新华社特稿,2019年3月4日。

包括50家伊朗银行及其境内外分支机构、伊朗国有航空公司及其旗下的67架飞机和伊朗原子能机构。三是与其他对伊朗立场强硬的地区国家相互配合。虽然与沙特阿拉伯、阿联酋、巴林等国尚无外交关系，但以色列非常注重与这些对伊朗立场强硬国家间的私下接触。

（四）土耳其在叙动向引人格外关注

与伊朗、以色列等地区国家略有不同，2018年土耳其介入叙利亚危机呈现为"双线联动"。

一方面，土耳其不顾美国反对，对盘踞在叙北部阿芙林地区并获得美国支持的库尔德武装力量"人民保护部队"断然采取军事打击行动。2018年1月，美国主导的打击"伊斯兰国"国际联盟提出和库尔德武装主导的"叙利亚民主军"（主体为库尔德武装"人民保护部队"）在叙东北部共同组建一支民兵武装，以维护叙边境地区安全。根据美国计划，这支武装力量最终将达到3万人，其中包括1.5万名"民主军"武装人员和1.5万名新招募士兵。有分析认为，美国此举表面上打着反恐旗号，实质上是为了维持美国在叙东北部的长期军事存在。美国此举引发土耳其高度戒备，导致土耳其在叙西北部地区发起行动，打击当地的库尔德人武装。叙利亚反对派武装"叙利亚自由军"乘装甲车从土边境一侧进入叙利亚库尔德武装占领的阿芙林地区，展开军事行动。一直以来，土耳其把叙利亚库尔德民主联盟党及其下属武装组织"人民保护部队"视为土反政府组织库尔德工人党在叙的分支，担心其与土境内库尔德分裂势力联合，威胁土安全。美国则将其视为打击极端组织"伊斯兰国"的有效地面力量，在武器装备、人员培训等方面提供支持。土耳其在叙利亚战场这一行动表明，其核心利益是要坚决遏制库尔德人势力，防止叙北部出现稳固的库尔德人政治实体。

另一方面，土耳其积极与俄罗斯、伊朗等国协调伊德利卜冲突降级区域划定，避免战火烧到土境内。伊德利卜地区靠近土耳其在叙利亚西北部占领的阿芙林地区，这里有土耳其支持的反政府武装。土耳其积极介入这一地区，显然希望为其支持的叙反对派武装提供喘息之机，保存这部分反政府武装实力，避免其成为叙政府军的攻击目标，同时阻止伊德利卜战火扩大到阿芙林地区。

三、开启经济重建但困难重重

随着叙利亚政府军逐步恢复对国家的掌控，叙国家重建开始进入政府日常议程。2018年，通过举办高级别官员宣介、国际博览会等方式，叙利亚政府强力主导着未来经济重建的方向，同时优先为俄罗斯、伊朗、印度等国家参与叙经济重建提供优先权。但必须看到，叙利亚内战历时8年之久，期间经济活动几乎停滞，一些地区的经济水平倒退至十年前的水平，在安全重建、政治重建还没有完全实现的前提下，恢复叙利亚国内经济依然面临着诸多不确定性。

（一）加快重建步伐

一方面，叙利亚政府不断扩大政策配套举措，吸引合格的境外投资者参与叙利亚经济重建。2018年9月，叙利亚举办第60届大马士革国际博览会，吸引了48个国家的1722家企业参会，展区面积达到9万多平方米，展览主要包括石油与天然气、能源、冶金和机器制造、农业、金属加工、食品工业、造船、仪器及光学、纺织设备、医疗、建筑、化工及石化、纸浆和造纸工业、电子、电气设备、制冷设备、消费品等涉及国家经济重建的诸多领域。这是继2017年叙利亚恢复该展会后再次举办，被外界视为叙政府全面掌控国家后为恢复经济吸引境外投资而设立的重要窗口，通过举办展会，有助于对外提供重大投资机会，并与友好国家开展经贸方面的沟通。2018年11月，叙利亚政府重建委员会公布了当年重建项目清单，共涉及基础设施、医疗、教育、能源、工业等领域47个项目，总额348亿叙镑（约合7520万美元）。[1]

为充实叙利亚经济重建所需要的人力资源，叙利亚政府加快了境外难民返叙工作。2018年8月据叙利亚、俄罗斯协调创建的难民接待、分配和安置中心声明称，来自9个国家的170多万叙利亚人希望重返家园，他们大多数流落在黎巴嫩、土耳其和德国[2]。部分难民返叙后，已经投身叙经济重建。据俄媒报道，一些从黎巴嫩返回叙利亚大马士革郊区的难民们于

---

[1] "叙利亚重建委员会公布2018年度重建项目"，中国驻叙利亚使馆经商处，2018年11月14日，http：//sy.mofcom.gov.cn/article/jmxw/201811/20181102806634.shtml.

[2] "流落在9个国家的愈170万叙利亚难民希望返回家园"，俄罗斯卫星新闻网，2018年8月11日，http：//sputniknews.cn/politics/201808111026103488/。

2018年8月回到该地区80多家农场和农业企业工作，难民的回归有效地带动了企业的日常生产。①

叙利亚境内生产建设出现恢复迹象。在阿勒颇、大马士革等地，民众日常生活、商业、物流和工业正逐步恢复。在阿勒颇，叙利亚人已经重建了一些废墟，还修缮了阿勒颇一些著名的古迹。2018年6月，阿勒颇著名的五星级酒店"阿勒颇喜来登"重新开业，这被认为是叙利亚重建的一个里程碑。

另一方面，相关国家对叙开启重建均表示支持。中国叙利亚问题特使解晓岩2018年4月表示，中方通过双多边渠道，多次向叙民众包括境外难民提供紧急人道主义物资和现汇援助，总计超过7.4亿元人民币，今后中国还将继续向叙民众提供力所能及的帮助。② 伊朗外交部也明确表示，在战争结束后会积极参与叙利亚重建工作，伊朗各行各业都会参与其中。③

（二）为重建参与者划定政治"底线"

在国际社会对叙利亚重建予以高度关注之际，叙利亚政府则对参与者的政治身份划出了明确的"底线"和优先权。叙利亚总统巴沙尔2018年4月在大马士革会见到访的俄罗斯议员代表团时再次表示，未来叙利亚境内的油气资源开发将优先对俄罗斯投资者开放，并且将禁止西方国家参与叙境内油气资源的开发。④ 叙利亚外长穆阿利姆2018年9月表示，叙利亚重建将优先向俄罗斯开放，这将是叙利亚人民对俄罗斯表示感谢的方式；同时鉴于叙利亚反恐战争中伊朗和俄罗斯的支持，伊朗和俄罗斯及其企业将优先参与重建工作。从上述叙高层官员的表态中不难看出，叙利亚政府对各方在叙内战期间的政治立场格外看中，给予叙利亚政府支持与帮助的各国将获得参与叙重建的优先机会，而支持叙利亚反政府的各国将难以获得参与重建的基本资质。

---

① "叙大马士革郊区超80家农业企业恢复工作"，俄罗斯卫星新闻网，2018年8月11日，http://sputniknews.cn/society/201808111026100559/。
② "叙问题国际会议闭幕 各方出44亿美元用于人道援助"，中国新闻网，2018年4月26日，http://www.chinanews.com/gj/2018/04-26/8500553.shtml。
③ "伊朗外长：伊朗已准备好帮助叙利亚重建"，海外网，2019年2月6日，http://news.haiwainet.cn/n/2019/0206/c3541083-31493070.html。
④ 阿拉伯叙利亚通讯社，2018年4月15日。

(三)经济重建面临诸多困难

叙利亚经济重建虽然在某些方面有了积极的进展,但是长期制约叙经济重建的基本矛盾依然突出,特别是在叙政府因政治立场而极可能拒绝西方参与的背景下,叙经济重建面临四个方面的核心困难:

首先,巨大的资金缺口难以填补。2018 年联合国西亚经济社会委员会的报告认为,叙利亚因战争蒙受的损失约 4000 亿美元,在战争持续的 7 年中,叙利亚战前人口的一半以上选择了逃亡。如果考虑到严重的基础设施损毁、物资匮乏、通货膨胀等诸多问题,实现重建稳步推进与可持续发展所需的资金将突破万亿美元级别。如此巨大的资金缺口,叙利亚单方面是不可能填补的。由于设定了明确的政治立场要求,具有资金实力的西方国家目前也很难直接投资叙利亚重建项目,而叙利亚特别依赖的俄罗斯近年来因乌克兰危机、国际油价波动等因素,恐难以向叙利亚提供如此数量的资金投入。

其次,西方国家对叙利亚的制裁让投资者观望。叙利亚危机爆发至今,以美国为首的西方阵营一直对叙利亚采取了大范围的经济制裁,令叙利亚本国经济及资金流动受到影响,加之历经多年战乱,叙利亚内部潜在诸多不确定因素,也对投资者的信心与投资回报产生了潜移默化的影响,对叙方的偿债能力同样信心不足。即使是俄罗斯、伊朗等国的企业当前对在叙利亚投资也普遍持观望态度。

再次,安全重建能否达到预期要求。经过国际社会的共同努力,盘踞在叙利亚境内的"伊斯兰国"恐怖分子已经消灭殆尽,叙境内大规模恐怖袭击活动明显减少,但是分散各处的恐怖分子发起的"独狼式"恐怖袭击活动却成为潜在隐患,当前叙境内的安全局势仍不容乐观,由于多年战争消耗与人口外流,叙政府军兵源始终有缺口,如何有效破解"打得赢、守得住"这个难题是叙境内安全状况趋于稳定的关键。安全重建能否达到经济重建所要求的标准,将决定着经济重建的周期、效率及效果。

最后,人力资源缺口依然巨大。相关资料显示,截至 2017 年 12 月,叙利亚人口相较于内战爆发之前减少了约 20%,平民伤亡数量超过 105 万,约有 470 万难民逃至周边邻国寻求庇护。[1] 据叙利亚当地机构统计,

---

[1] "About 500000 Persons were Killed in Syria during 81 Months after the Syrian Revolution Started," The Syrian Observatory For Human Rights, December 16, 2017, http://www.syriahr.com/en/?p=80436.

除军人和难民外，当前叙利亚国内人口，女性占到了 65% 以上，可以参与重建的壮劳动力人口明显失衡。同时，多年的内战使叙国内的基础教育受到了严重影响，适龄青年劳动力很多都没有完成学业，人口平均学历和劳动力素质等因素自然成了制约叙经济重建的瓶颈因素。

四、未来局势仍有较大不确定性

历时多年的叙利亚危机随着叙政府恢复对境内领土的掌控逐渐展现出结束的积极迹象，但是作为世界大国及中东相关国家地缘政治博弈的主战场，叙利亚国内危机的结束并不意味着国家就此走向了和平。当前，叙利亚局势又一次处在历史的十字路口，如果相关国家与叙利亚国内主要力量可以达成有执行力的方案，叙利亚将最终走向和平的光明大道。但是如果各方利益难以实现平衡，叙利亚也可能进一步成为相关国家为实现各自利益而大打出手的新战场。展望 2019 年及今后一段时间的叙利亚局势，影响其发展走势的关键因素包括：

（一）美国在叙利亚是撤还是留？

2018 年 12 月美国白宫突然宣布，由于"伊斯兰国"在叙利亚已经被消灭，美军将从叙利亚撤离，并多次重申其撤军决心。但随后特朗普一改此前说法，批准军方提议在叙东北部和南部坦夫美军基地各留 200 人。美国《华尔街日报》2019 年 3 月以不愿意公开姓名的多名美国政府官员为消息源报道说，美国打算在叙利亚境内留驻将近 1000 名军人，继续支持叙利亚库尔德武装。[①] 美国前后矛盾的表态引发国际社会对叙利亚未来发展的诸多猜测。如果美国真的大规模削减在叙的军事存在，无疑是把其掌握的对叙利亚未来的影响拱手送给其竞争对手俄罗斯，更会对其盟友的未来选择产生不同程度的影响，如此一来，俄罗斯将成为影响叙利亚未来走向的最强力量，而叙政府也以压倒性优势主导叙未来政治进程。如果美国在叙保持令盟友接受的军事存在，实现各方较为接受的叙利亚政治进程还将面临诸多不确定性。另外，特朗普 2019 年 3 月在其"推特"上就以色列占领叙利亚戈兰高地问题予以表态，他表示："52 年过去了，美国全面承认

---

① "继续支持库尔德武装 美或在叙利亚留驻近千军人"，新华网，2019 年 3 月 19 日，http://www.xinhuanet.com/world/2019-03/19/c_1210085445.htm。

以色列对戈兰高地拥有主权的时候已经到来,该高地具有极大的战略价值且对以色列的国家安全极为重要,对地区安全也很重要。"① 此番表态可视为继美国宣布将其驻以色列使馆搬迁至耶路撒冷之后,在中东地区投下的又一颗"重磅炸弹",势必会对叙利亚未来政治格局带来深刻影响。

（二）伊朗能否坚持在叙利亚的存在？

伊朗在叙利亚不断扩大存在,不仅引起了以色列、美国等国的高度警惕,同为支持巴沙尔的俄罗斯也对此有所警觉。伊朗在叙利亚保持军事存在是该国突破其他国家围堵、缓解外交压力的重要途径之一,自然不会轻言放弃目前已经取得的战略成果。但在以色列看来,伊朗在叙利亚的军事存在将严重影响以国家安全,以坚持"零容忍"态度,甚至不惜动用军事力量对叙境内的多处伊朗军事目标进行空中打击,试图摧毁这些对以色列安全构成威胁的伊朗目标。就伊朗在叙的存在,内塔尼亚胡还多次与俄罗斯总统普京协商,通过俄罗斯向伊朗施加压力。从目前态势来看,如果伊朗坚持在叙利亚保持大规模存在的话,以色列对叙境内伊朗目标的军事行动也会保持较高频率,长此以往,叙利亚很可能成为以伊军事冲突的"主战场",叙利亚危机或将从国内军事战争转向他国在叙"大打出手"。

（三）叙利亚能否重回阿盟？

自 2018 年底阿联酋、苏丹等国先后以不同方式恢复与叙利亚接触后,2019 年 3 月,叙利亚议长哈穆达·萨巴格赴约旦首都安曼参加阿拉伯各国议会联盟大会。外界认为这是巴沙尔重新被接纳的一个重要迹象,恢复叙利亚的阿盟成员国资格也被提上了阿盟的议事日程。在此进程中,沙特阿拉伯扮演格外重要的角色,是叙利亚重返阿盟决定性因素之一,但目前来看,沙特对叙利亚重返阿盟还没有较为清晰的策略。对叙利亚政府而言,重返阿盟将有助于改善与其他阿拉伯国家的关系,可以进一步削弱叙反对力量的威胁,更加提升叙政府在叙利亚未来政治重建中的话语权与影响力。同时,政治关系的回暖也将有望带动经贸关系的改善,帮助叙政府通过阿拉伯国家获得重建所急需的资金。

---

① 美国总统特朗普个人"推特",2019 年 3 月 21 日,https://twitter.com/realDonaldTrump/status/1108772952814899200？s=20。

（四）叙经济重建谁会"第一个吃螃蟹"？

虽然俄罗斯、伊朗、印度等获得叙利亚政府认可的国家都表现出积极的态度，但是考虑到诸多潜在因素，目前仍没有国家向叙利亚投入大规模资金，承接包括叙境内基础设施重建在内的大型项目。在当前局势下，第一个向叙利亚重建投入大规模资金并承接大型项目的国家或企业将产生重要的示范效应，这不仅可为其他有条件并想参与叙利亚重建的国家提供可参考的经验，更可以增强外界对叙利亚局势走向稳定的信心。

伊拉克：
后"伊斯兰国"时代的局势变化及其前景[*]

自2014年6月巴格达迪宣布建立"伊斯兰国"后，包括北方重镇摩苏尔在内的伊拉克近1/3的领土最终皆为恐怖分子所占领。直到2017年美俄军事介入，以及伊朗为代表的泛什叶派力量大举攻入叙伊战场，"伊斯兰国"才在实体上大举溃败。同年11月17日，伊拉克政府军成功收复"伊斯兰国"在伊境内的最后一处据点拉沃镇，21日，时任总理阿巴迪宣布伊拉克在军事上已终结这一极端组织，标志着伊拉克进入后"伊斯兰国"时代。然而，这是否意味着伊拉克进入崭新的历史时期？2018年伊拉克的安全、政治与经济局势走向表明，该国还未摆脱极端恐怖主义的威胁，族群教派间博弈依然存在且更加复杂化，经济复苏后劲不足且弊端凸显，伊拉克局势远未达到乐观的地步，国家战后重建任重道远。

一、喜忧参半的安全局势

"伊斯兰国"在实体上被摧毁后，伊拉克国内安全形势得到明显改善。"伊斯兰国"的控制区域被局限在沙漠和叙伊边境地区政府势力薄弱地带，很难再同伊拉克展开地盘上的军事争夺。总的来看，伊拉克的安全状况展现出向好势头，但恐怖主义仍存，并呈现新特征和新态势。

（一）大体好转的安全局势

首先，在大规模的军事行动结束后，伊拉克除了向"伊斯兰国"占据的残余据点继续发起军事行动外，反恐重点放在了对其策划者、招募者、媒体宣传者等主要头目的抓捕上，且取得了一定成效。2018年1月6日，伊拉克军方在东部迪亚拉省首府巴古拜以北的希姆林山区击毙1名"伊斯

---

[*] 作者：申玉辉，西北大学中东研究所讲师、博士后。

兰国"重要头目；4月18日，伊拉克逮捕涉嫌在2017年策划炸毁悉尼一架航班的"伊斯兰国"指挥官塔里克·哈亚特和其他该组织的澳籍人员；5月1日，"伊斯兰国"掌管防空洞的负责人在伊拉克迪亚拉州东北部被捕；5月9日，5名"伊斯兰国"指挥官被逮捕；5月14日，"伊斯兰国"的一名安全档案官员在基尔库克被击毙；5月15日，伊拉克逮捕了"伊斯兰国"在迪亚拉州的财政官员；① 9月1日，"伊斯兰国"下属分支"纳哈万德营"的头目萨利赫·卡尔卡兹在伊北部萨拉赫丁省被击毙；② 10月16日，"人民动员部队"在伊拉克东部迪亚拉省首府巴古拜市东北部地区击毙了"伊斯兰国"在该省的最高军事头目阿布·多哈及其一名重要助手，另有4名武装分子被捕。③ 这些极端组织头目的被捕或击毙是进一步打击"伊斯兰国"势力的必要步骤。

其次，随着"伊斯兰国"在实体上的溃败和消亡，伊拉克境内恐怖袭击次数明显下降，国内安全局势有了明显改善。据伊拉克遇难者统计组织（Iraq Body Count project，IBC）数据显示，伊拉克平民在各种暴力冲突和恐怖袭击中的死亡人数在2006年达到峰值约2.95万余人后就逐年下降，2011年甚至下降到4160人左右。然而，"伊斯兰国"势力猖獗以来，单是2014年伊拉克平民死亡情况就陡升至2.02万余人，此后这一数字虽缓慢下降，但2017年依然有约1.32万名平民死于各种暴力冲突和恐怖袭击。④ 较为喜人的是，这一年针对"伊斯兰国"的军事行动取得了决定性胜利，伊拉克境内恢复了大体和平，因暴力和袭击事件而导致的平民死亡人数也逐月下降，2017年8月降至597人，这是自2014年2月以来首次降至千人以下。此后在2018年的多个月份中，伤亡人数不断创近年来同期最低，这使得2018年该国平民伤亡总人数骤降至3300人左右。⑤ 同时，据估计，2018年"伊斯兰国"在伊拉克和叙利亚的残余战斗人员大约从6万人减少到5000人至6000人左右，幼发拉底河以东是其目前主要活动区域，但这

---

① 宋汀、曹伟："2018年上半年国际恐怖主义态势报告"，《中国信息安全》，2018年第9期，第86—90页。
② "伊拉克安全人员击毙一名'伊斯兰国'重要头目"，人民网，http://world.people.com.cn/n1/2018/0902/c1002-30266109.html，2019年2月15日。
③ "伊拉克什叶派武装打死'伊斯兰国'两名高级头目"，中华网，https://military.china.com/zxjq/11139042/20181022/34227662_all.html，2019年2月15日。
④ 参见伊拉克死亡人数统计组织（Iraq Body Count project）网站，https://www.iraqbodycount.org/database/，2019年2月15日。
⑤ 参见伊拉克死亡人数统计组织（Iraq Body Count project）网站，https://www.iraqbodycount.org/database/，2019年2月15日。

一面积已萎缩至叙伊领土面积的1%。①

(二)"伊斯兰国"等恐怖主义的新态势

"伊斯兰国"的溃败及大体和平的实现对伊拉克人民而言固然重要与可喜,但并不意味着该国所面临的恐怖主义威胁因此而基本消除。

首先,"伊斯兰国"等极端恐怖组织仍不断以威胁并发动恐怖袭击宣示自己的存在。在2018年伊始,伊拉克全国多地就接连发生恐怖袭击,首都巴格达中部遭遇双重自杀式炸弹袭击,导致26人死亡,这让伊拉克政府和民众意识到,反恐斗争远未结束;② 6月,巴格达东部萨德尔城发生弹药库爆炸袭击,导致至少14人死亡,90人受伤。③ 此次恐袭发生在议会大选结果初定后,当时萨德尔领导的"行走者联盟"在大选中出人意料地领先其他政党联盟,而该城居民多为萨德尔的支持者。2018年造成伤亡人数10人以下的小规模暴力袭击事件更是从未间断。一连串的恐怖袭击表明,"伊斯兰国"等极端组织并没有被彻底击败,其残余势力仍藏匿于萨拉赫丁、迪亚拉等省的偏远地区,甚至潜伏于一些城市中,仍有能力在包括首都在内的全国各地发动恐怖袭击。伊拉克政府军面临着长期清剿极端分子的任务。

其次,就其活动特点而言,"伊斯兰国"虽然失去了对绝大部分领地和主要资金来源——大片油田的控制,恐袭发动频率和强度大幅下降,但甩掉了"固守江山"的包袱后,"伊斯兰国"的运作模式反倒更加灵活多变,将其势力向世界各地进行疏散,并更注重恐袭的"游击战术",还在伊拉克、叙利亚乃至世界各地不断发动"独狼式"袭击,活动更具隐蔽性、突发性和不确定性,防范难度更大。"伊斯兰国"仍是对伊拉克最致命、最具威胁的恐怖组织,且是"'具有集中领导的'全球恐怖威胁"④。同时,2018年11月澳大利亚智库经济与和平研究所(IEP)发布的《2018年全球恐怖主义指数》(Global Terrorism Index 2018)数据显示,伊拉克以

---

① Rohan Gunaratna, "Global Threat Forecast 2019", *Counter Terrorist Trends and Analyses*, Vol. 11, No. 1, 2019, pp. 1 – 5.
② "伊拉克巴格达中部遭遇双重自杀袭击 致26人死亡",凤凰网,http://news.ifeng.com/c/7ZyCT2Bhjgz,2019年2月16日。
③ "伊拉克首都爆炸死亡人数升至14人",新华网,http://www.xinhuanet.com/world/2018-06/07/c_1122948503.htm? baike,2019年2月16日。
④ "联合国:极端组织'伊斯兰国'仍是全球恐怖威胁",新华网,http://www.xinhuanet.com/world/2019-02/12/c_1210057567.htm,2019年2月17日。

9.74分名列全球恐怖主义指数第一位，遭受恐怖袭击次数及死亡人数分别列全球第一、第二位，依然是世界上受恐怖主义影响最大的国家、中东地区安全风险最高的国家。另外，叙利亚、也门、埃及也是位列全球恐怖主义指数前十位的中东国家，分别是第四、第八和第九位。①

另外，伊拉克和叙利亚恐怖主义活动的外溢影响凸显。"伊斯兰国"遭遇重创后，开始向世界各地疏散，阿富汗和中亚是其重要目的地之一。据统计，2017年12月至2018年3月间，多达69名"伊斯兰国"头目和200名至300名战士从伊拉克和叙利亚转移至阿富汗，这一趋势在2019年很可能会延续下去。②"伊斯兰国"加紧向阿富汗等其他战乱国家进行渗透，控制当地的训练营并建立网络。同时，"伊斯兰国"的意识形态对其他势力较弱的极端恐怖组织具有较大号召力，引发它们纷纷宣布效忠于"伊斯兰国"，③这些极端恐怖组织极有可能会加大当地的反恐压力，应引起相关国家的高度警惕。

总体而言，后"伊斯兰国"时代，伊政府军与"伊斯兰国"的直接军事对抗得以基本结束，伊拉克政府可将更多精力放在战后政治与经济重建上，但国内滋生恐怖主义的土壤仍然存在，伊拉克政治对立和民族教派冲突，以及区域国家及域外大国在该地区的博弈，都为"伊斯兰国"等极端势力的卷土重来提供了可能性。因此，尽快推动伊拉克的政治整合，增强中央政府的效力及对国内外事务的控制力和话语权，显得尤为重要。

二、大选及其后的隐忧

2018年伊拉克国民议会实现换届选举，这是2003年伊拉克战争后该国举行的第四次大选，也是"伊斯兰国"被击败后举行的首次选举。最终，此次选举在历经波折后产生了新一届国民议会，伊拉克政府随后也进行了更迭与重组，中央权力进行了重新洗牌，伊拉克政治迎来新的发展阶段，内政与外交也因此充满未知数。

---

① 参见经济与和平研究所（The Institute for Economics & Peace）网站，http://visionofhumanity.org/indexes/terrorism-index/，2019年2月17日。
② Rohan Gunaratna, "Global Threat Forecast 2019", *Counter Terrorist Trends and Analyses*, Vol. 11, No. 1, 2019, pp. 1–5.
③ "联合国：全球已有34个团体宣誓效忠'伊斯兰国'"，央视网，http://news.cntv.cn/2016/02/07/ARTIwBALvYTd7TGRl8KpodkE160207.shtml，2019年2月17日。

（一）政坛"三足鼎立"局面的形成

后萨达姆时代，伊拉克在美国主导下制定并遵循2005年宪法，实行议会制和联邦制。新宪法规定开放党禁，连续执政达三四十年的复兴社会党则不许参政，伊拉克新的政党及政党联盟不断涌现，目前合法注册登记的政治实体多达200多个。[①] 这些政治实体和候选人大体分为什叶派、逊尼派和库尔德人三大主要竞选联盟或阵营。而三大主要竞选联盟或阵营的形成，是伊拉克政治生态中"三足鼎立"局面的充分体现，这一局面的出现，首要根源在于20世纪20年代英国组建伊拉克国家方案的出台。奥斯曼帝国在美索不达米亚地区有三个特点迥异的省份：摩苏尔、巴格达和巴士拉，而这三个省份在一战后被英国强行整合为一个新的国家——伊拉克。首先在经济上，北方省份摩苏尔与安纳托利亚及大叙利亚联系密切；中部省份巴格达以农业为主，主要同伊拉克西南部和伊朗发展贸易；南部省份巴士拉则主要面向波斯湾和印度洋国家，着重发展海外贸易。[②] 其次在宗教与民族分布上，伊拉克80%的人口是阿拉伯人，其中一半以上属于什叶派，主要分布在伊拉克东南部与伊朗接壤的地方，受邻国伊朗影响较大；其余属于逊尼派，主要分布在伊拉克北部和西北部。虽然逊尼派在伊拉克是少数派，但却在英国支持下成为伊拉克这个新兴国家的统治阶层，一直到萨达姆倒台。除阿拉伯人外，还有占伊拉克人口20%的库尔德人。这一民族主要集居在伊拉克北部地区，虽然他们也大多属于逊尼派，但库尔德人自认为有自己的语言和文化，他们要求在文化和政治上实现高度自治，抵制伊拉克国家身份和民族认同。因此，三个省份虽同处美索不达米亚地区或两河流域，但也有着各自不同的特性，从任何角度讲都没有组成政治共同体的内聚力。然而，英国将这三个地区强行合并，也造成了伊拉克国家构建中难以消除的障碍。组建伊拉克国家被视为英国对后奥斯曼时代阿拉伯领土划分中最武断、最任性的一次决定。[③]

伊拉克的潜在分裂因素影响延续至今，在后萨达姆统治时代表现尤为明显，长期受压制的什叶派与库尔德人开始登上政治舞台，与逊尼派角逐

---

① "伊拉克国家概况"，中国外交部官网，https://www.fmprc.gov.cn/web/gjhdq_676201/gj_676203/yz_676205/1206_677148/1206x0_677150/，2019年2月16日。
② William L Cleveland, Martin Bunton, *A History of the Modern Middle East*, Westview Press, 2008, p.204.
③ William L Cleveland, Martin Bunton, *A History of the Modern Middle East*, Westview Press, 2008, p.204.

国家公权力的分享,甚至形成什叶派、逊尼派和库尔德人分别出任政府总理、国民议会议长和国家总统的制度性框架,并在2005年宪法中得以确认并延续至今。根据新宪法,伊拉克已在2005年、2010年、2014年举行了三次国民议会选举,并随后进行了政府重组或更迭。而此次大选前,伊拉克政治分裂局面依然存在甚至更加明显。

2017年9月伊拉克境内的库尔德区举行了独立公投,结果近93%的库区人民支持独立。[①] 这直接导致伊拉克政府与库尔德领导人之间的关系紧张,总理阿巴迪释放强硬态度,表示中央政府未来根本不会就库尔德地区独立问题与任何人展开任何形式的政治谈判,并警告说,决不放弃"伊拉克的统一和主权,因为这是伊拉克国家和人民交给他的责任"[②]。随后伊拉克中央政府要求库尔德地方自治政府交出当地两座地方机场的控制权,来自伊朗、德国、约旦、土耳其等国的航企,在伊拉克政府的要求下,也大多中止了通往库区的国际航线。这次库区公投虽然以闹剧结束,其独立的可能性微乎其微,但无疑加剧了自治区政府与伊拉克中央政府之间的矛盾和裂痕。

(二)议会与政府换届的一波三折

2018年的伊拉克政坛洗牌,从国民议会大选开始至政府总理和内阁的出台,前后近半年时间,过程一波三折。首先,国民议会选举结果出人意料,富有戏剧性。大选中包括政党、政治联盟和独立候选人在内的约90个政治实体参与角逐议会的全部329个席位。三大竞选联盟在选举前具体组合情况如下:

一是以什叶派为主的竞选联盟或阵营。包括时任总理阿巴迪领导的"胜利联盟"(意为其所领导的伊拉克政府取得了对"伊斯兰国"的军事胜利),前总理马利基领导的"法治国家联盟",二人虽都属于伊斯兰达瓦党,但两人政见不同,故达瓦党允许两人分别组建联盟参选,这无疑削弱了达瓦党的实力,使这次大选充满变数。另外还有由亲伊朗的什叶派军事强人哈迪·阿米里领导的"法塔赫联盟",由什叶派宗教领袖穆克塔达·萨德尔领导的"行走者联盟",以及由伊拉克伊斯兰最高委员会领导的

[①] "库尔德人拒绝巴格达关于宣布公投结果无效的要求",俄罗斯卫星通讯社,http://sputniknews.cn/politics/201710161023815865/,2019年2月16日。

[②] "中东多国准备向库尔德当局摊牌 伊拉克威胁进行军事行动",新华网,http://www.xinhuanet.com/world/2017-09/28/c_129713582.htm,2019年2月16日。

"全国智慧运动"等。

二是以逊尼派为主的竞选联盟或阵营。包括由前临时政府总理阿拉维领导的"国家联盟",由副总统努杰菲联合逊尼派富商哈米斯·汗贾尔组建的"伊拉克决定联盟",前议长马什哈达尼领导的"巴格达联盟"等。

三是以库尔德人为主的竞选联盟或阵营。包括库尔德自治区(库区)前主席巴尔扎尼领导的库尔德斯坦民主党,库区政府副总理塔拉巴尼领导的"库尔德斯坦爱国联盟",以及由"库尔德斯坦爱国联盟"前副总书记穆斯塔法领衔的"变革联盟"等。①

此次大选原定于2017年9月举行,但由于与"伊斯兰国"的战事等原因而遭推迟,2018年5月12日大选才正式拉开序幕。为确保大选的顺利进行,伊拉克政府采取了宵禁、关闭机场等安保措施,以保障选举当日不发生暴力袭击事件。5月19日,伊拉克独立高等选举委员会公布了国民议会选举最终的富有戏剧性的结果:萨德尔领导的"行走者联盟"在329个席位中出人意料地获得了54席,领先其他参加选举的政治联盟;阿米里领导的"法塔赫联盟"最终获得47席,排名第二;而大选前被看好的阿巴迪领导的"胜利联盟"只获得42席,排名第三。②

其次,最终选举结果出炉的一波三折。选举结果公布后,多个政党或政治联盟投诉称选举中出现造假等违规行为,质疑首次使用的电子计票的科学性和可信性,要求使用人工计票方式重新统计所有选票。国民议会和阿巴迪政府也对大选结果提出质疑。6月6日,国民议会通过决议,停止独立高等选举委员会9名高级官员的工作,任命9名法官监督该委员会工作。而阿巴迪政府也建议,调查大选中存在的舞弊等行为,并得到了国民议会的同意。9日,独立高等选举委员会公布大选最终结果,"法塔赫联盟"在巴格达省多赢得一个席位,最终获得48席,原本赢得4席的"巴格达联盟"减少一个席位,其他政治联盟席位无变化。19日,伊拉克联邦最高法院批准议会选举最终结果,伊拉克新一届议会和政府组建工作正式提上日程。

再次,对"最大党团"即组阁权的争夺。席位已定的各政党随后开始进行联盟谈判,以组成超过一半议席即165席的"最大党团",进而组建

---

① "新闻背景:伊拉克议会选举主要参选政党和联盟",新华网,http://www.xinhuanet.com/world/2018-05/11/c_1122817875.htm,2019年2月18日。

② "伊拉克公布国民议会选举最终结果 萨德尔阵营领先",新华网,http://www.xinhuanet.com/world/2018-05/19/c_1122856926.htm,2019年2月18日。

新一届政府。然而这一进程也是一波三折。在大选中获得最多议席的"行走者联盟"和"法塔赫联盟"的领导人萨德尔和阿米里先是在 6 月 12 日宣布组建新联盟，并欢迎其他党派加入联盟；23 日，阿巴迪同意与萨德尔联盟并组建新政府。在大选中获得议席数量前三位的政党联盟本有望组成联合政府，然而这一联盟并未如愿，各方在对伊朗态度和政策等方面分歧明显。9 月 3 日，萨德尔领导的"行走者联盟"宣布与阿巴迪领导的"胜利联盟"及其他约 20 个政治派别联盟，组建"改革和建设联盟"，该党团拥有超过 180 个议席；而阿米里领导的"法塔赫联盟"则与在大选中获得 25 席的前总理马利基领导的"法治国家联盟"合作，并联合其他小的政治派别组建"建设联盟"，所拥有的议席超过了 153 个。[①] 两大联盟均想组成最大党团以获得组阁权。最终，"改革和建设联盟"被认定为新一届国民议会中的最大党团，阿米里宣布退出对新一届总理的角逐。

最后，对新总理人选的角逐。根据伊拉克在战后的教派分权体制，议长由逊尼派人士担任，最终阿米里阵营推举的候选人、出生于 1981 年的哈布希当选，成为伊拉克历史上最年轻议长；10 月 2 日，曾担任过伊拉克副总理和库区政府总理的库尔德人巴尔哈姆·萨利赫当选为总统。新总统就职后，对伊拉克总理人选的争夺成为焦点。"改革和建设联盟"虽然获得了新一届中央政府的组阁权，但在新总理人选问题上又陷入内部分歧。萨德尔本人虽然有较高威望，但其不是议员，不具备出任总理的资格；阿巴迪希望继续担任总理，但遭到萨德尔及其他党派领导人的普遍反对。最终与美国和伊朗均保持密切关系、同时得到阿米里和萨德尔共同支持的前石油部长阿迪勒·阿卜杜勒－迈赫迪被提名为新总理人选，并出面组阁。伊拉克完成后"伊斯兰国"时代的首次议会、总统和政府换届改组。什叶派、逊尼派和库尔德人"三权分立"体制得以和平延续。

三、经济局势

"伊斯兰国"势力猖獗以来，伊拉克经济饱受摧残，持续低迷。2018 年，随着国内安全局势的改善，伊拉克经济开始好转，但依然面临着诸多风险和严峻挑战。

[①] "伊拉克新议会召开首次会议　最大党团认定存分歧"，新华网，http：//www.xinhua-net.com/world/2018-09/04/c_ 1123374217. htm，2019 年 2 月 19 日。

(一) 经济发展概况

首先，总体而言，在萨达姆倒台后至"伊斯兰国"猖獗之前，伊拉克经济大体保持了高速发展的良好态势，GDP 从 2004 年的 366.3 亿美元攀升至 2013 年的 2364.4 亿美元，增长了近 6.5 倍。然而"伊斯兰国"势力的猖獗、国际油价的持续低迷等因素，导致 2014 年开始伊拉克经济连续三年下滑，2015—2017 年甚至降到了 2000 亿美元以下。[①] 2018 年随着国内安全局势的好转，伊拉克经济在之后的数年中有望继续保持复苏和发展的良好态势。

其次，农业方面。伊拉克由于地处两河流域，原本拥有其中东邻国无法媲美的灌溉农业，全国可耕地面积占到国土面积的 1/4 以上，但萨达姆时期尤其海湾战争以来，伊拉克长期面临国际经济制裁，国家处于动乱状态，农业基础设施遭到严重破坏，农村人口尤其青壮劳动力大量流失，再加上严重干旱等气候灾害，全国可耕土地不断荒废萎缩，农作物产量持续下滑，对伊拉克国民经济的贡献率持续下降，目前农业在伊拉克 GDP 中所占的比重只有 3.3% 左右。[②] 伊拉克的粮食、水果和蔬菜等生活必需品依赖从别国进口。伊拉克政府长期面临着改善农业基础设施、恢复和扩大可耕地面积等艰巨任务，若能完成此项任务方可改变该国农业发展严重滞后的局面。

再次，石油工业方面。与农业在国民经济中"微不足道"的地位相比，工业和服务业在伊拉克经济中扮演着举足轻重的角色。这在农业不断萎缩和石油资源不断开发利用的此消彼长的对比中显得格外明显。伊拉克经济的支柱产业是本国的石油工业，作为世界上石油探明储量最多的国家之一，截至 2017 年底，伊拉克已探明的石油储量约为 1472.2 亿桶，占到了欧佩克（OPEC）探明石油总储量的 12.1%，在欧佩克成员国中仅次于委内瑞拉、沙特、伊朗之后排在第 4 位。[③] 伊拉克近 90% 的原油产量来自该国南部的陆上油田，这些油田由巴格达中央政府所控制，还有少量石油掌握在北方库尔德自治区政府（KRG）手中，但伊拉克中央政府和 KRG

---

① "OPEC Members' GDP at current market prices", *OPEC*, https://asb.opec.org/index.php/data-download, 2019-02-19.

② "Middle East: IRAQ", *CIA*, https://www.cia.gov/library/publications/the-world-factbook/geos/print_iz.html, 2019-02-20.

③ "OPEC share of world crude oil reserves, 2017", *OPEC*, https://www.opec.org/opec_web/en/data_graphs/330.htm, 2019-02-20.

之间的争端导致该地区的石油生产中断，不过好消息是至 2018 年年中，伊拉克北部地区的石油生产已部分恢复。

20 世纪 50 年代起步的石油国有化曾使伊拉克的石油产量有了大幅度提升，但 80 年代以来，伊拉克一直饱受战乱折磨和国际社会的经济制裁，石油工业遭到沉重打击，发展缓慢，1991 年的日均石油产量甚至跌至历史最低点的 30.5 万吨。在战后重建以来，伊拉克政府一直致力于恢复和提升石油开采能力，石油产量逐年增加，从 2003 年的日均 132 万桶，升至 2017 年的 447 万桶[1]，2018 年 8 月又升至 450 万桶。[2]"伊斯兰国"势力猖獗以来，抢占油田并迅速敛财成为其主要"生财之道"，伊拉克石油工业再次受战乱摧残。

（二）石油工业发展的弊端与制约因素

首先，石油开采能力水平低。虽然伊拉克的石油产量在后萨达姆时代逐年递增，但与伊拉克丰富的石油储藏相比，该国石油开采能力依然处于较低水平。目前，在伊拉克北部、中部和南部地区仅有 15 座炼化厂，数量少且炼化能力低，总处理能力为日均 64 万桶，仅为目前原油产量的 1/6。[3]这是伊拉克石油工业发展落后的表现之一。

其次，石油产业链短，对石油的冶炼等深加工明显不足。伊拉克将生产的大部分原油直接出口国外，缺乏对石油产品的开发和深加工。这与中东其他产油国如伊朗、沙特和科威特形成鲜明对比。[4]

再次，管道运输能力差也是该国石油工业发展的制约因素。伊拉克原油管道多受战乱破坏，运输能力有限。伊拉克政府致力于中央与地方的石油产业链整合，但面临着与地方如库尔德自治区的利益博弈，积极吸引外资促进本国石油工业升级的努力也因本国安全局势的复杂性、外资优惠政策吸引力不大等而效果不明显。

最后，伊拉克石油收入进而整个政府收入深受国际油价的影响和左

---

[1] "Iraq: Oil production", https://www.theglobaleconomy.com/Iraq/oil_production/, 2019 - 02 - 20.

[2] "Iraq's oil production has nearly doubled over the past decade", *U. S. Energy Information Administration*, https://www.eia.gov/todayinenergy/detail.php?id=37973, 2019 - 02 - 20.

[3] "Refinery capacity in OPEC Members by company and location", *OPEC*, https://asb.opec.org/index.php/data-download, 2019 - 02 - 21.

[4] 参见欧佩克各成员国间原油出口和石油产品出口规模对比，https://asb.opec.org/index.php/data-download，2019 年 2 月 21 日。

右。虽然伊拉克石油工业的发展存有诸多不足和弊端，但石油收入依然是伊政府收入的主要贡献力量。伊拉克经济高度依赖本国的石油资源，尤其是石油出口所得外汇收入。据欧佩克数据显示，2003 年伊拉克战争以来，伊拉克对外出口总额起伏较大，2004 年为 178.1 亿美元，2012 年升至 943.9 亿美元。然而随着"伊斯兰国"势力的猖獗，国家重新陷入战乱，伊拉克对外出口大幅下降，2016 年仅有 476.4 亿美元，只及 2012 年的一半。"伊斯兰国"溃败后，2017 年伊拉克对外出口总额恢复到了 633.1 亿美元，这一势头有望在随后几年中得到延续。[①] 其中，原油出口占据伊拉克对外出口的绝大部分。以 2017 年为例，原油出口总值为 597.3 亿美元，占伊拉克出口总额的 94.3%，占政府总收入的 88%。

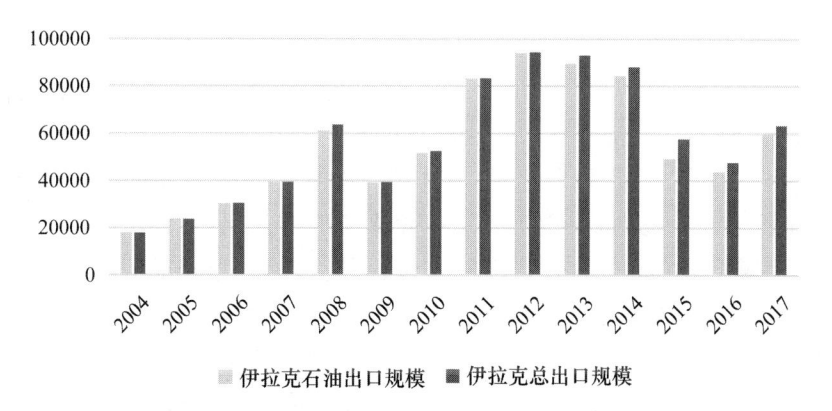

伊拉克石油出口与总出口规模对比（单位：百万美元）

数据来源：欧佩克官网，https://www.opec.org/opec_web/en/data_graphs/40.htm。

如上图所示，伊拉克石油出口收入几乎等同于该国的出口总收入，同时伊拉克政府收入的主要来源就是石油出口，而石油出口收入的多寡，则由国际油价的高低直接决定，这也反映出伊拉克经济的另一严重弊端。如下图所示，欧佩克油价与伊政府收入有着大体相同的变化曲线，即伊拉克经济尤其政府收入深受国际油价波动的影响甚至直接受其左右。或者说，伊拉克经济的外部依赖性较强，风险性与波动性较大。

---

① "OPEC Members' values of exports"，*OPEC*，https://asb.opec.org/index.php/data-download，2019 - 02 - 21。

欧佩克油价（美元/桶）　　　　　　　伊政府收入（万亿第纳尔）

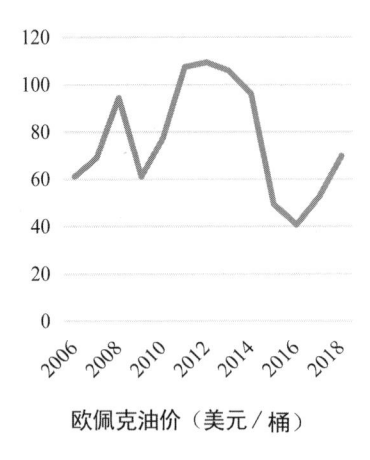

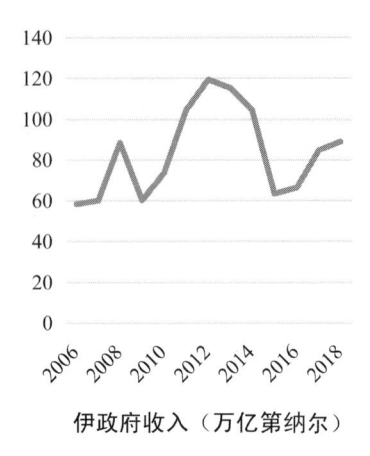

数据来源：左图，https://www.opec.org/opec_web/en/data_graphs/40.htm；右图，https://www.quandl.com/data/ODA/IRQ_GGR-Iraq-General-Government-Revenue-USD-Billions。

结　语

2018年对伊拉克而言是较为重要和特殊的一年，针对"伊斯兰国"的大规模军事行动得以结束，国内局势趋于稳定，屡被推迟的国民议会选举在大体和平的安全环境中最终得以举行，并产生了新一届政府。而在这一漫长的过程中，伊拉克各民族和教派体现出一定程度的团结。自2003年以来长期执政的伊斯兰达瓦党出现分裂，长期游离于伊拉克政治体制之外的萨德尔成为议会选举的最大赢家，以及没有任何一个政党或政党联盟获得可组成政府的议会绝对多数的情况下，各派别似乎放弃了传统政治分歧，并将注意力集中在巴格达的权力分享上，尤其2017年库区独立公投所导致的与中央政府的关系紧张，并未对此次大选产生明显的负面影响。传统沿着民族教派（什叶派、逊尼派和库尔德人）而划分的三大联盟或阵营"鼎足而立"局面虽继续存在，但博弈竞争色彩有所淡化，且三大联盟或阵营在此次大选中均有一定程度的内部分裂和重新整合。尤其是在占人口数量最多的什叶派阵营中，达瓦党并未因失去长达15年的执政地位而与萨德尔阵营陷入内斗，萨德尔以往坚定的反美反伊朗立场、阿巴迪想留任总理的愿望在二人的组阁谈判过程中都有所软化和妥协，赢得议会席位第二多的阿米里阵营也最终放弃总理角逐而未付诸武力，这为"独立"的妥协候选人阿迪勒·阿卜杜勒-迈赫迪在什叶派中脱颖而出并组建政府铺平了道路。这对伊拉克政治而言是一种积极向好的发展迹象。

然而，伊拉克政治局势仍不容乐观。首先是新总理阿迪勒·迈赫迪个人身份与立场对伊拉克政治来说是种挑战。在美国与伊朗紧张关系持续升级的背景下，号称既亲美又亲伊朗、能够在两国间起到桥梁作用的阿迪勒，在议会中没有任何政党联盟背景的情况下能否获得各派别的共同支持值得怀疑。其次是"反美斗士"萨德尔的胜选，使美国对伊拉克政策陷入两难，也给美伊关系、两伊关系带来更多变数，伊拉克原本脆弱的安全局势也有可能因此恶化。再次，伊拉克还面临着严峻的反腐任务。腐败对伊拉克政治、经济产生了长期负面影响，阻碍了真正的法治在伊拉克的确立。同时，打击腐败还受到宗教与传统部落势力的抵制和威胁。经济上，伊拉克面临着重建基础设施、复苏农业、促进石油产业升级与多元化、减少财政赤字、降低通货膨胀、为民众提供服务和就业机会的挑战性任务，以改善本国经济结构发展严重失衡、过度依赖外国市场和失业率过高的局面。

其他地区

伊朗：
美国极限制裁常态化下的政治经济评估*

2019年，伊朗迎来了伊斯兰革命胜利暨伊朗伊斯兰共和国成立四十周年。① 然而回望过去的一年，对于伊朗来说，可谓是真正的多事之秋。时间留给伊朗的是充满变数的政治形势、动荡的国内局势、飞涨的物价及惨淡而前途未卜的经济状况等一系列灰色的记忆。依此看来，伊朗伊斯兰共和国不仅没有步入"四十而不惑"的"不惑"之境界，相反，其进入了一个充满"疑惑""变数"和"前途未卜"的有"惑"之年。本文拟从政治、经济和社会三个方面对近期伊朗的国际国内形势做以回顾。

一、与中东地区地缘环境的互构

回望2018年伊朗的政治局势，我们可以用三个词语和两个短语加以概括：对外"扩张""围堵"和"解围"；对内"矛盾激化"和"公信力流失"。所谓"扩张"即伊朗基于其自身国家的地缘战略诉求而采取的一些区域政治扩张政策，如深度介入叙利亚危机和也门局势等；所谓"围堵"即美国及其中东盟友为了遏制它们所谓的"中东安全的最大威胁"伊朗而实施的一系列蓄意打压、遏制伊朗的政治政策；所谓"解围"即伊朗针对美国及其中东盟友的围堵政策而采取的一系列解围对策和政治策略。而"矛盾激化"则是指由于各种因素的影响，伊朗国内保守派和温和派（也被称为"改革派"）之间的矛盾不断激化；"公信力流失"即面对货币贬值、物价飞涨和失业率不断攀升等经济问题，鲁哈尼政府应对不力，致使伊朗政界和民众都对政府不同程度地失去了信心，进而导致鲁哈尼政府的公信力严重流失。

---

* 作者：金鹏，西南大学伊朗研究中心特聘研究员，德黑兰大学人文学院伊朗历史专业博士研究生。

① 2019年2月11日是伊朗伊斯兰共和国成立40周年纪念日。

2018年伊朗自身的对外政治策略基本还是延续了其长期的区域战略追求，即步步为营地实现其中东大国梦想，或者说至少成为具有一定影响力的区域大国。为了实现自己的这一战略诉求，伊朗可谓是极尽合纵连横之能事，不惜任何血本与风险，甚至不惧从虎口拔牙，挤占美国在中东的战略利益。长期以来，"伊朗以支持解放受压迫的巴勒斯坦人民为己任，强烈反对以色列并视以色列为伊斯兰世界的头号大敌，为此，他长期大力支持强硬反以武装巴勒斯坦哈马斯和黎巴嫩真主党"；[1] 近几年，特别是《全面伊核协议》签订之后，伊朗积极利用相对改善的国际处境和不断增加的石油财富，以什叶派宗教认同为纽带，多头并进在中东积极构建自己的地缘战略环境。2018年，伊朗延续这种积极增强自身区域影响力的对外政治策略，一方面，通过进一步巩固其在伊拉克什叶派中的影响，深度介入叙利亚危机力挺巴沙尔·阿萨德政权，大力支持也门胡塞武装和黎巴嫩真主党的军事活动等，不断巩固什叶派阵营，进而增强其作为什叶派领袖在中东地区的影响力；另一方面，伊朗继续深入利用"卡塔尔断交风波"，进一步拉拢逊尼派国家卡塔尔和土耳其，扩大地区影响力，从而拓展其与美国和欧洲外交的运筹空间。与此同时，在过去的一年里，伊朗伊斯兰革命卫队不断试射弹道导弹以震慑"敌国"，从而为自己的区域扩张政策保驾护航。可以说在《全面伊核协议》签订和美国放松对伊经济制裁之后，伊朗在中东地区的影响力可谓是急速拉升。

然而，在中东这块有限的是非之地，敌我双方的利益范围和战略空间完全是此消彼长的。伊朗的扩张势必会侵蚀美国及其中东盟友在该地区的核心利益，伊朗影响力的急剧增长也就意味着美国及其中东盟友战略利益的受损和缩小。因此，伊朗在中东的迅速"崛起"对美国及其中东盟友特别是沙特和以色列来说，引起了它们格外的关注和警觉。以色列认为伊朗意在"寻求从伊朗边界延伸到地中海沿岸的一条走廊，并希望通过这条走廊将战斗机和先进的武器系统运送到以色列的家门口"；[2] 沙特阿拉伯则是心惊胆颤，生怕中东变成什叶派的天下；而美国特朗普政府则是打着一贯的"替天行道"的"仁义"口号，认为《全面伊核协议》"没有解决伊朗继续研制可携带核弹头的弹道导弹和巡航导弹的问题"，"伊朗政府没有将

---

[1] 金鹏："伊朗年轻人的愤怒及其背后的国家困境"，《中东研究》，2019年第1期，第12页。

[2] 迈克·蓬佩奥："伊朗核协议之后：新的伊朗战略"，2018年5月21日，https://china.usembassy-china.org.cn/zh/after-the-deal-a-new-iran-strategy/，2019年1月5日。

解除制裁后所获取的资金用于处于困境的国民和改善经济状况","反而将新获得的财源用于在中东地区开展代理战争,让伊斯兰革命卫队、真主党、哈马斯和胡塞武装组织大发横财","在联合全面行动计划期间,伊朗在整个中东地区进行势力扩张。卡西姆·苏莱曼尼(Qasem Soleimani)将意外之财用于血腥的行动",这"对所有中东人民造成了巨大的负面影响"。① 于是乎,"共同的利益"和"共同的仇敌"促使美国及其中东盟友合力围堵和遏制日益"崛起"的伊朗。在围堵伊朗的问题上,它们极尽破坏之能事,内外夹击,四处排挤,利用一切尽可能的机会破坏伊朗国内的社会稳定和经济发展,挤压、孤立伊朗在国际社会的生存空间,进而达到推翻"不听话"的伊朗伊斯兰政权的目的。

第一,充分利用伊朗国内的矛盾,意欲借伊朗人民之手,推翻伊朗伊斯兰政权。2017 年末至 2018 年初,因不满物价飞涨,伊朗国内发生了全国性的抗议政府的示威活动。事件发生后,美国总统特朗普立即"连发 6 篇推文'声援'伊朗示威活动,称'是时候改变了',美国'正密切关注'示威者的权利是否受到侵害"。以色列总理内塔尼亚胡于 2018 年 1 月 1 日在"脸书"上写道:"我希望伊朗人民追求自由的高贵行动能够成功","伊朗残酷的政权浪费了数百亿美元,只为了散播仇恨"。以色列情报部长卡茨当天则直白表示,"我当然希望伊朗示威者能获得胜利……许多针对以色列和整个地区的威胁都将消失"。"骚乱"平息后,伊朗国家新闻机构援引伊朗检察官穆罕默德·贾法尔·蒙塔泽里(Mohammad Jafar Montazeri)的话说"中情局特工和以色列摩萨德情报机构的一名特工负责策划了这场骚乱,而沙特阿拉伯则支付了所有的费用"。②

第二,美国再次祭出经济制裁的大棒,意欲彻底切断伊朗最主要的收入来源,企图将伊朗经济逼到崩溃的边缘,从而实现其颠覆伊朗伊斯兰政权的目的。2018 年 5 月 8 日,美国总统特朗普不顾损害美国的国家信誉,违背联合国安理会第 2231 号决议宣布退出《全面伊核协议》,"对伊朗的经济制裁调至'最高级别',对不同行业给予了 90—180 天不等的对伊制裁宽限期,石油相关制裁的过渡期为 180 天","并威胁对继续从伊朗购买

---

① 迈克·蓬佩奥:"伊朗核协议之后:新的伊朗战略",https://china.usembassy-china.org.cn/zh/after-the-deal-a-new-iran-strategy/,2018 年 5 月 21 日。
② "伊朗检察官因抗议活动指责美国中央情报局、以色列和沙特阿拉伯",半岛电视台中文网,2018 年 1 月 5 日,https://chinese.aljazeera.net/news/2018/1/5/iran-prosecutor-blames-cia-israel-saudi-for-protests,2019 年 1 月 18 日。

石油的任何国家实施二级制裁",① 这对伊朗国内局势和经济发展产生了巨大的影响,一度引起伊朗货币里亚尔的疯狂贬值。

第三,美国及其盟友积极打造"阿拉伯版北约"来孤立、对抗伊朗。在"卡塔尔断交风波"中参与此次断交的国家除了指控卡塔尔"支持恐怖主义"之外,还认为卡塔尔与伊朗保持密切联系。沙特为了对抗伊朗,不惜与"阿拉伯公敌"以色列结盟并参与黎巴嫩、也门内战。2018年4月2日,沙特阿拉伯王储在接受媒体采访时,破天荒地肯定以色列的存在、批评美国前总统奥巴马的伊朗政策。② 2018年7月27日,"多名美国和阿拉伯国家官员披露,美国近几个月正与中东盟友商量,以北大西洋公约组织为蓝本,打造所谓'阿拉伯版北约',以牵制伊朗在中东地区的影响力。"③ 可见,美国及其盟友已经毫无掩饰地表明了它们围堵孤立伊朗的意图,这使伊朗的地区对外政治进一步承压。

二、"脱困"策略和手段

面对美国及其中东盟友的围堵孤立政策,素来以"强硬"著称的伊朗没有坐以待毙,而是"见招拆招",积极奔走于欧洲、俄罗斯等地区和国家以解围自己的外部政治环境困局。

第一,针对美国意图使伊朗石油出口归"零"的叫嚣,伊朗也不甘示弱,再次声称其有能力封锁霍尔木兹海峡。2018年7月3日,"伊朗总统鲁哈尼称,如果美国一心要迫使所有国家停止购买伊朗石油,伊朗将阻挠邻国的石油出口。随后,伊朗革命卫队指挥官伊斯玛依力·库萨里(Ismail Kowsari)也表示,如果美国禁止伊朗出售石油,那伊朗将在霍尔木兹海峡封锁油轮的通行。"④ 据路透社2018年7月21日报道,伊朗最高领袖哈梅内伊也"支持总统鲁哈尼的建议,如果伊朗自己的石油出口被禁止,

---

① 金良祥:"伊朗与国际体系:融入还是对抗?",《西亚非洲》,2019年第1期,第101页。
② 人民报:"沙特王储支持川普中东议程,肯定以色列存在",2018年4月2日,https://m.renminbao.com/rmb/articles/2018/4/2/67112mb.html,2019年2月2日。
③ 兰顺正:"阿拉伯版'北约'呼声再起,但事实并不那么容易",2018年8月2日,http://column.cankaoxiaoxi.com/plgd/2018/0802/2303333.shtml,2019年2月2日。
④ "伊朗总统警告 将阻断波斯湾地区石油出口",《联合早报》,2018年12月6日,http://m.unzbw.com/cngov/2018-12/0651978.html,2019年2月3日。

那么伊朗可能会封锁石油运输通道霍尔木兹海峡"。①

第二，伊朗再次利用其"第三方外交"的外交传统，借力打力，积极靠拢同样受到美国挤压且在中东具有核心利益的土耳其和俄罗斯，以共同抵御来自美国的压力。2017年末和2018年初，在伊朗国内出现抗议政府的示威活动时，"俄罗斯强力支持伊朗政府，反对美国的干预，并阻止安理会通过华盛顿方面在2018年2月6日的讨论中所提出的公议"，"有意思的是，部分人形容俄罗斯代表在该会议上支持伊朗的言论比伊朗驻联合国代表的言论更为强硬"。② 俄罗斯为了支持伊朗，甚至"历史上首次在安理会会议上为伊朗使用一票否决权，这提高了俄罗斯在伊朗决策者心中的地位"。③ 2018年2月18日，"伊朗最高领袖哈梅内伊在关于伊朗对外关系优先事项的讲话中强调了倾向东方的重要性，他还强调，这种重要性并不是凭空产生的，而是由近年来的事实所推动的。"④ 与此同时，2018年8月美国因土耳其不愿释放一个被土监禁了近两年的美国牧师为由对土耳其施加制裁，从而致使土耳其里拉对美元暴跌。伊朗由此迅速与土耳其靠拢。"特朗普宣布对土耳其制裁后，埃尔多安表示，土耳其有包括伊朗在内的许多'替代方'可开展经济合作。伊外交部长扎里夫11日也在'推特'上表示，美国必须戒除自己对制裁和欺压别国的瘾，伊朗将一如既往地支持土耳其。"⑤ 2018年9月7日，"伊朗、俄罗斯和土耳其三国领袖在伊朗首都德黑兰举行峰会，讨论叙利亚战争问题。"伊朗总统鲁哈尼发表演讲说，"叙利亚战火和流血冲突即将结束，美国应该立即停止干预。"⑥ 对此，美国智库布鲁金斯学会高级研究员达雷尔·韦斯特说，三国此时宣誓加强合作并非偶然，"它们都是美国制裁的对象，团结起来可抵御制裁带来的

---

① 张家伟："制裁逼近 伊朗汇率暴跌再刷新低"，2018年7月30日，https://wallstreetcn.com/articles/3374369，2019年2月5日。
② "伊朗与俄罗斯之间：拉近的机会与背离的恐惧并存"，半岛电视台中文网，2018年4月5日，https://chinese.aljazeera.net/opinions/2018/4/5/iranian-russian-relations-opportunities-for-strengthening-and-fears-of-extinction，2019年2月5日。
③ "伊朗与俄罗斯之间：拉近的机会与背离的恐惧并存"，半岛电视台中文网，2018年4月5日。
④ "伊朗与俄罗斯之间：拉近的机会与背离的恐惧并存"，半岛电视台中文网，2018年4月5日。
⑤ 朱东阳："伊朗、俄罗斯、土耳其欲联手同美国'讨价还价'"，2018年8月13日，http://www.chinanews.com/gj/2018/08-14/8599481.shtml，2019年2月10日。
⑥ "伊朗、俄罗斯、土耳其领袖德黑兰举行峰会讨论叙利亚问题"，香港电台网站，2018年9月7日，http://gbcode.rthk.hk/TuniS/news.rthk.hk/rthk/ch/component/k2/1416726-20180907.htm，2019年2月10日。

消极影响，彼此扶持共同渡过危机。三国还可能重新调整各自现有的地区政策，这将影响中东地区的力量均衡。"①

第三，伊朗还积极游说中国、俄罗斯和欧盟继续维护《全面伊核协议》。2018年5月，伊朗外长相继访问了俄罗斯、中国和部分欧洲国家，以争取这些国家和地区在《全面伊核协议》的问题上继续支持伊朗。2018年9月24日，中国、英国、法国、德国、俄罗斯和伊朗在纽约举行部长级会议，"欧盟在会后发布一份声明中表示，尽管许多外交官怀疑美国将在11月份恢复对伊朗石油产品销售进行制裁的可能性，但欧盟决心发展'专门机制'以继续维持与伊朗进行贸易，其中包括石油产品贸易"。②

可见，《全面伊核协议》签订后，伊朗在中东地区的各种"军事干预及扩张"极大地触碰、侵蚀了美国及其中东盟友在该地区的核心利益，从而导致它们的联合围堵。面对美国及其盟友的围堵，伊朗一边谴责美国的背信弃义，一边呼吁、说服俄罗斯和欧盟等国家和地区继续维护《全面伊核协议》，以确保伊朗的利益。

三、国内政治经济变化

随着外部政治环境的不断恶化，伊朗内部不同政治派之间的矛盾也进一步恶化。众所周知，伊朗国内保守派和温和派之间的政治矛盾由来已久。2013年，被称为"温和派"的鲁哈尼在大选中获胜，标志着温和派政治势力在伊朗政治竞争中获得胜利，但这也预示着两派之间的矛盾会更加白热化。在2017年总统大选中，代表保守派的"年富力强""颇受最高领袖赞赏"的总统候选人易卜拉欣·莱西败选对伊朗保守派政治势力是一个沉重的打击。大选后，沦为"在野党"的保守派很不甘心，利用其掌控的伊朗国家电视台等媒体对鲁哈尼政府的各种政策尤其是经济方面的政策进行了严厉的批评指责，其中在大选中落败的莱西及其岳父赛义德·艾哈迈德·阿拉麦胡大③屡屡冲锋陷阵，对鲁哈尼政府极力批评指责。2017年12月27日阿拉麦胡大发表讲话，指责鲁哈尼政府的经济与福利政策"丢人

---

① 朱东阳："伊朗、俄罗斯、土耳其欲联手同美国'讨价还价'"，2018年8月13日，http://www.chinanews.com/gj/2018/08-14/8599481.shtml，2019年2月10日。

② "美国要制裁伊朗 中英法德俄伊5国发联合声明反对"，《环球时报》，2018年9月25日，http://mil.news.sina.com.cn/dgby/2018-09-25/doc-ihkmwytp0505689.shtml，2019年2月14日。

③ 赛义德·艾哈迈德·阿拉麦胡大为大阿亚图拉，马什哈德星期五聚礼拜的领拜人。

现眼",次日(12月28日)在他们"地盘"马什哈德便发生了抗议鲁哈尼政府的示威游行活动,并很快成为了全国性抗议示威游行活动。随后,几乎在所有爆发抗议活动的城市都发生了不同程度的暴力冲突,整个事件大约持续了近一周的时间。2018年1月3日,伊朗伊斯兰革命卫队总指挥官穆罕默德·阿里·贾法里(Mohammad Ali Jafari)宣布伊朗2017年末2018年初发生的"骚乱"已经平息。此后,自知捅了篓子的保守派对鲁哈尼政府的批评有所收敛。① 但是"树欲静而风不止",2018年5月8日,特朗普宣布美国正式退出《全面伊核协议》并恢复对伊朗的经济制裁。对于鲁哈尼政府来说,这不仅使鲁哈尼政府近几年的所有努力归零,② 而且还用事实验证了保守派"相信美国就是自打耳光"的观点。

美国退出《全面伊核协议》并恢复对伊经济制裁之后,伊朗里亚尔应声暴跌,经济形势不断恶化。对此,伊朗国内强硬保守派不断加大对温和派鲁哈尼政府的施压。他们认为,鲁哈尼政府既没有发展好经济也没有维护好伊朗民族的尊严。2018年7月,伊朗中央银行行长和副行长被撤职;8月初,伊朗议会投票将劳工部部长革职;8月19日伊朗伊斯兰议会33名议员发起对财政部长马苏德·卡尔巴西安的弹劾动议,并最终于26日通过了对卡尔巴西安的不信任投票。至此,鲁哈尼经济团队中的4位成员被免职。由此可见,随着经济形势的不断恶化,伊朗国内保守派和温和派之间的矛盾也不断激化。

2013年当选后,鲁哈尼政府通过外交努力,争取国际社会对伊朗经济制裁的"松绑"并最终促成伊核协议的签订,同时,鲁哈尼政府还出台了各种优惠政策引进外资尤其是西方国家的资本和技术,扩大能源出口,刺激工业和服务业的发展。《全面伊核协议》签订之后,"伊朗在海外被冻结的220亿美元资产得以'解冻'。2016年以来,伊朗已成功吸引了近500亿美元的外国投资,其中120亿集中在基础设施领域;2016年3月到2017年3月的通胀率下降到了9%,这是伊朗近30年来首次通胀率维持在个位数,极大稳定了金融和经济环境;越来越多的外国投资人和游客来到伊朗考察和旅游,这些都显示出伊朗国内经济复苏迹象。"③ 虽然这些进步距离

---

① 有评论认为这次示威游行是保守派做的局,他们欲通过煽动、纵容反鲁哈尼游行动摇鲁哈尼的统治基础,为下次大选夺权做准备。
② 鲁哈尼的经济发展思路,就是通过外交努力,争取国际社会对伊朗经济制裁的"松绑",通过引入外资尤其是西方国家的资本和技术,扩大能源出口,刺激工业和服务业的发展。
③ 王晋:"改革派得势:伊朗已不是以往那个伊朗了",2017年5月21日,http://m.chinaelections.net/wap/article.aspx?id=245858,2019年2月8日。

从根上解决伊朗积弊已久的政治和经济问题还有很大的距离,但是,至少让人们对未来增添了几分信心和憧憬,也进一步增强了鲁哈尼政府的民意基础。

然而,"特朗普上台后,美国对伊政策的转向彻底摧毁了美伊关系改善的任何可能性"。"特朗普不仅威胁要退出伊核协议,还积极拉拢沙特阿拉伯、以色列等中东盟友对伊朗实施了一系列孤立、遏制政策。特朗普对伊朗的政策改变致使鲁哈尼政府积极改善同美国关系的努力严重受挫,更招致了国内保守派的集体施压,这极大地加大了鲁哈尼政府实施内政外交改革措施的难度,也使可能复苏的伊朗经济再次充满了不确定性,从而导致经济不断走向萧条,并最终引发了2017年底2018年初伊朗的抗议示威活动。"① 正所谓"祸不单行",这次示威抗议活动就像被打开的潘多拉盒子一样拉开了伊朗动荡不安的2018年的序幕。美国特朗普政府也通过这次示威游行活动对伊朗进行了一次精准而全面的"把脉"。退出伊核协议,重新启动对伊朗的经济制裁,宣称要使伊朗的石油出口"归零"和叫嚣要严惩那些购买伊朗石油的国家等等。就当下伊朗的政治和经济状况而言,这些措施可谓是"刀刀见血",很快伊朗货币开始贬值,物价飞涨,外企纷纷撤离,失业率不断攀升。随后,鲁哈尼出台了一系列稳定经济的措施,如统一锁定官方汇率,颁布进口禁令,打击倒卖汇率等。为了保护国内生产和减少外汇消耗,4月15日,伊朗央行宣布禁止外汇交易点进行买卖和外汇转账业务,央行不再给任何外汇点提供外汇现金。同时,伊朗央行于5月14日又大幅调整了国民出国时可携带的外汇金额,规定乘航空离境伊朗时,每人最多可带5000欧元或其他等额外币;选择地面如铁路、公路、海运等离境时最多携带2000欧元或其他等额外币;超出的金额需依据入境伊朗在海关申报的数额进行携带。6月底,伊朗工业部长下令禁止进口包括服装、纺织品、厨房用品、劳工用品和房地产用品等10类共1339种"非必需且有国内竞争者"(non-essential goods with domestic counterparts)商品,以保护本国产业发展。货币大幅贬值导致很多家庭返贫,根据伊朗议会研究中心的最新报告,在德黑兰地区有超过11%的人跌入贫困线(233美元/月)以下;在全国范围内,超过15%的人生活在绝对贫困线以下。报告还称:在2016年,生活在贫困线以下的人占总人口的百分比

---

① BBC News:Iran protests:Demonstrator, 22, dies in Tehran prison, 8 January 2018, http://www.bbc.co.uk/news/world-middle-east-42603221, 2019年2月10日。

还是个位数，但是根据经济学家的分析，现在可能达到了 20%—25%。而货币贬值直接导致的是伊朗国内物价大幅上涨。伊朗国家统计中心（The Iranian Statistical Center）的数据显示，与去年同期相比，2018 年 10 月 23 日到 11 月 22 日一个月时间内的通货膨胀率上涨了 36.9%。[1] 根据国际货币基金组织 2018 年 10 月的预测，到 2018 年底伊朗的通货膨胀率将会超过 40%，到时伊朗的经济将会陷入严重的萧条。[2] 而约翰霍普金斯大学的经济学教授史蒂夫汉克则认为，伊朗 2018 年的年通货膨胀率为 151%。[3] 根据伊朗央行于 2018 年 7 月 28 日公布的数据，在过去的 12 个月内，德黑兰的房屋价格上涨了 54.4%；在伊历 5 月 22 日至 6 月 21 日近一个月的时间内德黑兰的房价上涨了 7.1%。[4] 国际货币基金组织预测美国对伊朗的新一轮经济制裁将会使伊朗 2018 年的经济增长倒退 1.5%。这在很大程度上反映了美国对伊朗重新实施经济制裁的预期影响。

---

[1] The Iranian Statistical Center, Consumer Price Index in the Month of Dey of the Year 1397, February 6, 2019, https://www.amar.org.ir/english/SCI-News-Archive/ID/10048/Consumer-Price-Index-in-the-Month-of-Dey-of-the-Year-1397, 2019-02-20.

[2] 国际货币组织：《世界经济展望》，2018 年 10 月，https://www.imf.org/zh/Publications/WEO/Issues/2018/09/24/world-economic-outlook-october-2018，2019 年 2 月 20 日。

[3] Islamic Republic News Agency: Economists review Hanke's claim on Iran inflation rate, July 29, 2018, http://www.irna.ir/en/News/82985156, 2019-02-20.

[4] Central Bank of the Islamic Republic of Iran, Consumer Price Index for All Urban Consumers, Shahrivar 1397 (August 23 – September 22, 2018), p.4.

土耳其：
浅析总统制巩固背景下的内外挑战[*]

2010年中东巨变以来，土耳其外交的转型非常引人关注。特别是2011年叙利亚问题产生后，土耳其在中东的介入程度不断加深，其与世界大国和地区强国的关系出现分化组合。土耳其外交的转型是一个长期和不断反复的过程，2017—2018年则成为土耳其外交转型史上的关键性时间段。[①] 2016年"7·15"未遂军事政变后，土耳其对政变参与者进行了大规模肃清，引发西方国家的批评，土耳其与西方国家关系进入冷淡期。2017年4月土耳其进行了宪法公投，正发党提出的实行总统制的修正案获得通过。2018年6月，土耳其举行总统和议会大选，这是土耳其确立总统制后的首次大选，引发了国际社会的普遍关注。

2018年6月的土耳其大选、对政变参与者和"居仑组织"的肃清运动、在叙利亚阿芙林和曼比季展开的军事行动、里拉贬值等都是2018年土耳其国内政治及对外关系中的重大事件，对土耳其和中东地区产生了深远影响。本文通过土耳其总统制的架构和特点、国内的肃清运动、围绕叙利亚问题土耳其与世界大国和地区强国展开的竞合关系等对2018年土耳其的政治、对外关系及经济形势进行综合分析。

一、强势政府模式建立，肃清政变参与者运动继续

2018年6月24日，土耳其举行大选，这是土耳其决定将政体从议会制变为总统制后举行的第一次大选，也是土耳其首次同时举行总统和议会选举。参加总统大选的有6位候选人，其中主要的两位竞争者是分别来自正义与发展党的候选人埃尔多安和来自共和人民党的候选人穆哈雷姆·因

---

[*] 作者：杨张锋，西北大学中东研究所博士研究生，西安外国语大学国际关系学院讲师。
[①] 李秉忠、涂斌："埃尔多安时代土耳其外交的转型及其限度"，《西亚非洲》，2018年第2期，第87页。

杰。正发党和埃尔多安带领土耳其取得了连续多年较快的经济增长，在选举中对选民具有很强的吸引力。埃尔多安强调，当前土耳其面临打击民族分裂势力、恐怖主义和"居仑运动"，以及应对经济下滑和叙利亚乱局等多重挑战，因此他的选举口号是"强大的土耳其需要强大的领导人"。然而，穆哈雷姆·因杰指责埃尔多安及其正发党长期执政，导致利益集团固化，引发民主与自由退步，动摇了土耳其世俗化的根基，所以，土耳其必须重新回到权力制衡的民主化道路。穆哈雷姆·因杰获得30.7%的选票，在6个候选人中排名第二。尽管面临反对党候选人的挑战，埃尔多安凭借多年的执政业绩和经验，以52.59%的选票赢得2018年总统大选，这是埃尔多安在2014年8月当选土耳其第12任总统后连任总统。2018年7月9日，埃尔多安宣誓就职土耳其总统，开始了他为期5年的总统任期，这是土耳其共和国历史上第66届政府，它的成立标志着土耳其真正完成了由议会制向总统制的转变。

（一）告别议会制，开启总统制

土耳其自1923年确立了议会共和制以来，《宪法》虽然经历了多次修订，但议会制的制度框架始终没有改变。在议会制的框架下，总统是象征性的国家元首，并无太多实权，而且具有非党派属性。总统授权获得议会多数席位的政党领袖为总理，总理作为政府首脑，掌握行政权。2014年，埃尔多安成为土耳其总统以后，积极推动宪法改革。2017年4月16日，土耳其举行全民直选总统的《宪法》修正案公投。计票结果显示，支持修宪的比例为51.4%，修宪获得通过。在总统制下，土耳其总理一职被废除，行政权完全移交给总统。总统可直接任命包括副总统和内阁部长在内的政府高官，还可以继续担任政党主席。此外，总统还可任命最高司法机关"法官和检察官最高委员会"的多数成员。总统可以不经过议会批准颁布法令和宣布国家进入紧急状态。

埃尔多安声称，总统制能够为土耳其继续前进提供保证，并承诺在新的体制下土耳其将在每一个领域取得进步。埃尔多安对政府架构进行了大刀阔斧的重组，以实现他所追求的"新土耳其"。改革体现在以下四个方面：第一，废除总理一职，新设副总统职位。在议会制下，总理向议会负责。而在总统制下，副总统直接向总统负责。前总理比纳利·耶尔德勒姆2016年5月当选正发党主席并出任政府总理，2017年5月起不再担任正发党主席，2018年7月起出任大国民议会议长。副总统福阿德·奥克塔伊,

2012年至2016年任总理府灾害应急管理署署长，2016年至2018年任总理府办公厅主任。2016年以来福阿德·奥克塔伊一直按照埃尔多安的思路对行政机构进行精简。任命福阿德·奥克塔伊为副总统，反映出埃尔多安将会依赖福阿德·奥克塔伊继续改革行政机构。第二，政府设16部，除外交、内政和司法部部长人选没有发生变化，其余各部均产生了新任部长。外交、内务和司法部长依然由查武什奥卢、苏莱曼·索伊卢、阿卜杜勒·古尔三人担任，这样的安排体现出埃尔多安在外交和内政上保持延续和稳定的意图。国防部长由前任土耳其总参谋长胡卢西·阿卡尔担任。2016年7月未遂军事政变后，每一次重大活动和国外访问胡卢西·阿卡尔都会陪同埃尔多安参加。国防部长人选的确定，体现出埃尔多安将军队完全置于政府控制之下的意图和能力。埃尔多安的密友穆斯塔法·瓦兰克被任命为工业和技术部部长。值得注意的是，埃尔多安的女婿、曾经担任能源部长的阿尔巴耶拉克被任命为财政部长，掌管中央银行在内的9个金融机构，这一任命将会加强埃尔多安对国家财政和金融政策的掌控。第三，过去的65个委员会现合并为9个总统政策委员会，分别是科学、技术与创新、教育、经济、安全与外交、法律、艺术与文化、医疗、地方管理和社会政策委员会。这是埃尔多安精简行政机构的举措。第四，总统机构设立3个办公室，分别是金融、人力资源、技术和投资。这3个办公室负责协调和执行总统制定的政策。

在新体制下，土耳其总统的权力和作用发生了重要变化，具体表现在以下方面：第一，总统与议会的关系发生变化，总统权力膨胀，议会基本无力制约。总统不仅是国家元首，而且是政府首脑。作为政府首脑，总统不再由议会选出，而是由选民直接选举产生。总统产生方式的变化决定了总统与议会权力对比关系发生变化，总统掌握了巨大的权力。在新的政治体制下，总统掌握了所有行政权力，总理被废除而代之以副总统，总统无需议会批准即可任命和辞退副总统、部长、法官和其他高级官员。此外，总统还有权解散议会，发布行政命令，实施紧急状态法。① 然而，大国民议会却没有权利审议总统的政治任命，没有权利对总统提出质询。第二，总统不再严守政治中立原则，可以兼任政党领袖。第三，总统对安全事务和司法体系有重大影响。军队完全置于政府控制之下，总统掌握了最高法

---

① Erdogan vows to advance Turkey under new governance system, 10 Jul, 2018, https://www.aljazeera.com/news/2018/07/erdogan-vows-advance-turkey-governance-system-180709142847880.html, accessed on Oct. 18, 2018.

院 15 名法官中 12 位的任命权,因此能够对司法系统产生更大的影响。

2018 年土耳其总统制的确立对土耳其未来的政治和外交都会产生重大影响。第一,正发党未能单独获得议会多数席位,未来其在土耳其国内政治中的主导地位面临不确定因素。国内右翼与中左翼、保守主义与世俗主义、集权与分权的较量将长期存在,支持保守和集权的一方在当前占上风。正发党通过与极右翼的民族行动党结盟最终才获得成功,说明正发党在议会长达 16 年的地位已经受到挑战。第二,民族行动党作为正发党的伙伴,对土耳其内政外交的影响力在提升。新组建的政府是以正发党和民族行动党联盟为基础,体现出正发党无力单独获得议会多数的现实。民族行动党在冷战后倡导"泛突厥主义",主张土耳其关注中亚和高加索,与突厥语国家形成联盟。在 2018 年大选中提出的口号是"幸福的女性是安宁土耳其的保证"。今后土耳其的外交政策会在一定程度上体现出民族行动党的立场和主张。第三,经济问题是决定埃尔多安能否领导土耳其继续前行的关键。正发党曾经领导土耳其取得了连续多年快速的经济发展,但自叙利亚战争以来土耳其深度卷入中东事务,同时对一些发展中国家增加援助,土耳其经济增长步伐减缓。埃尔多安制定了雄心勃勃的"2023 百年目标",即到土耳其共和国建国一百周年时,国内生产总值将跻身世界前十强。因此,如何应对经济面临的挑战、保持经济增长是新一届土耳其政府面临的最重要的任务。第四,在外交方面,埃尔多安政府将会在维护与西方关系的同时继续执行"新奥斯曼主义"政策。与俄罗斯、伊朗合作建立叙利亚问题的"阿斯塔纳和谈机制",越境打击库尔德分裂势力,在叙利亚北部阿芙林和曼比季等地区建立缓冲地带。关注巴以问题,谴责以色列。在卡塔尔、索马里和苏丹建立军事基地,扩大在西亚和非洲等传统地区的影响力。

总统制的确立使得总统权力膨胀,土耳其出现了"强势政府"的政治模式。批评者指出土耳其的总统制破坏了权力制衡的民主原则,使土耳其民主倒退。例如,欧盟外交和安全政策高级代表莫盖里尼表示,土耳其总统及立法选举的竞选环境"缺乏公平"。① 然而,我们应该从土耳其的现代化转型阶段看待土耳其的总统制。土耳其建立以总统制为核心的政治体制框架,其目的是完善和强化新权威主义下的宪政体制,应对军人政变和伊

---

① "欧盟指土耳其大选'缺乏公平'美国呼吁加强民主",2018 年 6 月 26 日,http://world.huanqiu.com/article/2018-06/12347040.html,2018 年 10 月 26 日。

斯兰极端势力所造成的政治和社会危机，使土耳其从中东剧变的社会动荡中逐步走向政局稳定。当前，土耳其正处于现代化转型阶段，土耳其"强势政府"的集权政治模式与该国的政治发展和社会情势密切相关。①

（二）结束紧急状态，继续肃清运动

2016年7月15日军事政变后，土耳其政府宣布进入国家紧急状态，并且对紧急状态先后进行了7次延期。在紧急状态下，大批政府和军队人员被解雇，非政府组织和媒体机构被关闭。2018年7月19日，土耳其宣布结束紧急状态，但紧急状态的结束并不代表政府将会停止对反对者的打击。

在宣布结束紧急状态的同时，正发党提出了新反恐法案，新法案在议会获得通过。根据新反恐法，任何与恐怖组织有牵连的人将永远不会被政府部门录用，新法案大大加强了政府抓捕恐怖嫌疑人和维持公共秩序的权力。所以，可以说自2016年的"未遂"政变以来，土耳其最大的政治是：对内清剿"居仑恐怖主义组织"，对外打击库尔德分裂主义。②

2018年，土耳其政府继续打击"居仑组织"，逮捕与之相关的人员。土耳其为打击未遂军事政变相关人员，已经逮捕了大约5万人，有11万人被从政府和军队解雇。根据土耳其官方媒体报道，2018年5月10日，土耳其警方因为涉嫌与"居仑组织"有关并参与了2016年的未遂军事政变，65人被拘留，其中大部分是退役的空军人员。此外，土耳其还发布了抓捕93名与"居仑组织"相关的学校雇员的命令。③

二、在美俄之间采取平衡策略，与地区大国维持竞合关系

2002年土耳其正发党上台以来所执行的外交政策可以概括为"新奥斯曼主义"，该思想强调伊斯兰传统和奥斯曼帝国的传统文化，在外交上更多关注中东地区，这是土耳其外交回归中东的原因之一。与库尔德问题密切相关的叙利亚局势涉及到土耳其的安全利益，这是土耳其外交强势回归

---

① 李艳枝："土耳其政治发展道路的反思与启示"，《西亚非洲》，2018年第4期，第68、81页。
② 昝涛："延续与变迁：当代土耳其的政教关系"，《西亚非洲》，2018年第2期，第31—65页。
③ "Turkey: Air force personnel held over links to cleric", May 10, 2018, https://www.washingtontimes.com/news/2018/may/10/turkey-air-force-personnel-held-over-links-to-cler/, accessed on Nov. 5, 2018.

中东的原因之二。周旋于美国和俄罗斯之间，极力削弱叙利亚库尔德人武装依旧是 2018 年土耳其的重点目标。在重新界定自身定位和"回归中东"的大背景下，土耳其不再将本国的外交政策绑定在北约和西方阵营之中，转而采取更为平衡和实用主义的外交政策，突出地表现出与美国及西方的关系疏远、矛盾加深，并与俄罗斯开展务实合作，这在中东地区热点问题上表现得十分突出。[①] 但是我们应该认识到，尽管土耳其和美国关系出现了不少矛盾，从长远看两国之间的关系不会疏远。因此可以认为，土耳其采取的是在美俄之间的平衡策略。

（一）与美国关系复杂多变

继续打击参与"7·15"未遂军事政变人员和"居仑组织"，是土耳其 2018 年内政的重点。外交是内政的延伸，土耳其的对外关系也因此受到影响。打击参与政变和"居仑组织"人员对土耳其与美国关系产生负面影响。

土耳其和美国之间围绕美籍牧师布伦森展开了较量，使得该事件成为 2018 年美、土关系中的一个焦点。2016 年军事政变后，土耳其以布伦森牧师和军事政变有关对其进行了逮捕。美国一直要求土耳其尽快释放美籍牧师，然而，土耳其以该牧师与未遂政变和恐怖主义有关拒绝美国提出的要求。因此双方关系陷入僵局。6 月 4 日，土耳其外交部长与美国国务卿蓬佩奥会面。双方发表联合声明，建立工作组，解决双边关系中存在的问题，没有取得显著成效。8 月初，美国因为土耳其逮捕布伦森，冻结了土耳其司法部长和财政部长的财产。土耳其宣布进行报复性制裁，将会冻结美国司法部长和内政部长的资产，以作为对美国制裁土耳其两位部长的回应。尽管埃尔多安表态，牧师问题属于盟友之间的问题，可以通过协商解决，但土耳其一直态度强硬，不愿释放布伦森。在美国采取了提高关税等一系列措施、土耳其经济受到重大影响之后，土耳其不得不做出让步。10 月，土耳其释放了布伦森，土耳其的经济困境得到了暂时缓解。

在"库尔德民主联盟"和"人民保护部队"的问题上，土耳其和美国长期存在分歧。2018 年 12 月 20 日，美国宣布从叙利亚撤军。此举给土耳其和美国解决分歧带来了希望。然而，2019 年 1 月 7 日，美国总统国家安

---

① 邹志强："土耳其的中东地缘三角战略：内涵、动力及影响"，《国际论坛》，2018 年第 6 期，第 16 页。

全事务助理约翰·博尔顿在谈及撤军安排时提出了美国从叙利亚撤军的条件，其中包括清除极端组织"伊斯兰国"在叙残余势力以及确保美军在叙利亚的库尔德盟友得到保护。博尔顿同时表示美国撤军没有明确的时间表。这说明土耳其和美国在库尔德问题上的分歧在短期内难以解决。

（二）进一步密切与俄罗斯的关系

2018年6月4日土耳其总统选举后，普京随即向埃尔多安表示祝贺，双方就加强双边关系达成共识。这是2016年7月土耳其未遂军事政变后，土耳其与俄罗斯两国关系进一步升温的表现。土耳其与俄罗斯的合作主要体现在叙利亚问题和能源关系上。

除了在阿芙林和曼比季的军事行动中得到俄罗斯的支持外，土耳其在伊德利卜问题上也积极寻求俄罗斯的合作，与俄罗斯达成了《索契协议》。2018年上半年，叙利亚政府军在叙利亚中部和西南部连连告捷，反政府武装被迫转移到位于叙利亚西北部的伊德利卜省，使得该地成为反政府武装的最后一块据点。叙利亚政府军从8月下旬开始在伊德利卜省周边密集增兵，俄罗斯支持叙利亚政府在伊德利卜打击"恐怖极端组织"，伊德利卜战事一触即发。由于伊德利卜省与土耳其接壤，军事行动将对土耳其产生巨大影响。因此，土耳其向国际社会提出停火倡议。7月，土耳其、俄罗斯与伊朗领导人在德黑兰会晤，三方在伊德利卜问题上意见分歧，俄罗斯和伊朗认为战争难以避免。9月17日，埃尔多安访问俄罗斯，在索契与普京总统就叙利亚伊德利卜省局势展开讨论，最终达成《索契协议》：双方决定于10月15日前在伊德利卜建成长15公里至20公里的非军事区。该非军事区沿叙利亚伊德利卜省反政府武装和政府军的接触线设立。土耳其武装力量和俄军警人员将负责伊德利卜省非军事区的管控。

《索契协议》的达成与美国因素有很大关联。美国以伊德利卜军事行动会引发严重人道主义危机为借口，警告俄罗斯和叙利亚政府军不要"鲁莽"行动。俄罗斯认识到向伊德利卜发动进攻，将会刺激美国甚至是北约采取对抗行动，从而造成严重后果。因此，停止对伊德利卜的军事行动可以说是俄罗斯在与美国博弈中做出的审慎选择。

在能源输送方面，土耳其与俄罗斯的合作取得成效。2006年俄罗斯与乌克兰之间发生了切断天然气供应的风波。在此之前，俄罗斯输送给欧盟的天然气80%经过乌克兰。俄、乌之间的矛盾迫使俄罗斯不得不寻找新的天然气输送线路。2008年俄罗斯与保加利亚签署初步协议，修建经保加利亚到达欧洲的天然气管道"南流"（South Stream）。然而，保加利亚政府在欧盟和俄罗斯提出的不同能源管道线路计划之间举棋不定，没有对俄罗斯的"南流"计划做出进一步的回应。在此背景下，俄罗斯转而与一直想成为能源过境中心的土耳其展开合作，双方就管道问题开始接触。2014年，普京提议将"南流"改名为"土耳其流"（Turk Stream）。2016年10月，土耳其与俄罗斯签署铺设"土耳其流"天然气输送管道的协议。

2018年11月19日，俄罗斯总统普京专程在伊斯坦布尔与土耳其总统埃尔多安一起出席了"土耳其流"天然气管道海底部分竣工仪式。"土耳其流"输气管道起点为俄罗斯阿纳帕，穿越黑海海底，全长超过900公里。到达土耳其海岸后分成两条支线。一条保障土耳其国内天然气消费，另一条输往南欧和东南欧。这两条支线的年输气量均为157.5亿立方米。

"土耳其流"项目对土耳其具有战略意义，该管道建成后，土耳其能够控制从俄罗斯运往南欧的天然气。[①] 埃尔多安表示，"土耳其流"输气管道的启用具有"历史性的地缘政治意义"，该管道不仅对土耳其很重要，对土耳其的邻邦欧洲国家也很重要，"一半天然气将输往欧洲，欧洲国家将获得新的动力"。"土耳其流"输气管道海底部分的竣工，对于国内经济高度依赖油气出口的俄罗斯也具有重要意义。

（三）与欧盟国家关系

2018年土耳其与欧盟国家关系总体好转。7月19日，土耳其宣布结束紧急状态后，荷兰宣布恢复与土耳其的全面外交关系，随后德国也终止了自2017年7月以来对土耳其实施的经济制裁。2016年7月土耳其发生未遂政变后，德国和欧盟指责埃尔多安以办案为名进行大规模"清洗"，土耳其与德国关系转冷。2018年1月，土耳其外长访问德国，寻求改善两国关系。9月埃尔多安对德国进行国事访问，这是2011年后土耳其总统首次访问德国，在一定程度上标志着两国关系回暖。

然而，土耳其与希腊关系在2018年却处于紧张状态，这和打击政变参与者运动有关。希腊允许"7·15"政变的发起者之一苏莱曼·奥兹卡亚纳奇在希腊获得庇护，引起土耳其强烈不满。土耳其认为希腊拒绝遣返逃

[①] South Front, "Turkey's Victories and Diplomacy. What to Expect Next", 24 March, 2018, https://www.globalresearch.ca/video-turkeys-victories-and-diplomacy-what-to-expect-next/5633463, accessed on Nov. 20, 2018.

亡者，将会损坏两国关系。8月22日，土耳其外交部向希腊提出抗议。①此外，希土两国在爱琴海的一些岛屿主权问题上存在的争端是两国关系紧张的深层原因。2018年2月和5月，两国在爱琴海域发生数起船只相撞事故，增加了擦枪走火的可能性。希腊军方担心，民族行动党和正发党联合后，土耳其在岛屿主权问题上会更加具有进攻性，由此希土两国关系受到负面影响的几率增大。

（四）以亲穆兄会阵营为基础，与地区大国展开竞争与合作

受大国博弈和地缘战略竞争的影响，中东各国之间的关系纷繁复杂。以地区大国的影响力和战略诉求为基础，中东当前大体形成了三个主要阵营：以伊朗为核心的什叶派阵营，以土耳其、卡塔尔为核心的亲穆兄会阵营，以沙特、阿联酋和以色列为核心的反伊朗、反穆兄会阵营。各个阵营之间形成了四组竞争关系：伊朗和土耳其之间围绕中东和伊斯兰世界领导地位的竞争，伊朗和沙特之间的全面战略竞争，亲穆兄会与反穆兄会阵营之间的竞争，阿拉伯国家之间的竞争。② 在此地缘格局背景下，土耳其在中东以亲穆兄会阵营为依托，与沙特等国逐鹿中东。

卡塔尔是土耳其在海湾地区的重要盟友和贸易伙伴，2018年土耳其与卡塔尔之间的贸易额达到20亿美元。自2016年土耳其未遂军事政变以来，卡塔尔给予了土耳其大力支持。在2017年6月，沙特等中东六国与卡塔尔的断交事件当中，土耳其表示将继续发展与卡塔尔的关系，向卡塔尔运送物资并且完成军事部署，两国政治和经济关系不断升温。尤其是在2018年8月的土耳其里拉危机当中，卡塔尔宣布向土耳其投资150亿美元。因此，土耳其将进一步发展与卡塔尔在国防、贸易、旅游、能源等领域的合作。

土耳其与沙特的关系既有竞争的一面，又有依赖的一面。2011年以来，土耳其与沙特对中东事务主导权的争夺日益成为中东政治的一个重要方面。2013年刚执政1年的埃及穆兄会被推翻以后，土耳其与沙特关系急转之下。2018年10月以来，土耳其和沙特围绕卡舒吉事件的外交争端不断发酵，不仅使双方的矛盾更趋表面化，而且对美沙、美土关系都产生了

---

① "Statement of the Spokesperson of the Ministry of Foreign Affairs", 5 June, 2018, http://www.mfa.gov.tr/sc_-43_-yunanistana-kacan-sekiz-darbecinin-hepsinin-serbest-birakilmasi-hk-sc_en.en.mfa, accessed on 28 Dec, 2018.

② 吴冰冰：“中东地区的大国博弈、地缘战略竞争与战略格局”，《外交评论》，2018年第5期，第42页。

相当大的冲击。土耳其的诉求在于其在卡塔尔、叙利亚问题,尤其是库尔德问题上的现实利益,但其核心关切是希望通过沙特撬动美国,使美国减轻对土耳其的政治、经济和外交压力,以改善其近年来不断恶化的内外环境。① 卡舒吉事件严重影响了沙特的国际形象,为土耳其提升在中东地区的影响力奉上了一次"助攻"。② 但同时要注意到,土耳其对沙特关系也有依赖的一面。沙特在土耳其有大量投资,同时也是土耳其的重要出口国之一。因此,土耳其对卡舒吉事件的处理,并不在于加强与沙特的对立,而在于获得处理对外关系的主动权和有利的国际环境。

土耳其与伊朗关系的特征是合作与竞争并存。土耳其在叙利亚问题的解决和能源供应方面与伊朗存在合作关系。2018年俄罗斯、土耳其、伊朗三国领导人在德黑兰举行会晤,寻求解决叙利亚问题的途径。美国对伊朗实施制裁后,土耳其没有加入对伊朗制裁。然而,土耳其与伊朗关系也存在竞争的一面。伊朗是什叶派穆斯林第一大国,而"新奥斯曼主义"指引下的土耳其则努力要成为逊尼派利益的领导国家。对于伊朗"称霸"中东的任何行动,土耳其毫无疑问会进行防范和制衡。

土耳其对以色列继续持强硬态度,这样的强硬立场有可能会帮助土耳其争取到阿拉伯国家的支持和解决巴以问题中的主导地位。2018年5月,为了对美国将大使馆迁到耶路撒冷表示抗议,土耳其宣布召回土耳其驻美国和以色列大使,坚持以1967年边界为基础承认巴勒斯坦国。

值得注意的是,土耳其在处理与沙特、伊朗、以色列等地区强国关系的过程中,一直将政治关系和其他领域的关系区别对待。在政治上,如上所述,土耳其反对任何国家称霸中东。但在贸易、旅游、能源等领域,土耳其却积极发展与这些地区强国之间的往来。③ 这正是土耳其外交务实性的突出表现。

(五)军事介入叙利亚,极力削弱库尔德武装

土耳其把叙利亚"库尔德民主联盟"及其武装"人民保护部队"视为

---

① 刘中民:"中东的2018:对抗 僵持 失衡",中国社会科学网,2018年12月16日,http://www.cssn.cn/zx/201812/t20181216_ 4793891_ 2.shtml,2018年12月28日。

② 郭长刚:"土耳其提升影响力获'神助攻'",2018年10月15日,http://www.sohu.com/a/259569503_ 618422,2018年12月30日。

③ Galip Dalay, "How will Turkey's foreign policy change under the new system?", 10 Jul, 2018, https://www.aljazeera.com/indepth/opinion/turkey-foreign-policy-change-system-180710104038091.html?xif = ,10%20Jul%202018, accessed on 28 Dec, 2018.

库尔德工人党在叙利亚的分支,将其定义为恐怖组织。然而,美国将库尔德民主联盟视为打击ISIS的盟友,不断向其提供援助。因此,为了实现削弱库尔德武装的目标,土耳其一方面与"自由叙利亚军"结成联盟,另一方面游刃于美国和俄罗斯之间,利用两个大国之间的矛盾,在阿芙林和曼比季展开了对库尔德武装的军事行动。

阿芙林是叙利亚北部省份阿勒颇的最大城市,该城市既有库尔德武装,又有叙利亚政府军与俄罗斯驻军。土耳其担心叙利亚境内的库尔德武装与本国境内分裂势力联合,威胁到本国安全。2016年土耳其曾以打击ISIS为名对叙利亚北部发动"幼发拉底河之盾"军事行动。该行动持续了8个月,阻止了库尔德武装向土叙边境的扩张。2018年1月初,美国宣布将与叙利亚库尔德武装合作,建立一支3万人的边境巡防军。此举增加了土耳其对安全问题的担心。2018年初,土耳其向阿芙林发起了代号为"橄榄枝"的军事行动。

为了争取美国对"橄榄枝"行动的支持,土耳其派出多名外交部副部长级人员赴美国进行外交活动。美国在土耳其军事行动后仅仅进行了谴责,并没有向土耳其施压,要求土耳其撤军。美国的表态使得土耳其能够放开手脚在阿芙林开展军事行动。与此同时,埃尔多安与俄罗斯总统普京进行密集的协商,最终双方达成协议:土耳其支持俄罗斯提出的"叙利亚和平进程",而俄罗斯对土耳其打击叙利亚库尔德武装的军事行动表示默许。[①] 3月18日,土耳其军队及"自由叙利亚军"成功从库尔德武装手中拿下阿芙林。土耳其军队能够攻下阿芙林,与土耳其在美、俄之间同时展开外交行动有密切关系。

曼比季位于叙利亚阿勒颇省东北部幼发拉底河西岸,距离土耳其边界大约30公里,是叙利亚境内军事重镇。曼比季曾为ISIS所控制。2016年8月,在美国的支持下,叙利亚反对派武装"叙利亚民主军"攻破"伊斯兰国"的防线,"叙利亚民主军"的主力"人民保护部队"夺取了曼比季的控制权。美国在曼比季建立了两个军事基地,主要用来培训库尔德武装。2018年4月4日俄罗斯、土耳其、伊朗三国举行了关于"叙利亚问题"的首脑会议。4月5日,土耳其军队与其盟友"自由叙利亚军"开始从阿芙林向曼比季调动,总兵力达到3万人左右。土耳其要求美军撤出曼比季,

---

① "'橄榄枝行动'的意义:土耳其为何要打叙利亚阿芙林",2018年1月24日,http://mil.news.sina.com.cn/2018-01-24/doc-ifyqyesy0892823.shtml,2018年11月20日。

但遭到美国拒绝。为了降低双方发生冲突的可能性，美国国务卿蓬佩奥与土耳其外交部长恰武什奥卢在华盛顿会谈，6月4日双方达成了曼比季安全合作"路线图"：美国同意在六个月内，库尔德武装撤出曼比季；库尔德武装撤出后，美国与土耳其在曼比季开展联合巡逻。① 然而，库尔德武装并没有按照期限撤出曼比季。10月底，土耳其军队对曼比季的"人民保护部队"发起了炮击，"人民保护部队"随后宣布暂停在叙利亚东部地区打击"伊斯兰国"。负责美军在叙利亚行动的美军中央司令部11月1日发表声明，呼吁"各方保持克制，缓和局势，确保打击'伊斯兰国'的持续压力"。联军发言人肖恩·瑞安说，联军在与土耳其和"人民保护部队"沟通，以缓解冲突。11月1日，美国与土耳其在曼比季首次进行了联合巡逻。联合巡逻将有助于美国防范土耳其对叙利亚北部和东北部的"人民保护部队"发起突然打击。

三、面临货币危机，寻求突破之道

尽管2017年土耳其GDP的增长率达到7.4%，但从2017年中期开始，土耳其就面临通货膨胀率居高不下的问题，里拉对美元汇率持续贬值。从2018年初截至8月13日，里拉价值蒸发了约45.7%。在土耳其总统和议会大选前，里拉贬值和通货膨胀更为严重。② 虽然从9月开始，土耳其货币贬值情况有所改善，但2018年总体经济形势不容乐观。2018年10月，国际货币基金组织预测，2018年土耳其的国内生产总值将增长3.5%，而2019年将仅增长0.4%。③

（一）里拉危机出现的原因

为什么2018年土耳其会出现里拉暴跌、GDP蒸发的情况？首先，土耳其经济困境是政治因素影响的结果。美国制裁是里拉暴跌的主要推动力。土耳其是全球第八大钢铁生产国，是美国进口钢铁第六大来源国。然

---

① 江飞宇："美国对土耳其让步　同意美军与库德军撤出曼比季"，2018年6月5日，http://www.chinatimes.com/cn/realtimenews/20180605004229-260408，2018年11月20日。
② BBC, "Turkey: Rising Prices, Hard Choices", 20 June, 2018, https://www.bbc.co.uk/programmes/w3cswh03, accessed on Dec. 20, 2018.
③ Mark Fang："土耳其政府计划难解长期商品价格上涨困局，IMF敦促其采取一揽子政策"，2018年10月10日，https://t.qianzhan.com/caijing/detail/181010-d51ed5a1.html，2018年12月29日。

而，由于美国和土耳其在布伦森和叙利亚问题上存在分歧，2018年3月美国宣布对进口钢铁和铝产品分别征收25%和10%的关税。6月23日，土耳其进行反击，宣布对美国价值18亿美元左右的产品征收2.8亿美元关税。8月10日，美国又宣布将土耳其钢铁和铝产品进口关税提高一倍，分别提高到50%和20%。美国提高关税直接的后果就是里拉大幅贬值。截至2018年8月，土耳其里拉对美元汇率累计跌幅达82%。[1] 同时，土耳其金融业遭到重创，面临金融危机的风险。美国在提高关税的过程中占据主动，而土耳其的行为是被动和报复性的。[2] 此外，从地区角度看，卡塔尔外交风波造成的惯性对土耳其经济也造成了负面影响。制裁卡塔尔的沙特等国联合起来，停止了与土耳其在安全和金融等领域的合作。[3]

其次，国际资本的撤离是土耳其经济困境的先导因素。2008—2013年西方资本涌入包括土耳其在内的新兴市场，成为推动经济增长的主要动力。2013年美联储表示要调整量化宽松政策，外国资本开始从土耳其撤离，土耳其经济随之出现波动。2017年美联储三次加息，造成资本流动性紧缩，大量资本撤出土耳其，使得土耳其货币贬值，土耳其经济受到巨大压力。2018年外国资本撤出造成的压力对土耳其的影响更加明显。

最后，从土耳其内部来看，政府主导经济的发展模式和经常账户赤字是2018年土耳其在国际因素刺激下遭遇经济问题的深层原因。纵观土耳其十余年来的经济发展方式，不难发现，正发党促进经济发展的主要手段是行政引导，集中在基础设施建设、私有化改革、信贷消费和干预金融等领域。[4] 此外，土耳其的经济增长建立在大量外债的基础上，而其经常账户常年赤字，2018年第一季度经常账户赤字占GDP的6.3%，为全球最大规模的赤字之一。由于国内存储率低，土耳其越来越依赖以外国资金来减少经常账户赤字。但由于土耳其过度依赖国外进口能源和中间产品，使土耳其进口缺乏弹性，而这进一步恶化了土耳其经常账户赤字问题。[5] 2018年

---

[1] 陆忠伟：“土耳其经济能摆脱衰退吗？”，2018年8月16日，http://www.sohu.com/a/247515373_618422，2018年12月29日。

[2] 马晓霖："美土货币战的地缘博弈本质"，《北京青年报》，2018年8月18日。

[3] Cyril Widdershoven, "Turkey's LNG Future and External Threats to Derail Ankara's Strategy?", August 30, 2017, http://www.energypolicyturkey.com/turkeys-lng-future-external-threats-to-derail-ankaras-strategy/, accessed on Dec. 30, 2018.

[4] 李鑫均："2015年土耳其宏观经济形势"，郭长刚、刘义主编：《土耳其发展报告2016》，社会科学文献出版社，2016年版，第37页。

[5] 张丽君主编：《土耳其经济》，中国经济出版社，2016年版，第21页。

第一季度，土耳其外债总额达 4667 亿美元，占国内生产总值的 52.9%。外债在土耳其 GDP 中占比超过 50%，国内银行存款 43% 是外币，货币的美元化造成里拉流动性差，国家经济很容易受到美元涨跌的影响。①

（二）应对措施

里拉危机对土耳其经济造成了很大的负面影响，减缓了土耳其的经济增速，但由于土耳其政府应对比较有效，土耳其经济没有出现全面危机。面对经济困境，土耳其政府采取了一系列经济措施。首先，土耳其政府将积极寻求改变对外经济关系。8月3日，土耳其总统埃尔多安发表演讲，宣布了内阁的"百天行动计划"，这是土耳其新内阁 7 月 9 日就职以来的首个施政方案。② 该计划包含金融、能源、外贸、基建、国防、旅游业等领域的 400 个重要项目，投资金额 460 亿里拉（约合 90 亿美元）。在"行动计划"中，埃尔多安表示土耳其将把中国、墨西哥、俄罗斯、印度等国家列为出口优先市场。

在国内，土耳其采取了一系列稳定经济的金融和财政措施。8 月 13 日，土耳其中央银行宣布了一系列包括减少强制储蓄在内的措施来保障经济稳定，这些措施投入共计 1000 万土耳其里拉，折合 600 万美元。土耳其央行同时宣布采取针对里拉和外汇流动性管理的各项措施，并更新了存款准备金率，以支持金融稳定和市场的有效运转。土耳其总统埃尔多安和财长阿尔巴耶拉克公开表示将确保央行的流动性，稳定市场经济，并号召抵制美国电子产品，回应美国对土耳其的制裁。③ 12月，埃尔多安宣布实施第二个 100 天计划，旨在刺激经济增长。④

正发党长期执政的基础在于其在经济发展方面所取得的业绩，从长时段来看，该党自执政以来，已经证明有解决土耳其经济危机的能力。有学者认为，很多研究夸大了土耳其经济面临的问题，否定了埃尔多安的经济乃至政治政策的功效。短期内土耳其可能会在偿还外债方面出现一定困

---

① 陆忠伟："土耳其经济能摆脱衰退吗？"，2018 年 8 月 16 日，http://www.sohu.com/a/247515373_618422，2018 年 12 月 29 日。
② "土耳其内阁发布'百天行动计划'"，2018 年 8 月 4 日，http://www.xinhuanet.com/world/2018-08/04/c_129926639.htm，2018 年 12 月 30 日。
③ 蔡鼎："货币贬值 债务恶化 深渊中的土耳其该如何自救？"，2018 年 8 月 19 日，http://finance.ifeng.com/a/20180819/16458355_0.shtml，2018 年 12 月 30 日。
④ "Turkey Economic Outlook"，Feb. 5，2019，https://www.focus-economics.com/countries/turkey，accessed on Feb. 15，2019.

难,但爆发全面经济危机甚至滑入"失败国家"行列的可能性较小。①

结　语

2018年6月的土耳其大选是2017年修宪公投后迈出的关键一步,大选后总统制的架构得以确立,埃尔多安期待的"新土耳其"已经出现。总统权力膨胀,议会权力减弱,土耳其建立了"强势政府"的政治模式。该政治模式不一定是民主的倒退,在一定程度上反映了当前土耳其政治经济发展的需要。以"新土耳其"为标志的国家转型意味着未来的土耳其将坚定迈上伊斯兰主义、奥斯曼主义和欧亚主义的混合型道路。②

当前,土耳其一切对外关系的核心集中在中东,特别是叙利亚。土耳其通过数次军事行动,基本实现了削弱叙利亚库尔德民主联盟武装的目标。2018年12月美国宣布从叙利亚撤军,叙利亚局势和巴沙尔政权将趋于稳定。在新的局势下,土耳其对待叙利亚"库尔德民主联盟"武装的态度可能发生转变。因为如果做不到这一点,土耳其可能就会失去在促进中东和平与稳定进程中发挥建设性作用的机会。③

受政治和经济因素的影响,2018年土耳其经济经历了重重难关。随着美国和土耳其关系的缓和,土耳其经济面临的总体环境会有所好转,但经济恢复需要较长的时间。根据经合组织2018年11月份做出的预测,受2018年后半年国内需求大幅下降的影响,2019年土耳其经济会进一步缩水,到2020年才有望逐渐恢复。④

---

① 张帅、昝涛:"土耳其经济前景展望",《国际论坛》,2018年第6期,第1页。
② 唐志超:"修宪公投后的土耳其内政外交走向",2017年4月18日,http://opinion.china.com.cn/opinion_89_163089.html,2018年12月30日。
③ ÜNAL ÇEViKÖZ, "Turkey's foreign policy challenges in 2018", Dec. 19, 2017, http://www.hurriyetdailynews.com/opinion/unal-cevikoz/turkeys-foreign-policy-challenges-in-2018-124340, accessed on Dec. 30, 2018.
④ "Turkey-Economic forecast summary", Nov. 2018, http://www.oecd.org/eco/outlook/turkey-economic-forecast-summary.htm, accessed on Dec. 30, 2018.

塞浦路斯：
西亚北非地缘联通的机遇与困境[*]

塞浦路斯地处欧盟东南门户和欧亚非十字路口，优越的地缘政治位置使得塞浦路斯成为了东西方多种文明的交汇处。塞浦路斯文明彰显了文明交往的独特魅力，同时也隐含着国家分裂的潜在风险。进入新世纪以来，塞岛地缘角色的另一个重要因素，即东地中海区域地位更加凸显。东地中海区域不仅充满动荡与挑战，也充满机遇，它蕴藏了丰富的石油天然气资源，对于欧盟与国际社会意义重大。2018年塞浦路斯阿纳斯塔西亚迪斯成功连任，经济发展平稳，同时塞浦路斯加强了与东地中海其他国家的政治、经济联系。然而该地区的核心问题塞浦路斯统一仍然悬而未决。东地中海油气田开发与塞浦路斯问题相互交织，增加了塞浦路斯问题的复杂性。

一、政治形势

（一）举行总统大选，阿纳斯塔西亚迪斯获得第二任期

2018年1月28日塞浦路斯举行总统大选，2月4日大选结果最终出炉，中右翼执政党民主大会党支持的塞浦路斯现任总统尼克斯·阿纳斯塔西亚迪斯在第二轮总统选举中获得55.99%的选票，战胜左翼反对党劳动人民进步党支持的马拉斯，赢得第二任总统任期。本次选举注册选民为55.1万，投票率为73.97%，比上届选举低7.6%个百分点。[①] 塞浦路斯实行总统制，总统任期为5年。塞浦路斯宪法规定，总统选举要求候选人得票数必须过半，如果在第一轮候选人无人获得半数票，得票数前两名的总统候选人将举行第二轮总统选举。

---

[*] 作者：李赛，西北大学中东研究所博士研究生。

[①] 中华人民共和国商务部："塞浦路斯总统大选结果揭晓"，2018年2月24日，http://www.mofcom.gov.cn/article/i/jyjl/m/201802/20180202714536.shtml，2019年2月10日。

阿纳斯塔西亚迪斯于1946年出生于塞浦路斯南部利马索尔地区，他曾经在雅典大学学习法律，后在伦敦大学攻读研究生。阿纳斯塔西亚迪斯曾于1997—2013年担任民主大会党主席。他于2013年2月首次当选总统时，塞岛正面临严重的金融危机。阿纳斯塔西亚迪斯上任后，塞浦路斯政府与欧盟、欧洲央行和国际货币基金组织达成协议，三大国际组织向塞浦路斯提供100亿欧元的救助金，此后塞浦路斯逐渐走出金融危机的阴影。在塞浦路斯解决完经济发展困境之后，塞浦路斯统一问题成为其国民面临的最大挑战。阿纳斯塔西亚迪斯在获胜后的演讲中称："现在我们面临的最大挑战就是统一我们的国家。我将继续以同样的决心工作，以实现我们的共同目标——结束外国占领和统一我们的国家。这场挑战中没有胜利者和失败者，只有塞浦路斯。"[1]

（二）与土耳其的关系继续恶化

与土耳其的外交关系是塞浦路斯解决"北塞"问题的关键。2018年塞浦路斯与土耳其的关系持续恶化。

土耳其一直将"北塞"问题与东地中海天然气项目进行捆绑，认为塞浦路斯南部发现的油气田应当由塞浦路斯希、土两族共同协商，并且通往欧洲的油气管道应当过境土耳其，但是这一立场并未被塞浦路斯政府完全接受。随着塞岛附近油气田勘探和开采的持续进行，塞浦路斯和土耳其之间外交关系也日益紧张。

2018年2月23日，塞浦路斯常驻联合国代表考那里奥斯·考那里奥（Komelios Korneliou）致信联合国秘书长古特雷斯，谴责土耳其侵犯塞航空和航海空间。[2] 此后在2018年11月14日和2019年1月8日，塞浦路斯常驻联合国副代表波莉·约阿努（Polly Loannou）两次致信联合国秘书长古特雷斯，指责土耳其在2018年8月和11月持续侵犯塞领空和领海。恩诺还称土耳其持续违反国际法，构成对地区和平、区域稳定和国家民用航空安全的威胁，并妨碍为塞浦路斯和平进程创造的有利环境，阻碍塞浦路斯

---

[1] Helena Smith, "Cyprus president Anastasiades defeats leftist challenger," February 4, 2018, https://www.theguardian.com/world/2018/feb/04/cyprus-president-anastasiades-beats-off-leftist-challenger, 2019年2月13日。

[2] 中国驻塞浦路斯共和国大使馆经济商务参赞处："塞浦路斯致信联合国抗议土耳其侵犯其航空和海域权"，2018年3月28日，http://cy.mofcom.gov.cn/article/jmxw/201803/20180302724691.shtml, 2019年2月19日。

和平进程。①

2018 年行将结束之际，土耳其总统埃尔多安在新年贺词中强调土耳其将会保护其在塞浦路斯的利益。同时塞浦路斯问题也持续阻碍土耳其入盟进程。塞浦路斯外交部发言人德米特里斯·塞缪尔（Demetris Samuel）2019 年 2 月 22 日表示，除非土耳其执行现有的协议，包括与塞浦路斯共和国的协议，否则塞浦路斯不可能同意升级欧盟与土耳其的关贸协定。②土耳其则指责塞浦路斯阻碍土耳其入盟进程。③

欧盟诸多成员国在东地中海油气勘探开发中支持塞浦路斯，在欧盟对土耳其在塞浦路斯周边海域钻探警告无效后，2019 年 7 月 15 日，欧洲联盟外交部长会议通过对土耳其制裁措施，包括暂停航空运输协议谈判和减少 2020 年对土耳其援助。④

（三）"东地中海联盟"的浮现

东地中海区域是世界古代文明的诞生地之一，但近代以来却成为冲突和动荡多发之处。塞浦路斯扼守东地中海区域的制高点，对地中海区域安全与稳定有一石激起千层浪的战略作用。美国驻塞浦路斯大使托马斯·博亚特对塞浦路斯地缘政治地位曾经有过这样的描述，"塞浦路斯是地中海东北角的一个岛屿，它像一艘航空母舰，掌控东西与南北。无论埃及人还是英国人，历代帝国想要统治中东，必先控制塞浦路斯。"作为地中海东部岛国，塞浦路斯充分发挥其地缘政治优势，依托与希腊同根、同族、同源的良好关系，同时积极发展与以色列、意大利、埃及、约旦等东地中海国家的政治、经济联系，试图打造东地中海联盟。尽管舆论关注有限，但上述国家已经着手将"东地中海国家"这一模糊的地理身份概念，转化为

---

① "Cyprus reports Turkish violations of its air and marine space," Cyprus Mail, January 22, 2019, https://cyprus-mail.com/2019/01/22/cyprus-reports-turkish-violations-of-its-air-and-marine-space/，2019 年 3 月 15 日。

② "Cyprus will not consent to any upgrading of Turkey-Eu customs agreement," Cyprus Mail, February 27, 2019, https://cyprus-mail.com/2019/02/23/cyprus-will-not-consent-to-any-upgrading-of-turkey-eu-customs-agreement/？hilite=%27Turkey%27，Cyprus will not consent to any upgrading of Turkey-EU customs agreement，2019 年 3 月 15 日。

③ "Turkey accuses Cyprus of abusing its EU membership," Cyprus Mail, January 31, 2019, https://cyprus-mail.com/2019/01/31/turkey-accuses-cyprus-of-abusing-its-eu-membership/？hilite=%27Turkey%27，2019 年 3 月 15 日。

④ "欧盟就地中海油气钻探制裁土耳其 减少资金援助"，新华网，2019 年 7 月 17 日，http://www.xinhuanet.com/world/2019-07/17/c_1210199209.htm，2019 年 7 月 17 日。

具体的地缘政治集团。① 其中最引人注目的就是塞浦路斯、希腊和以色列之间联系的日益紧密。

自 2016 年 1 月塞浦路斯、希腊和以色列举行第一次三边首脑会谈至今，三国已经举行了五次峰会。2018 年 5 月 8 日，第四次塞浦路斯—希腊—以色列三方首脑会议在塞浦路斯首都尼科西亚举行，塞总统阿纳斯塔西亚迪斯、希腊总理齐普拉斯、以色列总理内塔尼亚胡出席，并共同会见记者。在会议期间，三方签署了空间技术、卫星运行及应用合作谅解备忘录，电信与信息通信技术合作谅解备忘录，以及次区域海洋石油污染应急计划执行协议。此外，塞浦路斯和以色列还签署了公共安全和电影合作领域的两份合作协议。2018 年 12 月 20 日，塞浦路斯、希腊、以色列三国领导人举行第五次三方会谈，三国领导人就东地中海油气管道问题达成协议。除了最高领导人之间的会晤外，三国外交部长和国防部长之间也频繁交流，三国经常举行联合军演和民事保护训练，包括塞浦路斯、以色列、埃及和其他欧洲国家的联合空军演习。在 5 月份的会面中，以色列总理内塔尼亚胡称赞三国之间的联系日益紧密，称三国之间通过共同的贸易、旅游和卫生合作努力建立了一个良好的联盟。他同时称："我们正在建立一个伟大的联盟，一个三个民主国家之间的永久联盟。我们在过去几年中建立的热情、紧密和直接的接触简直是不可想象的。"② 2018 年 12 月 21 日，在三国关于东地中海油气管道达成协议之后，塞浦路斯主流媒体《塞浦路斯邮报》发表了《东地中海联盟更进一步》的评论员文章。③

塞浦路斯对于自身在东地中海的地缘政治角色有着明确的定位，2018 年 7 月 17 日，塞浦路斯外长尼克斯·赫里斯托都利迪斯（Nikos Christodoulides）在布鲁塞尔美国犹太人委员会跨大西洋研究所发表题为《塞浦路斯在东地中海的地缘政治角色：区域稳定、能源安全和反恐》的主旨演讲，阐释塞外交政策核心内容。赫里斯托都利迪斯表示，塞地缘战略角色之所以重要，其比较优势的是地理位置。同时塞作为欧盟成员国，又与邻国保持长期良好关系，使塞成为欧盟与该区域建立积极对话的天然

---

① 唐恬波："'失意者联盟'在东地中海上'突围'"，《世界知识》，2017 年第 1 期，第 52 页。

② Toi Staff, "Israel, Cyprus, Greece and Italy agree on $7b. East Med gas pipeline to Europe", November 24, 2018, https://www.timesofisrael.com/israel-cyprus-greece-italy-said-to-agree-on-east-med-gas-pipeline-to-europe/, 2019 年 3 月 10 日。

③ "A step closer to an east Med 'alliance,'" Cyprus Mail, December 21, 2018, https://cyprus-mail.com/2018/12/21/a-step-closer-to-an-east-med-alliance/, 2019 年 3 月 15 日。

桥梁。在应对区域挑战中,稳定是区域繁荣发展的必要条件。近年来欧盟人道主义难民危机问题凸显,威胁欧盟团结与凝聚力。追根溯源、对症下药,逃不开东地中海的治理问题。欧盟不仅要内顾,也要外看,而东地中海是欧盟关键的毗邻区。塞浦路斯意识到区域稳定的重要性,与希腊和其他国家合作,同以色列、埃及、约旦、黎巴嫩和巴勒斯坦等地区建立了三方合作机制。自2014年在开罗举行三边峰会以来,这种创新型的三方合作机制步入正轨,定期举行会议,在经济合作、文化、教育等广泛领域协同增效。三边合作的核心原则是,既不排斥他方,也不排斥其他机制,更不针对任何第三国,而是促进合作的工具。三方合作没有"放之四海皆准"的框架,而是根据各自比较优势相互促进发展,包括将三方扩展为多方合作。例如,塞浦路斯、希腊和以色列关于能源合作的三方讨论,未来将吸纳意大利和欧委会进入机制共同协商。[①]

二、经济形势

(一)经济发展良好

根据塞浦路斯统计局公布的最新数据,2018年四个季度塞浦路斯国内生产总值增速为正值,预计较2017年同期分别增长3.9%、3.9%、3.7%、4.0%,根据季节性和工作日调整后的数据,实际GDP增速也有4.0%、4.0%、3.7%、3.9%。GDP正增长主要归功于以下几个行业:"酒店和餐饮""零售和批发贸易""建筑业""制造业""专业科技制造业"和"行政和配套服务活动"。[②] 塞浦路斯也成为了欧盟内部经济增长最快的国家之一,塞浦路斯已经逐渐摆脱2013年金融危机的阴影,经济发展逐渐走向正轨。

2018年塞浦路斯外贸进口总额达到90.94亿欧元,出口总额达到42.44亿欧元,贸易逆差达到48.5亿欧元。其中与欧盟内部国家的外贸进口为52.03亿欧元,出口为11.97亿欧元,欧盟外国家的进口总额为38.91

---

① 中国驻塞浦路斯共和国大使馆经济商务参赞处:"塞浦路斯外交部长谈塞在东地中海的地缘政治角色",2018年7月26日,http://cy.mofcom.gov.cn/article/jmxw/201807/20180702769972.shtml,2019年3月15日。

② Cyprus Statistical Service, http://www.mof.gov.cy/mof/cystat/statistics.nsf/All/D211D807B80B33A0C2258316002939CA?OpenDocument&sub=1&sel=1&e=&print, 2019-03-15.

亿欧元，出口总额为30.47亿欧元。各项数据与2017年相比都有较大幅度的增长。①

根据欧盟统计局的最新数据，2018年12月塞浦路斯失业率为8.8%（其中男性为8.5%，女性为9.1%），低于2018年11月的8.9%和2017年12月的10.3%。②

旅游业是塞经济的重要支柱，2019年1月17日，塞浦路斯国家统计局发布2018年塞浦路斯旅游业数据，2018年全年塞浦路斯入境游客数量达到393.86万人，同比增长7.8%，为有记录以来最多的一年。③ 同时塞旅游业收入也达到27.1亿欧元，同比增长2.7%。④ 为了促进塞浦路斯旅游业发展，2019年1月2日塞浦路斯首位旅游部长萨瓦斯佩迪欧斯在总统府就职，标志着塞浦路斯副部级旅游部正式成立。塞浦路斯总统阿纳斯塔西亚迪斯表示，成立旅游部是塞浦路斯旅游业发展的重要里程碑，将帮助塞浦路斯旅游业更好地应对国际竞争，以及随之而来的问题和挑战。⑤

得益于塞浦路斯经济的持续好转，国际三大信用评级机构对塞浦路斯经济均持积极态度，2018年9月14日国际评级机构标准普尔将塞浦路斯评级从"BB+"上调至"BBB-"，这也是2013年金融危机之后标准普尔首次将塞浦路斯评级上调至投资级别。7月28日，国际信用评级机构穆迪公司将塞政府长期发行人评级由Ba3提升至Ba2，距投资级仅相差2级，并将评级展望由"积极"调整为"稳定"。穆迪上调塞主权评级的主要原因是，塞银行业持续复苏，政府通过出售塞浦路斯合作银行健康资产和负债，大大降低了银行业系统性风险，同时政府财政出现增长和盈余，债务压力有所缓解。但同时，穆迪也认为，塞政府也面临着财政支出加大的压

---

① Cyprus Statistical Service, http://www.mof.gov.cy/mof/cystat/statistics.nsf/All/73D23FD61FF7CF70C22583160027871B? OpenDocument&sub=1&sel=1&e=&print, 2019-03-15.
② 中国驻塞浦路斯共和国大使馆经济商务参赞处："2018年12月塞失业率降至8.8%"，2019年2月1日，http://cy.mofcom.gov.cn/article/jmxw/201902/20190202832811.shtml, 2019-03-15。
③ 中国驻塞浦路斯共和国大使馆经济商务参赞处："2018年塞入境游客近400万 创历史新高"，2019年1月23日，http://cy.mofcom.gov.cn/article/jmxw/201901/20190102829502.shtml, 2019年3月15日。
④ Cyprus Statistical Service, http://www.mof.gov.cy/mof/cystat/statistics.nsf/All/A35A049CF1016893C225779E00314EFD/$file/TOURISM-REVENUE-MONTHLY-JANDEC18-EN-010319.xls? OpenElement, 2019年3月15日。
⑤ 中国驻塞浦路斯共和国大使馆经济商务参赞处："塞副部级旅游部成立"，2019年1月16日，http://cy.mofcom.gov.cn/article/jmxw/201901/20190102827429.shtml, 2019年3月15日。

力和新银行法律框架效力的不确定性。① 10月20日，国际评级机构惠誉将塞浦路斯主权信用评级从"BB+"上调至"BBB-"，评级展望为正面，这是惠誉自2012年以来首次将塞浦路斯信用评级上调至投资级，将有助于降低塞浦路斯在国际资本市场的融资成本。

与此同时，IMF、国际评级机构、欧盟和塞浦路斯商界等也对2019年经济发展普遍持乐观态度。② 惠誉的报告称，得益于塞浦路斯建筑业和旅游业的繁荣以及个人消费的刺激，预计塞浦路斯经济将增长4%，明年（2019年）将增长3.8%。这也使得塞浦路斯GDP逐渐回升到金融危机前的水平。这将更加有利于塞浦路斯吸引投资，促进经济的可持续发展。③

（二）能源地区合作交往持续升温

塞浦路斯附近海域拥有丰富的油气资源，据塞浦路斯邮报报道，意大利能源巨头埃尼公司在塞浦路斯专属经济区第六区块发现天然气，这也是塞浦路斯近年来发现的第三处天然气田。④ 作为地中海东部的岛国，塞浦路斯天然气出口高度依赖油气管道，2018年塞浦路斯政府增强了区域合作，以结束能源孤岛困境。2018年9月19日，埃及石油部长塔里克·穆拉与塞浦路斯能源商工旅游部长拉科特里皮斯在塞浦路斯首都尼科西亚签署了建设从塞浦路斯到埃及海底天然气管道的协议。据悉，建设这条管道将耗资约8亿美元。建成后，这条管道能将天然气从塞浦路斯阿佛洛狄忒气田输送到埃及，然后再出口到不同市场。2018年12月20日，塞浦路斯、希腊、以色列三国领导人举行第五次三方会谈，三国领导人就东地中海油气田问题达成协议。这条管道目前的设计是最初每年从地中海东部向希腊输送100亿立方米的天然气，全长共1900公里。然后将从希腊的波塞

---

① 中国驻塞浦路斯共和国大使馆经济商务参赞处："国际信用评级机构穆迪将塞长期主权信用评级提升至Ba2级"，2018年8月13日，http://cy.mofcom.gov.cn/article/jmxw/201808/20180802775218.shtml，2019年3月15日。

② 中国驻塞浦路斯共和国大使馆经济商务参赞处："塞商界对2019年经济持中等乐观态度"，2019年1月16日，http://cy.mofcom.gov.cn/article/jmxw/201901/20190102827444.shtml，2019年3月15日。

③ 中国驻塞浦路斯共和国大使馆经济商务参赞处："惠誉上调塞浦路斯主权债务评级至投资级别"，2018年10月23日，http://cy.mofcom.gov.cn/article/jmxw/201810/20181002798617.shtml，2019年3月15日。

④ 中国驻塞浦路斯共和国大使馆经济商务参赞处："塞浦路斯近海专属经济区又发现一处天然气田"，2018年2月24日，http://cy.mofcom.gov.cn/article/jmxw/201802/20180202714540.shtml，2019年3月15日。

冬连接到意大利，长度约 300 公里。这一项目已经收到欧洲委员会约 3500 万欧元的资助。但是一些业内专家仍然认为四国政府和欧盟无法为这一庞大项目提供足够的资金，它仍然需要其他投资者和天然气买家的参与。作为协议的一部分，三国将在尼科西亚设立一个常设秘书处，负责协调三方合作计划。① 但因为塞浦路斯问题仍未解决和土耳其阻碍塞岛附近油气勘探，东地中海的油气开发并非一帆风顺。

2019 年 1 月塞浦路斯周边海域油气田合作开发再上一个台阶，塞浦路斯、希腊、意大利、以色列、约旦、巴勒斯坦和埃及等七国能源部门代表齐聚埃及首都开罗，宣布成立新的区域能源组织——东地中海天然气论坛，这一具有严密机构的组织旨在加快东地中海油气勘探开发，协调该地区油气开发和油气管道项目。因为东地中海油气管道项目牵涉该地区多个国家，东地中海天然气论坛将在国际法框架内支持过境项目，消除过境障碍，创建一个符合成员国利益的地区天然气市场。

（三）经济发展面临的挑战和风险

2018 年塞浦路斯经济发展取得了显著成就，但同时也面临着诸多考验。2018 年 7 月 24 日塞浦路斯大学经济研究所发布报告预测，塞浦路斯 2019 年经济增长可能放缓至 3.3%，支持经济发展的主要因素是公私投资项目较多和消费旺盛，使得国内消费强于预期。但同时，塞经济面临的最大下行风险是较高的负债水平和不良贷款，家庭和企业债务总额是塞经济规模的 2.5 倍，其中一半是不良债务。此外，拖累塞经济增长的因素还包括欧元区可能出现经济增速放缓、英国由于"脱欧"谈判导致经济增长弱于预期、塞旅游竞争力相对下降等。② 2019 年 2 月 27 日，欧盟发布经济评估报告，点名批评塞浦路斯经济过度失衡，塞浦路斯的问题是银行坏账居高不下，经济失衡状况鲜有改张。③

同时塞浦路斯经济发展也受到欧盟护照政策收紧的影响。2019 年 1 月

---

① Cyprus, Greece, Israel agree on Eastmed pipeline, December 20, 2018, Cyprus Mail, https://cyprus-mail.com/2018/12/20/cyprus-greece-israel-agree-on-eastmed-pipeline/? hilite = %27Greece% 27%2C%27Israel%27，2019 年 3 月 15 日。

② 中国驻塞浦路斯共和国大使馆经济商务参赞处："国际信用评级机构穆迪将塞长期主权信用评级提升至 Ba2 级"，2018 年 8 月 13 日，http://cy.mofcom.gov.cn/article/jmxw/201808/20180802775218.shtml，2019 年 3 月 15 日。

③ "欧盟评估报告点名意大利等三国'经济失衡'"，2019 年 2 月 28 日，中国新闻网，http://www.chinanews.com/gj/2019/02-28/8767053.shtml，2019 年 3 月 15 日。

中旬，欧盟发布了针对投资移民（黄金签证）的风险调查报告，认为这些项目增加了洗钱、腐败和逃税的风险。迫于压力，2019年2月14日，塞浦路斯政府成为首个正式对黄金签证条例做出修改的国家，塞政府大幅提高申请门槛，而此前英国和保加利亚都宣布了暂停黄金签证计划，并表示准备调整政策。塞浦路斯内阁批准了财政部长提交的"投资公民身份计划"的修改意见。修改意见主要包含以下要点：（1）增加15万欧元捐款。（2）由外国专家进行尽职调查。（3）申请者必须已经持有申根签证。（4）所投资物业持有期由三年延长为五年。（5）持有塞浦路斯永居6个月以上才能申请国籍。其中第（1）（2）（3）项将于2019年5月15日执行；而（4）（5）项尚未明确执行时间。签证政策的修改可能会影响私人对塞浦路斯的投资移民。

三、统一形势

作为古希腊传说中爱神阿弗洛狄忒的诞生地，塞浦路斯的现代历史却被希腊族和土耳其族之间的紧张冲突所主导。自从1974年土耳其借口塞浦路斯希腊族人将发动政变为由入侵导致塞浦路斯南北分裂以来，塞浦路斯统一进程一直受到世界的关注。在2017年7月联合国主导的最新一轮塞浦路斯统一谈判失败之后，在新的联合国秘书长塞浦路斯特使的斡旋下，2018年以来塞浦路斯南北双方多次会面，但双方对统一后政体形式和塞岛油气田等问题存在较大分歧，统一前景仍不乐观。

（一）统一谈判新进展

在塞浦路斯总统选举前，2018年1月8日，"北塞浦路斯土耳其共和国"议会举行大选，投票率约为62.44%，土耳其共和党党魁，年仅48岁的图番（Tufan Erhürman）当选为"北塞"领导人。他曾经在2008—2010年间负责解决塞浦路斯问题。在塞浦路斯问题上，土耳其共和党支持塞浦路斯重新统一，对于谈判解决塞浦路斯问题持务实态度。这为2017年夏天在瑞士举行的最新一轮塞浦路斯问题谈判失败后，处于黑暗困顿中的塞岛统一前景带来微弱曙光。

2018年5月2日，联合国秘书长安东尼奥·古特雷斯任命美国籍高级官员简·霍尔·卢特为负责塞浦路斯问题的秘书长临时特使，负责斡旋统一谈判重启事宜。塞浦路斯希腊族和土耳其族领导人以及英国、希腊和土耳其三个保证国表示接受这一安排，这也是 2017 年 8 月前任塞浦路斯问题特别顾问艾斯班·艾德离任之后，联合国首次任命负责塞浦路斯问题的官员。如果联合国认为谈判可以继续，古特雷斯将会任命一位特别顾问负责促进谈判。卢特曾经于 2009—2013 年担任美国国土安全部副部长，后曾经在联合国担任特别协调员。

2018 年 7 月 6 日联合国秘书长古特雷斯向安理会提交塞浦路斯问题报告，指出塞浦路斯希腊族和土耳其族之间并没有达成正式的停火协议，也没有正式的停火线，由联合国驻塞浦路斯维和部队管理的缓冲区最宽处有 7 公里，最窄处不足 4 米，联塞部队每年都要处理数百起可能引发紧张关系的事件。联合国于 1964 年通过决议向塞浦路斯派遣维和部队，管理停火缓冲区，并向双方提供人道主义援助。联合国塞浦路斯问题特别代表，联合国驻塞浦路斯维和部队负责人伊丽莎白·什佩哈尔表示希土两族长期隔绝，缺乏沟通，这是解决塞浦路斯问题的最大挑战。

2018 年 7 月联合国秘书长古特雷斯就塞浦路斯问题发起了新的倡议，并派遣负责塞浦路斯问题的秘书长特使简·霍尔·卢特前往塞浦路斯，评估恢复谈判的前景。卢特于 7 月 23 日访问塞浦路斯，并与塞浦路斯总统阿纳斯塔西亚迪斯和"北塞"领导人阿肯哲分别举行会谈，就重启塞浦路斯统一谈判相关问题征求两族领导人的意见。塞浦路斯总统阿纳斯塔西亚迪斯在会谈后表示已准备好从 2017 年 7 月中断处开启新的对话。[①] 在得到卢特的最新汇报后，2018 年 10 月 15 日联合国秘书长古特雷斯在提交给安理会常任理事国的塞浦路斯报告中认为，塞浦路斯希土两族之间达成全面解决方案的前景依然存在，因为所有塞浦路斯人都应该拥有一个共同的未来。

2018 年 10 月 26 日土希两族领导人进行了正式会谈，会议由联合国秘书长驻塞浦路斯特别代表和塞浦路斯维和部队负责人伊丽莎白·什佩哈尔（Elizabeth Spehar）主持。在会谈中两族领导人同意开放两条新的道路以促进两个社区之间的交流。

2018 年 12 月 15—20 日、2019 年 2 月 2—4 日，联合国秘书长塞浦路斯问题特使卢特重新开始穿梭外交。在她的积极斡旋之下，两族领导人决定在 2019 年 2 月 26 日举行正式会晤。塞浦路斯总统阿纳斯塔西亚迪斯表

---

① "塞浦路斯总统表示已准备好重启统一谈判"，2018 年 7 月 24 日，http：//news.cnr.cn/gjxw/gnews/20180724/t20180724_524309555.shtml，2019 年 3 月 15 日。

示他将带着开放的态度来应对这次会面,同时他还提出了一个组建松散联邦的提议。两位领导人在会议上就一系列建立信任的措施达成一致,但是没有宣布有关谈判进程的下一步行动。两族领导人同意通过一个外部枢纽连接双方的移动电话网络,这一建立信任的措施在 2015 年就已经决定,但一直未付诸实施,同时还需要整合近两年完成的电网,交换文化材料,进行额外的扫雷计划。但是根据土族一方的要求,有关谈判的举措将会在 6 月份之后出台。塞浦路斯政府对此表示反对,要求谈判必须尽快开始。塞浦路斯政府表示建立一些信任措施是积极的应对态度,但是建立信任措施"决不能取代目前恢复谈判的主要问题"。①

（二）阻碍统一的原因

2018 年塞浦路斯希腊族和土耳其族频繁接触,出现和平统一的曙光,但统一进程也受到东地中海油气开采问题和"北塞"地位问题的挑战。首先,塞浦路斯希土两族的政治诉求仍然存在较大差别,在会晤前,两族领导人接连对未来塞浦路斯统一的政治前提针锋相对。塞浦路斯土耳其族领导人穆斯塔法·阿肯哲（Mustafa Akinci）在接受采访时表示希望塞浦路斯总统阿纳斯塔西亚迪斯就地方分权和联邦制政治形态做出进一步阐释,同时他还提出"政治平等"是塞浦路斯土耳其族的"政治红线",并与塞浦路斯希腊族对安全和保障的要求相挂钩。阿纳斯塔西亚迪斯则在接受采访时回应称:"塞浦路斯土耳其族裔社区的政治平等已经被认可了几十年,但是塞浦路斯土耳其族所要求的政治平等,在某种意义上意味着在中央政府和其他任何机构的每一项决定中都起着绝对作用,在他看来这并不是政治平等,而是事实上造成了政治上的不平等,因为他将允许一个族群凌驾于另一个族群之上。"②

其次,塞浦路斯南北双方对于塞岛周边油气田归属存在争议。目前塞浦路斯周边油气田开发主要由塞浦路斯政府主导,土耳其试图介入其中,而"北塞"当局限于其政治地位问题无法邀请外国公司进行勘探开发。为此"北塞"当局颇有怨言。2018 年初,塞土族当局就塞浦路斯政府在附近

---

① "National Council meeting was 'creative and constructive'," Cyprus Mail, March 1, 2019, https://cyprus-mail.com/2019/03/01/national-council-meeting-was-creative-and-constructive/, 2019 – 03 – 15.

② "Akinci's idea of 'political equality' equates to 'political inequality'," Cyprus Mail, February 10, 2019, https://cyprus-mail.com/2019/02/10/akincis-idea-of-political-equality-equates-to-political-inequality-president-says/, 2019 – 03 – 15.

海域进行油气钻探表示,在统一谈判尚未达成的情况下,塞希腊族单方面在近海专属经济区进行勘探钻井,将自己视为是塞岛唯一合法的拥有者,蔑视了塞土族人的权利。该当局重申,希土两族作为塞岛的共同所有者,在涉及岛内资源开发利用方面享有合法、公平的权利。如果塞希族人坚持强硬立场,那么统一谈判不可能达成双方"政治平等"的联邦制解决方案,甚至可能出现"两国共存"的方案。要达成公正持久的解决方案,最好的行动是冻结近海油气资源勘探工作,或者在双方共同商定的框架下进行勘探。如果塞希族人对土族的意见置之不理,那么塞土族将同保证国土耳其一道,采取一切必要措施捍卫自身权益。[①]

此外影响塞浦路斯南北统一的阻碍还有油气管道建设问题。一方面,塞浦路斯政府希望通过以色列、希腊和意大利修建通往欧洲的油气管道;另一方面,"北塞"当局希望油气管道通过土耳其连接欧洲。在 2018 年 5 月塞浦路斯土耳其族领导人穆斯塔法·阿肯哲(Mustafa Akinci)在塞浦路斯、希腊和以色列三国领导人举行峰会讨论油气管道工程之际发表声明,这一项目的建设无助于地区和平与稳定。如果地中海东部的能源开发利用将塞浦路斯土族人和土耳其排除在外,能源开发就无法为地区和平与稳定做出贡献。阿肯哲认为,塞土耳其族也对塞近海天然气资源勘探开发享有权利,目前规划的路线不是"一条和平路线"。相反,两族在互利共赢的基础上进行建设,并通过土耳其输送至欧洲,这种油气管道距离最短、造价最低、工期最短,应该是最合理的选择。除了经济方面的考虑,这样的路线安排还有助于区域和平稳定,并推动达成塞浦路斯问题的解决方案。[②]因为塞浦路斯和土耳其政府之间仍然处于敌对状态,这一设想也只是"北塞"当局的假想而已。

虽然塞浦路斯南北双方就一些具体问题存在争议,但是两方都意识到维持现状并不是它们的选择,都希望尽快实现塞浦路斯统一。塞浦路斯外交部长尼克斯·赫里斯托都利迪斯在接受塞浦路斯通讯社采访时表示 2019 年是解决塞浦路斯问题的关键一年。他强调目前不可接受的现状并非塞浦路斯的解决方案,第一个挑战就是要拟定条款,以便进行有意义、集中和

---

① 中国驻塞浦路斯共和国大使馆经济商务参赞处:"塞浦路斯土耳其族对近海油气资源勘探表示抗议",2018 年 1 月 26 日,http://cy.mofcom.gov.cn/article/jmxw/201801/20180102704769.shtml,2019 年 3 月 15 日。

② 中国驻塞浦路斯共和国大使馆经济商务参赞处:"塞浦路斯土耳其族领导人批评东地中海管道项目并非'和平路径'",2018 年 5 月 18 日,http://cy.mofcom.gov.cn/article/jmxw/201805/20180502745431.shtml,2019 年 3 月 15 日。

注重结果的谈判。塞浦路斯土耳其族领导人穆斯塔法·阿肯哲则在其新年声明中称，塞浦路斯土耳其族是现状的唯一受害者。国际社会方面，包括美国、俄罗斯、中国在内的安理会常任理事国均表示希望塞浦路斯问题在联合国框架内尽快解决。2018 年 12 月 7 日俄罗斯卫星通讯社报道，俄罗斯外长拉夫罗夫表示俄方坚持全面、公正持久地解决塞浦路斯问题，相信塞浦路斯南北双方应在基于联合国安理会决议的谈判中找到各方面都能接受的最终解决方案。同时，他还表示任何试图从外部强加现成的办法和人为时间表都是不可接受的，我们有关让安理会所有常任理事国参与制定有关和解外部方面最终解决方案的提议仍然有效。[①]

结　语

综合来看，2018 年塞浦路斯的内政外交堪称顺利，具体表现在政治的平稳延续，经济发展势头良好，塞浦路斯统一进程再次启动等方面。然而，塞浦路斯的政治、经济、社会状况和外交关系并不是孤立的，而是彼此之间相互影响的错综复杂的关系，诸多突破的背后同时也面临着诸多发展困境。从 2018 年末到 2019 年初，在联合国秘书长塞浦路斯问题特使卢特的斡旋下，塞浦路斯两族领导人两次会面，但是双方对于塞岛统一的条件分歧仍然较大。塞岛统一与塞浦路斯周边油气田开发问题和塞浦路斯与土耳其关系等问题息息相关，在"北塞"地位未定的情况下，土耳其多次干扰塞岛周边油气田勘探开发，甚至进入塞浦路斯专属经济区进行油气勘探。同时，塞浦路斯土耳其族则要求政治平等，认为塞浦路斯政府忽略其油气权，应当暂停油气勘探。就目前形势来看，塞浦路斯局势不会严重恶化，但同时存在不确定性。

---

① "俄外长：塞浦路斯问题应由南北双方在谈判中自行解决"，俄罗斯卫星通讯社，2018 年 12 月 7 日，http://sputniknews.cn/politics/201812071027050068/，2019 年 3 月 15 日。

埃及：
威权秩序重建下的经济改革与社会问题初探*

一、威权秩序的持续重建

（一）无悬念的总统选举

2018年3月，埃及举行了第4次差额选举，也是自"1·25"革命后的第3次总统选举。2017年8月，埃及成立全国选举委员会，由该委员会负责管理和监督总统、议会、地方和公民的投票选举进程。依据2014年第（22）号法，全国选举委员会宣布参加总统选举的条件：除年龄、国籍、素质及品德要求外，还要求每位候选人须获得20名众议院议员的提名，或者获得15个省内最少2.5万选举人的支持，且每个省不少于1000人。候选人条件公布后，有多名候选人宣布将参加总统竞选。然而，以阿卜杜勒·法塔赫·塞西为首的埃及政府从多方面采取行动，确保塞西成为绝对的胜出者，使总统选举结果毫无悬念。

在总统候选人方面，塞西的主要竞争对手有艾哈迈德·沙菲戈、萨米·阿南、穆罕默德·安努尔·萨达特和穆斯塔法·哈加吉等。艾哈迈德·沙菲戈曾担任穆巴拉克时期的总理，并在2012年的总统选举中获得48.3%的支持率。萨米·阿南是埃及军队前参谋长，他不仅得到军队中反对塞西一派的支持，还得到穆斯林兄弟会的支持。穆罕默德·安努尔·萨达特是前总统萨达特的侄子，前国会议员，时任改革与发展党主席。穆斯塔法·哈加吉是前临时总统阿德利·曼苏尔的政治顾问，有着丰富的政治工作经验。

由于来自各方面的压力，这些具有竞争力的候选人在宣布参加总统选

---

* 作者：孙慧敏，西北大学中东研究所博士研究生。

举后不久纷纷表示放弃竞选。有消息称，2017 年 12 月初，艾哈迈德·沙菲戈在被阿联酋遣返后，直接在开罗机场被警察带走。2018 年 1 月，萨米·阿南被全国选举委员会从总统候选人中剔除，原因是军方提供的证据显示他仍是在籍军人。穆罕默德·安瓦尔·萨达特表示目前埃及的选举有失公正与公平，政治氛围不适宜参加竞选。最后，参加总统竞选的只有塞西和明日党主席穆萨·穆斯塔法·穆萨。

在投票阶段，埃及政府运用多种方式提高投票率，因为投票率过低将使选举结果作废。选举委员会规定，如果每位登记在册的选举人无故不参加选举，将受到最高 500 埃磅（约合 28 美元）的罚款。为鼓励选举人参加投票，埃及各地政府在投票站或提供公益服务，或发放物品，或奖励金钱。此外，政府还派出专车接送年龄较大和行动不便的选举人参与投票，增加投票率。尽管如此，埃及民众参加投票的热情仍然不高。2018 年 4 月 2 日，埃及全国选举委员会宣布总统选举的投票率为 41.05%。[①] 同时，选举委员会宣布塞西以 97.08% 的得票率获胜，而穆萨仅获得 2.92% 的得票率。[②] 由此，塞西再次当选为埃及总统，开启他的第 2 个任期。

（二）巩固对军队与国家机构的控制

以塞西为首的埃及军方发动政变后，塞西在扩大军方权力的同时加强了对军队的控制。2013 年底，埃及临时总统曼苏尔签署总统令，规定国防部长必须由军人担任。根据 2014 年新宪法，军方获得了排他性的财政预算权，议会无权干预；新宪法第 234 条规定，埃及总统若非得到军事委员会的授权，无权任命新的国防部长；新宪法第 204 条确立了军事法庭拥有审判平民的权力。[③] 2014 年 3 月，塞西的亲信西德基·苏卜希出任埃及武装部队总司令兼国防部长，其密友兼亲家马哈茂德·希贾兹担任武装部队总参谋长。

2017 年 10 月，塞西任命穆罕默德·法里德·希贾兹为武装部队总参

---

① "总统选举中埃及各省份选民人数详情"，第 7 日网，参见：https://www.youm7.com/story/2018/4/2/3727036/نشر-التفاصيل-الكاملة-لأعداد-المصوتين-بانتخابات-الرئاسة-جميع-محافظات-مصر, 2019 年 1 月 23 日。

② 易卜拉欣·卡西姆："埃及 2018 年总统选举的详细结果"，第 7 日网，参见：https://www.youm7.com/story/2018/4/2/3727021/نشر-النتائج-التفصيلية-لانتخابات-الرئاسة-المصرية-2018-القاهرة-الأعلى-تصويتا, 2018 年 1 月 23 日。

③ 易小明："埃及塞西政府的内外政策及执政前景"，《国际研究参考》，2015 年第 10 期，第 13 页。

谋长，任命原总参谋长马哈茂德·希贾兹为其战略规划和危机管理顾问。对于塞西的这种操作，外界认为有以下几种原因：（1）对关键人物进行替代，自塞西担任总统以来，与塞西一起参加2013年"7·3政变"的大部分军队领导人的职位均已被替代；（2）马哈茂德与西德基之间存在分歧，塞西偏向支持西德基；（3）安保工作屡败，边境安全事故频发；（4）转换马哈茂德的军人身份，使之以平民身份接触各政治势力，在危机时刻，使他成为军方潜在的总统候选人；（5）为马哈茂德担任总理做准备。2018年6月，塞西任命穆罕默德·扎克为武装部队总司令兼国防部长。作为塞西政权的二号人物西德基·苏卜希被免职，因为他与塞西政见不合，并不断培植自己的势力，且具有发动军事政变的经验。不管是何种原因，塞西撤换军队领导人，其最终目的都是为了加强自身对军队的控制，巩固其威权统治。

塞西为巩固其威权统治，还染指议会政治。依据2014年埃及新宪法第102条规定，总统可以任命不超过5%的众议院议员。然而，塞西以穆巴拉克时期的政治势力为基础，在议会中组建亲现政权的政党联盟。这些政党联盟无一例外地表示坚决支持塞西政权。2016年1月，众议院议长阿里·阿卜杜勒·阿勒在塞西就职24小时内即致电祝贺。在电文中，他表示："总统先生，阿拉伯世界正经历这样一个历史时刻，面临着恐怖主义的威胁，我支持您团结阿拉伯的睿智行动，并与您同心协力。真主关照您，埃及人民支持您的道路选择。"作为立法机构的高级成员，阿里·阿卜杜勒·阿勒同样表示对行政机构首脑塞西的完全支持与服从。

此外，塞西的直系亲属在国家重要监察与情报机构中均有任职。塞西的大哥艾哈迈德·塞西在最高上诉法院担任法官，其长子穆斯塔法担任行政监督主管，其次子马哈茂德在埃及国家综合情报局任职。塞西直系亲属在关乎国家政治安全的机构中担任重要职位构筑了其推动威权秩序重建的重要组成部分。

（三）限制公民权利与监管新闻媒体

穆巴拉克任期的30年内，埃及几乎处于"紧急状态"之下。自2013年7月起，埃及多次宣布进入紧急状态。2014年10月，埃及当局宣布西奈省北部部分地区进入紧急状态。2017年4月，埃及以确保军队和警方能够采取一切必要手段打击恐怖主义为由宣布全国进入为期3个月的紧急状态。之后，塞西分别于2017年7月、10月和2018年1月、4月、7月、10

月和 2019 年 1 月连续多次宣布延长全国紧急状态。紧急状态的实施，意味着直接听命于总统的国家安全法院有权审判犯罪嫌疑人，总统拥有实施宵禁、限制个人自由和管控新闻媒体等权力。由此，国家处于总统的全权统治之下，军方力量主导国内安全形势，公民权利受到很大限制。

紧急状态之外，埃及政府颁布法律，限制公民游行示威的权利，压制社会组织的生存空间。2013 年 11 月，埃及临时总统阿德里·曼苏尔签署第（107）号《游行抗议法》。该法规定，任何游行和集会的组织者必须至少提前 3 个工作日向当地警察局或相关国家机关提供书面申请材料，申请材料中须写明游行或集会的原因、地点和口号等具体内容。对于违反规定的游行示威人员，将被判处罚款或监禁。其中，情节严重者，最高被判处 7 年以上监禁或 10 万至 30 万埃磅的罚款。2017 年 5 月，塞西签署第（14）号法，对《游行抗议法》中的第 10 款关于上诉游行的内容做出微调，但并没有对人民在公共场所进行游行、示威与集会等活动设置的诸多限制做出改变。同月，塞西签署第（70）号《新非政府组织法》。与 2002 年《民间协会与非政府组织法》相比，该法对非政府组织的资金来源及其工作制定了更加严格的条件与规则。

在加强新闻媒体管理方面，2016 年 6 月，塞西颁布第（96）号《新闻媒体组织法》，规定新闻和媒体机构应服从国家安全的要求。2017 年 4 月，塞西颁布第（158）号法，宣布成立最高媒体监管委员会，负责管理新闻媒体机构的日常活动。马克拉姆·穆罕默德·艾哈迈德担任委员会主席，他是现政权及前穆巴拉克政权的追随者，与相当一部分新闻工作者不睦。随后，塞西连续颁布第（159）号法和第（160）号法，成立国家新闻社和国家媒体管理委员会，分别负责管理国有新闻和媒体事务。2018 年 4 月，《今日埃及人报》的 9 名记者在发布标题为《选举最后几天国家动员选民》的新闻后被调查，他们被指控散布有损国家安全和公共利益的虚假新闻。

2018 年 7 月和 8 月，埃及先后颁布《新闻与媒体组织法》和《反网络信息犯罪法》，加强对新闻和网络媒体的监管与处罚。据埃及非政府人权组织思想与言论自由协会发布的报告，自 2017 年 5 月至 2018 年底，埃及当局封锁的新闻和人权网站达到 500 个以上。①

---

① 穆罕默德·纳吉：“以紧急精神的镇压：2018 年埃及表达自由第六年度报告”，第 21 页，https://afteegypt.org/wp-content/uploads/2018-AR.pdf，2019 年 2 月 12 日。

二、经济改革及其成效

（一）继续推进经济改革

为改善不断恶化的经济局面，塞西开始实施经济改革。埃及的经济改革涉及财政、金融、基础建设等多个方面，其目标是降低财政赤字、吸引外资、实现经济的可持续发展。埃及财政部发布的《2018/2019年国家预算财务报告》显示，埃及政府将继续实施全面的经济与社会改革，以促进经济发展，创造就业机会；继续实施财政改革，减少公共债务和财政赤字。

塞西上台之后即宣布实行开源节流的财政政策：削减物价补贴，降低财政赤字；进行税收改革，增加财政收入。物价补贴原则上是为了补贴穷人，维护社会公平。但埃及所有补贴中能源补贴占73%，补贴政策的最大受益者实际上是拥有较高收入的家庭，因为这些家庭的人均消费能力更高，能源消费更多。[①] 自2014年7月起，政府逐渐削减能源补贴，提高燃料价格。2016年11月，埃及与国际货币基金组织签署贷款协议，并在其指导下，推动旨在削减补贴、降低赤字的全面经济改革。2018年6月，新内阁宣誓就职2天后就宣布削减燃油补贴，提高燃油价格。埃及不断削减能源补贴的目标是在2019年6月15日之前将燃油价最少提高至成本价格，最终取消能源补贴。税收改革方面，为增加财政收入，2014年政府新增或调整了房产税、证券税、矿产税、烟酒税等。个税方面，埃及实行累进制纳税制，但由于埃及最低工资高于免征税额度，因此，所有工薪阶层都必须纳税；对于工商企业税，2016年9月，埃及政府将10%的销售税改为13%的增值税，2017/2018财年增值税提高至14%。[②]

吸引外资是埃及经济改革的一项重要内容。2015年3月，塞西在沙姆沙伊赫召开经济发展大会，旨在吸引外资，助力埃及经济复苏。2017年5月，埃及议会通过新《投资法》，该法中70%的内容涉及行政管理，主要

---

① Adel Abdel Ghafer, A Stable Egypt for a Stable Region: Socio-economic Challenges and Prospects, p. 14. http://www.europarl.europa.eu/RegData/etudes/STUD/2018/603858/EXPO_STU(2018)603858_EN.pdf, 2019 – 01 – 20.

② 戴晓琦：“塞西执政以来的埃及经济改革及其成效”，《阿拉伯世界研究》，2017年第6期，第42页。

是简化审批程序，缩短审批时间，畅通投诉渠道等内容。其中，关于政策透明度和促进投资的内容体现了政府在吸引外资和鼓励私有部门发展方面的决心。同年10月，《投资法实施细则》出台。2017/2018财年，外国资本对埃的净投资额达79亿美元；2018/2019财年伊始，埃及计划部部长哈拉·萨义德表示，埃及政府将继续推动吸引外资的改革，力争实现外国直接净投资额增加至110亿美元。① 2018年上半年，欧盟对埃投资额达151亿美元，其中英国是欧盟国家对埃投资最多的国家，投资额为53亿美元，其次为荷兰、意大利和法国等。② 截止2018年9月，美国在埃投资项目1222个，投资金额达24亿美元。③ 2019年2月，沙特投资局局长易卜拉欣欧玛尔表示，自塞西执政以来，沙特在埃及的各类投资总额已达540亿美元，涉及农业、电力、教育、医疗等方面。④

为实现增加就业、改善投资环境和促进经济发展，埃及政府批准了若干个大型国家基础建设项目。如苏伊士运河辅线项目、新开罗行政首都项目、塞得港东港口项目、谢赫村省物流区项目、新苏伊士城项目等。2015年8月，苏伊士运河辅线项目竣工。至今，埃及仍在继续推进大型国家项目建设和积极吸引国内外投资，其余项目均在政府的推进之中。虽然这些大型基础建设项目曾被指有浪费资金之嫌，但就目前而言，其成效利弊仍有待时间检验。

为了给经济改革与发展提供更广阔的空间与资源，政府积极开采油气资源。2013年，埃及与塞浦路斯签署海域划分协议后开始在东地中海海域进行油气勘探。2015年，埃及发现祖哈尔气田。此后，埃及与土耳其围绕东地中海油气资源的勘探与开发权利争论不休。埃及将祖哈尔区域丰富的天然气视为改善国内经济的重要资源，因此，埃及毫不相让。2018年年初，埃及与土耳其先后分别在气田周边展开军事演习，一度使埃土关系极

---

① "埃及吸引外资的目标是增至110亿美元"，今日新闻网，https://akhbarelyom.com/news/newdetails/2713829/1/مصر-تستهدف-زيادة-الاستثمار-الأجنبي-لـ11-مليار دولار，2019年2月12日。

② 伊斯拉姆·萨义德："贸易部长就欧洲农业专员访埃及的准备工作展开讨论"，第7日网，https://www.youm7.com/story/2018/8/24/3923072/وزير-التجارة-يبحث-استعدادات-زيارة-المفوض-الأوروبي-الزراعي-لمصر，2019年2月23日。

③ 伊斯拉姆·萨义德："贸易部：2018年前7个月埃美贸易额增长29.2%"，第7日网，https://www.youm7.com/story/2018/9/21/3958101/وزير-التجارة-2-29-زيادة-بالتبادل-التجاري-بين-مصر-وأمريكا，2019年2月23日。

④ 伊斯拉姆·萨义德："沙特投资局局长：沙特在埃投资总额达540亿美元"，第7日网，https://www.youm7.com/story/2019/2/23/4150989/رئيس-هيئة-الاستثمار-السعودي-استثمارات-المملكة-في-مصر-54-مليار，2019年2月24日。

为紧张。鉴于两国国内的不稳定因素，两国并未采取进一步的行动，但关于东地中海油气资源仍是双方争夺的重点。

（二）经济发展状况基本转好

埃及实施全面经济改革以来，经济发展数据均有明显改观，具体表现在经济增长率提高、通货膨胀率下降、财政赤字减少和外汇储备增加等多个方面。虽然如此，埃及经济仍面临公共债务比例上升、政府债券规模扩大和外国资本直接净投资减少等问题，埃及的经济改革任重道远。

经济增长率提高，通货膨胀率下降。埃及《2018/2019 年国家预算财务报告》①显示 2014/2015 财年至 2016/2017 财年，埃及经济增长率分别为 4.4%、4.3% 和 4.2%；2017/2018 财年，埃及的经济增长率提高至 5.2%，达到 10 年来最高；2018/2019 财年，埃及经济增长的目标是 5.8%。与此同时，通货膨胀率明显下降，但仍处于较高水平。2016/2017 财年至 2017/2018 财年，通货膨胀率从 23.2% 降至 18%；2018/2019 财年，政府预计将通胀率控制在 16%。

财政收入增加，赤字率降低。旅游人数增长、侨汇收入增加均促进了财政收入的增长。埃及旅游部长拉尼娅·马沙特表示，2018 年前 9 个月，赴埃及旅游人数达 830 万，同比增长 40%；埃及中央银行数据显示，2018 年前 11 个月，埃及侨汇同比增长 8%，达到 214 亿美元。② 2017/2018 财年，埃及财政总收入为 8346 亿埃磅，其中，税收收入比去年增长 30%，达到 6039 亿埃磅。③ 埃及政府财政赤字占国内生产总值（GDP）的比重不断下降。2015/2016 财年至 2017/2018 财年，埃及财政赤字率由 12.5% 降至 9.8%，预计 2018/2019 财年将降至 8.4%。④ 此外，2017/2018 财年前 11 个月（2017 年 7 月至 2018 年 5 月）财政预算实现 10 个财年以来的首次初始盈余，盈余额为 19 亿埃磅。⑤

---

① 阿穆尔·贾里哈：《2018/2019 年国家预算财务报告》，第 3 页，http：//www.mof.gov.eg/MOFGallerySource/Arabic/budget2018-2019/Financial-Statement-2018-2019.pdf，2019 年 2 月 12 日。
② "2018 年埃及重要的经济数据"，21 世纪阿拉伯网，https：//arabi21.com/story/1147945/في-المصري-الاقتصاد-مؤشرات-أبرز-على-تعرف 2018，2019 年 2 月 13 日。
③ "2017/2018 财年税收收入增至 6040 亿埃磅"，解放网，https：//www.tahrirnews.com/Story/889210/اقتصاد/2018-2017-المالي-العام-خلال-جنيه-مليار-604-إلى-ترتفع-الضرائب-إيرادات，2019 年 2 月 13 日。
④ 阿穆尔·贾里哈：《2018/2019 年国家预算财务报告》，第 60 页。
⑤ "十年来埃及首次实现预算盈余"，阿拉伯网，https：//www.alarabiya.net/ar/aswaq/economy/2018/06/12/جنيه-مليار-9-عند-1-سنوات-10-ب-فائض-أول-تحقق-مصر.html，2019 年 2 月 13 日。

汇率基本保持稳定，外汇储备增加。2016 年 11 月，埃及政府宣布埃磅自由化，埃磅兑换美元汇率瞬间从原来的 8.8∶1 暴跌至 18∶1，埃磅贬值一倍以上。① 2018 年，埃磅兑美元汇率略有起伏，但基本保持稳定，浮动在 17.55∶1 与 17.85∶1 之间。外汇储备方面，埃及中央银行发布的数据显示，2018 年 1 月至 11 月，外汇储备由 382.1 亿美元增至 445.13 亿美元，高于 2011 年 1 月 25 日之前的外汇储备水平。②

埃及经济改革取得一些成就，但在这些成就背后隐藏着不断增长的公共债务。截止 2018 年底，埃及已累计从国际货币基金组织贷款 120 亿美元。2017/2018 财年，埃及内债年增长率为 16.8%，达到 3.7 万亿埃磅（约合 2060 亿美元），外债年增长率为 17.2%，达到 926 亿美元。③ 此外，新财年里，外国资本直接投资减少使埃及经济发展面临着新的挑战。埃及中央银行数据显示，2017/2018 财年前三个月（2017 年 7 月至 9 月）外国直接净投资额为 18.43 亿美元，2018/2019 财年同期下降至 10.99 亿美元，同比减少 40%。④

三、青年与民生问题

（一）青年问题

多年来，虽然埃及在计划生育政策方面做出了努力，但并没有显著地抑制人口的过快增长。埃及人口普查数据显示，2011 年至 2017 年，埃及总人口由 8053 万增至 9520 万，30 岁以下人口占总人口的比重基本没变，维持在 61% 左右；其中，14 岁及以下人口占总人口的比重由 31.3% 上升至 34.2%，15 岁至 29 岁的青年人口占总人口比重由 29.6% 降至 26.8%。⑤ 由此，青年人口现在和将来都在总人口中占有较大比重，青年问题仍是埃

---

① 戴晓琦：``塞西执政以来的埃及经济改革及其成效''，《阿拉伯世界研究》，2017 年第 6 期，第 40 页。
② ``2018 年埃及重要的经济数据''。
③ ``2018 年埃及经济增强与债务增长''，阿拉伯人网，https://alarab.co.uk/ الاقتصاد-المصري-يزداد-قوة-في-2018-رغم-ارتفاع-الديون，2019 年 2 月 13 日。
④ ``外国资本在埃投资减少 40%''，阿拉伯 48 小时网，https://www.arab48.com/ 2019/01/10/أخبار-عربية-ودولية/أخبار-مصر/المنة/40الاستثمار-الأجنبي-المباشر-في-مصر-يتراجع，2019 年 2 月 13 日。
⑤ 《2018 年统计年鉴》，埃及中央公共动员和统计局，2018 年第 109 期，https://www.capmas.gov.eg/Pages/StaticPages.aspx?page_id=5034，2019 年 2 月 14 日。

及社会当下和未来面临的主要问题之一。

青年人口增加对就业市场造成很大压力,青年失业率较高。青年人口本是人口红利,但到目前为止,由于产业结构不合理、教育与市场脱节等原因,埃及一直无法像东南亚国家一样从人口红利中获益。2017年,埃及社会失业率为12%。同年,埃及18岁至29岁的青年参与长期工作的就业率为49%,参与短期工作的就业率为25%,失业率为25.7%。其中,女青年失业率为38.7%,男青年失业率为20.5%。[1]此外,埃及青年的受教育程度越高,他们就越有可能面临失业的困境。2017年,埃及18岁至29岁的青年占总劳动人口的46.1%,其中,文盲占青年劳动人口的9.1%,中等学历青年占43.8%,大学及以上学历青年占24.2%;埃及中等学历毕业生失业率为30.7%,大学毕业生失业率高达38.3%。[2]

为解决青年就业问题,埃及政府在经济领域调整产业结构、创造就业机会,在教育领域进行改革。2018年4月,埃及教育部与世界银行达成贷款协议,埃及贷款5亿美元开启"改革埃及教育体系"计划,以改善教育环境、提高教学质量和教育成效。2018年9月,塞西颁布(42)号令,签署埃美高等教育倡议第2次修订案,鼓励两国大学间建立伙伴关系,促进两国院校在适应现代经济需求的农商业、工程等重点学科上,实现知识共享、研究共建和联合培养工作。为了提升大学教育的竞争力,2018年下半年埃及举办了最佳大学比赛,有100余所公立大学、私立大学和院校参加该比赛,其中谢赫村省大学、艾斯尤特大学和曼苏尔大学获得前三甲。虽然埃及的教育改革势在必行,但由于青年问题的产生有多方面的原因,因此解决这一问题是一个相对漫长的过程。

为了解和解决青年面临的现实问题与挑战,自2016年以来,埃及连续举办全国青年大会。每届会议围绕不同议题,有针对性地促进青年与政府间的沟通与理解。全国青年大会已经成为青年与政府间进行直接对话的常设平台。2018年5月和7月,塞西总统亲自主持第5届和第6届青年大会。其中,第6届全国青年大会在开罗大学举行,包括塞西总统在内的众议院议员、高级政府官员、大学教授、政党领导等政治文化精英以及3000余名青年代表出席了此次会议。由此可见政府对青年问题的重视程度与解决青

---

[1] "'统计数据':2018年青年失业率为25.7%",金字塔门户网,http://gate.ahram.org.eg/News/2000507.aspx,2019年2月14日。

[2] "埃及:大学毕业生失业率升至38.3%",新阿拉伯网,https://www.alaraby.co.uk/economy/2018/8/12/إلى-الجامعات-خريجي-البطالة-بين-ارتفاع-مصر-3-38,2019年2月14日。

年问题的决心。

(二) 民生压力依旧

自埃及实行经济改革以来，政府不断削减燃料补贴，提高燃油价格。由此，物价不断升高。2016年11月，埃磅自由化之后，国内通货膨胀率猛增，物价飞涨。2018年6月，埃及再次宣布提高燃料价格，这是自埃磅自由化以来的第三次上调。届时，80号、92号、95号汽油每升价格分别从3.65埃磅、5埃磅和6.6埃磅上涨至5.5埃磅、6.75埃磅和7.75埃磅，涨幅分别为50%、35%和17.4%；柴油价格由每升3.65埃磅涨至5.5埃磅，涨幅为50%。① 水、电、地铁票价格随之上扬。由此，带来埃及新一轮物价上涨。2018年10月，埃及蔬菜价格较去年上涨40%左右，其中土豆价格上涨1倍左右。②

埃及经济改革期间，物价飞涨，居民收入水平并没有显著提高。2013/2014财年埃及工资增长率为25%，但2017/2018财年工资增长率仅为5%。2018年，埃及在联合国开发计划署发布的人类发展报告中排名居第115位，比去年后退4位。埃及居民生活水平下降，并面临着严峻的民生压力，贫困率攀升。根据2016年7月发布的中央动员和统计局（CAPMAS）关于"埃及家庭收入和支出"的研究显示，2015年埃及贫困率上升到27.8%，约有2500万埃及人处于贫困线（人均收入低于每月482埃磅）以下；赤贫人口（人均收入低于每月322埃磅）为470万人，约占总人口的5.3%。③ 随着通货膨胀的恶性增长，埃及预计于2019年初调整贫困线。开罗大学政治经济学院统计学教授海白·丽萨是贫困线设定的参与者之一，她预测埃及的贫困线将上调至700埃磅至800埃磅之间，依据2017/2018财年居民收支情况，埃及的贫困率上升至35%左右。④ 然而，埃及非

---

① "埃及燃料价格涨幅高达66%"，半岛网，https://www.aljazeera.net/news/ebusiness/2018/6/16/66-تصل-لـ-الوقود-بمصر-أسعار-في-زيادات，2019年2月15日。

② 阿卜杜拉·阿卜杜胡："埃及蔬菜价格上涨，农民首当其冲"，新阿拉伯网，https://www.alaraby.co.uk/economy/2018/10/23/الخاسرين-أول-والفلاح-مصر-في-الخضروات-أسعار-ارتفاع，2019年2月15日。

③ 法黑玛·艾哈迈德："为什么埃及经济改革成功背景下贫困率却上升?"，阿拉伯网，https://www.alarabiya.net/ar/aswaq/economy/2018/02/25/؟بمصر-الاقتصادي-الإصلاح-نجاح-رغم-الفقر-يزيد-لماذا.html，2019年2月15日。

④ 海白·哈萨姆："2017/2018财年收入与支出研究详情"，第7日网，https://www.youm7.com/story/2017/7/23/3336952/اتجاه-2017-2018-والإنفاق-الدخل-بحث-تفاصيل-يكشف-السابع-اليوم，2019年2月15日。

政府法律和研究组织经济与社会权利中心的研究表示，2017年埃及城市贫困率为42%，农村贫困率高达85%。①

在缓解民生压力方面，埃及政府的补贴政策发挥了一定作用。在削减财政补贴的改革中，为维护社会稳定，政府在削减政府补贴的同时提高配额食物补贴在总补贴中的比例，使补贴比重更加合理。2018/2019财年，埃及食物补贴在总补贴的比重由2011/2012财年的20%增至27%。② 大饼是埃及穷人的"黄金能量"，是社会的稳定剂。大饼补贴是埃及削减补贴的红线。2014年4月，埃及实行配额大饼补贴政策。补贴后的大饼每张售价保持不变，仍为5分钱（0.05埃磅），但每人每月领取补贴大饼的限定配额为150张，即相当于每人每天5张大饼，每个家庭每月限领900张大饼；2016/2017财年，埃及政府的大饼补贴政策使8220万民众受益，年供应补贴大饼1371亿张。③ 自2018年至今，埃及政府正在酝酿以货币补贴代替大饼补贴的政策，新的替代政策将会对民生带来新的考验。

四、由西奈至全国的反恐问题

（一）"西奈2018"

自2011年起，埃及政权两次更迭造成国内政局持续动荡，"基地"组织与"伊斯兰国"等极端组织势力随即渗入西奈半岛，使之似乎成了埃及的"法外之地"。西奈半岛上，针对政府部门和宗教与旅游场所的恐怖袭击仍层出不穷，且愈演愈烈。2017年11月发生在西奈首府阿里什以西约40公里拉乌道清真寺的恐怖袭击造成305人死亡、128人受伤，堪称埃及现代史上最为惨烈的恐怖事件。西奈半岛长期遭受恐怖袭击的威胁，让半岛上本就贫困的居民生活更是雪上加霜。

为了打击西奈半岛的恐怖主义，埃及最先在该地区实施紧急状态，实行半军事化管理，记者和媒体被禁止进入该区域进行采访与报道。与此同时，埃及在西奈半岛的反恐行动得到美国、以色列等国家的支持。自2016

---

① 穆斯塔法·易卜拉欣："埃及贫困线：指数与建议"，第6页，参见：https://eipss-eg.org/wp-content/uploads/2018/12/خريطة-الفقر-في-مصر-مؤشرات-ومقترحات.pdf，2019年2月15日。

② 阿穆尔·贾里哈："2018/2019年国家预算财务报告"，第44—45页。

③ 海白·哈萨姆："'财政部'：新财年提高配额产品补贴至410亿埃磅"，第7日网，https://www.youm7.com/story/2016/5/27/2735987/المالية-ترفع-دعم-السلع-التموينية-في-موازنة-العام-المالي-الجديد，2019年2月15日。

年至 2018 年初，经塞西同意，以色列战机对西奈半岛的恐怖组织发动 100 余次攻击；2018 年 2 月，美国国务卿蒂勒森访问埃及，表示支持埃及的反恐行动，并将与埃及进一步展开反恐合作。

自 2018 年 2 月起，埃及开始实施代号为"西奈 2018"的反恐行动，重点打击西奈半岛中部和北部的恐怖组织和极端分子。该行动出动了陆军、海军和空军，以及警察和边防部队，是一次综合反恐的军事行动。截止 2018 年底，"西奈 2018"反恐行动共击毙超过 500 名恐怖分子或极端分子，摧毁多个恐怖分子藏身据点，拆除 1200 余个爆炸装置，销毁恐怖分子使用的 1086 辆汽车与 1000 辆摩托车，另摧毁 420 个大麻种植点和 16 条边境地下通道等。①

（二）全国反恐行动

塞西上台后，埃及军警努力维护国内的稳定与安全，并成为恐怖组织袭击的首要目标。随着埃及在西奈半岛反恐行动的开展，恐怖组织不断向境内其他地区渗透。2017 年 4 月，埃及宣布全国进入紧急状态，开始在全国范围内展开反恐行动。由此，埃及境内的恐怖活动得到有效控制，恐怖袭击事件由 2014 年的 222 起减少至 2017 年的 50 起、2018 年的 8 起。② 恐怖袭击的频率和次数明显减少，这是埃及多年反恐成果的一个极有说服力的量化指标。然而，埃及的反恐形势并不乐观。因为在高压状态下，恐怖组织很有可能只是进入一个蛰伏期，伺机而动。

与此同时，作为对埃及政府的报复，科普特基督徒成为恐怖组织袭击的第二目标，因为塞西自上任之初就注重改善政府与科普特人之间的关系，如增加科普特人在议会中的比例，批准在新开罗行政首都建立起中东最大的基督教堂。2017 年 2 月、4 月、5 月和 12 月，埃及发生 4 起专门针对科普特人的恐怖事件，共造成 70 余名科普特人死亡。2018 年 8 月和 11 月，埃及发生两起针对科普特人的恐怖袭击，分别发生在一座科普特教堂和一辆科普特人乘坐的公共汽车上，共造成 8 人死亡。恐怖组织试图以此证明埃及政府的无能，并激起基督徒与穆斯林间的对立。

在埃及的全国反恐行动中，穆斯林兄弟会是政治与社会稳定的另一个隐

---

① 穆罕默德·塞德："国家信息服务局数据监测埃及反恐行动的影响"，第 7 日网，参见：https://www.youm7.com/story/2018/12/30/8/4086658-بالأرقام-هيئة-الاستعلامات-ترصد-أثر-الحرب-على-الإرهاب-بمصر，2019 年 2 月 25 日。

② 穆罕默德·塞德："国家信息服务局数据监测埃及反恐行动的影响"。

形障碍。2013年12月，埃及临时政府总理哈齐姆·贝卜拉维宣布穆斯林兄弟会是"恐怖组织"。2014年6月，塞西表示愿同那些手上没有沾上鲜血的人谈和解。2015年6月，穆兄会被指控策划并实施了针对总检察长巴拉卡特的汽车爆炸案。2018年11月，最高上诉法院对此案做出终审判决，判处9人死刑，其余数十人分别被判处10年以上不等的有期徒刑至无期徒刑。2019年1月，埃及外长萨迈赫·舒凯里会见美国国务卿蓬佩奥时表示，穆兄会与"伊斯兰国""博科圣地"一样，都是极端组织，试图说服美国将穆兄会列入恐怖组织名单。2月，穆兄会官方网站表示抗议最高上诉法院对巴拉卡特的汽车爆炸案的判决，并以发动新的暴力事件相威胁。此外，塞西曾多次表示埃及政府与穆兄会和解与否有待人民决定。目前，埃及政府与穆兄会之间正在进行一场博弈，双方都在努力增加自己的筹码。政府对穆兄会的姿态影响着穆兄会未来的发展方向，如何处理与穆兄会的关系决定了穆兄会将会在埃及社会中扮演怎样的角色，关乎埃及全国的反恐局势是否会出现新的变局。因此，穆兄会问题是埃及政府面临的一个紧迫且重要的问题。

结　语

　　经历过革命与政变的埃及，社会被严重撕裂，经济千疮百孔。塞西执政至今，通过加强对军队与国家机构的控制，利用各类法令限制公民的权利和加强对新闻媒体的监管，努力推进威权政治的重建。塞西试图通过重建威权统治，维护国内政治与社会的稳定。稳定和安全的政治与社会环境是实现经济发展与经济改革的重要条件。经济改革的成果关乎埃及亟待解决的青年与民生问题。毋庸置疑，埃及目前的内外政策都是为其正在实施的经济改革服务。然而，塞西持续进行的经济改革只在经济发展指数上出现好转，普通民众还没有享受到改革的成果，民生压力依旧。塞西多次表示，现在是经济改革的关键期，请人民多一份忍耐与坚持。由此，埃及经济改革可能还有很长一段路要走。短时间内，威权统治政策在维护稳定方面有一定的积极意义。如果长期实施，在经济发展成效不足的情况下，该政策容易激化社会矛盾，并非长久之策。此外，贫困和落后是滋生恐怖主义与极端主义的土壤。无论是西奈半岛还是埃及全境，无论埃及政府以何种方式化解与穆兄会的恩怨，发展经济与实现社会公平都是遏制恐怖主义蔓延和实现社会稳定最有效、最有利的工具。综上所述，高压统治不是治理国家的长久之态，缓解民生压力以换取更充裕的改革时间才是当务之急。

利比亚：
国家重建进程中的多维困境流变*

一、局势演变背景

2011年西亚北非地区诸多国家相继发生政权更迭。其中，利比亚、叙利亚、也门等国乱局持续至今，成为国际舆论关注的"重点"。卡扎菲政权在统治该国40余年后被民众推翻，国内局势陷入一片混乱。反对派随即在班加西成立"国家过渡委员会"。在该阵营中，共有四大势力，其中部落势力是最为重要的力量，也是班加西政权最为倚重的基础。除此之外，外部势力影响也不能忽视。联合国安理会曾先后通过第1970、1973号决议，对利比亚实施制裁，并授权在利比亚设立"禁飞区"，对利比亚政治事务予以干预。北约组织（NATO）还对利比亚发起"非战争"形式的军事行动，造成平民死伤。[①] 2011年8月20日，"国家过渡委员会"武装攻占首都的黎波里。10月20日，卡扎菲被俘身亡。11月22日，利比亚过渡政府正式成立，并于2012年7月组织举行国民大会（制宪议会）选举，穆罕默德·尤素福·马格里夫（Mohammed Yousuf Magarief）任国民大会首任议长（临时国家元首）。"过渡委员会"后来向国民大会和平移交了权力。10月，国民大会选举阿里·扎伊丹（Ali Zidan）担任临时政府总理，11月新政府宣誓就职。2013年5月，国民大会通过《政治隔离法》，禁止曾在卡扎菲政权时期担任高官的人士在新政权中继续担任要职，马格里夫随后宣布辞职。6月国民大会选举努里·阿布萨赫明（Nouri Abusahmin）担任新议长。2014年3月，扎伊丹总理被国民大会解职，临时政府国防部

---

* 作者：王国兵，西安外国语大学国际关系学院讲师，西南大学伊朗研究中心特约研究员。本文获西北大学研究生创新项目（YZZ17073）和中东研究所德黑兰大学（Tehran of University）访问学者项目支持。

[①] Susannah O'sullivan, *Military Intervention in the Middle East and North Africa：The Case of NATO in Libya*, London and New York：Routledge, 2018, p.126.

长阿卜杜拉·萨尼（Abdullah Thinni）任代总理。6月，利比亚进行国民代表大会（新一届制宪议会）选举工作，7月公布了最终选举结果，8月国民代表大会在利比亚东部城市图卜鲁格举行首次会议。2014年5月，利比亚各派政治、军事斗争日趋激烈，局势急剧恶化。国际社会特别是联合国逐步加大了斡旋力度，多次主持召开有关利比亚问题的国际会议。2015年12月，利比亚各派势力在摩洛哥签署了著名的《利比亚政治协议》，设立总理委员会，并组建民族团结政府。然而，利比亚国家政治进程却并非沿着规划路线继续发展。2016年初，总理委员会两次向国民代表大会提交民族团结政府组成人员名单草案，均遭到否决。民族团结政府至今也未得到国民代表大会承认。2017年，加桑·萨拉迈（Ghassan Salame）出任联合国秘书长利比亚问题特别代表，提出解决利比亚问题路线图。2018年5月，法国总统倡议在巴黎召开有关利比亚问题的国际会议，各派代表达成一致意见，发表了《巴黎宣言》，就年内举行大选达成了初步共识。8月下旬至9月中旬，利比亚首都的黎波里再次爆发大规模武装冲突。经联合国调解，冲突各派于9月26日达成停火协议。2018年11月中旬，意大利政府在西西里岛首府巴勒莫倡议召开利比亚问题国际会议，萨拉迈特别代表提出推进利比亚政治过渡"三步走"方案，即2019年上半年先后举行利比亚全国对话会、制宪公投、总统和议会选举。[1]

综上，在后卡扎菲时代，利比亚地区事态发展大体可分为三个阶段：第一阶段是卡扎菲政权倾覆时期（即2011年10月至2012年7月），这一时期重点是确定该国临时领导人选，但却没有结果；第二阶段是有争议的过渡时期（2012年7月至2014年5月），该阶段矛盾侧重点在于权力合法化与临时机构运行稳定性等问题；第三阶段是对抗和调解时期（2014年5月至今），这一阶段的特点是松散的政治—军事联盟存在事实性对立的局面。其成员与暴力伊斯兰极端主义团体间发生了多次冲突，第三方势力也在积极促进和解进程。[2] 从目前局势发展看，利比亚国内政治发展仍在第三阶段中。尽管2019年初，在利比亚举行了民主选举活动，但从结果看并不如意。总之，利比亚实现战后重建依旧艰难，个中理由值得认真探讨。

---

[1] "利比亚国家概况"，中华人民共和国外交部，https://www.fmprc.gov.cn/web/gjhdq_676201/gj_676203/fz_677316/1206_678018/1206x0_678020/，2019年1月21日。

[2] BTI 2018：Libya Country Report，p. 5，https://www.bti-project.org，2018 – 12 – 23。

二、政治和解进程前路漫漫

当下，利比亚国内政治权力的角逐主要有三股力量，分别为：萨里杰（Sarraj）领导的总统委员会（President Council）、哈夫塔尔（Haftar）领导的"利比亚国民军"（Libyan National Army）以及由哈里发·格威尔（Khalifa Ghwell）领导的"国民拯救阵线"（Government of National Salvation）。这一现状是近年来利比亚局势发展的自然结果。2014年，利比亚还是"两个政府、两个议会"的混乱局面，东西两个地区形成实质上的政治分裂。后在联合国主导下，各方推动该国内部各方势力进行谈判，寄希望通过对话形式早日重组统一政府。在2015年12月，利比亚东西两个议会部分代表签订了《利比亚政治协议》，宣布成立统一的民族团结政府。然而直到今天，利比亚依然有两个政府"各自为政"，加上的黎波里格威尔领导的割据势力，导致利比亚局势犹如一盘散沙，十分混乱。不禁令人感叹利比亚政治和解进程道路十分艰难。

从利比亚国内政治形势发展看，面临的问题主要有：地区割据势力林立，社会内部碎片化倾向严重，政治合法性面临重大挑战，国民政治参与意愿度逐渐走低，宪法和法律约束力十分薄弱，实现战后重建和政治秩序统一困难重重，前景依旧渺茫。尽管有2019年初的这轮选举，但即使有总统和议会产生，也恐不能长久。这是因为各方利益还存在诸多矛盾。历史上，"利比亚"往往只是一个地理名词，而不一个国家名称。主要是源自这一地区部落分布状况而来。所以，地区主义思想和部落势力十分盛行。利比亚西部、东部和南部三个地区因自然地理条件在历史上处于分裂状况，彼此间联系并不紧密。以的黎波里为中心的西北地区属于马格里布地区，与突尼斯等国往来较为密切；以班加西为中心的东部地区的昔兰尼加与埃及存在数千年的历史交往；利比亚南部的费赞地区与撒哈拉以南沙漠地区国家联系较为紧密。在卡扎菲时代，威权主义统治之下还能够基本维持国家统一的局面。但在卡扎菲政权被推翻后，地区主义思想依旧是该国人民所认同的主流思想。当然，这也是形势所迫，各地区人民为求自保而不得已的选择。由此可见，利比亚的民族国家构建进程依旧是任重而道远。

再有，部落观念也是影响利比亚民族国家构建进程的重要因素。目前，该国约有2000多个部落，中等部落有100多个，规模较大的有50多个。其中有很大一部分还是跨境生活,它们在利比亚国家内部的社会经济与政治生活中起着重要作用,最具影响力的是瓦法拉(Warfalla)、图阿雷格(Touareg)和卡达法(Qadhadfa)等部落。但各个部落之间的利益关系十分复杂,冲突更是频繁爆发。比如奥拉·苏莱曼(Awlad Sulieman)部落和卡达法部落、奥拉·苏莱曼部落与图阿雷格部落、图阿雷格部落与泰布(Tebu)部落之间频发冲突更让时局动荡。[1] 2016年11月,利比亚南部城市卡达法部落养的一只猴子撕掉奥拉·苏莱曼部落女子的头巾,引发两个部族间的激烈冲突,造成20人死亡,50余人受伤的后果。在今天,要想实现利比亚社会平稳运行,就必须保持该国社会内部各个部落间的和平共处,才能为政治和解创造有利条件。

利比亚国内政治合法性同样也面临着重大挑战。化解利比亚危机需要组建行之有效的政府机构。然而,当前该国的政治现实是在卡扎菲倒台8年后,利比亚国内仍没有出现一部各方认可的宪法。完善宪法的进程一再推迟,很多问题无法商谈。如宗教在政治领域里的作用、军队与市民社会的关系、旧政权领导人(特指卡扎菲之子赛义夫等人)能否继续参与国家政治进程等议题都没有结果。自2011年利比亚爆发革命后,因卡扎菲政权倒台,权力出现真空导致的政治动荡持续至今。2012年选出的过渡政府又迅速解体,2014年利比亚再次进行选举,并由此出现诸多相互竞争的政府。几乎每一个所谓的"政府"背后都有一支民兵联盟支持。这自然也就形成了一种混战局面。2015年12月,《利比亚政治协议》达成后,支持利比亚国家制宪议会(Government of National Congress)的民兵联盟与支持《利比亚政治协议》的民兵联盟之间再次爆发武装冲突。这背后其实是国家发展道路之争,短时间内难以调和。因此,宪法"难产"造成该国政治进程更加扑朔迷离。

目前,利比亚民主体制也面临若干危机。譬如:国民人身安全存在威胁、民主基础设施缺乏,政治两极化以及政治精英间难以达成共识等等。要想实现民族和解,路途尚远。特别是该地区社会中不同群体对利比亚时局抱有不同看法。如利比亚少数族群,阿马齐格、图阿雷格等部落就抵制宪法起草大会做出的一切决定。客观上来说,这也就破坏了该国宪法起草

---

[1] Christopher M. Blanchard, *Libya: Transition and U. S. Policy*, CRS Report for Congress, RL 33142, May 2, 2018, p. 6.

大会的合法性。①

再有,利比亚民众对时局十分失望,政治参与意愿正在急剧降低。国家重建工作缺乏稳固的民心支持。2014年6月25日,利比亚举行众议院选举(House of Representative,HOR)。据利比亚高级国家选举委员会(HNEC)统计,这轮选举共有1734名候选人竞争200个席位。但大部分候选人均是独立人士,政党代表人士极少。2014年3月11日,利比亚"宪法宣言"修正案规定,利比亚众议院将会取代国民议会(GNC)作为临时立法机构颁布新宪法。但在这次选举中,选民投票率仅为18%(63万人),而2012年利比亚进行选举活动时投票率高达60%(300万人)。② 仅仅两年,差距已十分明显。另据利比亚班加西大学和牛津大学共同合作的调查显示,利比亚民众对西方民主式的规范接受度在逐渐下降。在接受调查的2000人中,只有15%的人支持实施民主制度。大约40%的人支持"威权"政府,16%的人表示他们准备诉诸暴力实现政治目标。③ 同样,据2014年所进行的阿拉伯变革(ArabTrans)调查项目中发现,在1540名受访者中有32%的人支持议会制与政党政治,但27%的人支持伊斯兰法律政府,剩下的人倾向于无政党政治。④ 可见,如何为利比亚人民树立信心,提高他们参与政治重建的兴趣,也是摆在该国政府面前的现实难题。

除此之外,在和平进程没有可喜进展的情况下,外部力量对利比亚问题干预却从没有停止。不论是阿尔及利亚、埃及、突尼斯等周边国家主导的各方会谈亦或是由北约组织主导的各方会谈都难以达成共识。从现实情况看,埃及、阿拉伯联合酋长国、俄罗斯等国支持哈夫塔尔将军领导的"利比亚国民军",法国、意大利等国支持的则是萨拉杰政府。双方势力在混乱中难以分出高下。

联合国还积极参与利比亚局势的斡旋工作,但却不能真正扭转乾坤。2015年9月,在联合国主持召开了利比亚国际问题会议。12月17日,利比亚两个对立议会的部分代表与部分参与政治对话的独立人士在摩洛哥城市斯希特拉签署了《利比亚政治协议》。根据该协议,在利比亚政治对话

---

① Thomas Husken, *Tribal Politics in the Borderland of Egypt and Liyba*, New York: Palgrave Macmillan, 2019, p. 222.

② Christopher M. Blanchard, *Libya: Transition and U. S. Policy*, CRS Report for Congress, RL 33142, May 2, 2018, p. 10.

③ BTI 2018: Libya Country Report, pp. 13 – 15. https://www.bti-project.org, 2018 – 12 – 23.

④ Christopher 5. M. Blanchard, *Libya: Transition and U. S. Policy*, CRS Report for Congress, RL 33142, May 2, 2018, p. 11.

中产生由9人组成的"民族团结政府总理委员会",承担新组建的民族团结政府工作。由国际社会承认的"利比亚国民代表大会"作为立法机构,新成立的国家委员会作为新政府的咨询机构。但国际社会普遍认可的萨拉杰总理在本国发布的政令却不能彻底实施。这是缘于该国目前权力斗争格局不明确造成的结果。信奉"丛林法则"的另外两方势力并不服从萨拉杰政府。再加之萨拉杰政府在解决利比亚国内物价飞涨、治安混乱、现钞短缺等问题上缺乏"高光表现",造成利比亚人民对民族团结政府并"不买账"。然而,国际社会需要一个"合法政府"来解决该国的非法移民、人道主义援助、打击恐怖主义、抑制走私等诸多问题。此外,极端组织"伊斯兰国"在利比亚招募了大批非法移民进行培训。从利比亚偷渡的非法移民给欧洲各国安全带来了严重威胁。在面对这一问题时,国际社会也需要一个"合法政府"加以配合。因此,萨拉杰政府暂时成为了国际社会普遍认可的对象。① 但萨拉杰政府的存在虽符合了国际社会需要,却并不能真正让本国人民认可。正如一家中东媒体所说,所谓"革命"并没有给利比亚人带来"民主和自由",却导致国家权威的碎裂与权力真空。西方对利比亚的军事干预让曾经稳定富裕的利比亚国家发展轨迹彻底改变,经济滑坡、公共服务缺乏让利比亚人民越发失望,极端组织和恐怖组织也趁机坐大。这些问题严重威胁着利比亚和马格里布地区的和平与稳定,也对地区形势产生了深远影响。②

因此,当今利比亚政治局势波谲云诡,难以透过迷雾看清方向。2019年即将到来的选举真就能解决问题吗?答案显然是否定的。接任联合国利比亚问题特使的萨拉迈曾在2017年提出"利比亚问题三步走策略"。第一步是"修改《利比亚政治协议》";第二步是制定宪法并公投;第三步是在2018年底举行总统大选和议会选举。目前,第一步和第二步都已陷入僵局和"走样"状态,第三步更是延期举行。尽管目前有200万人登记选举,③但数据真实性、操作公平性都值得探究。从象征性人物和实权派斗争的趋势看,前利比亚总统卡扎菲之子赛义夫·卡扎菲很难秉承父亲的"权杖"。很可能也只是一个象征性的政治人物而已。而"实权派"代表——76岁的

---

① 利比亚难民问题对欧洲影响较大,大量来自撒哈拉以南的非洲难民借该国混乱局势向欧洲迁徙。参见阿里木江·艾哈买提、李远:"利比亚非法移民问题的形成、发展及其治理",《阿拉伯世界研究》,2018年第5期。
② "大选为何无法使利比亚重返正轨?",半岛电视台中文网,https://chinese.aljazeera.net/news/2018/6/13/why-cannot-re-election-take-libya-to-the-right-track,2019年1月21日。
③ 唐恬波:"利比亚:再多的选举也是枉然",《世界知识》,2018年第3期,第39—41页。

哈夫塔尔将军凭借自身积累的人气和中东邻国的支持已羽翼渐丰，基本上牢牢控制着利比亚的东部地区。他曾强力打击班加西等地的极端组织"伊斯兰国"，还将夺回的油气设施交给利比亚国家石油公司，获得元帅头衔。因此，无论将来利比亚政局如何发展，都不能忽略这一派的影响。从利比亚局势发展的态势看，只有发展和政治对话才能解决目前的"窘境"，这也是唯一的出路。

三、经济重建困难重重

战争从来都是经济发展的天敌，利比亚也不例外。

自2011年利比亚爆发战乱以来，该国经济衰退表现得非常明显。据世界银行统计数据显示，2015年利比亚人均收入降至4500美元以下，而2012年还曾经接近1.3万美元。与危机前水平相比，小麦和面粉的价格分别上涨了500%和350%。[①] 同时该国内部还存在地区发展不均衡等问题。利比亚东部地区在历史上就比该国西部地区发展程度逊色。在卡扎菲统治时期，西部城市的黎波里是金融中心，很少有项目会在该国富含石油的东部地区运转。

另从经济结构上来说，利比亚经济结构也存在很多不合理之处。过于偏重第二产业，缺乏科学权威的经济机构运营。根据美国CIA统计的数据显示，农林渔业增加值占利比亚国家GDP比重仅为1.3%，工业（包括建筑业）增加值占比达63.8%，服务业占比34.9%。消费占GDP的比重为95.5%，投资占4.2%，货物和净出口占比达0.2%。[②] 作为战乱中国家，近年来利比亚暴力恐怖袭击事件造成该地区生活成本持续上升，食品和药品十分紧缺。基础设施和管理制度也被破坏大半，通货膨胀率持续上升，银行储蓄减少，财政情况不容乐观。冲突给利比亚造成的影响十分巨大，它干扰了利比亚国家与世界其他国家的双边贸易，让这个非洲大陆一度富甲一方的国度沦为人道主义危机十分严峻的国家。2011年内战爆发前，利比亚原油日产量约160万桶。2014年5月后，利比亚局势再度动荡，石油日产量大幅波动。2018年，利比亚石油生产趋向稳定，目前日产量约95

---

① BTI 2018：Libya Country Report，p. 18，https：//www. bti-project. org，2018 - 12 - 23.
② https：//www. cia. gov/library/publications/the-world-factbook/，2019 - 01 - 30.

万桶，达到近三年最高水平。但这种现象并不稳定，恐有反复。①（详见表1和表2）

表1　2011—2017年利比亚经济状况

年份	GDP（亿美金）	GDP增幅（%）	人口	人均GDP（美元）	人均GNI（美元）
2011	346.99	-62.1	6290000	5603	4660
2012	818.74	123.1	6280000	13029	10900
2013	655.03	-13.6	6270000	10572	10500
2014	411.43	-24	6260000	6632	7820
2015	292.75	-8.9	6280000	4695	6030
2016	322.57	-2.8	6293253	5126	5110
2017	509.84	26.7	6374620	7998	6540

资料来源：世界银行，https://www.shihang.org/。

表2　2011—2018年利比亚主要经济指标

年份	2011—2013（平均）	2014	2015	2016	2017	2018
GDP实际增幅（%）	4.3	-53.0	-10.3	-3.0	55.1	31.2
消费价格通胀率（%）	5.1	2.4	9.8	27.1	32.8	32.1
政府财政总差额/GDP（%）	11.7	-73.8	-126.0	-102.7	-43.0	-23.3
经常项目差额/GDP（%）	23.7	-78.4	-52.6	-22.4	1.8	9.8

注：2017年和2018年数据为预估值。
资料来源：国际货币基金组织IMF，https://www.imf.org/external/index.htm。

利比亚作为典型的单一经济国家，石油及其附加产品是该国经济发展的命脉。因此，探究利比亚国家发展形势，不能不围绕该国的石油问题展开。利比亚自20世纪50年代发现石油后，石油开采及炼油工业发展迅速。截止2014年底，利比亚是非洲地区最大的探明原油储量国，也是全球第九

---

① "对外投资合作国别（地区）指南——利比亚"，2018年，第20页，中国一带一路网，https://www.yidaiyilu.gov.cn/wcm/files/upload/CMSydylgw/201902/201902010343026.pdf，2019年1月30日。

大原油储量国。① 另据统计，利比亚出口收入的 95% 都来自石油，占政府收入的 99%，是一个不折不扣的"地租型经济国家"。利比亚原油的油品较好，含硫量低，蜡油产量高，广受国际石油企业的青睐。另外，利比亚最大的油田是巴哈尔·伊斯拉姆油田（Bahr Essalam Field），第二大油田是阿·瓦法尔油田（Awl Wafaa）。② 这些油田都曾为该国带来不菲的外汇收入。但如今，辉煌很难延续。在 2011 年局势动荡后，该国石油产量大幅降低，油田一度荒废。2012 年，利比亚日产原油 145 万桶，主要出口到意大利、德国、西班牙、法国等欧洲国家。2013 年，伴随局势混乱，利比亚民兵多次围攻油田，日产原油下降到 20 万桶以下。再加之石油价格下降，也就为利比亚石油经济带来不利影响。国际货币基金组织 2015 年 5 月发布的《中东和北非地区经济展望》报告称，利比亚石油出口收入损失重大，超过 GDP 的 20% 以上。2015 年，利比亚石油出口不到 30 万桶/日。③ 2016 年，情况依旧不容乐观。8 月，利比亚南部的海湾油田（Gulf）和阿·瓦法尔油田遭遇关停，收入损失高达数百万美元以上。2017 年初，利比亚石油出口终于迎来转机，据位于的黎波里的利比亚中央银行 2018 年 1 月称，2017 年利比亚石油收入达到 140 亿美元，远高于 2016 年的 48 亿美元。④ 从发展态势看，该国石油产量的高低主要与局势严峻与否有着密切关系。因此，实现政治和解，达成各派意见的统一才能为石油经济发展提供稳定环境。

自 2011 年以来，利比亚地区形势始终不容乐观，"战争经济"在悄然发展，成为了阻止利比亚实现政治和解进程的主要因素之一。目前，利比亚国内部分民兵组织虽然得到了国际社会的"承认"，但是有的民兵组织会暗中进行走私（特别是石油）、贩卖人口、绑架、抢劫及勒索等非法活动。甚至以平民及国家的基础设施作为质押，如石油、电力、水力设施来

---

① Christopher M. Blanchard, *Libya: Transition and U. S. Policy*, CRS Report for Congress, RL 33142, May 2, 2018, p. 14.
② Ramazan Erdag, Libya in the Aran Spring: From Revolution to Insecurity, New York: Palgrave Macmillan, 2017, p. 307.
③ "对外投资合作国别（地区）指南——利比亚"，2018 年，第 23 页，中国一带一路网，https://www.yidaiyilu.gov.cn/wcm.files/upload/CMSydylgw/201902/201902010343026.pdf，2019 年 1 月 30 日。
④ 利比亚目前有两个"中央银行"，位于的黎波里的西部"中央银行"得到国际社会的承认，掌握着利比亚的石油收入；而位于东部城市贝达的"中央银行"不被国际社会所承认，是"平行的中央银行"。

换取钱财。① 显然，这对利比亚国家和社会安全造成重大威胁。因此，未来必须彻底解决"战争经济"这颗"毒瘤"。

利比亚国家的营商环境也有待改善。在卡扎菲统治时期，利比亚的私营经济部门曾受到严格控制，市场竞争相对较少。尽管利比亚于1997年曾出台旨在鼓励外部投资的《鼓励外国资本投资法》，该部法律就外资项目立项条件、对外投资豁免、外国投资者享受权利与优惠政治、允许外国投资领域、外国投资保障等等问题都做出了规定。然而，由于政治局势不稳定以及大多数利比亚人仍然在公共部门工作的现实情况，利比亚市场竞争机制仍需很长时间才能"生根发芽"。另据联合国贸发会议公布的2018年《世界投资报告》显示，2017年利比亚对外投资仅有1.1亿美金。由于利比亚的石油资源优势，外国资本在该地区投资的领域也主要集中于此。石油行业的知名跨国企业ENI、BP、EXXON、SHELL在此都有投资项目。但由于利比亚本身石油行业基础薄弱、产业链缺陷、效率不高等原因，造成这里投资环境欠佳。在非石油行业，外商投资的领域主要集中于服务业（42%）、旅游业（25%）和房地产业（22%），但却难以全面为该国经济结构改良做出有益的贡献。

此外，利比亚国民的基本生活保障也存在危机，影响经济发展。利比亚目前有两个平行"政府"，公共服务基本处于崩溃边缘。利比亚各个民兵组织领导人基本接管了政府角色，成为"临时领导人"。在这里，医院和保健设施被破坏，医疗服务人员和药品严重短缺。即使是在班加西、的黎波里和米苏拉塔这些曾经"富裕"的地区也是如此。民众无法获得基本必需品，粮食、燃料、水、电和现金都十分短缺。据统计在2017年，利比亚就有130万难民，包括流离失所者、回返者、移民、难民和寻求庇护者等等。利比亚南部多个省份存在严重的人道主义危机，贫困和地区发展程度欠缺造成该地区弱势群体受到很大影响。利比亚妇女问题就是一个很好的例证。据2015年全球诚信报告显示，利比亚女性参与劳动力市场比例仅为30%，而男性为76.4%。② 在卡扎菲政权期间，妇女失去了法律范围内本应该提供给她们的许多权利。

总之，从国家治理角度着眼，利比亚政府想要解决眼前棘手的经济问

---

① "大选为何无法使利比亚重返正轨？"，https://chinese.aljazeera.net/news/2018/6/13/why-cannot-re-election-take-libya-to-the-right-track，2019年1月30日。

② Christopher M. Blanchard, *Libya: Transition and U. S. Policy*, CRS Report for Congress, RL 33142, May 2, 2018, p. 32.

题，需从以下三点入手：

第一点，必须将旧政权对利比亚经济发展造成的负面影响降至最低，解决好物价高涨、汇率波动、私有财产难以保障等问题。卡扎菲时代的众多官僚在2011年后得以继续担任职务。他们当中很多成员已腐败不堪。因此，需要重新挑选素质过硬的官吏担任。再者，还必须将利比亚国内物价和汇率等经济指标稳定下来。自2011年革命以来，利比亚国家通货膨胀率一直不稳定。消费者价格指数不断走高，继2011年9月达到峰值的29.6%后，2015年利比亚经济通货膨胀率升至8.6%。① 另外，众所周知，利比亚中央银行负责发行利比亚货币（第纳尔，LYD），监管外汇市场。利比亚央行将利比亚第纳尔与美元或国际货币基金组织的SDR（特别提款权）挂钩，这导致利比亚第纳尔在国际上被过分高估。目前，利比亚经济已出现财政赤字，并连续三年恶化。为弥补这些赤字，净外汇储备在迅速耗尽，从2013年的1076亿美元减少到2016年底估计的430亿美元。② 而这些外汇的积累又大都从石油出口换汇而来。因此，外汇问题十分棘手，需尽快解决。此外，在利比亚地区生活的私人财产也难以得到保护，必须尽快改变这一现状。1978年，利比亚曾出台法律，在第4条中明确规定"房屋是居住人的财产"。这其实为暴力夺取他人财产留下法律条款上的漏洞。这条法律规定，"禁止任何人建造自己的房屋"。③ 这也就为非法剥夺他人建造或购买的房屋留下法律漏洞。因此，如何规避卡扎菲时代遗留的诸多问题，是摆在利比亚现政府面前的又一个难题。

第二点，自卡扎菲时代至今，利比亚官吏腐败现象十分猖獗，必须予以解决。自2011年利比亚发生革命以来，利比亚历届政府在制定政策或建立遏制腐败机构方面均未取得成功。尽管利比亚有一个大约200人组成的反腐败委员会，年度预算也达到2000万美元，但依旧无效。腐败和滥用权力现象依然在利比亚政府内的诸多部门盛行。再加之政治不稳定和民兵组织肆虐，这种情况愈演愈烈。很多腐败指控都与利比亚的石油工业有关。2017年1月，利比亚对2011年革命后的石油部门腐败问题进行大范围调查，甚至还对石油公司官员发出了旅行禁令。尽管利比亚司法部长索尔（Sour）已经向几名涉嫌参与腐败的内阁部长发出了逮捕令，但影响仍然有限。

---

① BTI 2018: Libya Country Report, p. 20, https://www.bti-project.org, 2018-12-23.
② BTI 2018: Libya Country Report, p. 21, https://www.bti-project.org, 2018-12-23.
③ BTI 2018: Libya Country Report, p. 37, https://www.bti-project.org, 2018-12-23.

第三点,需要解决资金来源问题。无论是利比亚的石油外汇亦或是外部援助资金,发展利比亚经济和战后重建都需要大笔资金才能实现,否则就是"镜花水月"。从目前态势看,国际援助资金大都带有"苛刻"的附加条件。当然,即使获得这部分资金也难以全部解决利比亚战后重建的资金缺口,还需要依靠本国资本注入。如何改善该地区的营商环境,保证外来资本的安全,提高工作效率是现实问题。此外,利比亚的经济结构需要调整,必须改变过分依靠石油资源的现状,打造多元平衡的经济体系。还要进行市场化改革并合理分配国家财政开支。目前,利比亚政府收入大都用于支付政府员工的高昂工资及国内各类粮食补贴。这样下去,会对政府财政产生很大压力,也无力将资金投入到国家重建等事宜。当然,这些改革不可能一蹴而就,需要执政者付出更多的政治智慧和时间的累积才有可能实现。

四、利比亚国家重建进程展望

综上所述,利比亚国家重建进程可谓是"道路坎坷,前路漫漫"。眼下利比亚局势面临的直接挑战就是安全问题、民兵组织扩散、经济疲敝。利比亚国内东西两大势力间的博弈以及背后地区大国之间的"算计"是影响利比亚局势发展的决定性因素。这些问题引发的社会暴力事件此起彼伏,百姓生活也毫无安全感和幸福感。冲突加剧会阻碍该地区振兴经济的可能。因此,利比亚政府目前最应该考虑并解决的事项包括:避免暴力冲突进一步升级。在利比亚西部,支持总统委员会的萨拉杰派系已经得到国际承认。他们对东部地区哈夫塔尔将军所领导的部队不予认可,还予以打击。显然,这不会为局势缓和带来益处。如果萨拉杰政府继续对东部地区进行打击,联合国安理会不太可能批准,因为作为常任理事国的俄罗斯和作为非常任理事国的埃及都不太可能支持削弱哈夫塔尔将军势力的表决通过。从现实情况看,战局可能会继续胶着,很难迅速分出胜负。[①] 此外,还需要通过重新谈判达成政治协议,从而解决利比亚的政治危机:双方的中心目标应该是组建一个团结的合法政府。总统委员会需要加强合法性,并与利比亚东部选举议会协调。所有的一切必须从安全这个主题入手。当然,这一过程中,需要让双方的军事长官开展"和平对话",防止军事冲

---

① BTI 2018: Libya Country Report, p. 38, https://www.bti-project.org, 2018-12-23.

突继续扩大。可以组建最高国防委员会，吸纳双方军官参与。当然，目前还不清楚哈夫塔尔将军方面是否同意。

与此同时，还要减少外部势力干预。无论是美国、英国、意大利、阿尔及利亚、土耳其和卡塔尔，还是支持哈夫塔尔将军的俄罗斯、埃及、阿联酋、法国等国必须相互协调，达成一致。减少外部干预，虽然这很可能只是一个"奢望"，但如果能让外部干预势力达到均衡，利比亚国内局势或许就有转机。[1]

如今利比亚国家正在解构与建构之间徘徊，和平前景渺茫。要想真正解决利比亚问题，困难重重，并非易事。2019年4月，哈夫塔尔将军领导的国民军向首都的黎波里进军，凌厉的攻势一度让民族团结政府十分忌惮。伴随局势发展，民族团结政府与哈夫塔尔领导的国民军混战形势有可能会愈演愈烈。究竟哪一方能够获得胜利并不明晰，但利比亚人民却肯定会继续生活在战火之中。总之，利比亚国家重建进程前路漫漫，困境重重。

---

[1] Susannah O'sullivan, *Military Intervention in the Middle East and North Africa: The Case of NATO in Libya*, London and New York: Routledge, 2018, pp. 124-126.

突尼斯：
地区动荡后的政治转型问题及进展*

经过8年的筚路蓝缕，突尼斯仍然在政治转型的道路上艰难前行。同为西亚北非局势动荡冲击下的国家，埃及在军人政权的治理下重新进入稳定，利比亚和叙利亚经历战乱之后正在谋划战后重建，也门冲突各方骑虎难下，其他中东国家的变革则在有限的范围内谨慎试验。唯独突尼斯与众不同，在政治、经济、安全、社会各方面面临严峻局面的情况下探索自主转型道路。虽然前路漫漫，未来扑朔迷离，但突尼斯一直在路上。

一、政治议程稳步推进

（一）市政选举成功举行

2018年5月6日，突尼斯成功举行首次市政议会选举，实现了地方层面的更新。根据新的选举法，突尼斯被划分为350个选区。2104个选举名单（政党名单1055，联合名单159，独立候选人名单890）上的53668名候选人参与角逐。选举结果显示独立人士获得33.2%的选票，复兴运动和呼声党分别获得28.6%和20.8%的选票。[①] 总体来看，选举取得了很大成功。但是，选举也显现出一些令人不安的情况。

第一，以民主制度的最低标准，即经常性的、合法的选举而言，[②] 突尼斯已经达到了民主国家的门槛。自从2011年成功举行选举之后，突尼斯的选举民主一直在不断向前迈进。突尼斯政治转型虽然跌跌撞撞，但选举

---

* 作者：李竞强，洛阳师范学院历史文化学院讲师，郑州大学历史学院博士后。本文是第61批中国博士后科学基金面上资助二等资助项目"突尼斯民生问题研究"（项目号：2017M612408）阶段性成果。

① http://theelectionnetwork.com/2018/10/11/tunisian-municipal-elections-2018/，2018-12-26.

② 查尔斯·蒂利著，魏洪钟译：《民主》，上海世纪出版集团，2011年版，第7页。

方面一直比较顺利。选举既没有出现被操纵的情况，也没有出现暴力行为，选举成为更换领导层的重要工具。相对于其他经历政治转型的中东国家，突尼斯在选举方面一直表现出色。2014 年举行大选之后，突尼斯尚未进行大规模选举，此次选举表明突尼斯仍然走在民主转型的道路上。

第二，通过选举实现地方官员的更换，可以更好地回应民众要求，培养政治文化，为民主转型加入新的活力。不论选举结果在外界看来多么的出人意料，选举本身已经成为展示突尼斯政治走向的标志。突尼斯的政党和政治人物都必须接受选举的奖赏或惩罚。2011 年以来，突尼斯行政部门经历了重新洗牌。一方面，大量伊斯兰主义者进入政府部门，获得执政机会。从中央到地方，许多政治新人进入政府履职。大部分省长职位被伊斯兰主义者所占据。另一方面，政府通过扩大招聘范围，行政机构不断膨胀，队伍不断壮大，受到人们的更大关注。2010—2012 年，突尼斯招收了 7 万名公务员。2013 年，政府雇员（加上 18 万名国营企业员工）达到 79.8 万人。① 此次通过选举，将民众认可的官员，尤其是大量年轻一代选入地方政府，显然能够更好地回应民众的需求，提升政府形象，减少民众的对抗。

第三，此次选举是突尼斯政治改革的阶段性成果，有利于实践分权和地方自治的政治改革。突尼斯 2014 年宪法规定，作为民主化的一部分，要推行分权计划，将中央政府掌握的权力更多地让渡给地方政府，从而发挥地方政府的主动性，推动内陆地区发展。在突尼斯 2016—2020 年计划中，为了改善地区发展不平衡和发挥地方活力，明确写入了地方分权（decentralization）的条款。虽然这一改革历程进展缓慢，但最终还是得以在本次选举中体现出来。

第四，此次选举为来年总统大选铺路。2014 年大选后，呼声党上台，并牢牢占据突尼斯政治舞台。这标志着突尼斯政治从伊斯兰政党主导向世俗政党政治变化，民众一度对其满怀希望。但是，由于呼声党选择与复兴党组成联合政府，在世俗主义阵营产生了极大反响。虽然这在很大程度上是权益之计，但其支持者还是将这视作对党的政治理念的背叛。联合政府组阁以来，突尼斯政治问题始终不断，关乎政治合法性的经济繁荣和国家安全目标始终没有实现。因此，民众对政府的低效已经很难忍受。此次市

---

① Mohamed Kerrou, Challenges and Stakes of State and Societal Resilience in Tunisia, Instuto Affari Internazionali, 2017, p. 11.

政议会大选中，两大执政党的支持基础都发生很大下滑，表明突尼斯政治重组又进入了一个新的阶段。

此次选举也暴露出许多问题。首先，投票率低。2014年首次市政议会选举的投票率是68.3%，340万人投票，而此次选举投票率仅为34.4%，170万人投票。[1] 据报道，突尼斯没有出现任何政党、社会团体或个人对选举的抵制行为。[2] 之所以出现这样的情况，据统计，主要原因是青年群体大部分没有参加投票。选民对政治选举缺乏热情，使得选举的意义大打折扣。此外，此次选举最大的获胜者是独立候选人，他们既不属于复兴运动，也不属于呼声党。这表明复兴运动和呼声党的吸引力在持续下降。其次，突尼斯的选举制度一直没有定型，还在调整当中。原定于2015年10月举行的市政议会选举，经历2016年、2017年的推迟，一直到2018年举行，在很大程度上削弱了这一进程。虽然制度的调适是民主巩固的一部分，而且根据实际情况进行调节也是必要的，但突尼斯选举制度的不断变化也遭到很多批评，这很容易使人们联想到本·阿里时期的突尼斯政治。如果规则不断地变化，势必会在民众当中产生混乱，甚至出现威权主义政治复辟的既视感。突尼斯民主制度建立和政治改革的进程仍然举步维艰，未来还将面临更大的挑战。

（二）"迦太基对话"走到尽头

突尼斯民主转型的一个重要标志是"共识政治"。2011年以来，在其他经历政治变革的国家纷纷出现混乱局面的情况下，突尼斯屡屡涉险过关，所依赖的就是"共识政治"。突尼斯人在革命与延续、现代主义与伊斯兰主义之间实现了妥协。[3] 2013年底，突尼斯主要政治势力在突尼斯总工会、突尼斯雇主协会、突尼斯律师协会、突尼斯人权联盟组成的"对话四方"斡旋下达成一致意见，政治实现平稳过渡。2014年底，呼声党在议会大选和总统大选中获胜，标志着突尼斯政治主导权从伊斯兰主义者手中

---

[1] https://thearabweekly.com/tunisias-independents-islamists-come-ahead-low-turnout-vote, 2018 - 12 - 26.

[2] Municipal Election Results in Tunisia, Arab Center for Research and Policy Studies, https://www.dohainstitute.org/en/PoliticalStudies/Pages/Municipal-Elections-in-Tunisia-Results-and-Implications.aspx, 2019 - 01 - 10.

[3] Edmund Ratka, On the Emergence of an Arab Democracy: Social Divides and Political Compromises in Tunisia, in Gerhard Wahlers ed., *The Fight for Democracy*, Konrad Adenauer Stiftung, 2017, pp. 44 - 46.

转移到了世俗主义者手中。

不过，呼声党组建联合政府后，艾希德（Habib Essid）政府的表现没有达到预期。2016年3月，恐怖主义武装大举进攻本·古尔丹口岸让其威信扫地。再加上呼声党内部分裂，28名议员离开了其议会党团，使得呼声党失去了第一大党的地位。突尼斯政治再次出现危机。7月，突尼斯总统埃塞卜西要求艾希德总理辞职，并召集执政联盟和反对派，以及三个市民社会团体在总统府签订了一项协议，被称为"迦太基协定"。2016年9月，作为各党派协作的成果，在埃塞卜西总统和拉希德的牵头下，形成了突尼斯各党派和社会团体共同参加、协商重大事件的非常设机制，即"迦太基对话"。①

"迦太基协定"的最大成果在于组织了"民族团结政府"，由呼声党人沙赫德（Youssef Chahed）担任总理。截止目前，沙赫德成为突尼斯变革以来，担任总理时间最长的政府首脑。由此产生的积极效果是最大程度地维持了政治的稳定和政策的连贯性。而在此之前，突尼斯政府总理虽然大权在握，但很难完整地施展其执政能力。

但是，"迦太基对话"机制的效果令人怀疑。有评论指出，这一机制最大的作用就是实现埃塞卜西总统更换政府总理的目的。② 2016年夏天，"迦太基对话"第一次举行，做出了解除时任总理艾希德的决定。2017年和2018年，埃塞卜西也曾试图通过这一机制，撤换他认为能力欠佳的沙赫德总理，但没有如愿。2018年9月，埃塞卜西总统宣布和"复兴运动"的合作走到了尽头。这也标志着自从2016年以来，凝聚共识的"迦太基对话"机制终结了其历史任务。这种形势的出现对于突尼斯的"共识政治"产生了重要影响，甚至已经危及其政治转型。

第一，"共识政治"在很大程度上尚处于精英政治的层面。从整个机制的形成和运行来看，主要政治人物埃塞卜西总统和复兴党主席格鲁希发挥着举足轻重的作用。2016年，突尼斯新政府运作举步维艰，政府合法性急剧下降。突尼斯面临严峻的政治形势。埃塞卜西和格鲁希通过政治舞台背后的运作，达成了共识，即组建团结的民族政府，实现政府的强力领导。因此，艾希德总理的命运被提交议会表决，两党联合通过了对其不信

---

① http：//carnegieendowment.org/sada/66283，2019-01-10.
② Najiba Ben Hassine, Partisan, electoral and governmental perspectives in Tunisia, https://www.middleeastmonitor.com/20181217-partisan-electoral-and-governmental-perspectives-in-tunisia/，2019-01-12.

任案。此后，埃塞卜西信赖的沙赫德走马上任，担任突尼斯新一任总理。但是，沙赫德和埃塞卜西总统之子之间的权力斗争，导致呼声党内部的分裂，28名议员脱离呼声党，而且也引发了埃塞卜西总统的不满。后者开始筹划通过"迦太基对话"机制，罢免沙赫德总理。然而，由于呼声党议会党团势力锐减，影响力直线下降，沙赫德总理成功争取到"复兴运动"和其他分离出来的世俗主义者的支持，保住了总理职位。这一结果的出现使埃塞卜西大为失望，宣布结束"迦太基对话"机制，从另一个方面证明这一机制的实际用途。

第二，"共识政治"难以解决具体的问题。不论是"对话四方"，还是"迦太基对话"机制，形成的背景都是国内重大危机，基本的方向是帮助政府重新建立威信，维持政府运转。每当涉及到具体问题时，政府总显得左支右绌，难以发力。沙赫德政府在发展经济、维护安全、打击腐败等方面虽然有所进展，但仍然没有从根本上赢得民众认可。

第三，"共识政治"的发展呼唤形成新的共识。埃塞卜西总统宣布"迦太基对话"机制结束，并不意味着突尼斯不会形成新的共识。相反，这只能说明突尼斯希望能够取得这一机制可行的"共识政治"。埃塞卜西总统此举在很大程度上是无奈之举。2018年8月，沙赫德总理在议会艰难通过信任投票后，政治的天平开始发生倾斜。埃塞卜西已经难以主导突尼斯政局。突尼斯政治权力的分化组合显露出端倪。"复兴运动"继续积蓄力量，积极准备2019年大选。世俗阵营开始抛弃埃塞卜西总统父子，寻求新的组织。市民社会团体对于政府的行为也表现出不满，开始为了自己的利益而行动起来。

突尼斯政治家反复强调的"共识"事实上依然遥远。执政党内部派别难以达成共识；世俗政党和宗教政党的隔阂更大；政府和市民社会组织的分歧愈演愈烈；总工会与政府没能达成一致；青年人群体对政府的信任下降。

(三) 外部因素与政治转型

美欧继续支持民主转型。在政治上，西方国家始终将突尼斯视作"自由主义民主"转型成功的希望。尤其是在埃及、叙利亚、也门、利比亚等先后陷入混乱或恢复威权政治后，突尼斯的重要性日益凸显。因此，西方政要如马克龙等访问突尼斯，以示支持。同时，西方国家对于突尼斯的经济援助也起到了关键作用。但是，西方国家的支持对于迅速而有效的转型显得非常有限。与 20 年前欧美国家对中东欧国家的支持力度相比，这种影响力差距相当悬殊。美欧既没有提供充足的资金，也没有为突尼斯提供良好的未来期待。① 事实上，它们的主要关切还是突尼斯继续保持稳定，安全是第一位的。

地区国家争夺控制权。2011 年以来，海湾国家沙特阿拉伯、卡塔尔、阿联酋等国通过经济援助试图左右突尼斯政权，在突尼斯国内引发了不小的危机。尤其是它们与伊斯兰主义组织之间的联系，对于突尼斯世俗政治造成了很大威胁。② 土耳其则一直在兜售其成功的经验模式。对于突尼斯来说，这些国家的援助虽然重要，但其通过援助附加的各种政治影响则令其难以接受。

域外国家谨慎投资。虽然突尼斯政府积极出击，与非洲国家、亚洲国家、欧洲国家普遍发展经贸关系，甚至计划重新建立经济特区来吸引投资，但进展非常缓慢。日本、印度等国都表现出投资的兴趣，但这与突尼斯政府的计划不尽一致。一方面，突尼斯政府确定的内陆投资区缺乏吸引力；另一方面，突尼斯潜在的安全局势令投资者望而却步。

转型时期，突尼斯面临的地区和国际环境非常复杂。不论是欧美国家，还是地区国家，官方层面对突尼斯转型的积极表态与现实中的经济和安全援助差距甚远。零星援助使得突尼斯很难在短期内摆脱困境。同时，各方基于不同的战略考虑，在意识形态方面的侧重，使得突尼斯的共识政治不断遭遇冲击。更为严重的是，在公开场合之外的联络，影响了政治转型中民主制度的建立和运作，进一步增加了转型的风险。

二、经济发展复苏缓慢

转型时期，突尼斯面临的最大困难是经济问题。受政治变革的影响，外资和内资都不愿意投资，突尼斯吸引投资的能力仍然没有恢复到革命之前。加之安全形势严峻，国外游客望而却步，让突尼斯失去了很多外汇收入。因此，突尼斯经济一直处于窘迫状态。2018 年 2 月，突尼斯外汇储备

---

① Mieczslaw P. Bouduszynski, Western Democratic Leverage and the Arab Spring, in Christopher K. Lamont, Jan Van Der Harst, Frank Gaenssmantel eds., *Non-Western Encounters with Democratization: Imaging Democracy after the Arab Spring*, Burlinton: Ashgate, 2015, p. 130.

② Sally Khalifa Isaac, Explaining the Patterns of the Gulf Monarchies' Assistance after the Arab Uprisings, in Federica Bicchi, Benoit Challand, Steve Heydemann eds., *The Struggle for Influnce in the Middle East: the Arab Uprisings and Foreign Assistance*, London& New York: Routledge, 2016, p. 145.

降至同期最低水平，仅能维持 84 天的进口。① 但是，随着旅游季节的来临，以及农产品的收获，突尼斯经济有所恢复。

第一，旅游业明显复苏。旅游业是突尼斯的支柱产业之一，突尼斯每年寄希望于旅游收入创汇。在本·阿里时期，旅游业收入相当于 GDP 的 1/7。经历数年的低迷，突尼斯旅游业在 2017 年开始复苏。全年旅游收入 18 亿美元，对 GDP 贡献 6.9%，创造直接就业岗位 225000（占就业市场的 6.3%）。② 2018 年，突尼斯旅游业延续增长态势，整体发展表现超出预期。根据突尼斯旅游与手工业部最新统计，截至 8 月 20 日，来突旅游度假的游客已超过 500 万人，同比增加 17.5%，旅游收入同比增长 44%。其中，欧元收入增长 23.8%，美元收入增长 36.7%。③ 全年预计超过 800 万人。旅游业的复苏对突尼斯经济产生了明显的积极作用，突尼斯的宏观经济明显改善，外汇储备增加。

第二，突尼斯农业产值增加，为经济发展贡献了力量。据突尼斯农业部称，由于今年雨水充沛，气候改善，本季橄榄大丰收。橄榄果收成达 160 万吨，榨油 32.5 万吨，与上一季橄榄收成 50 万吨，榨油 10 万吨相比，产量增加了 325%。橄榄售价也从每公斤 1—2.3 第纳尔上涨到 1.5—2.5 第纳尔。④ 另外，2017 年 10 月 1 日至 2018 年 10 月 6 日，椰枣出口增长创下纪录，共出口 12.5 万吨，合计 7.346 亿第纳尔（1 美元折合 2.78 突尼斯第纳尔）。去年同期出口 10.7 万吨，合计 5.513 亿第纳尔。椰枣当季收入与同期相比增长了 33.24%，数量上增长了 17%。⑤

第三，突尼斯吸引投资的情况持续向好。截至 2018 年 11 月底，突尼斯外国投资额 25.74 亿第纳尔，比上年同期相比增长 30.4%。其中外国直接投资 24.553 亿第纳尔，证券投资 1.188 亿第纳尔。据突外国投资促进局（FIPA）估计，2018 年外国投资将超过 30 亿第纳尔。⑥

第四，突尼斯采取多元经济策略初见成效。有感于长期以来西方市场的弊端，突尼斯沙赫德政府明显加强了多元主义倾向。突尼斯积极开拓非

---

① http：//north-africa.com/tunisia-difficult-road-to-stability/，2019 – 02 – 01.
② World Travel& Tourism Council，TRAVEL & TOURISM ECONOMIC IMPACT 2018：Tunisia，https：//www.wttc.org/-/media/files/reports/economic-impact-research/countries-2018/tunisia2018.pdf，2019 – 02 – 01.
③ http：//tn.mofcom.gov.cn/article/jmxw/201808/20180802780055.shtml，2019 – 02 – 01.
④ http：//tn.mofcom.gov.cn/article/jmxw/201809/20180902781813.shtml，2019 – 02 – 01.
⑤ http：//tn.mofcom.gov.cn/article/jmxw/201809/20180902785921.shtml，2019 – 02 – 01.
⑥ http：//tn.mofcom.gov.cn/article/jmxw/201812/20181202819156.shtml，2019 – 02 – 01.

洲市场，不仅与邻国阿尔及利亚和利比亚加强经济联系，加入西非经济共同体。而且，突尼斯与印度、韩国、日本、中国加强贸易联系，寻求新兴大国的投资。突尼斯政府高官接连访问上述国家，并获得了回访。另外，突尼斯一如既往地寻求欧洲、美国、德国及海湾国家的援助，为经济发展注入资金。西方国家为了树立自由民主的样板，也对突尼斯进行了一定援助。

在此形势下，内阁会议于 2018 年 10 月 10 日通过了突尼斯 2019 财政预算法草案及 2018 年财政预算补充法案。2019 年财政预算法草案确定国家财政预算为 406.62 亿第纳尔，比 2018 年增加了 8%，税收 269.60 亿第纳尔，增长 10.2%，非财政收入为 35.6 亿第纳尔，国内生产总值增长率（不变价格）为 3.1%，预算赤字 3.9%，债务将占国内生产总值的 70.9%。[1]

但是，突尼斯经济发展的结构性问题依然存在。首先，突尼斯的经济增长仍然未达到预期。2005—2010 年，突尼斯平均增长率为 4.3%。[2] 政局动荡后，经济发展陷入停滞。2018 年经济增长率仅为 2.4%。2015 年开始，突尼斯人均收入降至 4036 美元，从而与中高收入国家水平拉开了差距。[3] 其次，失业率居高不下，地区差距仍然影响全局。失业率仍然维持在 15.5%，年轻人失业率高达 36%。[4] 突尼斯政府虽然千方百计创造就业，但囿于宏观经济的低迷，在就业市场方面建树不大。此外，突尼斯民众正在承受转型的经济代价。2011—2017 年，突尼斯公共部门雇佣了 20 万员工，使得工资占 GDP 的比例由 10.8% 攀升至 15%，[5] 政府面临很大压力。与此同时，在国际机构的压力下，突尼斯被迫继续推进"经济改革"计划。突尼斯政府为了推行经济结构改革，宣布冻结公共部门工资增长和人员录用，取消能源补贴，以及增加税收等措施，虽然是不得已而为之，但严重影响了突尼斯的民生，遭到民众的普遍反对。[6] 从 2018 年年初到年

---

[1] http://tn.mofcom.gov.cn/article/jmxw/201810/20181002795620.shtml, 2019-02-01.

[2] Jan Philipp Vatthauer, Irene Weipert Fenner, The Quest for Social Justice in Tunisia: Socioeconomic Protest and Political Democratization post 2011, Peace Institute Frankfurt, 2017, p.3.

[3] Tunisia: In Brief, US Congress Report, https://crsreports.congress.gov/product/pdf/RS/RS21666, 2019-02-01.

[4] 突尼斯国家统计局，http://www.ins.tn/en/indicateur-cle，2019 年 2 月 1 日。

[5] Thierry Brésillon, Tunisia, divided and unequal, https://mondediplo.com/2018/11/05tunisia, 2019-02-01.

[6] African Development Bank, North Africa Economic Outlook 2018: Macroeconomic developments and poverty, inequality, and employment, 2018, p.8.

终，民众的抗议此起彼伏，终于在突尼斯总工会宣布进行总罢工后达到了高潮。① 中学教师工会为了工资的提升组织罢工，已经严重影响突尼斯的教育秩序。

土耳其的经验表明，要保持长期执政，就必须为民众提供更好的生活。② 突尼斯政府还没有在经济发展方面探索出一条行之有效的方案。突尼斯总理沙赫德承诺："2018 年是付出痛苦的最后一年"，显然是言过其实了。

三、安全形势严峻

突尼斯安全形势依然严峻，主要来自国外和国内两个层面。首先，突尼斯边境地区仍然不稳定，潜在安全威胁较大。2015 年，突尼斯连续发生三起重大恐怖袭击事件，暴露了突尼斯安全力量的不足和脆弱的边防形势。2016 年 3 月，在突尼斯与利比亚边境地区，恐怖主义武装试图建立据点。安全部队和他们交火两天，才将其击退。2017 年，在突尼斯与阿尔及利亚边境山区，恐怖组织活动非常频繁。2018 年 7 月 6 日，突尼斯边境地区遭遇恐怖袭击，据突尼斯内政部确认是"真主旅"所为。此次事件造成 6 名边防人员死亡。③ 8 月 1 日，与"伊斯兰国"关系密切的武装分子袭击了卡赛林的一家银行，11 名恐怖分子被击毙。

突尼斯与阿尔及利亚接壤的七个省都存在安全威胁，与利比亚接壤的两个省是反恐重点区域。根据英国外交部 2019 年 1 月 11 日发布的旅行建议，突尼斯西部沙阿姆比山区、萨鲁姆山区、萨玛玛山区、玛格希拉山区和南部的德希巴以及本·古尔丹周围 20 公里都是绝对禁止进入的地区。拉马丹、伯尔玛、扎宰斯和卡赛林、坚杜拜等省也是危险区域。④

突尼斯的国内安全也令人堪忧。2018 年 12 月，恐怖分子在一位议员家门口将其伏击。这表明恐怖组织的网络遍及突尼斯境内，实施恐怖袭击

---

① https://www.aljazeera.com/news/2019/01/tunisia-powerful-ugtt-workers-union-holds-nationwide-strike-190117081348601.html，2019 - 02 - 01.

② Ahmet Uysal, Insights for Egypt's and Tunisia's Islamists from Turkish Experience of Democratic Transition, Insight Turkey, Vol. 15, No. 4, The AK Party Decode Economy, *Society and Politics* (FALL 2013), p. 76.

③ https://thearabweekly.com/al-qaida-affiliated-group-claims-responsibility-tunisia-terrorist-attack，2019 - 02 - 10.

④ https://www.gov.uk/foreign-travel-advice/tunisia，2019 - 02 - 10.

的能力很强。大量存在的极端主义分子，随时有可能发动令人胆寒的恐怖袭击。当前，突尼斯面临的最严重的安全问题，已经不再是恐怖主义组织策划的大规模袭击，而是潜在的"独狼式"的攻击。大量回国的极端分子有可能采取行动。由于2011年以来局势动荡，数以千计的青年走上了极端化的道路。突尼斯安全问题专家哈比卜·萨雅（Habib Sayah）估计，3000—4000名"圣战"者前往叙利亚和伊拉克战场，至少1500人在利比亚活动。[1] 截至2017年4月，突尼斯内政部长哈迪·马基杜布（Hadi Majdoub）证实，约760名"圣战"者在叙利亚和伊拉克战场上被打死，3000人活跃在国外，800名极端分子已经回国。[2]

而且，政局动荡之前以及近几年来，突尼斯监狱里关押的犯人走上极端化的可能性很高。突尼斯监狱拥挤、设施差，还存在大量虐待犯人的情况。

除此之外，突尼斯面临地区形势不稳的局面，很难独善其身。突尼斯安全局势的压力同时来自东方和西方。突尼斯与阿尔及利亚、利比亚的接壤地区是突尼斯重点防御的地区。阿尔及利亚东南部地区同样面临发展危机，引发社会动乱的可能性很大。加上石油价格的波动，阿尔及利亚经济发展也处于不稳定状态。同时，"伊斯兰国"的残余势力、"基地"组织"马格里布"分支等恐怖组织也有很大的威胁。极端主义者对突尼斯走西方式自由民主道路的做法非常反感，一直尝试进行颠覆。利比亚内战之后，马里也一度陷入动荡，至今仍有极端分子盘踞在马里一些省份。利比亚东西两股势力相持不下，极端组织趁机崛起。虽然在国际社会的努力下，利比亚内部联合的步伐有所加快，但各方之间的博弈没有完全结束，与实现繁荣的稳定局面相去甚远。除此之外，中东其他地区的动荡形势也可能波及到突尼斯。叙利亚内战、巴以对抗、难民危机等问题也会在突尼斯国内产生连锁反应。

为了应对安全压力，突尼斯政府竭尽全力，优先解决安全问题。2018年3月，埃塞卜西总统宣布再次延长紧急状态。同时，突尼斯从美国、法国、意大利等国争取到大量军事援助，加强安全机构的配备，以获得打击

---

[1] Djallil Lounnas, The Libyan Security Continuum: The Impact of the Libyan Crisis on the North African/Sahelian Regional System, MENARA Working Papers, European Union's Horizon 2020 Research and Innovation Program.

[2] Tunisia: In Brief, US Congress Report, https://crsreports.congress.gov/product/pdf/RS/RS21666.

恐怖主义分子的绝对优势火力。2015年以来，美国和欧盟明显加大了对突尼斯的军事和安全援助。突尼斯被列为非北约关键盟国，从而接受了北约的军事援助。[①] 这些援助的目的在于帮助突尼斯保持安全的国内环境，保存民主转型的唯一希望。

突尼斯政府应对安全威胁的方式很多，但主要依赖武力打击。突尼斯军队和安全部门在边境地区的军事行动成功击退了恐怖分子试图占领据点的企图。另外，突尼斯自2013年以来，多次宣布并延长紧急状态，对恐怖分子的可疑网络进行集中打击，摧毁了大量隐藏的恐怖分子团伙。对于从国外返回的极端分子，突尼斯政府进行严密监视，确保其难以在突尼斯国内兴风作浪。总之，这种高压态势在很大程度上遏制了恐怖主义蔓延的态势。

专家在分析2018年英国游客大幅增长的原因时指出：第一，突尼斯的安全工作卓有成效。自从2015年以来，突尼斯没有发生大规模恐怖袭击。第二，英国政府解除了旅行限制。第三，旅游景点的安保工作也有提升，让游客感受到了安全。[②] 旅游业的全面复苏表明，突尼斯的安全工作在艰难的努力之后收到了不错的效果。

但是，突尼斯安全部门的壮大也产生了消极结果。一方面，民众的自由权利遭到严重挑战，公民政治自由面临很大限制；另一方面，警察执法过程中屡屡出现权力滥用情况，造成了恶劣影响。值得注意的是，突尼斯反恐法对于恐怖主义的定义相当宽泛。突尼斯反恐法规定：不论其动机如何，独立实施或集体行动，只要是为了恐吓一个人或一群人，或在人群中传播恐慌，意图影响国家的政策并促使其做或不做任何行动，扰乱公共秩序或国际和平与安全，对外交和领事使团和国际组织总部的人员或财产造成伤害，严重危害环境，从而危害生命或居民，或破坏基础设施、交通、通信、信息系统或公共设施的重要资源的人，都应被归类为恐怖主义者。[③] 这一法案颁布于2002年4月，但在突尼斯转型时期并没有得到修订。因而使得突尼斯在开展反恐战争的时候，仍然照搬了本·阿里时期的做法。

[①] Frances G. Burwell, Amy Hawthorne, Karim Mezran, Elissa Miller, European and US Support for Post-Revolution Tunisia, in *A Transatlantic Strategy for A Democratic Tunisia*, Atlantic Council, 2016, p. 10.

[②] 3 Reasons Why UK tourist numbers are UP in Tunisia, https://tunisiasecurityupdate.com/2018/09/19/3-reasons-why-uk-tourist-numbers-are-up-in-tunisia/, 2019-02-11.

[③] Francesco Tamburini, Anti-Terrorism Laws in the Maghreb Countries: The Mirror of a Democratic Transition that Never Was, *Journal of Asian and African Studies*, Vol. 53 (8), 2018, p. 1239.

2015年7月25日,突尼斯议会虽然对这一法律进行了修订,但仍然保留了大量镇压措施,对于恐怖主义行为的界定也相当宽泛。"任何人只要是意图在民众当中传播恐慌情绪,过分要求国家或国际组织做他们没有义务做的事,或放弃他们的工作,都可以视作是恐怖主义行为。"[1] 突尼斯在反恐和保障公民权利方面未能达到一个更为理想的平衡。反恐的任务在很大程度上侵蚀了民众刚刚获得的大量合法权利。

而且,由于打击恐怖主义势力的需要,缩短了安全力量重建的过程。这使得许多旧政权安全力量躲过了对他们清算,影响了转型正义的实现,从而也让革命群众产生了愤怒和失望的情绪。2019年1月23日,突尼斯修订了反恐法案,以回应上述问题。[2]

四、社会发展依然困窘

突尼斯在妇女解放方面一直是一个榜样。中东北非国家中,鲜有其他国家能够与其媲美。但是,妇女地位仍然有待提高。时至今日,"女性解放"是突尼斯政治中的一个敏感话题。2018年国际妇女节,突尼斯总统埃塞卜西提出一个议案,呼吁男女在继承方面享有平等权利。但是,在突尼斯民众当中,很快产生了激烈辩论,赞成者和反对者各抒己见。在某种程度上,妇女问题已经和政治联系在一起,成为区分坚定的伊斯兰主义者和世俗主义者的热门话题。这一事件表明,受传统文化和经济发展阶段的制约,突尼斯要实现真正的男女平等依然任重而道远。不过,这一议案目前已经进入表决程序,有望成为正式法律。[3]

青年人问题。从人口结构上看,突尼斯仍然是年轻人占主导的国家。2011年的变革也主要是由青年人发起的。但是,青年人问题依然很突出。一方面,政治精英和民众之间的差距是突尼斯政治当中的一个重要问题。年长的出生于沿海发达地区的有产阶级掌握了政治权利,而年轻的没有社

---

[1] Francesco Tamburini, Anti-Terrorism Laws in the Maghreb Countries: The Mirror of a Democratic Transition that Never Was, *Journal of Asian and African Studies*, Vol. 53 (8), 2018, p. 1245.

[2] https://www.tap.info.tn/en/Portal-Politics/11082298-amended-version-of, 2019-02-11.

[3] https://www.middleeastmonitor.com/20181126-tunisia-cabinet-approves-equal-inheritance-law/, 2019-02-11.

会地位的内陆地区青年人则被排除在政治之外。① 另一方面，在艰难的转型时期，人人都要做出牺牲，但青年人认为自己的付出更多，而得到的更少。突尼斯"圣战"者是叙利亚战场上最多的外籍兵团。当他们返回国内后，往往产生了严重的重新融入问题。2015 年开始，突尼斯政府全面限制 35 岁以下的青年前往叙利亚、伊拉克、利比亚等国。突尼斯青年前往这些国家需要获得其父母的同意。因此，突尼斯青年认为，2011 年以来他们获得了部分自由，特别是言论自由，但是仍然没有获得他们追求的尊严。②

教俗关系。在突尼斯政治中，伊斯兰教的作用同样引人注目。主要伊斯兰政党复兴党在艰难探索治国理政经验，而极端派别则在相对宽松的环境中为实现伊斯兰化而积极奔走。突尼斯社会发展的很大一方面，将取决于宗教势力演变的结果。2016 年，复兴党举行全国代表大会，格鲁希再次当选为主席。同时，复兴党将宣教和政治彻底分割，从而专心于政党政治。另外，复兴党开始采用"穆斯林民主"的概念作为党的意识形态标签。③ 这意味着复兴党也在迅速适应变化的形势。但是，对于伊斯兰运动的演变，也有不同的认识。和政治当中的对立不同，普通民众当中并不存在伊斯兰主义和世俗主义的截然对立。根据民意调查，世俗政党和伊斯兰政党的支持者的宗教态度并不存在两极分化。④ 因此，突尼斯的社会分化仍然沿袭了传统上以地域和阶层为标准的划分方式，社会现代化和政治现代化处在新的演变阶段。

结　语

亨廷顿在总结民主转型的障碍时曾指出，政治上威权主义统治的遗产使得新的政治制度很难建立起来。在文化上，伊斯兰教很难适应西方民

---

① Edmund Ratka, On the Emergence of an Arab Democracy: Social Divides and Political Compromises in Tunisia, in Gerhard Wahlers ed., *The Fight for Democracy*, Konrad Adenauer Stiftung, 2017, p. 45.

② Tunisia's youths disillusioned with outcome of jasmine revolution, The North Africa Journal, http://north-africa. com/tunisias-youths-disillusioned-with-outcome-of-jasmine-revolution/, 2019 – 02 – 12.

③ Anne Wolf, *Political Islam in Tunisia: the History of Ennahda*, Oxford: Oxford University Press, 2017, p. 164.

④ Brandon Gorman, *The Myth of the Secular-Islamist Divide in Muslim Politics: Evidence from Tunisia*, Current Sociology, Vol. 66 (1), 2018, p. 160.

主，而在经济上，贫困是民主转型的最大障碍。① 突尼斯政治转型的艰难，在一定程度上反应了这一论点。伊斯兰文化的盛行，以及温和伊斯兰的勃兴，使得西方国家在援助突尼斯时总是心存疑虑，因而不能全力支持。而突尼斯转型以来各届政府的惨淡经营，不但没有纾解民众的艰难生活，反而使得民众难以躲避转型的痛楚。突尼斯民众接二连三地上街游行使得这一政权看起来岌岌可危。不过，就2018年突尼斯的表现而言，其政治转型也不乏亮点。突尼斯政治在分化组合中，越来越向制度化方向发展，"民主选举"在更换官员和政府方面的作用受到重视。安全环境有所改善，有组织的大规模恐怖袭击得到了抑制。由于天公作美，突尼斯农业获得丰收。游客的重新回归，刺激了突尼斯经济，让民众的生活有所改善，一定程度上解决了就业压力。国际援助、天气原因、旅游业复苏成为突尼斯经济发展的重要因素。政府的各项务实举措也使得突尼斯实现良性发展。在此背景下，突尼斯将迎来2019年的选举，各方势力将迎来5年来的一次大考。随着权力交接的完成，突尼斯又进入了一个新的发展阶段。

---

① 塞缪尔·亨廷顿著，欧阳景根译：《第三波：20世纪后期的民主化浪潮》，中国人民大学出版社，2013年版，第280—295页。

摩洛哥：
迪拉姆自由化改革下的政治经济发展嬗变*

一、迪拉姆自由化改革

穆罕默德五世和哈桑二世执政前半期，由于国内政治疲敝和经济困顿等因素，摩洛哥在对外关系问题上奉行不结盟立场。但在哈桑二世统治后半期，出于对外国援助的迫切需要，哈桑二世不得不对西方投诚。截至1964年，摩洛哥与欧共体的贸易额是"东方集团"（Eastern Bloc）的10倍。时至今日，欧盟一直是摩洛哥最重要的贸易伙伴。2016年，摩洛哥64.9%的出口产品销往欧洲。[1] 1969年，在法国的坚持下，摩洛哥被授予共同体"副"成员资格，但是这并不利于摩洛哥的经济，尤其是农产品出口价格。1973年以前，农产品一直是摩洛哥主要的税收来源，当时磷酸盐的价格有短暂的回落。1976年，摩洛哥与欧共体签署了第二项协议，为摩洛哥带来了更多的外国援助。到20世纪80年代中叶，摩洛哥持有相当可观的外债。由于西撒哈拉战争的花费和20世纪80年代初全球石油价格的震荡，截至1983年，摩洛哥外汇储量都相当低，外债占GDP的70%，债务还本付息占年输出的42%。[2]

20世纪70年代，摩洛哥开始爆发经济危机。摩洛哥最主要的出口产品磷酸盐价格大幅下跌，而油价又大幅上涨。在此背景下，1982年开始，摩洛哥政府不得不依据国际货币基金组织和世界银行赞助的项目进行经济的结构性调整。国际货币基金组织主导的经济结构调整计划的核心是将原先政府垄断的经济部门私有化。摩洛哥政府鼓励私人投资者购买国营企

---

* 作者：高文洋，郑州大学历史学院讲师、博士后。

[1] World Trade Organization Country Profiles, http://stat.wto.org/CountryProfile/WSDBCountryPFView.aspx?Country=MA&Language=E, 2019-02-24.

[2] A. Rhazaoui, "Recent Economic Trends: Managing the Indebtedness", in I. W. Zartman ed., *The Political Economy of Morocco*, New York: Praeger, 1987.

业，然而其结果是资本向精英阶层集中，导致了进一步的经济失序。1987年，哈桑二世申请摩洛哥加入欧洲经济共同体，其入盟的承诺就是经济自由化。①

（一）迪拉姆自由化

2018年1月12日，摩洛哥中央银行与财政大臣宣布将从15日开始实施迪拉姆自由化政策。在此之前，摩洛哥迪拉姆的兑换价格钉住由欧元和美元组成的一揽子货币，上下浮动区间为0.3%。这一政策的实质是扩大迪拉姆汇率的浮动空间，其兑换价格可以上下浮动2.5%。②迪拉姆自由化政策有其优点。摩洛哥王国主要的外汇来源是出口、外国直接投资、移民侨汇、旅游业收入和外债。从长远看，新政有利于外国直接投资的增长以及摩洛哥金融机构的国际发展。

然而，货币自由化政策也存在较高风险。在国际市场物价上涨的前提下，摩洛哥中央银行必须发行大量货币来换取进口产品，从而导致通货膨胀。③摩洛哥的燃油、燃气、小麦和电子产品等均依赖进口。2016年世贸组织数据显示，摩洛哥进口额最高的农业产品为大麦和棉布，价值13.04亿美元；进口额最高的非农业产品为石油，价值35.46亿美元。④进口产品物价上涨会反过来对摩洛哥的经济自由化战略造成掣肘。

（二）经济自由化的风险

在经济自由化战略主导下，摩洛哥政府对居民基本商品的补贴呈递减趋势。2011年"2·20"运动爆发后，摩洛哥政府为了免于步突尼斯与埃及的后尘，推出了一项政策，即拿出财政预算的20%补贴面包、燃料和电力等基本商品。但是，这项花费过于巨大。2012年，摩洛哥的财政赤字率达到当年国民生产总值的7.1%。国际货币基金组织进行干预，与摩洛哥政府缔结条约，要求在2017年之前，通过大幅降低基本商品补贴，将财政

---

① 这一申请并未被批准。J. Marks, "The Concept of Morocco in Europe," in E. G. H. Joffé ed., *Morocco and Europe*, London: SOAS, 1989, p. 15.

② "摩洛哥宣布将实行渐进式货币自由化"，http://money.163.com/18/0113/11/D81E9ARQ002580S6.html#from=keyscan，2019-02-25.

③ "Dirham Liberalization: What Should Moroccans Expect", https://www.moroccoworldnews.com/2018/01/238495/dirham-liberalization-morocco/, 2019-02-25.

④ World Trade Organization Country Profiles, http://stat.wto.org/CountryProfile/WSDBCountryPFView.aspx?Country=MA&Language=E, 2019-02-24.

赤字率降至3%。2014年1月，摩洛哥终止了对燃料的补贴。当年摩洛哥丁烷的单罐市价从5.04美元飙升至14.5美元。①

经济自由化导致的基本商品补贴减少不仅仅对贫困人口和中产家庭的消费能力构成冲击，对大企业也产生了影响。2018年2月16日，摩洛哥媒体报道称，由于摩洛哥政府终止对糖类进行消费补贴，可口可乐公司决定关闭其在摩洛哥的灌装工厂，转战土耳其。随后摩洛哥政府和可口可乐公司均确认这一报道的真实性。② 据分析人士称，该公司这一决定会导致摩洛哥3.8万劳动力失业，同时迫使摩洛哥进口碳酸饮料。

2018年4月20日，摩洛哥民众在"脸书"上发起针对物价上涨的抵制运动，对摩洛哥的经济、政治与社会稳定均构成挑战。③ 网上抵制运动的核心诉求是降低生活必需品价格，主要针对阿非奇亚汽油公司（Afriquia Gasoline）、中央达能奶制品公司（Centrale Danone）和希迪·阿里·乌尔默矿泉水公司（Sidi Ali-Oulmes）。由于酒店、餐馆和咖啡厅服务的增长，摩洛哥近年来瓶装水市场需求逐步上升。希迪·阿里·乌尔默矿泉水公司是摩洛哥最大的瓶装水公司，占据摩洛哥市场份额的72%。2017年，该公司营业额达到15亿摩洛哥迪拉姆。抵制运动发生后，该公司很快做出回应，发布一份明细，指出其定价的主要依据是因为税收。2017年，其所缴纳税额达到约6.57亿迪拉姆，税收负担同比上涨9.8%，公司的净利润为营业额的7%，即每升水0.4迪拉姆。该公司创始人一周内在其阿特拉斯山的矿泉水源接待了80个人，以此试图说服消费者其定价是公平的，但是同时呼吁政府降低税率。④

中央达能奶制品公司是摩洛哥最大的奶制品供应商。抗议民众要求该公司生产的470毫升包装的牛奶价格从3.5迪拉姆降至2.5迪拉姆。抗议活动取得了一定的成效，中央达能与卡萨布兰卡、马拉喀什、拉巴特、梅克内斯和阿加迪尔的消费者进行座谈。2018年9月5日，该公司CEO伊曼

---

① "Deficit pushes Morocco to cut subsidies", https://www.aljazeera.com/news/middleeast/2014/03/deficit-pushes-morocco-cut-subsidies-2014327823976605.html, 2019-02-07.

② "Coca-Cola to Close Moroccan Factory Because Of Sugar Subsidies Cut", https://www.moroccoworldnews.com/2018/02/240727/coca-cola-moroccan-factory/, 2019-02-25.

③ Anne Wolf, "Morocco's Hirak Movement and Legacies of Contention in The Rif", *The Journal of North African Studies*, October, 2018, https://doi.org/10.1080/13629387.2018.1538188, 2018-11-05.

④ "Boycott: Sidi Ali-Oulmes Earned MAD 195 Million in 2017", https://www.moroccoworldnews.com/2018/05/246713/boycott-oulmes-mineral-water-mad-195-million/, 2019-02-07.

纽尔·费博尔（Emmanuel Faber）宣布，470毫升的牛奶降价至3.2迪拉姆。他还承诺每六个月更新并印发一次价目表，确保所有产品均按标价出售。①

然而，企业的一系列应对措施治标不治本，仅仅是头痛医头、脚痛医脚，最终的后果还是由民众承担。希迪·阿里·乌尔默矿泉水公司在2018年上半年净盈利974万迪拉姆，同比下降87%。2018年6月，中央达能奶制品公司发布报告，该公司上半年营业额损失1.5亿迪拉姆（1584万美元），而2017年同期仅利润就有5600万迪拉姆，收入萎缩50%。因此，中央达能公司削减了30%的牛奶产量。这些牛奶是从12万户奶农家中收购的，直接影响奶农的收入来源。该公司还表示将裁减临时工，据一位政府部长估计，裁员人数可能达到1000人。②

来自"民主左翼联盟"（Federation of the Democratic Left）的一位国会议员强烈抨击国有燃油公司，呼吁政府修正经济自由化发展战略的种种弊端。事实上，由于国际物价上涨，2018年摩洛哥政府在燃气和糖类消费补贴的花费有155亿迪拉姆，比2017年上涨13%。③

2018年摩洛哥消费价格指数上涨1.9%，④ 其中食品指数上涨1.3%，非食品指数上涨1.8%。此外，债务是当前摩洛哥面临的又一重要问题，一些研究报告指出，债务为摩洛哥的经济增长增加了负担。2018年12月，摩洛哥国库与对外财政部发布了一份报告，指出截至2018年9月，摩洛哥外债达到7150亿迪拉姆，同比上涨4.6%。因此，2019年1月，摩洛哥政府决定延缓货币自由化进程，初步延迟至2020年。⑤

---

① "Centrale Danone Cuts Profits, Lowers Prices to Please Customers", https://www.moroccoworldnews.com/2018/09/253109/centrale-danone-morocco-boycott/，2019-02-07.
② "Moroccan consumer boycott pushes Centrale Danone dairy firm into the red", https://www.reuters.com/article/morocco-protests-boycott/update-1-moroccan-consumer-boycott-pushes-centrale-danone-dairy-firm-into-the-red-idUSL5N1T64F3，2019-02-07.
③ "Morocco Spent 13% More on Gas, Sugar Subsidies in 2018 than 2017", https://www.moroccoworldnews.com/2019/02/265506/morocco-more-gas-sugar-subsidies/，2019-02-25.
④ "摩洛哥 — 居民消费价格指数CPI", https://zh.tradingeconomics.com/morocco/consumer-price-index-cpi, 2019年2月29日。
⑤ "Morocco to Postpone Shift to More Flexible Dirham to 2020", https://www.moroccoworldnews.com/2019/01/263912/morocco-flexible-dirham-currency/，2019-02-25.

二、西撒哈拉问题

（一）西撒哈拉问题的由来

西撒哈毗邻摩洛哥、阿尔及利亚和毛里塔尼亚，面积 26.6 万平方公里。① 1886 年，西班牙将西撒哈拉地区划定为"保留地"，确定了其边界。1974 年西班牙人对西撒哈地区进行人口普查，结果显示，该地人口为 7.4 万。② 如果将临近地区人口也算在内，大约可达 33 万。西撒哈拉地区的土著居民为撒拉威人，相传其祖先为来自也门的贝尼·哈桑（Beni Hassan）部落，使用的阿拉伯语方言被称为哈桑尼亚（Hassaniyya）。他们是游牧民，有时也经商。③

摩洛哥一直对西撒哈拉地区有领土诉求，原因有二：第一，19 世纪摩洛哥素丹曾征服该地区，接受部分部落的效忠。1956 年独立之初，独立党（Istiqlal）政府曾将吞并西撒哈拉地区作为"大摩洛哥"（Greater Morocco）计划的一部分。第二，1962 年，西撒哈拉勘探出巨大的磷矿储量。④

1961 年，当毛里塔尼亚在其他非洲国家的支持下获得独立时，摩洛哥的愿望受挫。但是，1971 年西班牙宣布装备撤出撒哈拉地区让摩洛哥国王哈桑二世看到了新的希望。摩洛哥的野心与撒拉威人的军事武装"西撒哈拉独立阵线"背道而驰，其目标是"民族自决"。而毛里塔尼亚和阿尔及利亚也反对摩洛哥的领土诉求。⑤ 1975 年，西班牙承诺在最短时间内撤离撒哈拉，哈桑二世趁机筹备了"绿色行军"。⑥ 1975 年 11 月 6 日，"绿色行军"越过边界，与当地人发生冲突。联合国后来授予摩洛哥与毛里塔尼亚对西撒哈拉的治理权，⑦ 1979 年毛里塔尼亚放弃权利，使得摩洛哥对西撒哈拉进行事实上的控制。

---

① 肖克：《列国志·摩洛哥》，社会科学文献出版社，2008 年版，第 370 页。
② S. Hughes, *Morocco under King Hassan*, Reading: Ithaca, 2001, p. 234.
③ J. Mundy, *Western Sahara: War Nationalism, and Conflict Irresolution*, Syracuse: Syracuse University Press, 2010, p. 4.
④ Susan Gilson Miller, *A History of Modern Morocco*, Cambridge University Press, 2013, p. 181.
⑤ J. B. Weiner, "The Green March in Historical Perspective", *Middle East Journal*, Vol. 33 No. 1, 1979, p. 22.
⑥ J. Damis, "King Hassan and the Western Sahara", *The Maghreb Review*, Vol. 25 No. 1 – 2, 2000, p. 16.
⑦ 并不是主权。

1975 年，在阿尔及利亚的支持下，"西撒哈拉独立阵线"对摩洛哥宣战。这场战争让摩洛哥付出巨大代价，根据 1978 年美国政府的估计，摩洛哥每天在撒哈拉战争中花费 100 万美元。① 1991 年，在联合国特派团的调停下，摩洛哥与"西撒哈拉独立阵线"正式宣布停火。② 但是，这一争端并未被解决。

（二）2018 年西撒哈拉问题的发展

2018 年 2 月 27 日，摩洛哥外交大臣纳赛尔·布里达（Nasser Bourita）声称有证据表明，黎巴嫩真主党通过伊朗驻阿尔及尔大使馆向"西撒哈拉独立阵线"提供财政和后勤支援。伊朗和真主党都对此予以否认，称摩洛哥的指控是在美国、以色列和沙特压力下的无奈之举。③ 此外，纳赛尔·布里达接受《青年非洲》（Jeune Afrique）的采访时透露，阿尔及利亚不仅为黎巴嫩真主党和"西撒哈拉独立阵线"提供了会面场所，还提供了公开的操作性支持。④

2018 年 7 月 20 日，摩洛哥与欧盟缔结了新的渔业协定，并于 2019 年 1 月 14 日最终完成签约。⑤ 该协定是对 2014 年协定的更新，将西撒哈拉水域纳入摩洛哥南部。"西撒哈拉独立阵线"对此提出抗议，指控摩洛哥对该地区进行自然资源的剥削。但欧洲议会于 2019 年 2 月初通过了该项协定，无疑对"西撒哈拉独立阵线"构成打击。

沙特电视台阿拉比亚（Al Arabiya）播出的纪录片支持"西撒哈拉独立阵线"的立场。"西撒哈拉独立阵线"的阿卜杜勒卡迪尔·塔利卜·奥马尔（Abdelkader Taleb Omar）在接受采访时感谢沙特在这一问题上的立场。⑥ 摩洛哥对此反应激烈，于 2019 年 2 月初暂停参与沙特主导的打击也

---

① J. Gretton, "The Western Sahara in the International Arena", *The World Today*, Vol. 36 No. 9, 1980, pp. 343 - 349.
② 肖克：《列国志·摩洛哥》，社会科学文献出版社，2008 年版，第 373 页。
③ "Iran denies Moroccan accusations of supporting Polisario Front", https://www.aljazeera.com/news/2018/05/iran-denies-moroccan-accusations-supporting-polisario-front-180502150452407.html, 2019 - 02 - 26.
④ "Morocco accuses Algeria of supporting Iran in Western Sahara feud", https://www.aljazeera.com/news/2018/05/morocco-accuses-algeria-supporting-iran-western-sahara-feud-180513073052685.html, 2019 - 02 - 26.
⑤ "Morocco and EU Sign New Fisheries Deal", https://www.moroccoworldnews.com/2018/07/251095/morocco-and-eu-sign-new-fisheries-deal/, 2019 - 02 - 26.
⑥ "Polisario 'Ambassador' Thanks Saudi Arabia for Western Sahara Position", https://www.moroccoworldnews.com/2019/02/265365/polisario-ambassador-saudi-arabia-western-sahara/, 2019 - 02 - 26.

门胡塞武装的联合空中部队。① 然而，2019 年 2 月 12 日，沙特国王萨勒曼幼弟艾哈迈德·伊本·阿卜杜拉齐兹（Ahmed Bin Abdulaziz）访问摩洛哥，粉碎了"西撒哈拉独立阵线"的幻想。②

2018 年 12 月 6 日，联合国特使宣称代表团会进一步介入西撒哈拉问题，促使各方回到谈判桌前。③ 特使认为，维持现状对各方都没有好处。摩洛哥将西撒哈拉视作其南部省份，将赋予该地区广泛自治空间视为摩洛哥政府的底线，而"西撒哈拉独立阵线"则坚持通过"全民公投"决定该地区的未来。联合国计划在 2019 年 3 月实现西撒哈拉问题各方的第二轮会谈。④

三、"人民运动"及其溢出效应

（一）"人民运动"始末

2016 年 10 月，摩洛哥北部城镇胡塞马（Al-Hoceima）警察以无证经营为由抄没了鱼贩费克里（Mouhcie Fikri）的货物，随后费克里在找回货物的途中被一辆垃圾车碾压丧生。这一事件很容易让人们联想到 2010 年突尼斯青年事件，因而引发了旨在消除政治腐败、改变里夫地区边缘化地位的"人民运动"（Hirak Movement）。在运动之初，抗议民众不满的根源是里夫地区的边缘化地位，要求建立医院、学校、基础设施并且希望实现里夫地区的非军事化。

里夫的"人民运动"表现出较高程度的持续性和团结性。2017 年 5 月，运动领袖纳赛尔·泽夫扎非（Nasser Zefzafi）在胡塞马的一座清真寺中打断了一位伊玛目的布道。⑤ 当地检察官以"阻碍大众信仰自由"为名下令逮捕泽夫扎非，而其他几位示威者也因为"破坏国家安全""煽动不

---

① "Morocco suspends participation in Saudi-led war in Yemen", https://www.aljazeera.com/news/2019/02/morocco-suspends-participation-saudi-led-war-yemen-190208063234770.html，2019 – 02 – 26.
② "Brother of Saudi Arabia's King Visits Morocco's Laayoune, Destroys Polisario Hopes", https://www.moroccoworldnews.com/2019/02/265951/saudi-arabias-morocco-polisario/，2019 – 02 – 26.
③ 摩洛哥、阿尔及利亚、毛里塔尼亚和"西撒哈拉民族阵线"的第一轮谈判于 2012 年进行。
④ "UN: New talks on Western Sahara expected in March", https://www.aljazeera.com/news/2019/01/talks-western-sahara-expected-march-190130170700542.html，2019 – 02 – 27.
⑤ Kenza Oumlil, "Making Sense of Recent Protests in Morocco", http://www.aljazeera.com/indepth/opinion/2017/06/making-sense-protests-morocco-170604092533766.html，2018 – 01 – 08.

良犯罪行为""侮辱公职人员"和"对君主国象征怀有敌意"而遭到逮捕。摩洛哥政府的反应让民众非常不满,许多人认为,宗教不应该被用于政治目的。摩洛哥安全部队与抗议民众发生冲突,随后运动溢出了里夫地区,蔓延至拉巴特、卡萨布兰卡、丹吉尔和纳多尔等地,并得到国际各界的广泛关注。[1]

2017年10月,与"人民运动"相关的超过400名抗议人员被逮捕。2018年6月,泽夫扎非被判处20年有期徒刑。目前这一事件仍然在继续发酵。

(二)政府的应对

摩洛哥中央政府,尤其是国王,对"人民运动"采取了"软硬两方面措施"。"软"的一方面体现在费克里死后,国王授意内政大臣阿卜杜拉非·拉夫提特(Abdelouafi Laftit)对涉事警察展开调查,并且以私人身份向死者家属表示慰问。[2] 2017年5月下旬,内政部长率领代表团抵达胡塞马,承诺投入数十亿迪拉姆资助振兴当地经济的计划并兴建基础设施。政府保证会做出更多努力惠及里夫地区,并在2019年之前重新启动促进基础设施建设、医疗设施与教育服务的项目。[3] 穆罕默德六世甚至在2018年7月访问里夫地区,在胡塞马举行的登基庆典中发表演讲,强调加快区域发展的重要性。"硬"的一方面则体现在政府对抗议群众的镇压、逮捕和量刑等行为。里夫之行中,穆罕默德六世谴责了"虚无主义者"和"否定论者",以此影射"人民运动"抗议者,认为抗议者是不爱国的,并且将之视为对国家稳定性的威胁。摩洛哥政府指责"人民运动"有分离主义目标,并且受到境外势力的支持。[4]

摩洛哥政府的此种表现,有其具体原因:

第一,自21世纪以后,摩洛哥政府对柏柏尔激进主义一直非常警醒。

---

[1] 国际人权组织"大赦天下"于2018年6月27日发声,直指希拉克运动抗议者得到的裁决不公正,声称抗议人员在关押期间曾遭到严刑逼供,详见"Morocco: Guilty verdicts returned in unfair Hirak trials must be overturned", https://www.amnesty.org/en/latest/news/2018/06/morocco-guilty-verdicts-returned-in-unfair-hirak-trials-must-be-overturned/,登录时间:2018年12月25日。

[2] Raphaël Lefèvre, "'No to hoghra!': Morocco's Protest Movement and Its Prospects", The Journal of North African Studies, Vol. 22 No. 1, 2017, pp. 1–5.

[3] "Police use tear gas to halt Morocco 'million-man march'", https://www.aljazeera.com/news/2017/07/police-tear-gas-halt-morocco-million-man-march-170720210944364.html, 2019-02-07.

[4] Mohammed Masbah, "A New Generation of Protests in Morocco? How Hirak al-Rif Endures", Policy Alternatives, November 2017, p. 3.

2004年，阿杰迪尔大学的柏柏尔学生组织"柏柏尔之春"24周年纪念活动，遭到警察的逮捕与殴打。对于新成立的柏柏尔协会，政府以延迟发放保证金收据对其进行遏制。摩洛哥法律规定，新生儿必须以摩洛哥名字命名。2007年，公民身份问题高级专员公署①宣布13个传统柏柏尔名称不合法。② 2007年5月，阿加迪尔等地的激进柏柏尔大学生受到撒拉威族群和左派团体的袭击。次年2月，10名激进分子被当地法院量刑，刑期累计34年。同时，梅克内斯当地警方发现了一名非柏柏尔学生的尸体，因而逮捕并监禁了10名柏柏尔激进分子。在押激进分子在狱中进行绝食抗议，动员其他抗议人士在拉巴特的司法部门前静坐。2008年10月，摩洛哥当局对这10人进行严厉判决，其中2人被判处9年徒刑，罚8万迪拉姆，其余8人判处1年徒刑。2009年底，阿杰迪尔以南200公里的一个柏柏尔村庄进行示威，要求更好的住房、交通与其他社会福利，但遭到严厉的镇压。一位柏柏尔博主因报道了这一事件，被以"传播破坏君主国形象的虚假人权信息"罪名判处4个月监禁。一位网吧老板也因其硬盘内的柏柏尔运动宣传材料，以"煽动种族仇恨"罪，被判处1年徒刑。2010年，摩洛哥政府甚至对柏柏尔知识分子表现出强硬立场，阻止摩洛哥文化研究与交流协会与新阿马齐格文化艺术协会在卡萨布兰卡举行的会议。③

第二，这场主要由北部柏柏尔人参与的社会运动超出了以往温和的族裔语言文化权利框架，逐渐包含地区主义诉求，并且隐含宗教维度。"人民运动"的纲领与摩洛哥政府长期以来的政策恰好相反。摩洛哥官方叙事中惯于淡化阿卜德·克里姆的地位，而当不可避免地提到他时，总是强调其"民族英雄"的属性，而不提及其地区身份。④ 摩洛哥政府对1958—1959年里夫部落叛乱的镇压也是出于类似的原因。

（三）社会抗议

"人民运动"点燃了摩洛哥各地针对高物价、失业率和政治腐败的抗

---

① 负责此类事务的机构。
② Hassan Benmehdi, "Moroccan Authorities Refuse to Register Amazigh Names," June 10, 2008, http://www.magharebia.com/cocoon/awi/xhtml1/en_GB/features/awi/features/2008/06/10/feature-01, 2019-02-07.
③ Bruce Maddy-Weitzman, *The Berber Identity Movement and the Challenge to North African States*, Austin: The University of Texas Press, 2011, pp. 180–182.
④ Pennell, C. Richard, "How and Why to Remember the Rif War (1921–2021)", *The Journal of North African Studies*, Vol. 22 No. 5, 2017, pp. 798–820.

议活动。

2017年10月，扎古拉（Zagora）民众走上街头，抗议南部城镇供水管理不善。这一抗议活动的起因是扎古拉地区国家饮用水管理局供应的水味道很咸。扎古拉的居民每天要去周围的村子里买井水，因此，忍无可忍的民众爆发了抗议活动。① 2017年12月，杰拉达（Jerada）2名矿工之死引发示威活动。杰拉达是摩洛哥一座矿业城市，其东部城镇兴建于20世纪20年代，大批矿工在这里安家。然而，在自由化经济浪潮下，1998年国营的杰拉达煤矿被关闭，矿工及其家属失去生计来源，昔日的矿业城市变成一座"鬼城"。当地有消息称，幕后的煤炭收购者被称为"煤矿大亨"（Mines Barons），实际上这中间有些人是国会议员等。艰苦作业条件下私自采矿造成的矿难在杰拉达不断发生，2018年3月，抗议民众要求政府"逮捕煤矿大亨"。②

2018年4月20日，摩洛哥民众在"脸书"上发起针对物价上涨的抵制运动，对摩洛哥的经济、政治与社会稳定构成挑战。③ 事实上，这些抵制事件透露的本质是自由化经济战略削减基本商品补贴对普通民众的伤害，以及某些私营企业、外资企业垄断摩洛哥市场带来的经济乱局。抵制运动呼吁为燃油、奶制品和矿泉水设置价格上限，以符合摩洛哥人的购买力，并且复活监管体制，允许这些领域内存在竞争。④ 然而，这些声音并没有引起摩洛哥政府的重视。

（四）原因：城乡、地域的经济社会发展不平衡

近年来摩洛哥社会抗议运动频发的根本因素在于摩洛哥政府的调控手段无力减缓全球化浪潮造成的城乡、地域的经济社会发展不平衡。在2018年联合国人类发展指数排名的189个国家里，摩洛哥排在123位，处于中

---

① "Morocco: the Ordeal of Drinking water in Zagora", https://www.moroccoworldnews.com/2012/07/46393/morocco-the-ordeal-of-drinking-water-in-zagora/, 2019-02-07.

② "Jerada Protests: 'Mines Barons Should Be Arrested, Not Protesters,' says Balafrej", https://www.moroccoworldnews.com/2018/03/242617/jerada-protests-mines-barons-arrested-not-protesters-says-balafrej/, 2019-02-07.

③ Anne Wolf, "Morocco's Hirak Movement and Legacies of Contention in The Rif", *The Journal of North African Studies*, October, 2018, https://doi.org/10.1080/13629387.2018.1538188, 2018-11-05.

④ "Boycott: Sales Figures Drop for Sidi Ali, Centrale Danone", https://www.moroccoworldnews.com/2018/09/253972/boycott-sidi-ali-centrale-danone/, 2019-02-07.

低水平。[1] 该国城市化率仅为57%，83%的儿童在小学毕业后失学，其中大部分是农村儿童。[2]

1991年以后，摩洛哥的私有化进程逐步加速，国民经济中的"瑰宝"流向国王的亲友故旧手中。通过与外国投资者合作，尤其是法国银行，国王的人控制了私营经济中的3/4。[3] 由于真正践行了自由化改革道路，哈桑二世取悦了欧洲国家。因此，1996年，欧洲国家与摩洛哥签署了一项自由贸易协定，带来了数额可观的发展援助，但是也导致了严重的后果。该条约分化了摩洛哥的劳动力，使高收入专业阶层和低收入阶层两极分化严重，加剧了社会问题。国际债主收购摩洛哥的公有企业，导致了大范围的失业，尤其是大学毕业生，为社会的稳定带来严重威胁。截至1999年，政府在经济领域的政策根本无法满足年轻人与日俱增的工作、服务于教育机会需求。[4]

1995年，欧盟与地中海国家签署"巴萨罗那进程"。该进程的主旨是帮助地中海南部穆斯林国家的发展，促进地中海国家一体化。为此，阿尔巴尼亚、阿尔及利亚、波斯尼亚、黑塞哥维那、埃及、以色列、约旦、黎巴嫩、毛里塔尼亚、摩纳哥、黑山共和国、巴勒斯坦、叙利亚、突尼斯和土耳其15国组成了地中海联盟（Union for the Mediterranean，UfM））。[5] 这一组织的建立目标包括：防止地中海的污染，包括沿海和受保护海域；建立海上与路上高速公路，将各个港口联通起来，促进各国铁路交轨，以便人口和物资的运输；共同起草用于预防、准备和应对天灾人口的公民保护项目；共同开发域内替代能源项目，如约旦的塔菲拉风力发电厂和地中海太阳能计划（Mediterranean Solar plan）；于2008年6月与2015年分别在斯洛文尼亚和非斯建立一所欧洲—地中海大学；推进地中海商业发展计划

---

[1] "List of countries by Human Development Index", https://en.wikipedia.org/wiki/List_of_countries_by_Human_Development_Index, 2018-11-25.

[2] Kiannah Sepeda-Miller, "Morocco's teachers battle urban-rural education divide", http://www.aljazeera.com/news/2015/06/morocco-teachers-battle-urban-rural-education-divide-150625081603977.html, 2018-11-25.

[3] C. M. Henry, "Crises of Money and Power: Transitions to Democracy?" in J. Entelist ed., Islam, Democracy and the State in North Africa, Bloomington: Indiana University Press, 1997, p. 199.

[4] S. Cohen, "Alienation and Globalization in Morocco: Addressing the Social and Political Impact of Market Integration", Comparative Studies in Society and History, Vol. 45 No. 1, 2003, pp. 168-189.

[5] 叙利亚的会员身份暂停，利比亚处于考察期，详见"Union for the Mediterranean (UfM)", https://eeas.europa.eu/headquarters/headquarters-homepage/329/union-for-the-mediterranean-ufm_en, 登录时间：2019年2月7日。

（Mediterranean Business Development Initiative），通过评估需求和提供技术与金融援助，支持域内的小企业发展。然而，"巴塞罗那进程"比《北美自由贸易协定》有过之而无不及，其真实目的是升高北非劳工前往欧洲移民并务工的门槛，防止欧洲国家变成移民社会。[1]

2004年起，摩洛哥开始实施土地私有化，部落集体所有的1200万公顷土地首当其冲。[2] 同时，许多大型工程的推进往往以牺牲底层人民的生计为代价。2008年，由科威特经济发展基金赞助的塔马鲁特大坝开始动工。这项工程的主要目的是惠及该地的农业生产，解决地下水位逐年走低的困局。然而，大型工事的兴建往往是一把双刃剑。在这一案例中，阿特拉斯山的柏柏尔村庄提金祖（Tizinzou）的学校、房舍与电缆则会因此而废弃。农民们要求政府每平方米农田赔偿50迪拉姆，另外专门批一块土地重建村子，以防部落被打散。但政府的赔偿方案为每平方米农田10迪拉姆，每平方米居住用地6迪拉姆，每棵苹果树2450迪拉姆。这远比不上农民们的损失，然而许多目不识丁的氏族首领在政府施压后纷纷签字。易米德（Imider）银矿的开采迫使周边村民背井离乡，失去屋舍、田地与水源。[3] 与此情况类似的项目还有拉巴特附近的普莱斯提嘉（Prestigia）海滩度假村项目以及阿达鲁齐（Adarouch）的皇家莱克萨斯农庄（Royal Ranch Rexas）。

而在2017年6月，一个名为阿拉伊德（Arayid）的柏柏尔小村庄才首次与国家电网对接。[4] 2018年9月，摩洛哥经济、社会与环境委员会发布年度报告，指出摩洛哥贫困率从45.1%涨至64%，社会不公正也在同步上升。[5]

摩洛哥工业体系薄弱，以农业生产和矿石出口为主要经济支柱。欠发

---

[1] Joe Hayn, "Morocco's Burgeoning Resistance", *Jacobin*, June 6, 2017, https://www.jacobinmag.com/2017/07/morocco-popular-movement-protest-islam, 2018–11–25.

[2] Nadir Bouhmouch, "Morocco: A Dam Threatens to Drown a Village", *Al Jazeera*, http://www.aljazeera.com/news/middleeast/2015/05/morocco-dam-threatens-drown-village-150503124915989.html, 2018–11–25.

[3] Nadir Bouhmouch, "Morocco: A dam threatens to drown a village", http://www.aljazeera.com/news/middleeast/2015/05/morocco-dam-threatens-drown-village-150503124915989.html, 2018–11–25.

[4] Paul Adrian Raymond, "Morocco's Berbers urge broader reforms", http://www.aljazeera.com/indepth/features/2014/03/moroccos-berbers-urge-broader-reforms-2014357321228806.html, 2018–11–26.

[5] "Focus du Rapport 2017: Les inégalités regionals et territoriales." *CESE*, 2018: http://www.ces.ma/Pages/Rapports%20annuels/Rapport-Annuel-2017.aspx, 2018–11–28.

达的经济发展决定着国家为偏远地区引入公共服务面临巨大困难，但当地居民通常将基础设施落后解读为一种歧视，因而容易被动员起来反对政府。① 摩洛哥政府也曾努力改变柏柏尔人聚居地区贫困落后的局面，然而近年来国家整体经济运行方向却与这一目标背道而驰。全球化对摩洛哥最显著的影响是乡村劳动力逐渐涌入城市，使得农村人口进一步减少，城市人口不断激增。与农村人口急速流入城市相伴生的是农村空余土地的增加。在此背景下，非政府组织如高阿特拉斯基金会（High Atlas Foundation）与摩洛哥政府大力倡导农民种植果树，以此提高农民收入，改善生活质量，并希望以此达到遏制农村人口向外溢散的目标。② 果树种植推广却导致了粮食减产，越来越多的人依赖商品粮，国家对粮食进口的需求也逐年升高。然而，在自由化经济主导下，摩洛哥政府对基本商品的补贴呈递减趋势，极大伤害了底层人民的根本利益。③

此外，由于摩洛哥里夫地区是非洲通往欧洲的门户，此地毒品贸易盛行。世界阿马齐格大会的倡议书中指出，罂粟种植和毒品贸易使少数显贵和官僚中饱私囊，平民愈发穷苦，只能前往欧洲务工谋生。④ 然而，摩洛哥与欧盟签署的"巴塞罗那进程"并没有真正惠及里夫等地，相关条约阻断了里夫当地人向外移民寻求工作的机会，⑤ 对当地人来说无异于雪上加霜。

结　语

2018 年对摩洛哥来说是机遇与挑战并存的一年。在经济方面，2018 年初摩洛哥央行开始推行渐进的迪拉姆自由化改革。这一改革的实质是扩大货币汇率浮动空间，有利于外国直接投资的增长以及摩洛哥金融机构的国际发展。然而，随之而来的通货膨胀和自由化战略下的居民基本商品补贴的减少，给摩洛哥的经济与社会稳定带来不利影响，如 2018 年 4 月的网上抵制运

---

① Senem Aslan, *Nation-building in Turkey and Morocco: Governing Kurdish and Berber Dissent*, New York: Cambridge University, 2015, p. 10.
② David Crawford, *Moroccan Household in The World Economy: Labor and Inequality in a Berber Village*, Baton Rouge: Louisiana State University Press, 2008, p. 160.
③ Joe Hayn, "Morocco's Burgeoning Resistance", *Jacobin*, June 5, 2017, https://www.jacobinmag.com/2017/07/morocco-popular-movement-protest-islam, 2018 - 11 - 25.
④ "Rif: Les Discriminations Et La Répression Doivent Cesser", https://amazigh24.com/ar/node/17, 登录时间：2018 年 11 月 25 日。
⑤ Joe Hayn, "Morocco's Burgeoning Resistance", *Jacobin*, June 5, 2017, https://www.jacobinmag.com/2017/07/morocco-popular-movement-protest-islam, 登录时间：2018 年 11 月 25 日。

动。而网上抵制运动给几家企业的营业额带来冲击，进一步影响了摩洛哥的经济形势。此外，外债不断增长也为迪拉姆自由化改革的深化带来压力。

在政治领域，尽管联合国特使于2018年12月宣称有信心尽快推进西撒哈拉问题第二轮各方会谈，但摩洛哥与"西撒哈拉独立阵线"分别视自治与公投为不可动摇的红线，无疑会增加谈判难度。而欧盟与摩洛哥签订渔业协议将西撒哈拉水域划入摩洛哥南部以及沙特阿拉伯亚电视台纪录片风波则为双方进一步增添摩擦。

在社会层面，2016年肇始的人民运动仍然持续不断发酵，推动了扎古拉与杰拉达等地的社会抗议运动，并且引燃了针对三家垄断企业的网络抵制运动。2011年摩洛哥国王穆罕默德六世以宪法改革吸纳异见群体中的温和派柏柏尔人。这一事件标志着摩洛哥君主对"柏柏尔文化运动"最高层次的整合，同时意味着在语言文化权利范畴之内解决民族问题的空间逐步缩小。近年来摩洛哥社会抗议运动频发的根本原因在于城乡、地域的政治、经济与社会断裂，仅仅依靠政府以现实为考量的调控手段，难以从根本上解决这一问题。

2018年全球中东研究舆情汇编

第一季度

1. 谁为重建伊拉克负责

据 AP-Military 报道,"伊斯兰国"出现后,伊拉克面临艰难的重建工作,伊拉克全国重建需要数十亿美元,但到目前为止,还没有人愿意承担这笔费用。其中,伊拉克西部安巴尔省首府拉马迪(Ramadi)逾70%的地区被破坏或摧毁。安巴尔省议会成员艾哈迈德·沙克(Ahmed Shaker)表示没有收到来自巴格达的重建资金。2003年,推翻萨达姆·侯赛因后,美国在9年时间里向伊拉克重建投入了600亿美元,据美国伊拉克重建特别监察长说,大约有80亿美元由于腐败和管理不善而被浪费。但是现在特朗普政府明确表示美国不会为伊拉克大规模的重建工作负责。目前伊拉克重建工作困难重重。

(来源:AP-Military 1月1日文章;苏珊娜·乔治、洛里·赫南特:《谁为重建伊拉克负责》;Susannah George and Lori Hinnant. Few Ready to Pay to Rebuild Iraq after Islamic State Defeat. *AP-Military*. 1 January 2018。)

2. 沙特:土耳其在苏丹的基地将对沙特构成威胁

据《海湾新闻》报道,2017年12月底,安卡拉重新拥有苏丹东北部港口岛屿的使用权,对此,沙特担心伊朗将使用新的土耳其基地往苏丹输送更多的武器和装备。该港口原是红海上的一个海军码头,现仅供民用和军用船只停泊,同时还是朝圣者穿越红海前往沙特阿拉伯麦加的中转站。此前,2017年10月,土耳其在索马里建立了一个军事基地,而且几个月前又在卡塔尔部署了近5000名士兵。

(来源:《海湾新闻》1月1日讯;萨米·穆巴耶德:《土耳其在苏丹的基地成为沙特阿拉伯的威胁》;Sami Moubayed. Turkish Base in Sudan a Problem for Saudi Arabia, Egypt. *Gulf News-Dubai*. 1 January 2018。)

3. "伊斯兰国"重返伊拉克和叙利亚地区

据美国《华尔街日报》撰文,尽管叙利亚和伊拉克宣称已战胜"伊斯兰国",但藏身于偏僻的沙漠或山区,或者混在邻国平民中的武装分子仍有数千名。这些武装分子对平民和军队发动了一系列游击式武装袭击,他们正在加紧实施"打了就跑"的袭击策略。在伊拉克,叛乱分子伪装成政府支持的民兵在基尔库克以南设立了假检查站,还暗杀了当地一名警察局长和他的儿子,随后,又伏击了一支巡逻队。评论称,"伊斯兰国"决定从叙利亚和伊拉克的几个战场撤军,目的是为了保存力量。

(来源:《华尔街日报》1月2日讯;雷佳·阿卜杜拉赫姆、伊萨阿贝·库勒斯:《"伊斯兰国"重返伊拉克和叙利亚地区》; Raja Abdulrahim and Isabel Coles. Islamic State Returns to Guerrilla Warfare in Iraq and Syria. *Wall Street Journal*. 2 January 2018。)

4. 特朗普建议削减美国对巴勒斯坦的援助

据美国的电视广播网报道,1月1日,特朗普表示如果巴勒斯坦人不愿意和谈,便减少对巴勒斯坦的经济援助。特朗普称美国无偿地向巴勒斯坦提供了数十亿美元援助,但是却得不到任何赞赏和尊重。

(来源:美国的电视广播网1月1日文章;萨米·穆巴耶德:《土耳其在苏丹的基地成为沙特阿拉伯的威胁》; Trump Suggests Cutting U. S. Aid to Palestinians. *AP-CBS News*. 1 January 2018。)

5. 叙利亚空军基地7架俄罗斯飞机遭到反政府武装的轰炸

据英国路透社报道,2017年12月31日,叙利亚 Hmeymim 空军基地至少有7架俄罗斯飞机被反政府武装炮击摧毁,包括4架苏-24轰炸机、2架苏-35战斗机、1架安-72运输机以及一个弹药库,其中还有10多名军人在袭击中受伤。

(来源:路透社1月1日讯;《叙利亚空军基地7架俄罗斯飞机遭到反政府武装的轰炸》; Rebel Shelling Destroys 7 Russian Planes at Syrian Airbase. *Reuters*. 1 January 2018。)

6. 美国法院审判土耳其银行家巴雷特

据《华盛顿邮报》报道,1月1日,美国法院以帮助伊朗逃避数十亿美元制裁的罪名审判47岁的土耳其银行家、Halkbank 高级官员阿蒂拉(Mehmet Hakan Atilla)。34岁的黄金交易员雷扎·扎拉布(Reza Zarrab)承认曾参与该计划,并告诉陪审团他为维持该计划曾进行贿赂,金额超过6000万美元,而土耳其经济部长穆罕默德·恰拉扬(Mehmet Zafer Caglayan)帮他隐藏资金的转移。扎拉布说,他曾将数十亿欧元转移到伊朗的账户,并表示土耳其总统埃尔多安知道此事。

(来源:《华盛顿邮报》1月1日讯;德夫林·巴雷特:《美国法院审判土耳其银行家巴雷特》; Devlin Barrett. U. S. Court Convicts Turkish Banker in Multibillion Dollar Scheme to Help Iran Evade Sanctions. *Washington Post*. 1 January 2018。)

7. 美国对伊朗企业实施制裁

据《华盛顿邮报》报道,1月4日,美国财政部对伊朗国防企业"Shahid Bakeri Industrial Group"的5家子公司实施了制裁,宣称这家伊朗企业参与该国弹道导弹开发和生产活动。

(来源:《华盛顿邮报》1月5日讯;卡罗尔·莫雷罗:《美国对伊朗企业实施制裁》; Carol Morello. U. S. Sanctions Five Iranian Entities Involved in Missile Program. *Washington Post*. 5 January 2018。)

8. 美国和欧洲就伊朗的核项目制定方针

据《华盛顿邮报》报道，美国和欧洲表示必须建立一种共同的方法来防止核危机。欧洲官员强调，伊朗仍将是《核不扩散条约》的成员国，并遵守其附加议定书。在2002年发现伊朗秘密核项目后，伊朗用了将近15年的时间才达成核协议。但是伊朗核协议存在核查不足的问题。评论称，尽管就停止德黑兰的核建设达成共识需要几个月的时间，但这仍是当务之急。

（来源：《华盛顿邮报》1月5日讯；大卫·奥尔布赖特、安德里亚·斯特里克：《美国对伊朗企业实施制裁》；David Albright and Andrea Stricker. U. S. and Europe Must Begin to Develop a Common Approach to Iran's Nuclear Program. *Washington Post*. 5 January 2018。）

9. 约旦河西岸经济发展受阻

据彭博社报道，约旦河西岸的整体经济状况停滞不前。2008年的一项法律迫使在巴勒斯坦地区经营的银行将至少40%的信贷额分配给当地居民。但是，据世界银行的数据显示，约旦河西岸和加沙地带的失业率约为30%（以色列为4.3%），预计约旦河西岸的经济增长将滞后于人口增长的步伐。

（来源：彭博社1月5日文章；大卫·温纳：《约旦河西岸经济发展受阻》；David Wainer. In the West Bank：A Credit Boom Waiting for a Real Economy. *Bloomberg*. 5 January 2018。）

10. 以色列的人口接近900万

据以色列《新消息报》报道，根据以色列中央统计局的报告，截止到2018年末，以色列境内有879.3万人。其中655.6万名是犹太人，占总人数的75%，183.7万名是阿拉伯人，占到总人数的21%，还有40万名非阿拉伯基督徒和其他人，占到总人数的4%。

（来源：《新消息报》1月5日讯；阿米尔·阿隆：《以色列的人口接近900万》；Amir Alon. Israel Nearing 9 Million People. *Ynet News*. 5 January 2018。）

11. 以色列2017年出口额突破1000亿美元

据《今日以色列》报道，根据以色列出口与国际合作研究所（Israel Export and International Cooperation Institute）的数据显示，2017年，以色列的商品和服务出口预计将首次超过1000亿美元，比2016年增长5%。而以色列对欧盟出口增长20%。

（来源：《今日以色列》1月5日讯；丹妮尔·罗斯·阿夫纳里：《以色列2017年出口额突破1000亿美元》；Danielle Roth-Avneri. Israeli Exports for 2017 to Pass $100 Billion. *Israel Hayom*. 5 January 2018。）

12. 埃及领导人支持以色列迁都耶路撒冷

据《纽约时报》报道，一个埃及情报官员在接受埃及媒体采访时表示，他们不应该谴责以色列迁都耶路撒冷的决定，而应该说服埃及民众接受。

（来源：《纽约时报》1月8日讯；大卫·D. 柯克帕特里克：《埃及领导人不反对以色列迁都耶

路撒冷》; David D. Kirkpatrick. Egyptian Leaders Accept Jerusalem Move. *New York Times*. 8 January 2018。)

13. 美国犹太团体支持削减对巴勒斯坦的援助

据 JNS 报道，美国主要的犹太组织表示支持特朗普减少对巴勒斯坦援助的决定。美国主要犹太人组织主席会议执行副主席马尔科姆·霍恩莱因（Malcolm Hoenlein）说："巴勒斯坦对美国发出的警告置之不理，因此，减少一些援助或许会改变这种局面。"美国犹太人委员会首席执行官戴维·哈里斯（David Harris）表示，如果巴勒斯坦权力机构不愿推进和平进程，或者存在反美言论和行为，那么削减支持力度则无可厚非。美国以色列公共事务委员会（AIPAC）发言人称："我们支持继续削减援助，如果巴勒斯坦权力机构援助恐怖分子的家庭和违反与以色列直接对话的承诺。"

（来源：JNS 1 月 8 日文章；拉斐尔·梅多夫：《主要的犹太团体支持削减对巴勒斯坦的援助》; Rafael Medoff. Major Jewish Groups Back Cutting Palestinian Aid. *JNS*. 8 January 2018。)

14. 伊朗禁止小学教授英语

据路透社报道，伊朗最高领袖哈梅内伊表示，儿童较早地学习英语为西方"文化入侵"开辟了道路，因此伊朗禁止在小学教授英语。

（来源：路透社 1 月 8 日文章；《伊朗禁止小学教授英语》; Iran Bans English in Primary Schools. *Reuters*. 8 January 2018。)

15. 激进分子利用无人机袭击俄罗斯在叙利亚的基地

据《纽约时报》报道，1 月 8 日，俄罗斯国防部表示，5 日，从大约 30 英里外发射的 10 架武装无人机袭击了位于叙利亚西北部的俄罗斯 Hmeimim 空军基地，另有 3 架针对的是位于地中海塔尔图斯的俄罗斯海军基地。俄罗斯军方表示，其中 7 架无人机是被潘特尔（Pantsir-S）防空导弹击落的。叙利亚反对派称，此次事件是拉塔基亚附近的一个伊斯兰派系发动的。

（来源：《纽约时报》1 月 9 日讯；《激进分子利用无人机袭击俄罗斯在叙利亚的基地》; Neil MacFarquhar. Militants Use Armed Drones to Attack Russian Bases in Syria. *New York Times*. 9 January 2018。)

16. 伊朗领导人反对美国干涉国内的抗议活动

据《纽约时报》报道，1 月 9 日，伊朗最高领袖哈里哈梅内伊将该国最近的抗议活动归因于华盛顿的指使，并誓言要进行报复。

（来源：《纽约时报》1 月 10 日讯；托马斯·埃尔德宾克：《伊朗领导人反对美国干涉国内的抗议活动》; Thomas Erdbrink. Iran's Leader Warns of Revenge for U. S. Role in Protests. *New York Times*. 10 January 2018。)

17. 阿巴斯决定恢复对加沙的电力供应

据《观察者》报道，阿巴斯决定恢复对加沙的电力供应，这一行为将增加加沙地区每天 2—4 个小时的电力供应时间。当前加沙的用电量估计为每月 1160 万美元。1 月 14 日，巴勒斯坦全国委员会（Palestinian National Council）在拉马拉召开会议之前表示，巴勒斯坦权力机构和阿巴斯依然关心加沙地区人民的生活。

（来源：《观察者》1月10日文章；萨奥米·埃达尔：《伊朗领导人反对美国干涉国内的抗议活动》；Shlomi Eldar. Abbas' Electricity Deal Is an Olive Branch to Gaza. *Al-Monitor*. 10 January 2018。）

18. 特朗普表示可能延长对伊朗的制裁

据美国政治新闻网站报道，据美国6名知情人士透露，特朗普将在本周对伊朗实施经济制裁。评论称，经济制裁可能会与针对伊朗弹道导弹试验、支持恐怖主义和侵犯人权的制裁一起展开。文章表示，特朗普必须在12日之前做出决定，或者延长对伊朗中央银行的相关制裁，或者重新实施两年前暂停的制裁。

（来源：美国政治新闻网站1月11日文章；《特朗普表示可能延长对伊朗的制裁》；Trump Expected to Extend Sanctions Relief for Iran. *AP-Politico*. 11 January 2018。）

19. 美国誓言将退出伊朗核协议

据《华尔街日报》报道，12日，特朗普政府表示，除非有实质性的改变，否则美国将退出2015年的伊朗核协议。

（来源：《华尔街日报》1月15日讯；伊恩·塔利：《美国誓言将退出伊朗核协议》；Ian Talley. U. S. Vows to Withdraw from Iran Nuclear Deal Unless There Are Major Changes. *Wall Street Journal*. 15 January 2018。）

20. 以色列总理内塔尼亚胡访问印度

据路透社撰文，14日，以色列总理内塔尼亚胡开始对印度进行为期6天的访问，两国就贸易和国防关系展开讨论。自2014年莫迪担任印度总理以来，两国除了长期的防务关系，还扩大了商业合作。新德里的外交政策专家称，莫迪总理在改善与以色列的外交和战略关系的同时也保持与巴勒斯坦领导人阿巴斯的联系。

（来源：路透社1月15日文章；鲁帕姆·杰恩：《以色列总理内塔尼亚胡访问印度》；Rupam Jain. Israel's Netanyahu Eyes Trade, Defense Ties on India Trip. *Reuters*. 15 January 2018。）

21. 美国将削减对联合国巴勒斯坦难民机构的捐款

据《旧金山纪事报》报道，特朗普总统可能只向联合国巴勒斯坦难民机构近东救济工程处（UNRWA）提供计划中的首批1.25亿美元中的6000万美元，但美国尚未做出最终决定，而美国官员表示，未来的捐款的条件是要求该机构在业务方面做出重大改变。

（来源：《旧金山纪事报》1月15日讯；马修·李、朱莉·佩斯：《美国将削减支援联合国提供给巴勒斯坦难民机构的捐款》；Matthew Lee and Julie Pace. U. S. Wants to Cut Funds for UN Palestinian Refugee Agency. *AP-San Francisco Chronicle*. 15 January 2018。）

22. 美国向叙利亚北部边境地区派驻新部队

据路透社撰文，14日，美国领导的联军称，联军正在与叙利亚民兵联盟合作，意建立一支由3万人组成的新的边境部队，部署在土耳其和伊拉克边境地区。土耳其总统埃尔多安的发言人表示，不能接受这一安排。

（来源：路透社 1 月 15 日文章；汤姆·佩里、奥尔汉·科斯昆：《美国向叙利亚北部边境地区派驻新部队》；Tom Perry and Orhan Coskun. U. S. Helps Build New Force on Syria's Northern Border. *Reuters*. 15 January 2018。）

23. 特朗普总统发布关于伊朗核协议的声明

据美国白宫发布消息，14 日，特朗普总统发表关于伊朗核协议的声明中强调了四个方面：第一，伊朗必须允许国际核查人员在规定的所有地点立即进行检查；第二，伊朗必须确保永远不会发展核武器；第三，如果伊朗不遵守这些规定，美国将自动恢复对伊朗的核制裁；第四，美国法律将明确规定，远程导弹和核武器项目是不可分割的，伊朗的导弹开发和测试应该受到严厉制裁。特朗普政府已经与欧洲的主要盟友进行了接触，寻求达成一项新的补充协议，文章指出，如果伊朗研发、测试远程导弹或阻碍核查，或在发展核武器方面取得进展，就会遭到更多的新的多边制裁。

（来源：美国白宫 1 月 15 日发布消息；《特朗普总统发布关于伊朗核协议的声明》；Statement by the President on the Iran Nuclear Deal. *White House*. 15 January 2018。）

24. 俄罗斯反对美国改变伊朗核协议的决定

据 The Hill 报道，15 日，俄罗斯外长拉夫罗夫表示，莫斯科不会支持美国改变伊朗核协议的努力，不会支持美国试图改变协议的措辞。

（来源：The Hill 1 月 16 日文章；摩根·查芬特：《俄罗斯反对美国改变伊朗核协议的决定》；Morgan Chalfant. Russia Will Not Back U. S. Efforts to Change Iran Deal. *The Hill*. 16 January 2018。）

25. 土耳其反对美国在叙利亚驻军

据路透社撰文，15 日，土耳其总统埃尔多安威胁要"扼杀"美国在叙利亚建立新军队的计划。早先，美国宣布建立一支由 3 万名美军组成的"边境部队"来保卫美国控制的叙利亚北部地区。对此，叙利亚政府表示要摧毁这支新部队，并把美国军队赶出叙利亚。同时，俄罗斯称该计划是一场阴谋，目的是分裂叙利亚，并将其部分地区置于美国控制之下。

（来源：路透社 1 月 16 日文章；艾伦·弗朗西斯、埃兹吉·埃尔科云：《俄罗斯反对美国改变伊朗核协议的决定》；Ellen Francis and Ezgi Erkoyun. Erdogan：We Will "Strangle " U. S. -Backed Force in Syria " Before It's Even Born. *Reuters*. 16 January 2018。）

26. 美国仅向联合国近东救济工程处提供预期援助的一半

据《华盛顿邮报》报道，16 日，美国国务院致函联合国巴勒斯坦难民机构近东救济工程处表示，美国将仅为其在约旦、加沙和约旦河西岸支持巴勒斯坦难民的项目提供 6000 万美元的援助。这是美国 1 月 1 日原计划向联合国近东救济工程处提供的 1.25 亿美元的一半。近东救济工程处成立于 1950 年，是一个临时救济方案，资助目前登记的 500 万难民。美国国务院发言人表示，不应该要求美国承担过多的资金，其他国家也应该尽自己的一份力量了，而且美国认为有必要对近东救济工程处的运作方式和资金来源进行彻查。

（来源：《华盛顿邮报》1 月 17 日讯；乔希·罗金：《美国仅向联合国近东救济工程处提供预期援助的一半》；Josh Rogin. U. S. to Hold Back Half of Expected Aid to UNRWA. *Washington Post*. 17 January 2018。）

27. 以色列支持美国削减对近东救济工程处的援助

据《耶路撒冷邮报》报道，16 日，以色列驻联合国大使丹尼（Danon）表示支持美国削减对联合国巴勒斯坦难民机构的援助。丹尼称联合国难民救济及工程局一次又一次的误用国际社会的人道主义援助，使巴勒斯坦难民的生活陷入困境。仅在去年一年多的时间，近东救济工程处的官员就被选为加沙地带哈马斯的领导人，甚至在其设施下挖掘隧道。

（来源：《耶路撒冷邮报》1 月 17 日讯；丹尼尔·J. 罗斯：《以色列支持美国削减对近东救济工程处的援助》；Daniel J. Roth. Israel Backs U. S. Aid Cut to UNRWA. *Jerusalem Post*. 17 January 2018。）

28. 美国不会在叙利亚组建新的"军队"

据美国国防部发布消息，美国将继续训练叙利亚当地的安全部队，而不是建立一支新的"军队"或传统的"边防警卫"部队，以帮助流离失所者返回家园，并防止 ISIS 在解放区和无政府地区重新出现。此外，美国表示这些部队将保护当地居民，帮助防止 ISIS 对美国及其盟友和合作伙伴发动新的袭击，直到确定叙利亚内战的政治解决方案，同时美国也高度关注土耳其对安全的关切。评论称，叙利亚打击 ISIS 的军事行动尚未结束。

（来源：美国国防部 1 月 18 日文章；《美国不会在叙利亚组建新的"军队"》；Pentagon：U. S. Not Forming New "Army" in Syria. U. S. *Defense Department*. 18 January 2018。）

29. 以色列海军的新防御系统可以误导敌人的导弹

据以色列《新消息报》报道，以色列海军建立了新的防御系统来防御最先进的反舰巡航导弹和肩扛式导弹。新的防御系统通过发射箔条火箭，形成由数百根金属丝组成的"墙"，以达到误导敌方导弹认为这是以色列的军舰，在导弹击中军舰之前转移导弹的方向的目的。同时以色列另外一个新的防御系统还可以帮助海军舰艇干扰敌方导弹雷达的频率。

（来源：《新消息报》1 月 18 日文章；Yoav Zitun：《以色列海军的新防御系统可以误导敌人的导弹》；Yoav Zitun. Navy's New Defense System Can Mislead Enemy Missiles. *Ynet News*. 18 January 2018。）

30. 叙利亚称美国在叙利亚的军事存在是侵略行为

据路透社撰文，18 日，叙利亚外交部称美国在叙利亚的军事存在是非法的，是对国际法的公然违反，是对国家主权的侵犯。此前，美国国务卿蒂勒森曾表示，美国军队将继续留在叙利亚的部分地区，以防止"伊斯兰国"卷土重来。

（来源：路透社 1 月 19 日文章；《叙利亚称美国在叙利亚的军事存在是侵略行为》；Syria：U. S. Military Presence in Syria Is Act of Aggression. Reuter. 18 January 2018。）

31. 叙利亚境内建立 30 个外国军事基地

据 MEMRI 撰文，2017 年 12 月 2 日，叙利亚反对派网站 Zamanalwsl. net 发布了一份关于外国军队在叙利亚军事基地的研究报告，包括其位置、所属国家、用途、能力以及卫星照片。12 月 19 日，总部位于沙特的阿拉伯海湾伊朗研究中心（AGCIS）也发布了一份地图，其中包括 29 个在叙利亚的外国军事基地，包括俄罗斯、伊朗、美国、法国、英国、德国、土耳其和真主党的基地。

（来源：MEMRI 1 月 19 日文章；《叙利亚境内建立 30 个外国军事基地》；U. S. 30 Foreign Military Bases in Syria. *MEMRI*. 19 January 2018。）

32. 以色列与约旦达成重新开放大使馆的协议

据以色列《国土报》报道，以色列和约旦就重新开放以色列驻安曼大使馆达成协议。自 2018 年 7 月两名约旦人被以色列安全警卫杀害以来，以色列大使馆一直关闭。以色列正式就袭击事件道歉，并同意向遇难者家属支付赔偿金，同时也同意就 2014 年 3 月一名约旦法官在约旦河过境处被杀一事支付赔偿金。

（来源：《国土报》1 月 19 日讯；杰克·科瑞、诺亚·兰道：《以色列与约旦达成重新开放大使馆的协议》；Jack Khoury and Noa Landau. Israel Confirms Deal Reached with Jordan to Reopen Embassy. *Ha'aretz*. 19 January 2018。）

33. 加拿大在联合国对特朗普承认耶路撒冷的投票中弃权

据加拿大《赫芬顿邮报》报道，加拿大总理特鲁多（Justin Trudeau）对加拿大媒体表示，加拿大在联合国就特朗普总统承认耶路撒冷为以色列首都的投票中弃权，是为了不参与旨在孤立以色列的"政治游戏"。特鲁多称，联合国成员国经常出于政治目的提出针对以色列的决议，"利用联合国的投票来孤立或谴责以色列的想法……在国际关系中没有成功"。此外，特鲁多重申，加拿大不会将外交使团撤离特拉维夫。

（来源：加拿大《赫芬顿邮报》1 月 19 日文章；梅兰妮·马奎斯：《以色列与约旦达成重新开放大使馆的协议》；Melanie Marquis. Trudeau Explains Why Canada Abstained from UN Vote on Trump's Jerusalem Recognition. *Canadian Press-Huffington Post-Canada*. 19 January 2018。）

34. 以色列获得先进的陆基电子战和信号情报系统

据 Jane's 360 – U 报道，18 日，以色列的埃尔比特系统公司从欧洲国家获得一份价值 8500 万美元的合同，该合同将为以色列提供先进的陆基电子战（EW）和信号情报（SIGINT）系统。

（来源：Jane's 360 – UK 1 月 19 日文章；《以色列获得先进的陆基电子战和信号情报系统》；Israel's Elbit Systems Awarded $85 Million Contract by a European Country to Supply Electronic Warfare Systems. *Jane's 360 – UK*. 19 January 2018。）

35. 土耳其地面部队进入叙利亚北部库尔德飞地

据英国广播公司报道，土耳其地面部队在亲土耳其的叙利亚自由军（FSA）叛军的陪同下进入叙利亚北部，其中包括数十次旨在将库尔德民主联盟党赶出阿芙林地区的空袭。土耳其指责民兵组织与恐怖分子有联系，而这一说法遭到了美国政府的反对，因为库尔德民主联盟党是美国在叙利亚打击伊斯兰国圣战分子的一个重要组成部分。

（来源：英国广播公司 1 月 22 日文章；《土耳其地面部队进入叙利亚北部库尔德飞地》；Turkish Ground Troops Enter Kurdish Enclave in Northern Syria. *BBC*. 22 January 2018。）

36. 蒂勒森寻求英国和法国支持对伊朗实施新的制裁

据《纽约时报》报道，在出访欧洲的时候，美国国务卿蒂勒森寻求英国和法国支持对伊朗实施新的严厉制裁。美国总统特朗普警告称，除非解决问题，否则他将退出伊朗核协议。一名美国官员说，蒂勒森的意图是"弥合协议中的分歧"，并探索更多途径来反击伊朗在叙利亚、黎巴嫩和也门的活动。

（来源：《纽约时报》1 月 22 日讯；《蒂勒森寻求英国和法国支持对伊朗实施新的制裁》；Tillerson Seeks UK, French Support for New Penalties Against Iran. *New York Times*. 22 January 2018。）

37. 德国也考虑对伊朗实施新的制裁

据路透社撰文，20 日，德国《明镜》周刊报道，德国正在游说欧洲盟友支持对伊朗实施新的制裁，以阻止美国退出核协议。布鲁塞尔的外交官表示，德国正与英国和法国一道推动对伊朗实施新的制裁，以向美国表明，欧洲盟友正在认真对待特朗普对伊朗的指责。评论称，德国希望对伊朗的导弹计划和它对其他中东国家冲突的干预进行惩罚。

（来源：路透社 1 月 22 日文章；《德国也考虑对伊朗实施新的制裁》；Germany Weighs New Sanctions Against Iran. *Reuters*. 22 January 2018。）

38. 法国就美国的"和平计划"游说巴勒斯坦

据 Axios 报道，法国总统马克龙上星期派遣国家安全副顾问勒切·瓦利耶前往拉马拉进行秘密访问，劝告巴勒斯坦权力机构主席阿巴斯认真考虑美国在未来几个月公布的和平计划。据有关官员说，勒克莱尔表示，巴勒斯坦要认真考虑和平计划，而不是将它搞砸，不要直接决定拒绝。

（来源：Axios 1 月 22 日文章；《法国就美国的"和平计划"游说巴勒斯坦》；French President Sent Adviser to Lobby Palestinians over U. S. Peace Plan. *Axios*. 22 January 2018。）

39. 意大利购买以色列的侦察机

据《耶路撒冷邮报》报道，21 日，以色列向意大利空军交付了第二架侦察机，完成了 2012 年签署的一项互惠贸易协议。根据该协议，意大利空军获得了 30 架列奥纳多 M-346 拉维喷气式飞机，将用于飞行员的训练活动。由于以色列航空航天工业公司开发的 G550 早期预警和空中控制系统在多种高度、任何地形和任何天气条件下提供空中和海上态势感知，使飞机能够在长时间飞行的情况下进行远程操作，意大利还购买了以色列的卫星和 2 架 G550 侦察机。

（来源：《耶路撒冷邮报》1 月 22 日讯；安娜·阿赫伦海姆：《意大利购买以色列的侦察机》；

Anna Ahronheim. Israel Delivers Surveillance Jet to Italy. *Jerusalem Post*. 22 January 2018。)

40. 法国称伊朗不尊重联合国关于弹道导弹的决议

据《耶路撒冷邮报》报道，22 日，法国外交部长指责伊朗不尊重联合国决议的部分内容，为此，法国呼吁伊朗停止研发可携带核弹头的弹道导弹。同时，德国政府以担心伊朗的导弹计划和其地区活动为由，呼吁德黑兰加入欧洲大国和美国的讨论。外交部发言人玛丽亚·阿德巴赫尔（Maria Adebahr）表示，德国、法国和欧盟官员将就他们的担忧举行高层会谈。

（来源：《耶路撒冷邮报》1 月 22 日讯；《法国称伊朗不尊重联合国关于弹道导弹的决议》；France Says Iran Not Respecting UN Text on Ballistic Missiles. *Jerusalem Post*. 22 January 2018。)

41. 印度与以色列公司签署抗旱协议

据 JTA 报道，在以色列总理内塔尼亚胡访问期间，印度水塔公司与以色列 Watergen 公司签署抗旱协议。以色列 Watergen 公司专门从空气中提取饮用水，并决定在印度设立一个试点项目，即在印度建立了一家合资企业，生产水门发电机组。

（来源：JTA 1 月 23 日文章；《印度与以色列公司签署抗旱协议》；India Signs on with Israeli Firm to Fight Drought. *JTA*. 23 January 2018。)

42. 美国和以色列将加强双边军事合作

据彭博社报道，美国和以色列将加强双边军事合作，包括情报共享、网络共享等方面的工作。同时，还会进一步加强两国在国防装备采购，特别是在地中海东部的导弹防御方面的合作。以色列在保护其新生的海上天然气基础设施方面面临着重大挑战，并且在红海南部入口的巴布—曼德布海峡开展海上行动。评论称，虽然美国和以色列的国防一体化程度已经达到了惊人的水平，但仍有一些重要领域需要得到改善。

（来源：彭博社 1 月 23 日文章；詹姆斯·斯塔夫里迪斯：《美国和以色列将加强双边军事合作》；James Stavridis. Strengthen U. S. – Israel Bilateral Military Cooperation. *Bloomberg*. 23 January 2018。)

43. 中国是以色列增长最快的游客来源国

据新华社报道，以色列政府旅游局中国主管博拉·施尼特曼表示，2017 年，超过 11.3 万中国人前往以色列旅游，比 2016 年增长 41%，成为以色列游客增长最快的来源国。他认为原因在于以色列提供的便利条件，包括更有针对性的促销活动、签证申请手续的简化以及更多的直飞航班。

（来源：新华社 1 月 24 日文章；詹姆斯·斯塔夫里迪斯：《中国是以色列增长最快的游客来源国》；China Is Israel's Fastest Growing Source of Tourists. *Xinhua-China*. 24 January 2018。)

44. 埃及指责土耳其在中东的军事部署存在威胁

据耶路撒冷公共事务部发布消息，埃及当局指责土耳其的军事情报部门参与了西奈半岛的叛乱活动。黎巴嫩消息人士也提到了土耳其特工在破坏黎巴嫩稳定方面的活动。由于，土耳其军队不断深入叙利亚和伊拉克领土，早在 2014 年，土耳其就在卡塔尔部署了一支 4000 人的军事特遣队，2018 年，土耳其又在索马里首都摩加迪沙建成了一个耗资 5000 万美元的训练基地，还从索马里和其他非洲国家招募 5000 万名新兵，同时苏丹政府同意将红海沿岸的萨瓦金（Suakin）港租给土耳其，作为军事和民用港口。对此，埃及指责土耳其在中东的军事部署存在威胁。

（来源：耶路撒冷公共事务部 1 月 25 日文章；雅克·尼利亚：《埃及指责土耳其在中东的军事部署存在威胁》；Jacques Neriah. Turkey's Expansionist Military Policies in the Middle East. *Institute for Contemporary Affairs-Jerusalem Center for Public Affairs*. 25 January 2018。）

45. 特朗普警告土耳其不要在叙利亚进行军事活动

据《纽约时报》报道，24 日，在和土耳其总统埃尔多安通话中，特朗普指责土耳其军队袭击了叙利亚境内的库尔德民兵组织。特朗普告诫土耳其要保持谨慎，避免采取任何可能导致土耳其和美国军队发生冲突的行动。

（来源：《纽约时报》1 月 25 日讯；嘉丁纳·哈里斯：《埃及指责土耳其在中东的军事部署存在威胁》；Gardiner Harris. Trump Warns Turkey Against Military Strikes in Syria. *New York Times*. 25 January 2018。）

46. 埃尔多安希望通过更多的伊斯兰教育来重塑土耳其人民

据路透社报道，土耳其总统埃尔多安说，他的目标之一：在土耳其培养"虔诚的一代"来"为建设新的文明而努力"。评论称，埃尔多安的演讲过高的强调了土耳其奥斯曼帝国的历史和国内成就。在数十年的世俗统治之后，埃尔多安试图将宗教置于国家生活的核心，政府正在向宗教教育投入数十亿美元。批评人士指责埃尔多安推翻了 1923 年由凯末尔建立的世俗国家。评论称，宗教教育的扩张使土耳其人感到不安。

（来源：路透社 1 月 26 日文章；达伦·巴特勒：《埃尔多安希望通过更多的伊斯兰教育来重塑土耳其人民》；Daren Butler. With More Islamic Schooling, Erdogan Aims to Reshape Turkey. *Reuters*. 26 January 2018。）

47. 科学家们在以色列发现了非洲最早的现代人颌骨

据《纽约时报》报道，25 日，科学家们宣布，在以色列一处塌陷的洞穴中发现了一具人类颌骨化石。科学家们判断，该化石距今已有 17.7 万至 19.4 万年的历史。评论称，这一发现可能改写人类早期迁徙的历史，将人类首次冒险走出非洲的时间往前推 5 万年左右。

（来源：《纽约时报》1 月 26 日讯；尼古拉斯·圣·弗勒：《科学家们在以色列发现了非洲最早的现代人的颌骨》；Nicholas St. Fleur. In an Israeli Cave, Scientists Discover Jawbone of Earliest Modern Human Out of Africa. *New York Times*. 26 January 2018。）

48. 美国放弃打击 ISIS 的盟友

据以色列《防务一号》报道，28 日，美国中央司令部司令沃特尔表示，美国不会按照土耳其领导人的要求，从叙利亚北部城镇曼比季撤出联军，还要求土耳其和美国支持的叙利亚民主力量（SDF）互相承认彼此的合法性，共同打击敌人 ISIS。沃塔尔多次表示，美国将支持和信赖叙利亚自卫队的反恐力量，并承认在很多方面，叙利亚民主力量与联军正在这里与 ISIS 作战，且事实证明，叙利亚自卫队在对抗 ISIS 上是叙利亚地面作战最有效的力量。

（来源：《防务一号》1 月 31 日讯；凯文·巴伦：《美国放弃打击 ISIS 的盟友》；Kevin Baron. U. S. General to Turkey：We Won't Abandon Allies Fighting ISIS on the World's Behalf. *Defense One*. 26 January 2018。）

49. 以色列失业率降至 70 年代以来最低水平

据以色列《新消息报》报道，2017 年以色列失业率降至 4%，这是自 20 世纪 70 年代末以来的最低水平，2016 年为 4.8%。

（来源：《新消息报》2 月 1 日讯；尼古拉斯·圣·弗勒：《以色列失业率降至 70 年代以来最低水平》；Tzahi Sadeh. Unemployment in Israel Drops to Lowest Level since '70s. *Ynet News*. 1 February 2018。）

50. 巴勒斯坦权力机构希望俄罗斯在训练其安全部队方面发挥积极作用

据以色列《国土报》报道，自 2018 年 12 月特朗普总统宣布承认耶路撒冷为以色列首都以来，巴勒斯坦权力机构官员一直在与俄罗斯官方接触，希望俄罗斯在训练巴勒斯坦安全部队方面发挥更积极的作用。1 日，巴勒斯坦权力机构主席阿巴斯和巴勒斯坦情报机构负责人法拉吉（Majid Faraj）在拉马拉会见了俄罗斯代表团的两名成员，讨论了双方在安全事务上的合作，包括培训和训练演习。

（来源：《国土报》2 月 1 日讯；杰克·库利：《巴勒斯坦权力机构希望俄罗斯在训练其安全部队方面发挥积极作用》；Jack Khoury. PA Seeks More Active Russian Role in Training Palestinian Security Forces. *Ha'aretz*. 2 February 2018。）

51. 以色列对埃及恐怖分子发动空袭

据《纽约时报》报道，在埃及总统塞西的批准下，以色列的无人机、直升机和喷气式飞机对西奈半岛北部的恐怖分子发动了 100 多次空袭。埃及和以色列现在是对抗共同敌人的秘密盟友。美国官员对此进行了高度赞扬，认为以色列的空袭行动发挥了决定性作用，使埃及武装部队在打击激进分子方面占了上风。

（来源：《纽约时报》2 月 5 日讯；大卫·柯克帕特里克：《以色列对埃及恐怖分子发动空袭》；David D. Kirkpatrick. Secret Alliance：Israel Carries Out Airstrikes in Egypt, with Cairo's O. K. *New York Times*. 5 February 2018。）

52. 叙利亚反政府武装击落俄罗斯飞机

据路透社撰文，俄罗斯国防部和叙利亚反政府武装称，3 日，叙利亚反政府武装在伊德利卜省击落了一架俄罗斯 SU－25 飞机，飞行员跳伞后在地面上被击毙。"圣战"组织塔里尔沙姆（Tharir al-Sham）宣称对事件负责。俄罗斯国防部表示，为了打击反政府武装，莫斯科方面在飞机被击落的地区击毙了 30 多名武装分子。

（来源：路透社 2 月 5 日文章；苏莱曼·阿尔·哈利迪、波琳娜·德维特：《叙利亚反政府武装击落俄罗斯飞机》; Suleiman Al-Khalidi and Polina Devitt. Syrian Rebels Down Russian Plane, Kill Pilot. *Reuters*. 5 February 2018。)

53. 叙利亚成千上万的 ISIS 分子逃到其他地区作战

据《纽约时报》报道，在叙利亚东部，数千名伊斯兰国外国武装分子及其家人逃往南部和西部。一些人躲在大马士革附近和西北部，一些人投奔了"基地"组织在叙利亚的分支机构，而另一些人付钱给走私者，让他们越过边境进入土耳其后再返回欧洲国家。美国安全部部长基尔斯詹·尼尔森（Kirstjen Nielsen）表示："ISIS 武装分子正在逃离叙利亚和伊拉克……'圣战'分子正在转入地下，分散到其他安全庇护所……回到他们的祖国。"

（来源：《纽约时报》2 月 5 日讯；埃里克·施密特：《叙利亚成千上万的 ISIS 分子逃到其他地区作战》; Eric Schmitt. Thousands of ISIS Fighters in Syria Flee to Fight Another Day. *New York Times*. 5 February 2018。)

54. 伊朗抨击特朗普对核协议的敌意破坏了其商业合作

据法国法新社撰文，4 日，伊朗石油部长比扬·纳姆达尔·赞加内（Bijan Namdar Zanganeh）抨击美国，称特朗普的关于核协议的言论破坏了伊朗新的石油和天然气合作项目。赞加内透露，之前与德黑兰谈判开发其石油和天然气的 20 多家外国公司因特朗普谴责伊朗的核协议的言论，而放弃了合作的意愿。

（来源：法新社 2 月 6 日文章；埃里克·施密特：《伊朗抨击特朗普对核协议的敌意破坏了其商业合作》; Iran Says Trump's Hostility to Nuclear Deal Scares Off Investors. *AFP*. 6 February 2018。)

55. 德国延长无人机在马里、阿富汗的使用合同

据《耶路撒冷邮报》报道，6 日，德国航空工业公司宣布，德国已将以色列航空工业公司苍鹭 1 号无人侦察机在阿富汗和马里的使用协议延长 1 年。苍鹭 1 号可以执行超过 24 小时的任务，为地面部队提供侦察帮助，协助护航和巡逻，并从空中追踪爆炸物。

（来源：《耶路撒冷邮报》2 月 7 日讯；安娜·阿隆海姆：《德国延长无人机在马里、阿富汗的使用合同》; Anna Ahronheim. Germany Extends IAI Heron Drone Contracts for Missions in Mali, Afghanistan. *Jerusalem Post*. 7 February 2018。)

56. 埃及在西奈半岛北部准备军事行动

据英国《中东观察者》报道，据埃及媒体 8 日报道，埃及国防部已要求伊斯梅利耶的所有医院为西奈半岛北部的大规模军事行动做好急救准备。据卡塔尔媒体《新阿拉伯人》（Al-Araby Al-Jadeed）称，大批增援部队已经抵达阿里什，此次行动将疏散 5 公里内的民众。

（来源：《中东观察者》2 月 9 日文章；《埃及在西奈半岛北部准备军事行动》; Egypt Preparing Military Operation in Northern Sinai. *Middle East Monitor-UK*. 9 February 2018。)

57. 英国表示支持以色列自卫的权利

据英国外交和联邦事务部发布消息，11 日，伊朗无人机从叙利亚进入以色列后，英国外交大臣鲍里斯·约翰逊（Boris Johnson）表示支持以色列自卫的权利，并对伊朗的行动感到担忧，认为伊朗的行为阻碍实现真正和平进程的努力。

（来源：英国外交和联邦事务部 2 月 13 日文章；《英国表示支持以色列自卫的权利》；UK Foreign Secretary: We Support Israel's Right to Defend Itself. *UK Foreign & Commonwealth Office*. 13 February 2018。）

58. 塞浦路斯称土耳其封锁天然气钻探船违反国际法

据路透社撰文，11 日，塞浦路斯指责土耳其军方阻挠意大利埃尼石油公司（Eni）承包的赛培姆 1.2 万钻井船（Saipem 12000）驶近塞浦路斯东南部地区勘探天然气。塞浦路斯总统尼科斯·阿纳斯塔西亚迪斯（Nicos Anastasiades）称土耳其封锁船只违反了国际法。

（来源：路透社 2 月 13 日文章；米歇尔·坎巴斯：《塞浦路斯称土耳其封锁天然气钻探船违反国际法》；Michele Kambas. Cyprus Says Turkey Blocks Gas Drill Ship. *Reuters*. 13 February 2018。）

59. 美国对叙利亚的袭击导致数十名俄罗斯人丧生

据《纽约时报》报道，俄罗斯和叙利亚官员称，在 2 月 7 日至 8 日的战斗中，4 名俄罗斯公民在美国对叙利亚东部的空袭中丧生，或许还有数十人遇难。1 名叙利亚军官表示，大约 100 名叙利亚士兵在战斗中丧生。在叙利亚提供安全服务的俄罗斯商人亚历山大伊奥诺夫（Aleksandr Ionov）称估计可能有 200 多名俄罗斯人被杀。

（来源：《纽约时报》2 月 14 日讯；伊万·内切普伦科：《美国对叙利亚展开的袭击导致数十名俄罗斯人丧生》；Ivan Nechepurenko. Dozens of Russians Believed Killed in U. S. – Backed Syria Attack. *New York Times*. 14 February 2018。）

60. 土耳其对叙利亚境内库尔德武装的袭击受阻

据《华盛顿邮报》报道，土耳其对库尔德武装的袭击活动在叙利亚北部山区和泥泞中陷入困境。两周后，俄罗斯限制土耳其进入该空域。在没有空中掩护的情况下，土耳其支持的叙利亚自由军（Free Syrian Army）发现很难向前推进，而且土耳其的损失不断增加，至少有 28 名军人在袭击中丧生，其中 2 名是 11 日被打死的直升机飞行员。然而，叙利亚反对派部队阿芙林地区的山区布满了隧道，这让库尔德部队在监视和突袭方面占据了优势，致使叙利亚反政府军的伤亡人数也在增加。

（来源：《华盛顿邮报》2 月 15 日讯；路易莎·洛夫鲁克、扎卡里亚·扎卡里亚：《土耳其对叙利亚境内库尔德武装的袭击受阻》；Louisa Loveluck and Zakaria Zakaria. Turkey's Offensive Against Kurdish Fighters in Syria Runs into Problems. *Washington Post*. 15 February 2018。）

61. 叙利亚爆炸事件造成 15 名俄罗斯安全人员丧生

据英国《卫报》报道，总部位于英国的叙利亚人权观察组织（Syrian Observatory

for Human Rights）表示，位于代尔祖尔省的塔比亚贾兹拉（Tabiya Jazira）的一家叙利亚私营安全公司的武器储存设施发生爆炸，造成 15 名俄罗斯人死亡。

（来源：《卫报》2 月 16 日讯；《叙利亚爆炸事件造成 15 名俄罗斯安全人员丧生》；15 Russian Security Staff Killed in Syria Explosion. *Guardian – UK*. 16 February 2018。）

62. 阿曼部长访问耶路撒冷圣地

据法新社撰文，15 日，阿曼外交部长尤素福·本·阿拉维在约旦河西岸与巴勒斯坦领导人举行会谈，之后访问了耶路撒冷阿克萨清真寺。以色列表示对这次访问并不知情。

（来源：法新社 2 月 16 日文章；《阿曼部长访问耶路撒冷圣地》；Oman Minister Visits Jerusalem Holy Site. *AFP*. 16 February 2018。）

63. 以色列与北约签署招标协议

据 Globes 报道，以色列本周将与北约支持和采购机构（NSPA）签署允许 700 家以色列公司参与北约投标的协议。

（来源：Globes 2 月 16 日讯；塔尔·施耐德：《以色列与北约签署招标协议》；Tal Schneider. Israel Signs Tenders Agreement with NATO. *Globes*. 16 February 2018。）

64. 以色列成功测试"绿箭-3"远程导弹拦截器

据《耶路撒冷邮报》报道，19 日，以色列"绿箭-3"武器系统的飞行测试成功进行。"绿箭-3"是用于拦截在地球大气层外的导弹的一种高度机动的系统。以色列航空航天工业（IAI）系统、导弹和空间集团执行副总裁称，拦截器并不携带弹头，而是通过撞击拦截来袭导弹。

以色列导弹防御组织负责人帕特尔说，这次成功的试射将使以色列今年能够与美国导弹防御局合作，在阿拉斯加的科迪亚克岛上进行一系列拦截试验。

（来源：《耶路撒冷邮报》2 月 19 日讯；安娜·阿隆海姆：《以色列成功测试"绿箭-3"远程导弹拦截器》；Anna Ahronheim. Israel Successfully Tests Arrow 3 Long-Range Missile Interceptor. *Jerusalem Post*. 19 February 2018。）

65. 美国希望欧洲承诺改善与伊朗的协议

据路透社撰文，美国希望欧洲 3 个主要盟友承诺努力改善伊朗核协议，为此，特朗普总统将在 5 月份延长美国对伊朗的制裁，以维持该协议的存续。美国国务院称欧洲应该和美国一起寻求一项补充或后续协议，解决伊朗的发展或试射远程导弹的问题，确保国际原子能机构进行强有力的检查，并修复"日落条款"的 3 个缺陷，即未能解决伊朗的弹道导弹项目；国际核查人员访问可疑伊朗核设施的条件；对伊朗核项目的限制在 10 年后开始失效的条款。

（来源：路透社 2 月 19 日文章；安娜·阿隆海姆：《美国希望欧洲承诺改善与伊朗的协议》；Arshad Mohammed, John Irish, and Robin Emmott. U. S. Wants Europeans to Commit to Improve Iran Deal. *Reuters*. 19 February 2018。）

66. 伊朗航空公司通过在他国子公司购买了美国飞机的零部件

据《华尔街日报》报道，伊朗的马汉航空公司因向叙利亚运送武器和战斗人员而受到美国的制裁，而联邦调查人员称在过去几年，伊朗通过在土耳其的子公司购买美国制造的喷气发动机和零部件，并指出最近一次购买是在去年 12 月。

（来源：《华尔街日报》2 月 20 日讯；伊恩·塔利：《美国希望欧洲承诺改善与伊朗的协议》；Iran Deal. Reuters. Ian Talley. Iranian Airline, under Sanctions, Bought U. S. Jet Parts through Front Firms. *Wall Street Journal*. 19 February 2018。）

67. 以色列与埃及签署价值 150 亿美元的天然气出口协议

据以色列《国土报》报道，19 日，以色列天然气勘探集团 Delek 宣布了两项协议，将在 10 年内以 150 亿美元的价格向埃及的 Dolphinus Holdings 出售天然气。以色列出口的天然气来自其近海的塔玛尔和地中海的利维坦气田。评论称，埃及国内对液化天然气有非常大的需求，而这也将帮助埃及成为一个地区能源中心。

（来源：《国土报》2 月 20 日讯；诺亚·兰道：《美国希望欧洲承诺改善与伊朗的协议》；Noa Landau. Israel Signs ＄15 Billion Deal to Export Natural Gas to Egypt. *Ha'aretz*. 20 February 2018。）

68. 阿巴斯在联合国呼吁召开国际和平会议

据《华尔街日报》报道，20 日，巴勒斯坦权力机构主席马哈茂德·阿巴斯在联合国表示，要解决巴勒斯坦问题，关键是要建立一个由国际会议产生的多边国际机制。阿巴斯称特朗普总统去年 12 月承认耶路撒冷为以色列首都的决定违反了国际法。

（来源：《华尔街日报》2 月 21 日讯；纳兹·法希、菲莉西亚·施瓦兹：《阿巴斯在联合国呼吁召开国际和平会议》；Farnaz Fassihi and Felicia Schwartz. Abbas at UN Calls for International Peace Conference. *Wall Street Journal*. 21 February 2018。）

69. 阿巴斯反对耶路撒冷为以色列首都

据华盛顿近东政策研究所发布消息，20 日，巴勒斯坦权力机构主席阿巴斯在联合国安理会发表讲话时表达了巴勒斯坦人的不满，强调他不愿意在巴勒斯坦的核心利益上妥协，并表示反对美国承认耶路撒冷为以色列首都的决定。评论称，阿巴斯呼吁召开一次国际会议解决这一问题，但实现的可能性非常小。

（来源：华盛顿近东政策研究所 2 月 21 日文章；盖斯·奥马里：《阿巴斯在联合国呼吁召开国际和平会议》；Ghaith al-Omari, Abbas at the Security Council. *Washington Institute for Near East Policy*. 21 February 2018。）

70. 俄罗斯反对西方就也门武器问题在联合国谴责伊朗

据路透社撰文，俄罗斯反对西方国家在联合国安理会上谴责伊朗违反对也门胡塞武装的武器禁运。今年 1 月，联合国专家向安理会报告称，他们确认了伊朗制造导弹的残骸、相关军事装备和军用无人机，并且表示这些武器是在实施有针对性的武器禁运后进入也门的。

（来源：路透社 2 月 23 日文章；米歇尔·尼克尔斯：《俄罗斯反对西方就也门武器问题在联合国谴责伊朗》；Michelle Nichols. Russia Resists Western Bid to Condemn Iran at UN over Yemen Arms. *Reuters*. 23 February 2018。）

71. 如果没有经济支持，伊朗可能退出核协议

据路透社撰文，22 日，伊朗副外长阿巴斯·阿拉基（Abbas Araqchi）在伦敦的英国皇家国际事务研究所（Chatham House）智库表示，如果没有经济支持，银行将继续回避伊朗的需求，这将导致伊朗退出核协议。评论称，由于担心违反美国仍在实施的制裁，大型银行继续回避支持伊朗。

（来源：路透社 2 月 23 日文章；奥格梅尔·萨拉菲丁：《如果没有经济支持，伊朗可能退出核协议》；Bozorgmehr Sharafedin. Iran May Withdraw from Nuclear Deal If Banks Continue to Stay Away. *Reuters*. 23 February 2018。）

72. 2500 名美国士兵准备在以色列进行导弹防御演习

据美国《星条旗》报道，来自美国欧洲司令部的 2500 多名军人将于 3 月 4 日至 15 日在以色列与数量相近的以色列国防军一起进行导弹防御演习。美国第三空军指挥官中将说，每两年举行一次的 Juniper Cobra 演习的目的是"加强操作性，并与我们的以色列伙伴发展无缝衔接"。

（来源：《星条旗》2 月 23 日文章；《2500 名美国士兵准备在以色列进行导弹防御演习》；2500 U. S. Troops Gear Up for Missile Defense Exercises in Israel. *Stars and Stripes*. 23 February 2018。）

73. 以色列卫星显示俄罗斯在叙利亚部署了新型隐形战机

据以色列《国土报》报道，23 日，以色列宣称其卫星发现俄罗斯在叙利亚部署新的苏-57 隐形战机的图像。

（来源：《国土报》2 月 23 日讯；亚尼夫·库博维奇：《以色列卫星显示俄罗斯在叙利亚部署了新型隐形战机》；Yaniv Kubovich. Israeli Satellite Reveals Russia's New Stealth Fighter Jets in Syria. *Ha'aretz*. 23 February 2018。）

74. 俄罗斯否决联合国就也门导弹问题向伊朗施压的决议

据《纽约时报》报道，26 日，俄罗斯在联合国安理会否决了就也门胡塞武装非法使用伊朗制造的导弹一事向伊朗施压的决议。特朗普政府表示，伊朗在也门拥有武器证明其违反了国际协议。

（来源：《纽约时报》2 月 27 日讯；里克·格莱斯顿：《俄罗斯否决联合国就也门导弹问题向伊朗施压的决议》；Rick Gladstone. Russia Vetoes UN Resolution to Pressure Iran over Yemen Missiles. *New York Times*. 27 February 2018。）

75. 加拿大保守党承认耶路撒冷为以色列首都

据加拿大《多伦多之星》报道，加拿大保守党领袖安德鲁·希尔（Andrew Scheer）表示，如果该党在 2019 年成功组建政府，将效仿特朗普总统，承认耶路撒冷为以色列首都。该党在其网站上表示，加拿大的保守派认为以色列和其他所有主权国

家一样，有权决定自己的首都在哪里。

（来源：《多伦多之星》2月27日讯；斯蒂芬妮·莱维茨：《加拿大保守党承认耶路撒冷为以色列首都》；Stephanie Levitz. Canada's Conservative Party Vows to Recognize Jerusalem as Israel's Capital. *Canadian Press-Toronto Star*. 27 February 2018。）

76. 约旦河西岸65%的巴勒斯坦人对未来持乐观态度

据耶路撒冷媒介通讯中心撰文，根据2月24日公布的调查结果显示，在1月27日至2月27日在约旦河西岸和加沙地带进行的一项民意调查中，有61%的巴勒斯坦人对未来总体持乐观态度，其中约旦河西岸为65%，加沙为54%。然而，63%的人对和平解决阿以冲突持悲观态度。当被问及建立巴勒斯坦国的最佳方法时，36%的人说是武装抵抗（约旦河西岸27%，加沙50%），31%的人说是非暴力抵抗（约旦河西岸36%，加沙22%），还有25%的人支持和平谈判（约旦河西岸26%，加沙24%）。

（来源：耶路撒冷媒介通讯中心2月27日文章；《约旦河西岸的65%巴勒斯坦人对未来持乐观态度》；Poll: 65 Percent of West Bank Palestinians Optimistic about the Future. *Jerusalem Media and Communication Centre*. 27 February 2018。）

77. 德国机场拒绝为伊朗外长的专机提供燃料

据德国Deutsche Welle报道，2月中旬，由于担心违反美国对伊朗的制裁，德国慕尼黑机场拒绝为伊朗外长扎里夫的飞机提供燃油。

（来源：Deutsche Welle-Germany 3月1日讯；《德国机场拒绝为伊朗外长的专机提供燃料》；German Airport Refused to Refuel Iran Foreign Minister's Plane, Citing U. S. Sanctions. *Deutsche Welle-Germany*. 1 March 2018。）

78. 美国猛烈抨击联合国人权理事会对以色列的制裁

据《耶路撒冷邮报》报道，28日，美国驻联合国大使玛丽·凯瑟琳·菲（Mary Catherine Phee）在日内瓦称联合国人权理事会对待以色列与其他联合国成员国不同，表示安理会必须停止通过这种公然偏见使以色列非法化和孤立以色列的行为。早前，人权理事会规定，以色列在西岸对巴勒斯坦人实施的侵犯人权的行为必须在每届会议上进行辩论，并且必须指派一名常设调查员调查这种侵犯人权行为。文章指出，美国难以接受联合国人权理事会对以色列的决定。

（来源：《耶路撒冷邮报》3月1日讯；托夫·拉扎罗夫：《美国猛烈抨击联合国人权理事会对以色列的制裁》；Tovah Lazaroff. U. S. Slams UN Human Rights Council on Israel. *Jerusalem Post*. 1 March 2018。）

79. 美国否认有关中东和平计划的报道

据《以色列时报》报道，28日，美国不承认阿沙克阿拉伯卫星组织（Asharq al-Awsat）公布的一份关于美国中东和平计划的报告。美国政府高级官员表示该计划并没有完成，没有任何人知道它是什么，而这份假的报告只是外界对美国中东和平计划的猜测，不具有真实性。

(来源：《以色列时报》3月1日讯；埃里克·柯特勒萨：《美国否认有关中东和平计划的报道》；Eric Cortellessa. White House Dismisses Reports on Middle East Peace Plan. *Times of Israel*. 1 March 2018。)

80. 以色列同意埃及在西奈半岛增兵

据《耶路撒冷邮报》报道，2月28日，根据以色列第11频道（Channel 11）报道称，埃及武装部队总司令少将穆罕默德·沙哈特（Mohammed el-Shahat）表示，在西奈，埃及部署了42630名士兵和800辆汽车与ISIS武装分子作战。

(来源：《耶路撒冷邮报》3月1日讯；托夫·拉扎罗夫：《美国猛烈抨击联合国人权理事会对以色列的制裁》；Hagay Hacohen. Egypt Increases Forces in Sinai with Israel's Agreement. *Jerusalem Post*. 1 March 2018。)

81. 以色列希望对伊朗导弹实施更严厉的制裁

据Axios报道，以色列官员表示，5日，内塔尼亚胡总理与特朗普总统在白宫举行的会议，讨论了伊朗导弹问题，以色列表示，应该对伊朗射程超过180英里（300千米）的导弹实施新的制裁和限制，包括伊朗向真主党提供的精确导弹。以色列官员表示伊朗的导弹可以从黎巴嫩和叙利亚通过真主党袭击以色列，而目前对伊朗导弹的制裁只涉及射程超过1200英里（2000千米）、能够打击针对欧洲和美国发射的导弹，但这对以色列存在严重的安全威胁。

(来源：Axios 3月5日讯；巴拉克·拉维德：《以色列希望对伊朗导弹实施更严厉的制裁》；Barak Ravid. Israel Seeks Stricter Sanctions on Iranian Missiles. *Axios*. 5 March 2018。)

82. 英国威廉王子访问以色列

据《今日以色列》报道，英国威廉王子访问以色列，两国就以色列在国防和反恐战争中的角色进行高层会谈。文章指出，英以两国在贸易合作中取得了很大的进展，2017年双边贸易额达到100亿美元，同比增长25%。同时在英国公共医疗体系内销售的药物中，每六种就有一种是以色列制造的。目前有300家以色列公司在英国设有办事处，其中29家在伦敦证券交易所上市。评论称，这是英国王室成员首次访问以色列，也证明了以色列和英国的良好关系。

(来源：《今日以色列》3月6日讯；马克·雷格夫：《英国威廉王子访问以色列》；Mark Regev. Prince William's Visit a Testament to Good Israel-UK Ties. *Israel Hayom*. 6 March 2018。)

83. 巴勒斯坦权力机构成为国际刑警组织成员

据《观察者》报道，自巴勒斯坦权力机构成为国际刑警组织的成员之后，最近巴勒斯坦警察部队完成了与国际刑警组织数据库连接的技术程序，因此，巴勒斯坦警察可以取得世界各地警察机构的资料。对于巴勒斯坦权力机构在国际刑警组织的成员身份，以色列表示反对，因为这将会威胁以色列军事和政治领导人。

(来源：《观察者》3月7日讯；艾哈迈德·阿布·阿默尔：《巴勒斯坦权力机构成为国际刑警组织的成员》；Ahmad Abu Amer. Abbas Rivals Abroad Wary as PA Joins Interpol. *Al-Monitor*. 7

March 2018。)

84. 以色列表示对 F-35 战斗机技术保密

据以色列特拉维夫大学国家安全研究所表示，以色列为技术保密将推迟向阿拉伯国家发射第五代战斗机，即 F-35 战机。研究所人员表示，以色列在未来 10 年的空中优势将取决于所掌握的技术优势，因此，以色列必须保持其对这一领域专有权，并努力尽可能拖延向该区域其他国家发射第五代战斗机。

（来源：以色列特拉维夫大学国家安全研究所 3 月 7 日文章；西蒙·阿拉德：《以色列表示对 F-35 战斗机技术保密》；Shimon Arad. Delay the Release of Fifth-Generation Fighter Planes to Arab States. *Institute for National Security Studies-Tel Aviv University*. 7 March 2018。)

85. 印度航空公司开通经沙特阿拉伯飞往以色列的航班

据半岛电视台报道，印度航空（Air India）已获得新德里至特拉维夫之间直飞航班的许可，从 3 月 22 日开始，直飞航班将途经沙特领空，此航线的开通会使飞行时间缩短两个半小时。

（来源：半岛电视台 3 月 8 日讯；《印度航空公司开通经沙特阿拉伯飞往以色列的航班》；Saudi Arabia Grants Air India Airspace Approval for Flights to Israel. Al Jazeera. 8 March 2018。)

86. 以色列取得反隧道技术的进步

据《华盛顿邮报》报道，6 日，以色列国防军地下作战技术部门负责人、以色列军方一名官员说，反隧道技术的进步为以色列军方提供了阻止加沙地带巴勒斯坦激进分子袭击的新方式。他指出，自去年 10 月以来，这项新技术已拆除了至少 3 条隧道。

（来源：《华盛顿邮报》3 月 8 日讯；米西·瑞恩：《以色列取得反隧道技术的进步》；Missy Ryan. Israel Notes Advances in Anti-Tunnel Technology. Washington Post. 8 March 2018。)

87. 沙特王储在埃及会见以色列高级官员

据《今日以色列》报道，沙特王储穆罕默德·本·萨勒曼访问埃及期间会见了以色列高级官员，双方讨论了以色列和沙特阿拉伯关系正常化的问题，包括以色列参与在靠近约旦边界的红海东岸的沙特领土上建造一个新的大城市和经济区的项目。

（来源：《今日以色列》3 月 8 日讯；米西·瑞恩：《沙特王储在埃及会见以色列高级官员》；Report: Saudi Crown Prince Meets Senior Israeli Officials in Egypt. *Israel Hayom*. 8 March 2018。)

88. 以色列与阿塞拜疆建立战略伙伴关系

据阿塞拜疆 Trend 通讯社报道，阿塞拜疆总统公共和政治事务助理向以色列阿塞拜疆国际协会表示，以色列是阿塞拜疆的战略伙伴，双方在军事技术和医疗保健方面都有合作。文章指出，多年来，以色列专家的工作涉及阿塞拜疆经济的各个领域，特别是在农业方面，引进最新的技术和设备。同时，以色列也有众多的阿塞拜疆人，他们也已经融入以色列社会。评论称，近年来，阿塞拜疆致力于在以色列和穆斯林世界之间建立一座"桥梁"。

（来源：阿塞拜疆 Trend 通讯社 3 月 8 日讯；《以色列与阿塞拜疆建立战略伙伴关系》；Israel Called Strategic Partner of Azerbaijan. *Trend-Azerbaijan*. 8 March 2018。）

89. 内塔尼亚胡就沙特核协议向美国议员提出抗议

据彭博社撰文，以色列总理内塔尼亚胡反对美国和沙特就沙特建造核反应堆可能达成的协议。美国能源部长佩里（Rick Perry）上周率领一个代表团前往伦敦，与沙特官员会晤，讨论在未来 25 年内建造多达 16 座反应堆的可能协议，可能耗资 800 多亿美元。美国参议院外交关系委员会（Senate Foreign Relations Committee）主席考克（Bob Corker）称，6 日，内塔尼亚胡在华盛顿与参议院外交关系委员会（Senate Foreign Relations Committee）举行闭门会议时，表示反对任何允许沙特进行铀浓缩和钚再加工的协议。评论称，允许沙特阿拉伯对商业核电站的燃料进行浓缩和再加工，将打破此前与阿拉伯联合酋长国和其他国家签署的禁止此类活动的协议。

（来源：彭博社 3 月 9 日文章；艾瑞·纳特：《内塔尼亚胡就沙特核协议向美国议员提出抗议》；Ari Natter. Netanyahu Warns U. S. Lawmakers about Saudi Nuclear Power Deal. *Bloomberg*. 9 March 2018。）

90. 叙利亚反政府武装正利用土耳其打击库尔德人

据《华盛顿邮报》报道，叙利亚反政府武装加入了土耳其对叙利亚北部库尔德人控制的阿芙林飞地的越境进攻。反政府武装说，他们把这次袭击看作是解决个人恩怨的一种方式，因为此前，在美国的支持下，库尔德武装在叙利亚北部建立了自治地区。

（来源：《华盛顿邮报》3 月 9 日讯；路易莎·洛夫鲁克、扎卡里亚·扎卡里亚：《叙利亚反政府武装正利用土耳其打击库尔德人》；Louisa Loveluck and Zakaria Zakaria. Syrian Rebels Are Using the Turkish Offensive to Settle Scores with Kurds. *Washington Post*. 9 March 2018。）

91. 美国减少了对土耳其基地的使用

据《华尔街日报》报道，介于美土的紧张关系，美国军方大幅减少了在土耳其因吉尔利克空军基地的作战行动，并正在考虑永久削减对其的军事开支。美国在该基地进行了持续数年打击伊斯兰国的战斗。但由于安卡拉长期以来一直将因吉尔利克作为对抗美国的筹码，美国在因吉尔利克开展的军事行动变得越来越困难。

（来源：《华尔街日报》3 月 12 日讯；路易莎·洛夫鲁克、扎卡里亚·扎卡里亚：《美国减少了对土耳其基地的使用》；Gordon Lubold, Felicia Schwartz and Nancy A. Youssef. U. S. Pares Back Use of Turkish Base amid Strains with Ankara. *Wall Street Journal*. 12 March 2018。）

92. 壳牌购买以色列天然气

据彭博社撰文，全球能源巨头壳牌（Shell）正与以色列利维坦（Leviathan）和塞浦路斯阿佛洛狄特（Aphrodite）水库进行谈判，计划在未来 10 年以 250 亿美元的价格，从两家位于地中海的天然气储藏商那里购买天然气。同时壳牌还在埃及拥有 EDCO 天然气液化厂。评论称，如果协议签署，它将改善当地市场天然气供应过剩的状况。

（来源：彭博社 3 月 12 日文章；索尼娅·戈洛代斯基：《壳牌购买以色列天然气》；Sonia Gorodeisky. Shell in Talks to Buy Israeli Gas. *Bloomberg*. 12 March 2018。）

93. 以色列宣布与埃及签署天然气出口合同

据以色列特拉维夫大学国家安全研究所发布消息，2月19日，以色列宣布与埃及签署为期10年的150亿美元天然气出口合同。文章指出，在安全方面，真主党或哈马斯对以色列天然气出口设施建设的破坏将影响对约旦和埃及的电力供应。

（来源：以色列特拉维夫大学国家安全研究所3月12日文章；奥德·埃兰、埃莱·瑞提格、奥非尔·温特：《以色列宣布与埃及签署天然气出口合同》；Oded Eran, Elai Rettig, and Ofir Winter. Gas Deal with Egypt Deepens Israel's Anchor in the Eastern Mediterranean. *Institute for National Security Studies-Tel Aviv University*. 12 March 2018。）

94. 美国民众在巴以冲突中支持以色列

据美国盖洛普（Gallup）撰文，美国民众在巴以冲突问题上的立场，与盖洛普30年来调查的趋势一样，具有强烈的亲以色列倾向。在2月1日至10日进行的一项民意调查中，64%的美国人表示，他们在这场争端中更多地同情以色列，这一比例与2013年和1991年的最高纪录持平。只有19%的美国人同情巴勒斯坦人，略高于盖洛普1988年最初统计的15%。在巴以冲突的前景问题上，74%的美国表示看好以色列，23%的人不看好，而21%的人看好巴勒斯坦权力机构，71%的人不看好。评论称，美国人强烈倾向于同情冲突中的以色列，并呼吁对巴勒斯坦人施加更大的外交压力。

（来源：美国盖洛普3月14日文章；莉迪亚·萨阿德：《美国民众在巴以冲突中支持以色列》；Lydia Saad. Poll: Americans Remain Staunchly in Israel's Corner. *Gallup*. 14 March 2018。）

95. 没有巴勒斯坦人参加的加沙问题会议

据路透社撰文，13日，美国主持了由以色列、埃及、约旦、沙特阿拉伯、卡塔尔、巴林、阿曼、阿联酋以及几个欧洲国家在内19个国家参加的加沙问题会议。会议主要讨论了加沙地带的人道危机，包括电力、水、污水和卫生项目。但是巴勒斯坦权力机构没有参加这次会议。

（来源：路透社3月14日文章；莉迪亚·萨阿德：《没有巴勒斯坦人参加的加沙问题会议》；James Oliphant. White House Hosts Meeting on Gaza without Palestinians. *Reuters*. 14 March 2018。）

96. 伊朗在巴尔米拉建立新的无人机基地

据《叙利亚观察者》报道，今年2月以色列发动空袭后，伊朗将其在叙利亚的无人机从T-4军事基地转移到巴尔米拉空军基地。以色列2月10日对伊朗无人机基地的空袭造成包括飞行员和专家在内的7名伊朗人死亡，3名叙利亚军人受伤，75%的基地及其军事设备被摧毁，包括伊朗无人机的4个发射基地。

（来源：《叙利亚观察者》3月14日讯；《伊朗在巴尔米拉建立新的无人机基地》；Report: Iran Sets Up New Drone Base in Palmyra following Israel Strike. *Syrian Observer*. 14 March 2018。）

97. 如果伊朗拥有核武器，沙特阿拉伯也将发展核武器

据美国的电视广播网发布消息，沙特王储穆罕默德·本·萨勒曼在《60分钟》的

节目中接受采访时表示,沙特不想获得任何核弹,但毫无疑问,如果伊朗研制出核弹,我们将尽快效仿。

(来源:美国的电视广播网3月16日讯;《如果伊朗拥有核武器,沙特阿拉伯也将发展核武器》;Crown Prince: Saudi Arabia to Acquire Nuclear Weapons If Iran Does. *CBS News*. 16 March 2018。)

98. 美国表示如果土耳其停止打击库尔德人,美国就能消灭ISIS

据《华盛顿调查家》报道,美国表示如果土耳其停止打击库尔德人,美国就能消灭ISIS。土耳其在西北边境地区对叙利亚库尔德人发起的攻势,破坏了包括库尔德武装人员在内准备消灭ISIS的武装力量的计划,结果导致逾1000名库尔德武装人员及其领导人退出了对抗ISIS的战斗。

(来源:《华盛顿调查家》3月16日讯;《美国表示如果土耳其停止打击库尔德人,美国就能消灭ISIS》;Jamie McIntyre. U. S. Could Finish Off ISIS If Turkey Would Stop Fighting the Kurds, Pentagon Says. *Washington Examiner*. 16 March 2018。)

99. 希腊能源公司为以色列天然气项目融资5亿美元

据路透社撰文,16日,希腊能源石油天然气公司(Energean Oil & Gas)在伦敦证交所(lse)上市,为开发以色列两个海上气田筹资近5亿美元。Karish和Tanin油田的潜在储量高达2.4万亿立方英尺天然气,约3280万桶轻质油和凝析油。文章指出,预计2021年将有来自Karish的第一粒气体。

(来源:路透社3月16日文章;罗恩·布索、沙迪阿·纳萨拉:《希腊能源公司为以色列天然气项目融资5亿美元》;Ron Bousso and Shadia Nasralla. Greece's Energean Raises ＄500 Million for Israeli Gas Project. *Reuters*. 16 March 2018。)

100. 以色列生育率居高

据以色列《新消息报》报道,中央统计局发布的数据显示,2016年,以色列平均每个母亲生育3.11个孩子,在西方国家中是最高的。而近年来,大多数经合组织国家的生育率低于2.1%。2016年以色列出生的婴儿中,73.9%是犹太人,20.7%是穆斯林,1.4%是基督教徒,1.3%是德鲁士教徒,2.6%是没有明确教派的。

(来源:《新消息报》3月16日讯;埃米尔·艾伦:《以色列生育率居高》;Amir Alon. Israel Has Highest Fertility Rate in the West. *Ynet News*. 16 March 2018。)

101. 欧盟筹集5.59亿美元改善加沙饮用水

据以色列《国土报》报道,20日,欧盟在布鲁塞尔召开会议,与会国家和机构同意向巴勒斯坦提供4.56亿欧元(合5.59亿美元)的资金以改善加沙的饮用水状况。这一金额占到建设一个大型太阳能淡化设施所需资金的80％,还包括翻新管道和蓄水设施。对此,以色列表示支持,因为这可以减轻加沙流入地中海的污水对以色列海岸的污染。

(来源:《国土报》3月21日讯;诺亚·兰托:《欧盟筹集5.59亿美元改善加沙饮用水》;Noa Landau. EU Raises ＄559 Million to Improve Gaza Drinking Water. *Ha'aretz*. 21 March 2018。)

102. 沙特王储出访美国共商巴以和平计划

据《纽约时报》报道，20日，美国总统特朗普在白宫接见了沙特王储穆罕默德·本·萨勒曼。穆罕默德王子与总统的高级顾问贾里德·库什纳（Jared Kushner）和中东和平特使杰森·格林布拉特（Jason Greenblatt）商讨巴以和平计划。

（来源：《纽约时报》3月21日讯；马克·兰德勒：《沙特王储出访美国共商巴以和平计划》；Mark Landler. Saudi Crown Prince Meets with Jared Kushner, Jason Greenblatt about Peace Plan. *New York Times*. 21 March 2018。）

103. 美国参议院表示继续支持沙特阿拉伯在也门的军事行动

据路透社撰文，20日，美国参议院以55票对44票否决了一项旨在结束美国在也门内战中支持沙特阿拉伯的决议。

（来源：路透社3月21日讯；《美国参议院表示继续支持沙特阿拉伯在也门的军事行动》；Senate Rejects Bid to End U. S. Support for Saudi Campaign in Yemen. *Reuters*. 21 March 2018。）

104. 以色列使用催泪弹无人机对付加沙边境抗议活动

据《以色列时报》报道，21日，以色列边防局副局长沙卜泰表示，以色列边防局计划部署一种可以投掷催泪瓦斯的新型无人机，以对付未来几周内将在以色列和加沙边境游行的巴勒斯坦示威者。在两周前的一次抗议活动中成功进行了催泪瓦斯无人机，此外，无人机还可以确保安全部队能够在示威者接近安全围栏之前与他们交战。

（来源：《以色列时报》3月22日讯；斯图尔特·温纳：《以色列使用催泪弹无人机对付加沙边境抗议活动》；Stuart Winer. Israel to Deploy Tear Gas Drones Against Gaza Border Protests. *Times of Israel*. 22 March 2018。）

105. 沙特阿拉伯拦截也门城市发射的7枚导弹

据《纽约时报》报道，25日，沙特阿拉伯的防空系统摧毁了从也门发射的7枚弹道导弹，其中3枚瞄准了首都利雅得。被摧毁的导弹碎片落在居民区，造成1名埃及人死亡。

（来源：《纽约时报》3月26日讯；赛伊德·巴塔蒂、里克·格莱斯顿：《沙特阿拉伯拦截也门城市发射的7枚导弹》；Saeed Al-Batati and Rick Gladstone. Saudi Arabia Intercepts 7 Missiles Fired at Cities from Yemen. *New York Times*. 26 March 2018。）

106. 美国抨击联合国人权理事会对以色列的谴责

据JNS报道，23日，美国驻联合国大使尼基·黑利（Nikki Haley）称，美国反对联合国人权理事会在日内瓦通过的反对以色列的五项决议。黑利表示美国对联合国人权理事会对待以色列的方式感到愤怒，表示人权理事会对以色列的态度比朝鲜、伊朗和叙利亚更恶劣是愚蠢的，并警告称，美国将重新考虑是否退出该机构。

（来源：JNS 3月26日讯；《美国抨击联合国人权理事会对以色列的谴责》；Haley Slams UN Human Rights Council for Issuing More Condemnations of Israel. *JNS*. 26 March 2018。）

107. 美国打击利比亚南部"基地"组织

据《纽约时报》报道，24日，美国军方在利比亚南部对"基地"组织激进分子发动了首次无人机袭击。美国非洲司令部说，这架无人驾驶飞机发射的导弹击中了的黎波里以南435英里的乌巴里的一所房屋，并炸死了2名"基地"组织激进分子。

（来源：《纽约时报》3月26日讯；德克兰·沃尔什、埃里克·施密特：《美国打击利比亚南部"基地"组织》；Declan Walsh and Eric Schmitt. U. S. Strikes Al-Qaeda in Southern Libya. *New York Times*. 26 March 2018。）

108. 伊朗在叙利亚建造军事设施

据沙特《中东日报》报道，以色列安全部门消息人士称，伊朗正在叙利亚境内靠近俄罗斯军队的地方修建军事设施和基地，以防止俄罗斯军队受到以色列的攻击。以色列表示俄罗斯并不赞成伊朗的行为，因为这可能会把附近的俄罗斯军队变成人肉盾牌。文章指出，这些设施是以住宅建筑的名义建造的，但却是用来容纳部署在叙利亚的伊朗什叶派恐怖主义武装设施的。

（来源：《中东日报》3月27日讯；《伊朗在叙利亚建造军事设施》；Iran Builds Facilities in Syria Close to Russian Bases to Avoid Being Attacked. *Asharq Al-Awsat-UK*. 27 March 2018。）

109. 伊朗货币再创新低

据法新社撰文，伊朗里拉在过去6个月贬值1/4后，于26日跌至纪录低点。商业网络"欧洲—伊朗论坛"（European - Iran Forum）创始人埃斯芬达尔·巴特曼盖里迪（Esfandyar Batmanghelidj）表示，货币贬值将成为伊朗潜在投资者进行投资的又一个障碍。

（来源：法新社3月27日讯；《伊朗货币再创新低》；Iran Currency Hits Record Low. *AFP*. 27 March 2018。）

110. 沙特敦促美国对伊朗采取强硬立场

据《纽约时报》报道，26日，沙特阿拉伯王储穆罕默德·本·萨勒曼（Mohammed bin Salman）接受采访时表示，伊朗核协议的推迟并不会阻止德黑兰发展核武器，为此，敦促美国对伊朗采取强硬立场。

（来源：《纽约时报》3月28日讯；本·哈伯德：《沙特敦促美国对伊朗采取强硬立场》；Ben Hubbard. Saudi Crown Prince, on U. S. Visit, Urges Tough Line on Iran. *New York Times*. 28 March 2018。）

111. 伊朗帮助胡塞武装提高打击阿拉伯联盟海港力量的能力

据The National-Abu Dhabi报道，美国国防情报局局长罗伯特·阿什利（Robert Ashley）将军3月6日向参议院军事委员会表示，德黑兰的支持帮助胡塞武装提高了他们的军事和导弹能力，包括反舰导弹、装满炸药的船只和地雷。评论称，德黑兰的陆地攻击巡航导弹对其他国家构成了一种威胁，况且伊朗还在开发更强大的太空运载火箭和技术，这将有助于其开发远程导弹子系统。

（来源：The National-Abu Dhabi 3 月 28 日讯；乔伊斯·卡拉姆：《伊朗提高胡塞武装打击阿拉伯联盟海港力量的能力》；Joyce Karam. U. S. ：Iran Improved Houthis' Ability to Hit Arab Coalition Seapower. *The National-Abu Dhabi.* 28 March 2018。)

112. 欧洲大国敦促对伊朗实施新的制裁

据路透社撰文，28 日，法国、英国和德国试图说服欧盟伙伴国支持对伊朗实施新的制裁，以维护与伊朗达成的核协议。欧洲 3 个大国提议欧盟对伊朗的弹道导弹项目及其在叙利亚战争中的角色实施更多制裁，以防止美国在 5 月 12 日前退出该协议。

（来源：路透社 3 月 29 日文章；罗宾·埃莫特、约翰·伊士：《欧洲大国敦促对伊朗实施新的制裁》；Robin Emmott and John Irish. European Powers Press for New Iran Sanctions to Buttress Nuclear Deal. *Reuters.* 29 March 2018。)

113. 联合国谴责也门叛军对沙特阿拉伯的导弹袭击

据欧洲自由电台发布消息，28 日，联合国安理会发表声明，谴责也门胡塞叛军 25 日对沙特阿拉伯进行的导弹袭击。这份声明获得了俄罗斯、中国和西方大国等在内的 15 个成员国的批准。

（来源：欧洲自由电台 3 月 29 日讯；《联合国谴责也门叛军对沙特阿拉伯的导弹袭击》；UN Condemns Missile Attacks by Iran-Allied Yemeni Rebels on Saudi Arabia. *Radio Free Europe-Radio Liberty.* 29 March 2018。)

第二季度

1. 特朗普表示美国将很快退出叙利亚

据美国有线电视新闻网（CNN）报道，特朗普在周四宣称，美国将很快从叙利亚撤军。在此之前数小时，美国国防部发言人达娜·怀特（Dana White）强调美军仍有必要留在叙利亚。美国军方的高级官员们普遍认为"伊斯兰国"并未被完全击败，鉴于美国在叙利亚面临的巨大的挑战，当前并非撤军的合适时机。

（来源：美国有线电视新闻网 4 月 3 日讯；瑞安·布朗、芭芭拉·斯塔尔：《特朗普说美国将很快退出叙利亚》；Ryan Browne and Barbara Starr, Trump Says US Will Withdraw From Syria 'Very Soon', *CNN*, April 3, 2018。)

2. 也门胡塞武装发射导弹击中沙特阿拉伯油轮

据《纽约时报》报道，也门胡塞（Houthi）武装周二在荷达达以西的国际水域使用导弹击中了一艘沙特阿拉伯油轮。沙特领导的军事联盟宣称，当时这艘油轮位于荷达达以西的国际水域，这次恐怖袭击是对该地区海上航行和国际贸易的严重威胁，但是并没有透露油轮具体的受损情况。

（来源：《纽约时报》4 月 3 日讯；赛义德·阿·巴塔蒂、里克·格拉德斯通：《胡希叛军击中沙特油轮与导弹报复下的致命空袭》；Saeed Al-Batati and Rick Gladstone，Houthi Rebels Hit Saudi

Tanker With Missile to Avenge Deadly Airstrike，*The New York Times*，April 3，2018。)

3. 叙利亚将主持联合国化学武器和核武器裁军论坛

据《联合国观察（UN Watch）》报道，从 5 月 28 日开始，叙利亚将主持制定禁止化学武器条约的联合国裁军论坛，设在日内瓦的 65 国裁军谈判会议还讨论了"核不扩散条约"。该条约被视为核裁军的基石，同时也是反对生物武器的公约。裁军谈判会议于 1979 年成立，被联合国称为"国际社会唯一的多边裁军谈判论坛"。

（来源：《联合国观察》4 月 9 日讯；希勒尔·诺伊尔：《叙利亚将主持联合国化学武器和核武器裁军论坛》；Hillel Neuer，Syria to Chair UN Disarmament Forum on Chemical & Nuclear Weapons；Watchdog Calls on US & EU to Walk Out，*UN Watch*，April 9，2018。）

4. 美以协调可能会改变中东的力量平衡

据《纽约时报》报道，如果美以制定一项旨在遏制叙利亚伊朗部队的联合军事计划，即使美国和以色列协调战略的军事承诺有限，也会改变当地的力量平衡。它最有可能引发普京总统进行更多的外交合作，同时向德黑兰发出一个强有力的信息，即必须尊重美国对其核计划的要求。事实上，美国在叙利亚的人数很少——保守估计只有大约 2000 人左右。

（来源：《纽约时报》4 月 10 日讯；迈克尔·多兰：《特朗普在叙利亚需要变得更"特朗普"》；Michael Doran，Trump Needs to Be More Trumpian in Syria，*The New York Times*，April 10，2018。）

5. 以色列试图避免与俄罗斯在叙利亚发生冲突

据《耶路撒冷邮报》报道，以色列前国家安全委员会负责人阿米德罗（Amidror）接受采访时表示，以色列在叙利亚的行动旨在保护自己的利益，并且在叙利亚的军事活动中一直小心翼翼，以此来避免损害俄罗斯在叙利亚的利益。同时，阿米德罗（Amidror）表示，以色利和俄国关系改善的主动权始终掌握在俄罗斯手中。

（来源：《耶路撒冷邮报》4 月 11 日讯；赫布：《前安全官员：以色列试图避免损害俄罗斯在叙利亚的利益》；Herb Keinon. Ex-Security Official：Israel Has Been Careful Not to Harm Russian Interests in Syria. *Jerusalem Post*. April 11，2018。）

6. 沙特阿拉伯表示会在广泛联盟下向叙利亚派兵

据路透社报道，沙特阿拉伯外交部长阿德尔·朱拜尔（Adel al-Jubeir）表示，如果美国决定扩大以其为首的联盟，沙特阿拉伯将作为美国领导的联盟的一部分，派军队进入叙利亚。美国特朗普政府一直寻求组建一支阿拉伯军队来取代美国在叙利亚的军事特遣队，而沙特自叙利亚危机开始以来就一直在向叙利亚增兵。

（来源：路透社 4 月 17 日讯；凯瑟琳·埃文斯、威廉·麦克林：《沙特阿拉伯表示愿意在更广泛的联盟下向叙利亚派兵》；Catherine Evans / William Maclean，Saudi Arabia Says Open to Sending Troops to Syria Under Wider Coalition，*Reuters*，April 17，2018。）

7. 美国打算在叙利亚建立阿拉伯军队联盟

据美国有线电视新闻网（CNN）报道，一位接近白宫的消息人士告诉美国有线电视新闻网,尽管最初担心特朗普将在近期内退出叙利亚,但这一讨论已经转向制定过渡计划,政府正在继续努力争取包括沙特阿拉伯、阿联酋和埃及在内的几个阿拉伯国家的帮助。尽管有迹象表明美国和这几个阿拉伯国家可能会达成某种与叙利亚有关的协议,但建立一个致力于维护美国战略利益的阿拉伯国家有效联盟的进程可能十分艰难。

(来源:美国有线电视新闻网 4 月 18 日讯;扎卡里·科恩:《博尔顿打算在叙利亚建立一支阿拉伯军队》;Zachary Cohen, Bolton Dealing to Build an Arab Military Force in Syria, CNN, April 18, 2018。)

8. 以色列庆祝独立 70 周年

据《耶路撒冷邮报》报道,今年以色列迎来独立 70 周年庆典。1500 名演讲者和表演者参加了这一年度活动。参加仪式的观众人数大约有 6500 人,几乎是过去几年的两倍。仪式以"名字与面孔"开头,展示了自 1948 年以来为以色列牺牲的所有 23546 名士兵的照片。

(来源:《耶路撒冷邮报》4 月 18 日讯;查亚·艾森伯格:《从悼念到欢乐:以色列庆祝独立 70 周年》;Chaya Eisenberg, From Mourning To Joy: Israel Celebrates 70 Years of Independence, Jerusalem Post, April 18, 2018。)

9. 俄罗斯人向土耳其购买库尔德斯坦的石油管道

据路透社报道,俄罗斯石油公司以 18 亿美元的价格从伊拉克北部的库尔德斯坦地区政府手中接管了库尔德斯坦向土耳其出口石油的管道。管道的控制使得俄罗斯石油公司在库尔德斯坦地区政府和伊拉克政府之间正在进行的谈判中发挥着核心作用。

(来源:路透社 4 月 19 日讯;德米特里·日丹尼科夫:《俄罗斯在伊拉克库尔德斯坦举行的伟大石油比赛》;Dmitry Zhdannikov, The Great Russian Oil Game in Iraqi Kurdistan, Reuters, April 19, 2018。)

10. 也门胡塞武装不断攻击沙特的石油设施

据《华尔街日报》报道,也门胡塞武装自三月初以来至少 8 次使用导弹和无人机攻击沙特阿拉伯石油公司的设施。之前,胡塞武装向也门边境附近的沙特石油港发射导弹,其他的攻击目标是沙特和也门边境附近的炼油厂、石油储罐以及附近的输油管道。这一连串接近沙特经济核心的袭击事件引起沙特的不安,沙特阿拉伯认为胡塞武装是沙特在这一地区竞争对手伊朗的代理人。

(来源:《华尔街日报》4 月 25 日讯;阿萨·菲奇、萨摩:《也门胡塞武装加大对阿美石油设施的攻击力度》;Asa Fitch and Summer, Yemen's Rebels Step Up Attacks on Aramco Oil Facilities, The Wall Street Journal, April 25, 2018。)

11. 约旦经济陷入困境

据《经济学家》撰文,在国际货币基金组织支持的改革计划出台后,约旦的面包价格几乎翻了一番,失业率高达 18%。"伊斯兰国"兴起之后,约旦对叙利亚和伊拉克的出口开始下降,对沙特阿拉伯的出口甚至下降了 27%。约旦为逃离战争的 65.6 万名叙利亚人花费 100 亿美元提供庇护,与此同时,海湾国家的援助也已经枯竭,约旦政府正在努力寻求解决方案。

(来源:《经济学家》4 月 28 日讯;阿曼、卡拉克:《约旦经济陷入困境》;Amman and Karak. Unstable Neighbours and Bad Policy are Just Two of Jordan's Problems. *The Economist*. April 28, 2018。)

12. 以色列和美国对埃及提供军事援助

据特拉维夫大学国家安全研究所(Institute for National Security Studies-Tel Aviv University)撰文,多年来以色列一直向埃及出售大量美国武器系统,但由于缺乏美国的直接授权,部分武器系统无法保障高质量运行。2018 年 1 月,美国和埃及签署了一项双边安全协议,该协议规定埃及可以使用敏感的美国航空电子设备和通信系统。这使埃及首次获得美国制造的基于 GPS 的高精度空对地武器系统和部件以及先进的空对空导弹。

(来源:特拉维夫大学国家安全研究所 4 月 29 日讯;西蒙·阿拉德:《以色列和美国对埃及的军事援助》;Shimon Arad. Israel and United States Military Assistance to Egypt. *Institute for National Security Studies-Tel Aviv University*. April 29, 2018。)

13. 以色列总理内塔尼亚胡会见美国国务卿迈克·庞培

据以色列外交部(Israel Ministry of Foreign Affairs)消息称,总理本雅明·内塔尼亚胡 4 月 29 日在特拉维夫会见了美国国务卿迈克·庞培(Mike Pompey)。双方就共同利益以及如何捍卫共同利益进行了富有成效的对话。美国宣称期待与以色列这样的强大盟友加强合作,共同应对威胁,并共同遏制伊朗的各种攻击性行为。

(来源:以色列外交部新闻 4 月 29 日讯;《以色列总理媒体顾问:内塔尼亚胡会见美国国务卿迈克·庞培》;The Prime Minister's Media Adviser, PM Netanyahu Meets with US Secretary of State Mike Pompeo, *Israel Ministry of Foreign Affairs*, April 29, 2018。)

14. 美国特种部队暗中帮助沙特打击也门反叛分子

据《纽约时报》报道,2017 年 12 月,美国一支军事团队抵达沙特阿拉伯与也门接壤的边界,帮助查找并摧毁也门胡塞叛乱分子用来攻击沙特城市的弹道导弹和发射场。美国官员表示,美国突击队正在训练沙特地面部队以确保其边界安全,他们还与沙特阿拉伯南部纳吉兰的美国情报分析员密切合作,在美国侦察机的帮助下追踪胡塞叛乱分子的武器及其发射场。

(来源:《纽约时报》5 月 3 日讯;海琳·库珀:《陆军特种部队秘密帮助沙特打击来自也门的叛军》;Helene Cooper. Army Special Forces Secretly Help Saudis Combat Threat From Yemen Rebels. *New York Times*. May 3, 2018。)

15. 以色列退出竞选联合国安理会席位

据路透社报道,以色列于周五退出与德国和比利时争夺 2019—2020 年联合国安理会两个席位的竞争。这个由193名成员组成的联合国大会将于下个月投票选出5名新成员，任期自2019年1月1日开始，为期两年。以色列、德国和比利时正在竞争分配给西欧和其他国家集团的两个席位。2001年至2009年担任美国驻联合国发言人的理查德·格雷尔（Richard Greyer）表示，美国在20世纪90年代与该地区集团达成协议，允许以色列在安理会拥有席位，以色列已经等了19年，美国也必须要求欧洲信守诺言。

（来源：路透社5月5日讯；米歇尔·尼克尔斯：《以色列退出联合国安理会席位》；Michelle Nichols. Israel Withdraws From Race for U. N. Security Council Seat. *Reuters*. May 5, 2018。）

16. 特朗普宣布结束美国和伊朗的谈判

据美国白宫消息，总统特朗普称，伊朗协议是美国有史以来最糟糕的交易之一，因为其未能保护美国的国家安全利益。特朗普总统正在终止美国参与与伊朗的联合综合行动计划（JCPOA），并重新实施在该协议下取消的制裁。重新实施的制裁将针对伊朗经济的关键领域，如能源、石化和金融行业。特朗普总统将努力组建一个广泛的国家联盟，以切断伊朗通往核武器的所有道路。

（来源：美国白宫5月8日讯；《特朗普总统意欲结束美国与伊朗之间的谈判》；Donald J. Trump. President Donald J. Trump is Ending United States Participation in an Unacceptable Iran Deal. *The White House*. May 8, 2018。）

17. 美国大使馆迁至耶路撒冷

据《华盛顿邮报》报道，周一耶路撒冷的街道上装饰着美国和以色列国旗，来迎接美国大使馆正式迁至耶路撒冷。特朗普总统将通过现场视频直播发表讲话。参议员林赛·格雷厄姆（Lindsay Graham）表示，现在是让以色列重新回归中东的最佳时机。

（来源：《华盛顿邮报》5月14日讯；露丝·埃格拉什：《在和平的旗帜下：美国在耶路撒冷开设大使馆》；Ruth Eglash. Under Banner of Peace, U. S. Opens Embassy in Jerusalem. *The Washington Post*. May 14, 2018。）

18. 美国制裁下丹麦油轮运营商停止在伊朗接受订单

据路透社报道，由于美国计划重新实施对德黑兰的制裁，丹麦油轮运营商TORM周二表示，它已停止在伊朗接受新的订单。TORM在全球经营着79艘油品罐车，预计这一措施将会影响伊朗在未来几个月的原油出口量。

（来源：路透社5月15日报道；杰森·尼利：《美国制裁下丹麦油轮运营商停止在伊朗接受订单》；Jason Neely. Denmark's Torm says stops taking orders in Iran due to U. S. sanctions. *REUTERS*. May 15, 2018。）

19. 中东动乱使特朗普"和平计划"变得更加复杂

据《华尔街日报》报道，特朗普政府一直对中东和平计划持保密态度，这一和平计划列出了美国所认为的巴以实现和平的关键步骤。美国官员表示，这一计划提出了解决边界安全和难民问题的措施。奥巴马政府的最后一轮谈判于2014年宣告失败，特朗普政府一直在寻找合适的时机来展示新的中东和平计划。美国官员表示，他们不会在斋月结束前发布该计划。

（来源：《华尔街日报》5月17日讯；费利西亚·施瓦茨：《中东动乱使特朗普"和平计划"变得更加复杂》；Felicia Schwartz. Mideast Turmoil Complicates Arab Support for Trump Peace Plan. *Wall Street Journal.* May 17, 2018。）

20. 交易之后：伊朗新战略

据美国《行动外交》撰文，特朗普总统正在终止美国参与和伊朗的联合综合行动计划（JCPOA），并重新实施在该协议下取消的制裁。特朗普退出协议的原因很简单，即综合联合行动计划未能保证美国人民的安全。美国将继续与盟国合作，打击伊朗在这一地区破坏稳定的活动，阻止其资助恐怖主义，并解决伊朗核问题和其他生化武器的扩散问题，美国还表示将切断伊朗未来通往核武器的道路。

（来源：《行动外交》5月21日讯；迈克·蓬佩奥：《交易之后：新的伊朗战略》；Mike Pompeo. After the Deal: A New Iran Strategy. *Diplomacy In Action.* May 21, 2018。）

21. 摩洛哥外长对伊朗在北非寻求立足点提出警告

据《福克斯新闻》报道，摩洛哥外交部长埃文斯基（Evans Ki）称，去年摩洛哥逮捕了一名据称是"非洲真主党融资体系的核心人物"的金融家。真主党威胁摩洛哥立即释放这名真主党成员，但是埃文斯基表示会将此人送往美国，因为他威胁到了摩洛哥的国家安全。埃文斯基认为，伊朗对阿拉伯和穆斯林国家"内政的干涉"显然不会只停留在中东和海湾国家，并且警告伊朗不要试图在北非建立新的立足点。

（来源：《福克斯新闻》5月22日讯；本·埃文斯基：《摩洛哥外交部长对伊朗在北非寻求立足点提出警告》；Ben Evansky. Morocco's Foreign Minister Warns Iran is Seeking Foothold in North Africa. *Fox News.* May 22, 2018。）

22. 伊朗在沙漠深处秘密推进导弹技术研发

据《纽约时报》报道，伊朗正在偏远的沙漠地区中运营一个秘密的远程导弹研究设施。加利福尼亚州蒙特雷的米德尔伯里国际研究所宣称，该研究所的一个武器研究小组通过对该设施的卫星照片分析后发现，伊朗的秘密工作集中在先进的火箭发动机和火箭燃料上，而且经常在夜间进行。五名外部专家拿出的独立审查调查结果，也证明伊朗目前正在开发远程导弹技术。

（来源：《纽约时报》5月23日讯；马克思·费舍尔：《伊朗悄然推进导弹技术》；Max Fisher. Deep in the Desert, Iran Quietly Advances Missile Technology. *The New York Times.* May. 23, 2018。）

23. 哈梅内伊提出欧洲解决伊朗核问题的前提条件

据路透社报道，伊朗最高领导人哈梅内伊周三宣称，如果欧洲希望伊朗继续参与协议的制定，那么必须接受伊朗提出的前提条件。首先，欧洲应该充分保证伊朗的石油销售，如果美国损害伊朗的石油销售，欧洲应该弥补并购买伊朗石油；其次，欧洲必须承诺不会通过新的谈判影响伊朗的弹道导弹计划和伊朗在中东地区所进行的一系列安全活动。

（来源：路透社 5 月 24 日讯；马克·海因里希：《伊朗最高领导人为欧洲拯救核协议设定了条件》；Bozorgmehr sharafedin. Iran's Top Leader Sets Conditions For Europe to Save Nuclear Deal. *Reuters*. May 24，2018。）

24. 美国警告叙利亚违反停火协议

据路透社报道，5 月 25 日，美国发表声明警告叙利亚，美国将采取适当的措施来应对叙利亚违反停火协议的行为，并表示会持续关注在降级区内即将进行的军事行动。华盛顿还警告叙利亚总统巴沙尔·阿萨德不要扩大冲突。美国国务院发言人希瑟·诺厄特（Heather Noart）在周五的一份正式声明中表示，美国决定将采取坚决和适当的措施来应对阿萨德政权的违规行为，。

（来源：路透社 5 月 26 日讯；艾里克·沃尔什：《美国警告叙利亚违反停火并将实施"坚定"措施》；Eric Walsh. U. S. Warns Syria of 'Firm' Measures for Ceasefire Violations. *Reuters*. May 26，2018。）

25. 沙特媒体对以色列的态度发生转变

据中东媒体研究所（Middle East Media Research Institute）撰文，沙特认为伊朗在中东地区的军事介入对沙特的安全和生存构成了主要威胁，而在当前形势下，以色列不再是沙特的重要威胁，相反是阿拉伯国家与伊朗斗争的潜在盟友。在此背景下，沙特国内的知识分子、记者和作家越来越多地公开表达对以色列的支持，甚至呼吁两国关系正常化。

（来源：中东媒体研究所 5 月 29 日讯；哈雷尔：《沙特媒体对以色列的态度发生转变》；Z. Harel. Shift In Saudi Media's Attitude To Israel – Part I：Saudi Writers，Intellectuals：Iran Is More Dangerous Than Israel；Peace With It Is Vital In Order To Repel Iranian Threat. *Middle East Media Research Institute*. May 29，2018。）

26. 土耳其大选之后与以色列关系将走向何方

据土耳其《共和报》（Hurriyet）报道称，如果埃尔多安赢得大选，考虑到他在动员国际社会和为伊斯兰世界树立榜样方面所担当的领导角色这一前提下，土耳其将处于与以色列关系的十字路口。大选之后，土耳其会采取与以色列继续在巴勒斯坦问题上维持现状，同时保持经济层面的分离，还是会采取彻底切断与以色列的所有关系，其结果还有待考察。

（来源：土耳其《共和报》5 月 31 日讯；巴尔辛·尼亚克：《土耳其大选之后与以色列关系将走向何方？》；Barcin Yinanc. Where Will Turkey – Israel Relations Go After Elections? *Hurriyet*. May 31，2018。）

27. 特朗普对耶路撒冷领事馆变化的权衡

据美联社报道，总统特朗普正在考虑如何让美国驻以色列大使大卫·弗里德曼（David Friedman）在处理巴勒斯坦事务问题上更具权威性和代表性。美国官员表示，此举可能进一步挫伤巴勒斯坦人建立一个独立国家的希望。任何降低美国驻耶路撒冷总领事馆自治权的举动都可能产生强烈的象征性共鸣，几十年来，耶路撒冷领事馆的运作方式与世界上几乎所有其他领事馆的运作方式不同，它没有向美国驻以色列大使馆报告，而是直接向华盛顿国务院报告，给巴勒斯坦人一个未经过滤的渠道与美国政府接触。美国国务院也在一份声明中表示，耶路撒冷总领事馆将继续作为一个独立机关去运作。

（来源：美联社6月1日讯；约翰·莱德曼、马修·李：《使馆搬迁后——特朗普对耶路撒冷领事馆变化的权衡》；Josh Lederman and Matthew Lee. After Embassy Move, Trump Weighs Jerusalem Consulate Changes. *Associated Press*. June 1, 2018。）

28. 在美国压力下，欧洲投资银行拒绝在伊朗实行欧盟的计划

据路透社报道，欧洲投资银行（European Investment Bank）拒绝接受欧盟为帮助伊朗抵消美国的制裁并挽救核协议而在伊朗开展业务的提议。欧洲委员会周三预计将鼓励欧洲投资银行支持对伊朗的投资，以回应伊朗的要求，证明欧洲对核协议的承诺是有效的。一位欧盟外交官表示，欧洲投资银行对欧委会的提案不满，因为这一银行是在美国市场上筹集资金的。前奥巴马政府官员理查德·尼普（Richard Nipp）表示，欧洲和美国在各个领域联系密切，以至于欧洲人很难利用现有机构与伊朗进行交易。

（来源：路透社6月5日讯；卡波内尔：《独家：在美国的压力下，EIB拒绝在伊朗实行欧盟的计划》；Alissa De Carbonnel. Exclusive: Under U. S. Pressure, EIB Balks at EU Plan to Work in Iran. *Reuters*. June 5, 2018。）

29. 韩国现代重工在伊朗陷入困境

据《韩国时报》报道，2016年12月，HHI（现代重工）与伊朗伊斯兰共和国航运公司（IRISL）签署协议，为运输和储藏石化产品建造4艘1.45万英尺（TEU）集装箱船和6艘4.9万吨级油轮，合同总价值8200亿韩元（7亿美元）。自2016年1月取消对伊朗的经济制裁以来，这是伊朗首次对外签署大额造船订单。但是随着新一轮美国对伊朗的制裁，韩国现代重工不得不重新考虑与伊朗的这一合作项目，截止目前，现代重工尚未向伊朗交付一艘船舶。

（来源：《韩国时报》6月8日讯；朱东灿：《现代重工在伊朗陷入困境》；Jhoo Dong-chan. Hyundai Heavy's Iran Deal in Trouble. *Korea Times*. June 8, 2018。）

30. 埃及与埃塞俄比亚同意解决尼罗河大坝的分歧

据路透社报道，埃塞俄比亚总理阿比·艾哈迈德和埃及总统阿卜杜勒·法塔赫塞西周日在开罗会晤，宣称要解决埃塞俄比亚在尼罗河上兴建大坝而影响下游供水的问题。埃塞俄比亚这一耗资49亿美元的水电项目已经陷入僵局数月。会后埃塞俄比亚与埃及达成协议，埃塞俄比亚宣称将会确保埃及在尼罗河的利益，并且同意实施一项包括苏丹在内的协议，即建立一个国家基金，用于支持和投资这3个国家的基础设施建设。

(来源:路透社6月11日讯;阿米娜·伊斯梅尔:《埃及与埃塞俄比亚同意解决尼罗河大坝的分歧》;Amina Ismail. Egypt, Ethiopia Agree to Settle Differences over Nile Mega-dam. *Reuters*. June 11, 2018。)

31. 以色列ELTA获得价值1.5亿美元的欧洲情报系统合同

据《以色列时报》报道,以色列航空航天工业公司(IAI)的子公司ELTA近日与欧洲供应商签订了一份升级国家信号情报和电子战系统的合同。IAI在周日的一份声明中表示,该合同价值超过1.5亿美元。这一现代化系统主要包括固定站点和移动系统测定,将为军方和民用提供空中和地面情报信息。

(来源:《以色列时报》6月11日讯;索珊娜·所罗门:《IAI部门从欧洲购买并签署价值1.5亿美元的情报系统合同》;Shoshanna Solomon. IAI Unit Gets ＄150m Contract for Intelligence Systems for European Buyer. *Times of Israel*. June 11, 2018。)

32. 阿联酋、沙特阿拉伯和科威特为约旦提供25亿美元的援助

据《民族》报道,由于约旦近月来所出现的经济和财政危机,阿联酋、沙特阿拉伯和科威特同意为约旦的发展提供为期五年的经济援助。沙特阿拉伯主办了海湾阿拉伯国家会议,讨论在国际货币基金组织支持的税收改革后如何帮助约旦实现经济发展,会上各国达成为期五年的援助计划。这一援助计划将帮助约旦进行经济建设和社会救济。

(来源:《民族》6月11日讯;苏哈·玛耶赫:《阿联酋、沙特阿拉伯和科威特同意为约旦提供25亿美元的援助计划》;Suha Maayeh. UAE, Saudi Arabia and Kuwait Agree ＄2.5bn Aid Package for Jordan. *The Nation*. June 11, 2018。)

33. 以色列总理内塔尼亚胡支持"金特会"成功举行

据路透社报道,以色列总理内塔尼亚胡周二表示,美国总统特朗普与朝鲜领导人金正恩在新加坡的会谈是历史性的会晤,他将新加坡会谈与华盛顿对伊朗核计划的强硬立场联系起来。内塔尼亚胡在一份声明中宣称,这是清除朝鲜半岛核武器所迈出的重要一步,特朗普总统当然也会在伊朗核问题上采取强硬态度。

(来源:路透社6月13日讯;丹·威廉姆斯:《以色列总理内塔尼亚胡"欢呼"特朗普与朝鲜举行"历史性"峰会》;Dan Williams. Israel's Netanyahu Hails Trump's 'Historic' Summit with North Korea. *Reuters*. June 13, 2018。)

34. 美国准备退出联合国权利委员会

据路透社报道,美国认为改革联合国主要权利机构的谈判未能满足华盛顿的利益要求,特朗普政府将退出于周一开幕的日内瓦论坛。该论坛于2006年成立,其中有一个议程涉及以色列在被巴勒斯坦占领地区的违法行为,华盛顿希望将其删除。参与活动的外交官表示,在日内瓦和纽约举行的会谈数月未能就新议程达成共识。

(来源:路透社6月15日讯;内比·斯蒂芬妮:《美国预计将退出联合国主要权利论坛》;Stephanie Nebehay. U. S. Expected to Retreat From Main U. N. Rights Forum: Activists, Diplomats. *Reuters*.

June 15, 2018。)

35. 阿拉伯领导人需在和平方面发挥比以往更重要的作用

华盛顿近东政策研究所撰文，对阿拉伯在中东所发挥的作用问题列出五点评论。第一，由于与巴勒斯坦官方没有真正的联系，美国需要阿拉伯领导人在和平方面发挥比以往更加突出的作用。第二，从历史上看，接受和平结果的阿拉伯领导人可以接受巴勒斯坦人所能接受的任何东西。第三，问题核心在于巴勒斯坦民族运动是由那些难以接受解决冲突提案的人所领导的。第四，无论特朗普的和平计划如何，巴勒斯坦人的本能就是拒绝它。第五，今天阿拉伯人对这一事业的支持最好是通过与巴勒斯坦公开联系的方式进行沟通。

(来源：华盛顿近东政策研究所 6 月 15 日讯；丹尼斯·罗斯：《阿拉伯领导人需在和平方面发挥比以往更重要的作用》；Dennis Ross. Arab Leaders Need to Play A More Prominent Role on Peace-Making Than They Ever Have Before. *Washington Institute for Near East Policy*. June 15, 2018。)

36. 美国退出联合国人权理事会

据美国国务院消息，国务卿迈克·庞培（Mike Pompey）周二宣称，联合国人权理事会是人权的捍卫者，但是现在人权理事会已经成为"虚伪和无耻"的代表，世界上一些严重侵犯人权的国家竟然身处其中。美国驻联合国大使尼基·海利（Nicky Hilly）表示，现在很明显，我们的改革呼吁没有受到重视，人权侵犯者继续存在并被选入理事会，理事会继续让具有积极人权记录的国家成为替罪羊，并且声称如果美国没有看到任何进展，美国将会像一年前那样再次退出联合国人权理事会。

(来源：美国国务院 6 月 19 日讯；迈克·庞培：《关于联合国人权理事会的评论》；Mike Pompeo. Remarks on The UN Human Rights Council. *U. S. State Deparment*. June 19, 2018。)

37. 伊朗就迈克·庞培的十二项条件做出回应

据《伊朗日报》报道，美国国务卿迈克·庞培（Mike Pompey）于 5 月 21 日发表了关于伊朗要遵循的 12 项先决条件的声明。周三，伊朗外交部长穆罕默德·贾瓦德·扎里夫（Mohammed Jawad Zariff）做出回应称，这些条件伊朗无法接受，过去 70 年来历届美国政府应该对他们无视国际法及违反与伊朗的双边和多边协议的行为负责。

(来源：《伊朗日报》6 月 20 日讯；穆罕默德·贾瓦德·扎里夫：《扎里夫对庞培十二项要求的回应》；Mohammad Javad Zarif. Zarif's Response to Pompeo's 12 Demands. *Iran Daily*. June 20, 2018。)

38. 埃尔多安连任使他在土耳其获得更多权力

据《纽约时报》报道，土耳其选民在周日的全国大选中再次选举埃尔多安连任，使他获得连续 15 年的政府控制权，并且授予他更多的权力，包括立法和司法权力。选举结果显示，埃尔多安获得 53% 的选票，以压倒性的优势战胜竞争对手穆哈雷姆·因斯（Moharem Ince）。埃尔多安的保守党及其盟友在立法选举中也赢得了 53% 的选票。

(来源：《纽约时报》6 月 24 日讯；卡洛塔·加尔：《埃尔多安成功连任使他在土耳其获得更

多权力》；Carlotta Gall. Erdogan's Victory in Turkey Election Expands His Powers. *New York Times*. June 24, 2018。)

39. 以色列推进铁路建设打通欧洲与波斯湾之间的联系

据《以色列时报》报道，以色列总理内塔尼亚胡和交通部长卡茨（Katz）已同意推动他们的"地区和平轨道"倡议，以建立连接欧洲与波斯湾和以色列的贸易路线。计划中的铁路轨道延伸将把海法的海港与约旦的铁路网连接起来，后者又与沙特阿拉伯和其他逊尼派阿拉伯国家的铁路网相连。海法—贝特（Haifa-Beit）向东延伸至约旦边境的铁路线将会在西岸的杰宁（Jenin）停靠，将巴勒斯坦连接起来。货物将从欧洲运往海法，使他们能够绕过被内战蹂躏的叙利亚。

（来源：《以色列时报》6月24日讯；托伊：《以色列开始推动铁路连接海法海港与沙特阿拉伯》；Tol Staff. Israel to Begin Promoting Railway Linking Haifa Seaport with Saudi Arabia. *Times of Israel*. June 24, 2018。)

40. 美国和以色列合作阻止黑客袭击重要网站

据美国能源部网站撰文，美国能源部和以色列能源部周一签署协议，建立美国—以色列能源研发中心。该中心旨在加速关键基础设施领域的能源安全、储存和其他领域的关键创新技术的开发和运用。进一步的合作领域包括：额外的研发合作，以及供美国和以色列工业应用的关键技术转让，劳动力培训和教育合作计划。该中心的建立加强了美国和以色列在能源领域的合作，并将为今后进一步加强这种关系奠定基础。

（来源：美国能源部网站6月25日讯；能源部：《美国和以色列建立联合能源研发中心》；Department of Energy. The United States and Israel Establish Joint Center of Excellence in Energy. U. S. *Department of Energy*. June 25, 2018。)

41. 阿萨德政府军在叙利亚南部发起军事行动

据《华盛顿邮报》报道，阿萨德政府的战斗机轰炸了叙利亚南部靠近约旦边境城镇塞达、耶拉扎和穆萨弗拉的医院。叙利亚人权观察台周三表示，政府军加强了对该地区的攻势，来自这一地区的录像和照片显示，居民们在皮卡车上装满了毯子、食品和其他可以随身携带的东西。援助工作人员表示，难民收容所已经出现严重的食物和燃料短缺，房屋租金和食品价格飙升。

（来源：《华盛顿邮报》6月27日讯；路易莎·洛夫鲁克：《阿萨德政府军的战机轰炸了叙利亚南部的三家医院》；Louisa Loveluck. Warplanes Bomb 3 Hospitals in Southern Syria as Assad's Army Presses Offensive. *Washington Post*. June 27, 2018。)

42. 伊朗重新开放铀原料厂，为促进铀浓缩做准备

据路透社报道，伊朗原子能机构周三表示，伊朗已重新开放生产UF6的工厂，这是用于浓缩铀的离心机的原料。根据AEOI（伊朗原子能机构）在其网站上的声明，UF6工厂由于缺少黄饼而自2009年以来一直处于停工状态。现今铀矿石（黄饼）已运

到工厂，该工厂是伊斯法罕铀转化设施的一部分。根据核协议，允许伊朗将铀浓缩至3.67%，远低于武器级铀的90%，并将其浓缩六氟化铀的库存限制在300千克（660磅）。

（来源：路透社6月28日讯；马克·海因里希：《伊朗重新开放铀原料工厂，为促进浓缩做准备》；Mark Heinrich. Iran Reopens Uranium Feedstock Plant in Preparation to Boost Enrichment. *Reuters*. June 28, 2018。）

43. 阿联酋、巴林派遣自行车队至以色列参加比赛

据半岛电视台（Al Jazeera TV Station）报道，巴林和阿联酋派出自行车队参加第101届意大利环意自行车比赛，该比赛于周五在耶路撒冷拉开帷幕。周末从海法到特拉维夫以及从贝尔谢巴到埃拉特的比赛持续了21天。此次活动由来自22支队伍的176名自行车手组成。随后巴勒斯坦官员发布声明，谴责阿拉伯自行车运动员参与以色列举办的自行车比赛，称这种行为是对巴勒斯坦国家利益的不忠。

（来源：半岛电视台6月28日讯；《阿联酋、巴林派遣自行车队参加以色列比赛》；Al Jazeera TV Station. Bahrain Dispatches a Bicycle Team to Compete in Israel, United Arab Emirates. Al Jazeera TV Station. June 28, 2018。）

第三季度

1. 美国国务院宣称美国在伊朗问题上的新战略

据美国国务院发布消息，美国将对伊朗采取新的战略。美国国务院政策规划主任布莱恩·胡克（Brian Hook）7月2日表示，美国的战略是"改变伊朗领导人的行为，以符合伊朗人民对领导人的期望"。他还指出："我们将于8月4日恢复第一阶段制裁，其余制裁将于11月6日恢复。截至目前，超过50多家国际公司已经宣布有意离开伊朗市场。"

（来源：美国国务院7月2日讯；布莱恩·胡克：《伊朗外交更新简报》；Brian Hook. Briefing With an Iran Diplomacy Update. *Washington*, *DC*. July 2, 2018。）

2. 伊朗外交官因涉嫌策划恐怖活动被捕

据路透社报道，比利时当局7月2日表示，1名伊朗外交官与2名涉嫌策划炸弹袭击的人一起被捕，被捕时他们正与在法国流亡的伊朗反对派组织会晤。现场发现一种由易获化学品制成的500克TATP爆炸物，并在他们的汽车中发现相应的爆炸装置。比利时方面称，伊朗驻奥地利首都维也纳大使馆的1名外交官与该案有关，该外交官已在德国被捕。

（来源：路透社7月2日讯；《伊朗外交官因在法国举行"阴谋袭击"反对派会议而被捕》；Iran Diplomat Among Four Arrested Over "Plot to Attack" Opposition Meeting in France Attended by Rudy Giuliani. *Reuters*. July 2, 2018。）

3. 叙利亚反政府武装与有关方面举行投降会谈

据《华盛顿邮报》报道，叙利亚反政府武装组织7月3日表示，叙利亚西南地区的军事行动不断升级已经导致25万多人流离失所，因此他们同意与阿萨德政府的主要支持者俄罗斯进行新一轮的投降谈判，并且双方正在努力达成一项协议。反对派发言人易卜拉欣·贾巴维（Ibrahim al-Jabawi）表示，虽然他们得到西南地区所有武装反对派的支持，但如果协议无法达成，一些组织可能会继续进行战斗。

（来源：《华盛顿邮报》7月3日讯；路易莎·洛夫克：《叙利亚反政府武装在向西南部地区投降的同时，平民向封闭的边界逃去》；Louisa Loveluck. Syrian Rebels in Surrender Talks for Southwest as Civilians Flee Toward Closed Borders. *Washington Post*. July 3，2018。）

4. 内塔尼亚胡要求欧洲"停止安抚伊朗"

据以色列总理办公室发布的消息，以色列总理内塔尼亚胡于7月3日在美国独立日的一次活动上发表讲话称："特朗普总统已经决定放弃了这项糟糕的伊朗核协议，他为世界和以色列的安全做了不可磨灭的贡献。"内塔尼亚胡还表示，这项协议正在以数十亿美元资助着伊朗的恐怖主义活动，因此欧洲各国有必要及时停止这种资助行为。

（来源：以色列总理办公室7月3日讯；《内塔尼亚胡总理携夫人萨拉出席美国驻以色列大使大卫弗里德曼主持的美国独立日活动》；PM Netanyahu and His Wife Sara Attend Event in Honor of American Independence Day Hosted by US Ambassador to Israel David Friedman. *Prime Minister's Office - Israel*. July 3，2018。）

5. 欧盟议员支持欧洲投资银行在伊朗的工作计划

据路透社报道，欧盟议会周三批准欧洲投资银行（EIB）在伊朗开展相关业务。为了规避美国对伊朗的制裁以维持与伊朗的商业联系，欧盟的措施包括欧洲投资银行（EIB）贷款以及欧盟各国政府直接向伊朗中央银行转账，这有利于欧盟公司避免受到美国的处罚。然而，此举可能会危及其欧盟企业在美国市场上筹集资金的能力，从而对其业务产生深远的影响。

（来源：路透社7月5日讯；罗宾·埃莫特、艾莉萨·德·卡伯恩：《欧盟议员支持欧洲投资银行在伊朗的工作计划》；Robin Emmott，Alissa de Carbonnel. EU Lawmakers Back Plan For European Investment Bank Work in Iran. *Reuters*. July 5，2018。）

6. 伊朗索莱玛尼将军威胁称要阻止海湾石油出口

据彭博社报道，霍尔木兹海峡位于波斯湾出海口，是世界上最大的油轮集中地，年运载原油和其他能源量约占海上贸易的30%。特朗普总统5月决定退出2015年与伊朗的核协议并决定恢复对伊朗的制裁。美国的威胁促使地区局势愈发紧张，一名革命卫队的官员称："如果美国继续制裁行为，伊朗将封锁霍尔木兹海峡以切断波斯湾石油出口。"

（来源：彭博社7月5日讯；阿萨兰·沙拉、拉丹·纳塞里：《伊朗威胁称：如果削减伊朗原油出口，伊朗将关闭霍尔木兹海峡》；Arsalan Shahla and Ladane Nasseri. Iran Threatens to Stop Hormuz

Oil Exports If Own Crude Cut. *Bloomberg*. July 5, 2018。)

7. 伊朗总统鲁哈尼称欧洲的经济方案不符合伊朗的要求

据路透社报道，伊朗国家新闻机构（IRNA）日前有文章称，伊朗总统哈桑·鲁哈尼 7 月 5 日通过电话告诉法国总统马克龙：''欧洲为抵消美国退出核协议而采取的一揽子经济措施还远远不够。''鲁哈尼还表示，德黑兰希望这一问题能够在维也纳与欧洲各方会晤时得到解决。

（来源：路透社 7 月 6 日讯；Bozorgmehr Sharafedin：《鲁哈尼告诉马克龙：欧洲的一揽子计划不符合伊朗的要求》；Bozorgmehr Sharafedin. Rouhani tells Macron Europe's Package does not Meet Iranian Demands：IRNA. *Reuters*. July 6, 2018。)

8. 中国与以色列在技术和创新方面进行合作

据中国新华社报道，目前已有 2000 多家中国和以色列企业的代表参加了 7 月 2 日至 3 日在中国广东省珠海市举行的第四届中国—以色列投资峰会。该峰会举办了多场论坛，包括智能制造、数字经济、生物医学、智能城市和知识产权等主题。2017 年，中以两国贸易额达到 112 亿美元，同比增长 15.6%。2017 年 3 月，中国和以色列宣布建立''创新的全面伙伴''关系。双方认为在''一带一路''倡议的框架下，中国和以色列应促进科技创新交流，使彼此优势互补，造福两国人民。

（来源：新华社 7 月 5 日讯；梁宇：《中国和以色列在技术和创新方面携手合作》；Liangyu. China, Israel Work Together in Technology and Innovation. *Xinhua*. July 5, 2018。)

9. 美国：中东和平计划没有截止日期

据《华盛顿邮报》报道，美国政府相关机构正在集中精力改善加沙贫穷状况，希望这一举措会给予巴勒斯坦领导人政治压力，迫使他们前来谈判，尽管巴勒斯坦权力机构主席阿巴斯上个月表示他拒绝美国提出的加沙经济计划。特朗普政府还表示，中东''和平计划''会继续进行且没有最后期限。

（来源：《华盛顿邮报》7 月 7 日讯；安妮·基兰：《特朗普政府专注于哈马斯控制的加沙地带，中东和平计划陷入僵局》；Anne Gearan. Trump Administration Focuses on Hamas-controlled Gaza Strip, with Mideast Peace Plan Stalled. *Washington Post*. July 7, 2018。)

10. 韩国暂停进口伊朗石油

据路透社报道，韩国是伊朗在亚洲的主要客户之一，由于美国不断施压，韩国于今年 7 月首次停止了 6 年来对伊朗原油的所有运输。目前韩国炼油厂已转向美国和非洲寻找替代资源。

（来源：路透社 7 月 6 日讯；钟简：《韩国自 2012 年以来首次暂停伊朗 7 月的石油装载》；Jane Chung. UPDATE 1-S. Korea Suspends Iranian Oil Loading in July for First Time Since 2012 - Sources. *Leuters*. July 6, 2018。)

11. ISIS 残余势力仍在叙利亚和伊拉克战斗

据《华尔街日报》报道，美国一直在打击叙利亚东部代尔伊佐尔省的''伊斯兰国"残余武装人员。2018 年 5 月，美国对"伊斯兰国"阵地进行了 225 次空袭。为了逃离美国、叙利亚和伊拉克的追击，"伊斯兰国"武装分子已逃入沙漠并打算利用藏匿的武器和弹药在两国发动新一轮的袭击。

（来源：《华尔街日报》7 月 9 日讯；苏恩·恩格尔·拉斯穆森：《尽管美国不断打压，ISIS 的残余势力仍在战斗》；Sune Engel Rasmussen. ISIS Remnants Fight On, Despite U. S. Campaign. *The Wall Street Journal*. July 9, 2018。）

12. 以色列对叙利亚逊尼派的支持并非失败的"投资"

据彭博社报道，随着叙利亚内战进入最后阶段，以色列在与叙利亚的边界地区，加强了坦克和重型枪支的部署。以色列试图通过秘密渠道向叙利亚反对派武装分子提供援助以开辟一个由友军组成的缓冲区。对此，贝鲁特黎凡特战略研究所所长萨米纳德称："以色列支持叙利亚的逊尼派政府以反对伊朗支持的什叶派政府和军队，这不是一项失败的投资。"

（来源：彭博社 7 月 11 日讯；大卫·怀纳、乔纳森·费齐格、唐娜·阿布·阿瑟：《新的冲突可能出现在以色列最安静的边界地区》；David Wainer, Jonathan Ferziger and Donna Abu-Nasr. There Are Fears of New Conflicts at One of Israel's Quietest Borders. *Bloomberg*. July 11, 2018。）

13. 以色列向美国提出沙特核协议的"红线"

据 Axios 报道，去年 3 月，以色列总理内塔尼亚胡在与特朗普总统和其他美国高级官员的会谈中提出了对沙特核协议的担忧。日前，以色列政府已经向特朗普政府提出了核协议的"红线"，以色列要求提前了解美国将向沙特出售哪些核设备，并希望美国从沙特阿拉伯撤走所有用过的核燃料。

（来源：Axios 讯；巴拉克·拉维德：《以色列向美国提出沙特核协议的"红线"》；Barak Ravid. Israel Presented U. S. with "Red Lines" for Saudi Nuclear Deal. *Axios*. July 11, 2018。）

14. 芬兰将收购以色列的加布里埃尔反舰导弹系统

据《国防邮报》报道，芬兰国防部在 7 月 6 日的一份声明中说，芬兰海军将采购以色列航空航天工业公司的加布里埃尔反舰导弹系统并安装在哈米纳级舰艇上。该系统价值 1.9 亿美元，其中包括发射器、导弹、模拟器、测试设备、备件和培训费用等。该采购事项交付计划于 2019 年开始，到 2025 年完成。

（来源：《国防邮报》7 月 6 日讯；弗格斯·凯利：《芬兰将收购以色列的加布里埃尔反舰导弹系统》；Fergus Kelly. Finland to Acquire Israel's Gabriel Anti-ship Missile System. *Defense Post*. July 6, 2018。）

15. 特朗普称美国和伊朗之间的紧张局势可能升级

据《华盛顿邮报》报道，特朗普总统于 7 月初在布鲁塞尔表示，经过双方多次谈判与协商，基于彼此尊重的前提下，伊朗虽然态度有所缓和，但不排除美国和伊朗之间的冲突升级的可能。

（来源：《华盛顿邮报》7 月 13 日讯；马修·李：《特朗普称美国和伊朗之间的紧张局势"可

能会升级"》；Matthew Lee, Trump Says There "Might Be an Escalation" Between U.S and Iran. *Washington Post*. July 13，2018。)

16. 推进巴勒斯坦的"回归权"对和平没有帮助

据《英国卫报》报道，在过去的几个月里，英国内部包括工党和影子内阁的高级成员，呼吁巴勒斯坦难民"重返以色列"。这一要求不仅与巴以解决方案的基本核心相矛盾，而且一旦被接受，将会导致在巴勒斯坦国成立后很长一段时间内双方继续冲突。因此，试图通过推动或支持"回归权"的概念来破坏两国的解决方案，只会加剧冲突。

（来源：《英国卫报》7月13日讯；齐皮·利夫尼：《推进巴勒斯坦的"回归权"对和平没有帮助》；Tzipi Livni. Pushing the Palestinian "Right of Return" Doesn't Help Peace. *The Guardian*. July 13，2018。)

17. 美国拒绝欧洲对伊朗的新制裁豁免请求

据美国国家广播公司（NBC）报道，美国拒绝了英国、法国和德国提出的对在伊朗经商的欧洲公司实行豁免制裁的呼吁，并表示将推进旨在针对德黑兰政权的一种"前所未有的"经济压力和制裁。美国国务卿蓬佩奥（Mike Pompeo）和财政部长姆努钦（Stevenm Nuchin）说道："特朗普政府不会同意对在伊朗经营的欧洲公司提供广泛的保护，美国只会根据国家安全或人道主义理由批准有限的例外。"

（来源：美国全国广播公司新闻7月14日讯；丹·德卢斯、阿比盖尔·威廉姆斯、安德里亚·米切尔：《美国拒绝欧洲提出的在伊朗新制裁中的豁免请求》；Dan De Luce, Abigail Williams and Andrea Mitchell. U.S. Refuses European Requests for Exemptions from Its New Sanctions on Iran. *NBC News*. July 14，2018。)

18. 土耳其慈善机构雇员因帮助哈马斯被以色列法院判刑

据Ynet新闻报道，穆尔塔贾（Murtaja）因涉嫌利用财产支持恐怖组织活动和其他罪行而被以色列法院判处9年监禁。据悉，穆尔塔贾于2014年从土耳其人道主义组织获得资金，除将包括食物在内的部分物资发给贫困家庭外，另一些则转移给哈马斯。此外，他为哈马斯的活动筹集了约8万美元。最新起诉书还指出，穆尔塔贾从土耳其恐怖组织IHH获得了1.1万新谢克尔，并将其用于为哈马斯组织购买军备物资。

（来源：Ynet新闻7月16日讯；伊拉纳·柯里尔：《加沙方面获得9年的救助来帮助哈马斯方面》；Ilana Curiel. Gaza Aid Worker Gets 9 Years for Helping Hamas. *Ynet News*. July 16，2018。)

19. 以色列对爱尔兰参议院最新投票做出回应

据《爱尔兰时报》报道，爱尔兰参议院近日通过了一项禁止进口以色列定居点工厂商品的法案。对此，以色列方面表示，以色列企业离开爱尔兰仍能继续经营，但该法案很可能伤害到巴勒斯坦人的权益并引发BDS（抵制、撤资、制裁）运动，促使其他国家效仿。

（来源：《爱尔兰时报》7月13日讯；马克·韦斯：《以色列人对爱尔兰参议院的投票结果做出回应："没有爱尔兰，我们仍然可以经营"》；Mark Weiss. Israelis React to Seanad Vote: "We Can

Manage Happily Without Ireland" *Irish Times*. July 13, 2018。)

20. 特朗普：俄罗斯与美国会共同努力为以色列创造安全

据白宫发布消息，7月16日特朗普总统在与俄罗斯总统普京举行的联合记者招待会上表示，美俄双方愿意努力帮助以色列，而以色列也将与我们进行相关领域的合作，能够为以色列创造安全是美俄双方都非常希望看到的事情。

（来源：美国白宫7月16日消息；《特朗普总统和俄罗斯联邦总统普京在联合新闻发布会上的讲话》；Remarks by President Trump and President Putin of the Russian Federation in Joint Press Conference. *White House*. July 16, 2018。）

21. 伊朗在国际法院起诉美国

据《纽约时报》报道，伊朗于7月17日在海牙国际法院起诉美国，要求法院命令美国立即终止特朗普总统5月8日重新实施的核制裁，该诉讼还要求美国赔偿伊朗因重新实施制裁而造成的财务损失。对此，国际法院7月18日在一份声明中表示，美国已做出回应，并宣称要打击这一"毫无根据"的所谓的诉讼。

（来源：《纽约时报》7月17日讯；里克·格拉德斯通：《伊朗以核问题和重新制裁为由将美国告上法庭》；Rick Gladstone. Iran Takes U. S. to Court Over Nuclear Deal and Reimposed Sanctions. *New York Times*. July 17, 2018。）

22. 伊朗核主管称伊朗铀库存达到950吨

据《华盛顿邮报》报道，伊朗原子能组织负责人阿里·阿克巴尔·萨利希（Ali Akbar Salehi）7月18日表示，自2015年以来，伊朗从哈萨克斯坦和俄罗斯进口了400吨黄饼铀，铀库存量已从500吨增加到900—950吨，几乎翻了一番，因此，伊朗正打算建设一座工厂，以期可以建造更多的离心机来进行浓缩铀的工作。

（来源：《华盛顿邮报》7月18日讯；纳塞尔卡里米：《伊朗核负责人称伊朗铀库存将达到950吨》；Nasser Karimi. Iran Nuclear Chief Says Uranium Stockpile Reaches 950 Tons. Nasser Karimi. *Washington Post*. July 18, 2018。）

23. 匈牙利总理访问以色列

据《耶路撒冷邮报》报道，匈牙利总理欧尔班·维克托于7月19日抵达以色列并进行为期两天的正式访问。访问期间，他指出，西欧的反犹太主义正在上升，而东欧正在下降，并强调说："在匈牙利，我们对反犹太主义零容忍，我保证在匈牙利的所有犹太人都将受到政府的有效保护。"内塔尼亚胡对奥尔班在国际论坛上对以色列的支持表示感谢。

（来源：《耶路撒冷邮报》7月19日讯；赫伯·基农：《匈牙利领导人表示：布达佩斯对反犹主义"零容忍"，匈牙利的犹太人生活在安全之中》；Herb Keinon. The Hungarian Leader Said Budapest Has "Zero Tolerance" to Antisemitism, and that Jews in Hungary Live in Security. *Jerusalem Post*. July 19, 2018。）

24. 以色列地震预报系统未来将在全球投入使用

据新华社 7 月 16 日电，一家以色列公司发明的地震预报系统将在亚洲和欧洲几个国家投入使用，该系统由以色列初创公司 SeismicAI 开发，基于人工智能、机器学习、地震学算法和硬件。当检测到地震时，电台将向公司系统发送信号并向地震控制中心发出警报，市民将在智能手机上收到相应的警告信息。

（来源：新华社 7 月 16 日讯；《以色列地震预报系统在全球范围内投入使用》；Yan. Israeli Earthquake Prediction System Put into Use Worldwide. *Xinhua*. July 16, 2018。）

25. 埃及总统因价格上涨而面临异议

据《华盛顿邮报》报道，为了换取国际货币基金组织提供的 120 亿美元贷款，埃及总统阿卜杜勒·法塔赫·塞西（Abdel Fatah al-Sissi）于 2016 年采取经济紧缩措施，使得燃料、烹饪天然气和电力的价格的普遍上涨，中产阶级利益受损，埃及普通民众水平下降，最终引发公众愤怒，成千上万的埃及人在"推特"和其他社交媒体上要求塞西下台。

（来源：《华盛顿邮报》7 月 19 日讯；苏达桑·拉加万、赫巴·法鲁克·马福兹：《埃及总统面临着价格快速上涨带来的异议》；Sudarsan Raghavan and Heba Farouk Mahfouz. Egypt's Powerful President is Facing Unusual Dissent over Rapidly Rising Prices. *Washington Post*. July 19, 2018。）

26. "圣战"者试图接管萨赫勒

据《经济学家》撰文称，伊拉克和叙利亚从未认为击败"伊斯兰国"分子的任务圆满完成，由于帮助粉碎"伊斯兰国"的美国和其他盟军正在陆续撤离，"伊斯兰国"的恐怖分子正在萨赫勒及其周围扎根。据可靠消息，尼日利亚"圣战"组织，拥有约 3500 名战士，正在努力建立一个新"哈里发"，该组织与"基地"组织和"伊斯兰国"相关的"圣战"分子最近袭击了萨赫勒地区的西方大使馆、酒店和石油设施。

（来源：《经济学家》7 月 12 日文章；迈杜古里、尼亚美：《新的哈里发："圣战"分子正试图接管萨赫勒》；Maiduguri and Niamey. The new Caliphate：Jihadists are Trying to Take Over the Sahel. *The Economist*. July 12, 2018。）

27. 以色列的工业空气污染减少一半

据新华社报道，十年前通过的"空气净化法"是以色列保护公众和环境的一个里程碑，以色列投入数十亿美元使工业废气排放量减少了一半以上。该法律以严格的法规来减少公司、工厂和发电站的污染，其重点是"关键污染物"，即一组作为能源和运输来源的常见污染物，包括硫氧化物、颗粒物、氮氧化物、非甲烷挥发性有机化合物、苯和氨。在长达 10 年的努力后，以色列工业废气排放量大幅下降，空气状况得到显著提升。

（来源：新华社 7 月 20 日讯；程诚：《突破：以色列在十年内减少了超过一半的工业空气污染》；Chengcheng. Feature：Israel Cuts Over Half of Industrial Air Pollution in a Decade. *XINHUA*. July 20, 2018。）

28. 美国：要得到援助和投资，哈马斯必须表现和平诚意

据《纽约时报》报道，由于哈马斯武装人员在以色列控制的加沙地带上不断进行暴力活动，使得该地区暴力事件频发，特朗普总统的女婿、高级顾问贾里德·库什纳（Jared Kushner）开始将重点放在促成以色列和巴勒斯坦达成和平协议上，以解决加沙的人道主义危机。库什纳周日表示："哈马斯领导人需要表现出'与邻国建立和平关系的明确意图'，美国才考虑给予援助和投资资金。"

（来源：《纽约时报》7月22日讯；马克·兰德尔：《随着暴力事件的爆发，库什纳威胁要放弃中东地区的B计划：重建加沙》；Mark Landler. As Violence Flares, Kushner Threatens to Abandon a Plan B for the Mideast: Rebuilding Gaza. *New York Times*. July 22, 2018。）

29. 俄罗斯与以色列就伊朗在叙利亚的相关问题进行讨论

据《国土报》报道，俄罗斯外交部长谢尔盖·拉夫罗夫和俄罗斯军事参谋长格拉西莫夫·瓦列里·瓦里耶维奇周一会见了以色列总理内塔尼亚胡，双方就伊朗部队与戈兰高地的距离以及伊朗从叙利亚撤走远程导弹的问题进行了讨论。以色列一名高级官员在会后表示："导弹撤离必须包括拆除远程武器装置、停止生产精确武器以及保护导弹的防空系统，并且要关闭向黎巴嫩和叙利亚走私这些武器的过境点。"

（来源：《国土报》7月23日讯；诺亚·兰道：《据俄国高级官员表示：伊朗军队将在以色列和叙利亚边境之间提供62英里的缓冲区》；Noa Landau. Russia Offers 62-mile Buffer Between Iranian Forces and Israel-Syria Border, Senior Official Says. *Ha'aretz*. July 23, 2018。）

30. "伊斯兰国"在叙利亚南部德鲁兹地区造成246人死亡

据Asharq Al-Awsat-UK报道，7月26日叙利亚西南部斯威达省发生了ISIS自杀性爆炸和枪击事件，叙利亚人权观察组织称该事件至少造成246人死亡，其中包括135名平民死亡，45名ISIS武装分子在袭击中丧生。阿卜杜勒·拉赫曼告诉法新社："这是自2011年内战开始以来，对斯威达省造成的最严重的流血事件。"

（来源：Asharq Al-Awsat-UK讯；《ISIS在叙利亚的斯威达省发起大规模武装袭击，伤亡人数不断增加》；ISIS Commits Massacre in Syria's Sweida as Toll Rises. *Asharq Al-Awsat-UK*. July 26, 2018。）

31. 胡塞武装袭击沙特游轮后，沙特停止红海石油运输

据彭博社报道，沙特阿拉伯在其两艘油轮遭到也门胡塞民兵袭击后，沙特能源部长哈里德·法利赫（Khalid al-Falih）表示："为了船舶及其船员的安全，避免漏油的风险，沙特阿美公司将暂停通过曼德海峡的所有石油运输"。在这起袭击事件中，沙特一艘游轮遭受轻微损坏，但未发生严重泄漏。

（来源：彭博社7月26日讯；哈维尔·布拉斯：《沙特在袭击后暂停曼德海峡的石油运输》；Javier Blas. Saudis Suspend Oil Shipments Via Bab el-Mandeb After Attack. *Bloomberg*. July 26, 2018。）

32. 伊朗将军索莱马尼：红海对美国船只不再安全

据Asharq Al-Awsat-UK报道，特朗普日前发推文表示，美国将采取"历史上很少

有人遭受过的行动"来针对伊朗。对此，伊朗少将索莱马尼在哈姆丹市郊的一个军事基地发表讲话时表示，如果华盛顿方面明年11月对伊朗实施新制裁，那么红海对美国船只不再安全。

（来源：Asharq Al-Awsat-UK讯；阿迪尔·萨尔米：《索莱马尼：红海不再安全》；Adil al Salmi. Soleimani: Red Sea No Longer Safe. *Asharq Al-Awsat-UK*. July 27, 2018。）

33. 埃及与"伊斯兰国"在西奈地区的战斗正在走向胜利

据《以色列时报》报道，埃及已经在其边境和哈马斯控制的加沙地带之间建立了一个3.5千米宽的无房屋无居民的隔离带。由于埃及军队掌握着先进的情报收集技术，与以色列存在相关安全合作，而且"伊斯兰国"事实上已经被摧毁，因此，西奈半岛周边冲突事件不断减少，埃及军队和平民的伤亡人数也在大幅下降。

（来源：《以色列时报》7月27日讯；阿维·伊萨查洛夫：《埃及与伊斯兰国在西奈地区的战斗正在走向胜利——但只是暂时的》；Avi Issacharoff. Egypt is Winning Battle Against Islamic State in Sinai—but Only Temporarily. *Times of Israel*. July 27, 2018。）

34. 土耳其的崛起促使以色列和希腊携手合作

据《华尔街日报》报道，土耳其总统埃尔多安强硬的外交政策旨在表明土耳其在中东地区的地位，这一威胁使得以色列和希腊走在一起并进行相关领域的合作。报道称，这一现象是地缘政治现实战胜意识形态的最好反映。20世纪80年代和90年代，希腊曾严厉反对以色列并积极支持巴勒斯坦事业。希腊左翼激进联盟党主席、希腊总理阿莱克斯·齐普拉斯（Alexis Tsipras）曾呼吁驱逐以色列大使，如今，由于土耳其的威胁不断增强，希腊反而加强了与以色列的合作。

（来源：《华尔街日报》7月21日讯；雅罗斯拉夫·特罗菲莫夫：《土耳其的崛起促使以色列和希腊之间建立新的合作关系》；Yaroslav Trofimov. Turkey's Rise Sparks New Friendship Between Israel and Greece. *Wall Street Journal*. July 21, 2018。）

35. 美国正在寻求航线不受伊朗威胁的新措施

据美国有线电视新闻网报道，随着美国和伊朗之间的紧张关系加剧，尤其是7月25日伊朗政府支持的胡塞武装袭击沙特油轮事件之后，特朗普政府正在考虑采取一些军事措施来保持中东重要航道运输的畅通，而采取的任何军事行动都将由该地区的美国盟国（如沙特）执行，而不是由美军亲自执行。

（来源：美国有线电视新闻网7月27日讯；芭芭拉·斯塔尔：《美国和盟国正在考虑采取措施保护相关航线不受伊朗威胁》；Barbara Starr. US and Allies Looking at Options to Protect Shipping Lanes from Iranian Threats. *CNN*. July 27, 2018。）

36. 俄罗斯：伊朗军队已撤出以叙边境

据俄罗斯卫星通讯社报道，俄罗斯、伊朗和土耳其三国将于9月7日举行总统会议，三国将共同讨论叙利亚问题并提出可行的危机解决方案。俄罗斯总统叙利亚问题特使亚历山大·拉夫伦提耶夫表示，俄罗斯尊重包括以色列在内的邻国的利益，对此，俄方已设法使伊朗部队从距离以色列—叙利亚边境85千米（约53英里）的地区撤出。

（来源：俄罗斯卫星通讯社8月1日讯；《俄罗斯叙利亚问题特使：莫斯科公开就叙利亚问题采取行动》；Russian Special Envoy for Syria: Moscow Acts Openly on Syrian Settlement. *Sputnik-Russia*. August 1, 2018。）

37. 美国推动"阿拉伯版北约"以对抗伊朗

据路透社报道，美国正在逐步推动六个海湾阿拉伯国家与埃及和约旦建立新的安全和政治联盟，其目的旨在打击伊朗在该地区的扩张。这项战略被称为中东战略联盟（MESA），该战略将于2018年10月份的华盛顿峰会上进行讨论。白宫国家安全委员会发言人表示，中东战略联盟将致力于打击伊朗的扩张、恐怖主义和极端主义，并将为中东地区带来稳定。

（来源：路透社7月28日讯；亚拉·巴约、乔纳森·兰迪、沃伦·斯特罗布：《特朗普试图重振"阿拉伯北约"以对抗伊朗》；Yara Bayoumy, Jonathan Landay and Warren Strobel. Trump Seeks to Revive 'Arab NATO' to Confront Iran. *Reuters*. July 28, 2018。）

38. 美国拘留土耳其官员

据《纽约时报》报道，美国政府于8月1日对土耳其司法部长和内政部长两名官员实施制裁，此前，美国牧师安德鲁·布伦森因间谍罪被土耳其政府拘留近两年。报道称，此举部分原因是因为特朗普与埃尔多安达成协议，协议称如果以色列当局释放一名土耳其女子（该女子被指控为哈马斯提供资金），则土耳其当局释放布伦森。如今，土耳其妇女获得了自由，但布伦森仍被软禁。

（来源：《纽约时报》8月1日讯；亚当·戈德曼、加德纳·哈里斯：《美国对土耳其官员实施制裁以回应被拘留的美国牧师》；Adam Goldman and Gardiner Harris. U.S. Imposes Sanctions on Turkish Officials Over Detained American Pastor. *The New York Times*. August 1, 2018。）

39. 内塔尼亚胡：以色列将助国际航运正常驶入红海

据以色列总理办公室发布消息，以色列总理内塔尼亚胡8月1日表示，7月底，以色列已与试图阻止国际航运正常驶入红海海峡的伊朗当局发生了激烈冲突，如果伊朗继续试图阻止曼德海峡的正常航运，我相信伊朗将面临国际各方的强烈反对，包括以色列及其所有军队。

（来源：以色列总理办公室8月1日消息；《内塔尼亚胡总理在海军军官毕业典礼上致辞》；PM Netanyahu Addresses Navy Officer's Course Graduation Ceremony. *Prime Minister's Office - Israel*. August 1, 2018。）

40. 以色列高科技产品助视障人士重获光明

据新华社报道，以色列一家高科技公司在2013年把研发出来的产品已试用于一位视力受损且无法治愈的患者。这是一种安装在眼镜臂上的闪存驱动器人工智能设备，可以帮助患者看到面前的物体并告诉患者具体时间。该设备是脱机工作，不使用任何云服务，因此它可以实时帮助用户，几乎没有延迟。

(来源：新华社 7 月 31 日讯；凯伦·塞顿：《特点：人工智能高科技将提升视障人士生活能力》；Keren Setton. Feature：Visually Impaired Get AI High-tech Assistance in Improving Lives. *XIN-HUA*. July 31, 2018。)

41. 以色列对美国重新制裁伊朗表示赞同

据以色列总理办公室发布消息，内塔尼亚胡总理于 8 月 6 日表示他尊重且赞同特朗普总统和美国政府做出对伊朗实施制裁的重要决定，内塔尼亚胡认为这将有效遏制伊朗在该地区扩张的野心和侵略意图，并呼吁一些欧洲国家认同这项措施。

(来源：以色列总理办公室 8 月 6 日消息；《内塔尼亚胡总理赞同美国总统唐纳德·特朗普对伊朗实施制裁的决定》；PM Netanyahu Congratulates US President Donald Trump on Decision to Impose Sanctions on Iran. *Prime Minister's Office*. August 6, 2018。)

42. 以色列与哈马斯达成长期协议的可能性很低

据 Ynet 新闻报道，以色列安全内阁于 8 月 5 日与联合国中东问题特别协调员尼古拉·姆拉德诺夫和埃及情报机构联合制定停火计划，在与加沙方面进行了长达 5 小时的讨论后，以方认为与哈马斯达成广泛、长期有效协议的可能性非常小。其中就停火条件方面，哈马斯要求释放高价值的巴勒斯坦囚犯，而以色列方面拒绝了这一要求。

(来源：Ynet 新闻 8 月 5 日讯；伊塔玛·艾希纳：《以色列认为停止与哈马斯交火的可能性很小》；Itamar Eichner. Israel Sees Low Chances for Ceasefire with Hamas. *Ynet News*. August 5, 2018。)

43. 以色列：叙利亚军队将超越其内战时期规模

据路透社报道，以色列国防部长阿维格多·利伯曼 8 月 7 日表示，叙利亚正在建立超出其内战规模的地面部队，这一评估表明，阿萨德总统的军队已从战争初期的严重人力短缺中恢复过来。可以看出，叙利亚不仅要接管整个叙利亚领土，而且还要建立一支基础深厚的新陆军军队。据悉，俄罗斯一直在帮助武装和训练叙利亚军队。

(来源：路透社 8 月 8 日讯；丹·威廉姆斯、安格斯·麦克道尔：《以色列认为叙利亚军队规模超过了内战前的规模》；Dan Williams and Angus McDowall. Israel Sees Syrian Army Growing Beyond Pre-civil war Size. *Reuters*. August 8, 2018。)

44. 重新恢复伊朗石油制裁措施

据《外交事务》报道，伊朗 2017 财政年度的石油销售额达 500 亿美元，石油和石油产品占伊朗总出口量的 70%。自美国退出伊核协议以来，种种制裁措施已使伊朗陷入经济困境。如果每天禁止 200 万桶伊朗石油出口，可能会对全球油价产生巨大影响。因此特朗普提出，各国可以不立即取消进口伊朗石油，只要每六个月"大幅"减少进口伊朗石油，各国依然可以继续进口伊朗石油。

(来源：《外交事务》8 月 8 日讯；皮特·哈雷尔：《重新对伊朗实施石油制裁的途径》；Peter Harrell. The Path to Renewed Oil Sanctions on Iran. *Foreign Affairs*. August 8, 2018。)

45. 美国谴责哈马斯火箭袭击，支持以色列的自卫权

据美国国务院新闻发布消息，美国国务院发言人希瑟·诺厄特（Heather Nauert）8

月 9 日表示，美国谴责一切向以色列发动导弹攻击的行为并呼吁结束暴力。据有关报道称，截至目前，已经发生了大约 180 次从加沙发射到以色列境内的火箭袭击，因此，美国支持以色列采取相关行动防止这种挑衅行为并捍卫自己的权利。

（来源：美国国务院 8 月 9 日新闻发布会；U. S. State Department. August 9，2018。）

46. 土耳其律师在因吉尔利克空军基地要求逮捕美国军人

据《星条旗军事报》报道，土耳其政府律师团（该律师团是一个著名的非政府组织，支持土耳其总统埃尔多安）指控因吉尔利克空军基地的几名美国军人，因为他们因涉嫌与居住在美国的伊斯兰宗教领袖法土拉·葛兰（Fethullah Gulen）来往，诉讼还指出美国中央司令部司令约瑟夫·沃特将军与这起事件有关。

（来源：《星条旗军事报》8 月 8 日讯；威利·莫里斯：《土耳其律师在因吉尔利克空军基地要求逮捕美国军人》；Will Morris. Turkish Lawyers Seek Arrest of US Service Members on Incirlik Air Base. *Stars and Stripes.* August 8，2018。）

47. 埃及正在努力解决加沙危机

据《国土报》报道，埃及正在努力解决加沙的危机，以防止加沙和西奈之间的恐怖因素进一步恶化。但埃及方面宣称，不再为加沙内部巴勒斯坦和解问题提供任何解决办法并决定永久开放埃及与加沙之间的拉法过境点，试图使以色列同意将塞得港作为加沙的港口。

（来源：《国土报》8 月 10 日讯；齐维巴尔：《在埃及的呼吁下，哈马斯和以色列有望实现停火》；Zvi Bar'el. Wooed by Egypt, Hamas and Israel Can Still Prevent All-out War. *Ha'aretz.* August 10，2018。）

48. 美国希望削减援助以迫使巴勒斯坦人接受和平计划

据《外交政策》报道，美国国务卿蓬佩奥（Mike Pompeo）和中东事务高级顾问库什纳（Jared Kushner）上周在一次高层会议宣布削减开支的决定。白宫除了减少为联合国难民救济计划署提供资金外，还停止为加沙和约旦河西岸的巴勒斯坦人提供高达 2 亿美元的直接援助。据悉，美国想通过结束援助加强在中东和平计划谈判中的影响力。

（来源：《外交政策》8 月 10 日讯；科伦·林奇：《特朗普政府试图停止援助巴勒斯坦人》；Colum Lynch. Trump Administration Seeks to Withhold Millions in Aid to Palestinians. *Foreign Policy.* August 10，2018。）

49. 叙利亚反政府军在土耳其的帮助下建立一支军队

据路透社报道，叙利亚反政府武装在土耳其的帮助下建立了由 3.5 万名士兵组成的"国民军"，该结果是土耳其支持的反对派计划的核心。虽然阿萨德在俄罗斯和伊朗的支持下已经夺回了叙利亚的大部分地区，但土耳其的存在将使叙利亚西北部的局势继续复杂化。土耳其帮助叙利亚反政府武装建军将成为阿萨德总统恢复伊德利卜省控制权的巨大障碍。

（来源：路透社 8 月 12 日讯；哈利勒·阿斯维：《叙利亚叛军在土耳其的帮助下组建军队，正面临挑战》；Khalil Ashawi. Syrian Rebels Build an Army with Turkish Help, Face Challenges. *Reuters*. August 12, 2018。)

50. 俄罗斯、伊朗等国达成里海石油和天然气协议

据英国《独立卫报》报道，8月10日克里姆林宫宣布，俄罗斯、伊朗、哈萨克斯坦、阿塞拜疆和土库曼斯坦经过22年的谈判已达成协议。据悉，里海是世界上最大的封闭水体，目前，已探明拥有480亿桶石油和9万亿立方米的天然气。

（来源：英国《独立卫报》8月10日讯；奥利弗·卡罗尔：《里海：经过22年的谈判已达成石油和天然气协议——这对俄罗斯来说是个好消息》；Oliver Carroll. Caspian Sea: After 22 Years of Wrangling, Deal Over Oil and Gas Rich Body of Water Reached - and It's Good News for Russia. *Independent-UK*. August 10, 2018。)

51. 以色列和哈马斯休战

据《以色列时报》报道，在上周重大突发事件发生后，以色列与哈马斯已达成停火协议，自8月10日以来，加沙地带没有向以色列发射过火箭弹和迫击炮弹，纵火袭击事件也大幅减少。上周，一名哈马斯官员预计，到月底有望实现全面停火。

（来源：《以色列时报》8月14日讯；犹大·阿里·格罗斯：《在相对平静的几天后，以色列和哈马斯几乎实现停火》；Judah Ari Gross. Israel and Hamas Reportedly Near Truce After Days of Relative Quiet. *Times of Israel*. August 14, 2018。)

52. 美国：对伊朗的石油制裁将比以前更加严重

据彭博社报道，美国已经重新实施对伊朗的一级制裁，几乎没有任何国家可以改变这一决定。伊朗石油出口将在今年11月初全面被遏制，毫无疑问，特朗普对伊朗的制裁措施将比奥巴马更加强硬，其负面影响也将比之前更加严重。欧洲各国政府反对特朗普退出伊朗核协议，但并没有显著作用。

（来源：彭博社8月12日讯；朱利安·李：《伊朗石油制裁比想象中的更严重》；Julian Lee. Iran Oil Sanctions Will Hurt More Than You Think. *Bloomberg*. August 12, 2018。)

53. 美国禁止F-35战斗机转移到土耳其

据《外交政策》报道，据悉，土耳其计划在未来十年内拥有喷气式飞机，成为全球第三大F-35战斗机运营商，但近日特朗普总统已签署一项禁止向土耳其转让100架F-35战斗机的国防法案，使得此事更加复杂化。对此，土耳其一官员表示，美国的做法与被监禁的美国牧师布伦森有很大关系。

（来源：《外交政策》8月13日讯；劳拉·塞利格曼：《特朗普在美土裂痕不断加深的情况下阻止战斗机转移到土耳其》；Lara Seligman. Trump Blocks Fighter Jet Transfer Amid Deepening U. S. - Turkey Rift. *Foreign Policy*. August 13, 2018。)

54. 英国投资商将停止5亿欧元伊朗太阳能发电厂的建设

据路透社报道，英国可再生能源投资商Quercus 8月14日表示，由于最近美国对伊朗实施制裁，Quercus将停止在伊朗建造一座价值5亿欧元的太阳能发电厂。此外，

许多欧洲公司最近也宣布将缩减其在伊朗的业务。例如，德国工程集团 Bilfinger 表示不打算在该国签署任何新业务，而汽车供应商 Duerr 在 8 月 11 日称已停止在伊朗开展业务。

（来源：路透社 8 月 14 日讯；莱夫泰里斯：《Quercus 因制裁措施将关闭 5 亿欧元的伊朗太阳能发电厂》；Lefteris Karagiannopoulos. Quercus Pulls Plug on 500 Million Euro Iran Solar Plant as Sanctions Bite. *Reuters*. August 14, 2018。）

55. 伊朗恐怕不得不与美国就制裁问题达成协议

据《外交政策》报道，伊朗最高领导人阿里·哈梅内伊于 8 月 13 日表示不与美国进行任何形式的谈判。但随着欧洲的银行和公司已退出市场，如大型能源、汽车和航运公司，以及德国德意志银行等银行。伊朗对谈判的强硬态度将在不久之后软化，而且双方完全有可能达成协议。

（来源：《外交政策》8 月 15 日讯；丹尼斯·罗斯：《伊朗虽然愤怒，但想达成协议》；Dennis Ross. Iran Is Throwing a Tantrum but Wants a Deal. *Foreign Policy*. August 15, 2018。）

56. 以色列为自己感到骄傲

据《纽约时报》报道，以色列政府于 2018 年 7 月通过了"国家法"，重申了犹太人身份和以色列国性质的中心地位，表示作为犹太家园的自我认同永远不会改变，这也是"犹太复国主义"的核心原则。一些批评者则认为，以这种法律形式将国家认同感添加到司法系统中，对犹太人民和全世界犹太人的未来构成了某种威胁。

（来源：《纽约时报》8 月 15 日讯；纳夫塔利·班尼特：《以色列正为自己自豪》；Naftali Bennett. Israel is Proud of Who We Are. *New York Times*. August 15, 2018。）

57. 美国新任伊朗政策负责人提出议程

据美国之音新闻报道，美国国务卿蓬佩奥（MikePompeo）8 月 16 日宣布，胡克（Brian Hook）将被任命为新任美国对伊政策团队负责人。胡克表示，他的团队将把大部分工作精力集中在改变德黑兰核武器、恐怖主义和拘留美国人等 12 个问题上，美国也希望不久后能与伊朗达成新协议。

（来源：美国之音新闻 8 月 16 日讯；迈克尔·李平：《美国新伊朗政策负责人提出议程》；Michael Lipin. New US Iran Policy Chief Lays Out Agenda. *VOA News*. August 16, 2018。）

58. 埃及商定哈马斯与以色列长期停火的细节

据路透社报道，埃及安全部门官员 8 月 16 日表示，在目前紧张局势缓和的情况下，埃及正在商讨以色列和哈马斯之间在加沙地带长期休战协议的细节。三方正在对各方签署的休战条款进行最后修改，如果各方同意相关细则，停火协议预计将在下周公布。

（来源：路透社 8 月 17 日讯；《埃及最终敲定哈马斯与以色列长期停火的细节》；Egypt Finalizing Details of Long-term Hamas-Israel Truce；Source. *Reuters*. August 17, 2018。）

59. 德国公司无视欧盟呼吁，已退出伊朗市场

据伊朗新闻电视台报道，随着汽车制造商戴姆勒公司（Daimler）和机械工程公司海瑞克（Herrenknecht）因美国制裁而退出伊朗，两家德国国有企业德国电信（Deutsche Telekom）和德国铁路（Deutsche Bahn）随后停止了在伊朗的所有业务。

（来源：伊朗新闻电视台 8 月 16 日讯；《德国公司无视欧盟的呼吁，终止伊朗项目》；German Firms Ignore EU Appeal, End Iran Projects. Press TV-Iran. August 16, 2018。）

60. 俄罗斯称其叙利亚空军基地遭无人机袭击事件增多

据美联社报道，俄罗斯国防部发言人伊戈尔·科纳申科夫 8 月 16 日表示，俄罗斯防空部已击落 45 架袭击叙利亚的赫梅明空军基地的无人机，这些无人机是由反政府武装从其所控制的伊德利卜省发射的。

（来源：美联社 8 月 17 日讯；德米特里·科兹洛夫、谢尔盖·格利茨：《俄罗斯称其叙利亚空军基地遭无人机袭击事件增多》；Dmitry Kozlov and Sergei Grits. Russia Says Drone Attacks on Its Syria Base Have Increased. *The Associated Press.* August 17, 2018。）

61. 联合国秘书长提议维和部队应保护加沙的巴勒斯坦人

据路透社报道，联合国大会在 6 月份通过的一项决议中要求谴责以色列对巴勒斯坦平民过度使用武力，并谴责从加沙向以色列平民区发射火箭弹的行为，但没有提及控制加沙的伊斯兰组织哈马斯。8 月 17 日联合国秘书长安东尼奥·古特雷斯（Antonio Guterres）提出，联合国维和部队将在联合国授权下为加沙的巴勒斯坦平民提供实物保护。

（来源：路透社 8 月 18 日讯；米歇尔·尼科尔斯：《联合国秘书长提出改进对巴勒斯坦保护的措施》；Michelle Nichols. U. N. Chief Suggests Options for Improved Palestinian Protection. *Reuters.* August 18, 2018。）

62. 一个使叙利亚平民快速逃离空袭的应用程序

据《华盛顿邮报》报道，美国企业家戴夫·莱文（Dave Levin）与前美国外交官约翰·耶格（John Jaeger）和叙利亚计算机编码员一起开发了一个应用程序，该程序由西方政府资助，可以通过数据分析识别目标，通过程序平台向使用者发送警告，并及时告知医院与救援人员，以便及时提供救助服务，该程序目前已挽救数百人生命并预防了数千人受伤。

（来源：《华盛顿邮报》8 月 18 日讯；路易莎·洛夫洛克：《一个使叙利亚平民快速逃离空袭的秘密应用程序》；Louisa Loveluck. The Secret App that Gives Syrian Civilians Minutes to Escape Airstrikes. *Washington Post.* August 18, 2018。）

63. 两名伊朗裔美国人被控在美国监视犹太人团体和伊朗异议人士

据《华盛顿邮报》报道，38 岁的艾哈迈德雷扎·穆罕默德·多斯达尔（Ahmadreza Mohammadi Doostdar）和 59 岁的马吉德·霍尔巴尼（Majid Ghorbani）是两名伊朗裔

美国人，他们因涉嫌秘密监视芝加哥的犹太人组织和伊朗反对派，于8月9日被捕，美国检方8月20日宣布对其正式提出诉讼。

（来源：《华盛顿邮报》8月21日讯；斯宾塞·苏：《两名伊朗裔美国人涉嫌在美国监视犹太人组织和伊朗异议人士被控》；Spencer S. Hsu. Two Iranian-Americans Charged with Spying on Jewish Facilities and Iranian Dissidents in the U. S. *Washington Post*. August 21, 2018。）

64. 美国敦促伊朗部队撤出叙利亚

据路透社报道，美国国家安全顾问约翰·博尔顿于8月21日表示，美国之所以还未完全撤出叙利亚是因为"伊斯兰国"恐怖分子尚未被完全击溃，残余分子很有可能造成持续威胁，同时，美国担心伊朗民兵组织和正规部队迟迟不撤出叙利亚可能会对叙利亚当局产生负面影响。随着俄罗斯深陷叙利亚冲突，美国认为敦促伊朗部队撤出叙利亚的时机已到。

（来源：路透社8月22日讯；丹·威廉姆斯：《美国国家安全顾问博尔顿表示，俄罗斯被迫"困"在叙利亚，伊朗军队是时撤离》；Dan Williams. Trump Adviser Bolton says Russia 'Stuck' in Syria, Iran Must Leave. *Reuters*. August 22, 2018。）

65. 希腊军舰将作为海军演习的一部分在海法港停靠

据《耶路撒冷邮报》报道，希腊军舰将与以色列海军进行联合军事演习。该军舰（"普罗米修斯"号）于8月21日停靠在海法港，船上有133名希腊海军学员，包括来自希腊空军和医学院的学员和2名罗马尼亚学员。希以双方有着共同的经济利益，因此希腊参与联合军事演习意义重大。

（来源：《耶路撒冷邮报》8月21日讯；安娜·阿隆海姆：《希腊军舰将作为海军演习的一部分在海法港停靠》；Anna Ahronheim. Greek Warship Docks in Haifa Port as Part of Naval Exercise. *Jerusalem Post*. August 21, 2018。）

66. 美国称欧洲不应继续试图保留原有的核协议

据彭博社报道，自美国退出伊核协议以来，欧洲领导人一直试图与伊朗保持原有核协议。对此，美方表示，该协议无法继续发挥应有作用，认清这一现实，对所有在伊朗境内进行交易的公司来说是至关重要的。但欧洲仍然试图达成一项新协议以解决原有协议的不足，以期减少在伊公司的损失。

（来源：彭博社8月21日讯；《欧洲应停止试图挽救伊朗业务行为》；Editorial Board. Europe Should Stop Trying to Save the Iran Deal. *Bloomberg*. August 21, 2018。）

67. 美国称对伊朗制裁不予任何豁免权

据《华尔街日报》报道，美国国家安全顾问约翰·博尔顿8月22日表示，特朗普政府正在加大对伊朗的施压强度，并要求伊朗放弃其核计划。据悉，此次制裁已超越以往的国际制裁，美国的目的已不仅仅是恢复2015年的制裁措施，而且还要加大对伊朗的制裁力度。到目前为止，该制裁已经使伊朗失去了以往在中东的话语权地位。

（来源：《华尔街日报》8月22日讯；费利西亚·施瓦茨：《美国决意在伊朗制裁问题上不给

予任何豁免权》；Felicia Schwartz. U. S. Vows to Grant Few Waivers on Iran Sanctions. *Wall Street Journal*. August 22，2018。）

68. 埃及、沙特阿拉伯对特朗普的中东"和平计划"不太乐观

据《今日美国报》报道，阿拉伯人与特朗普总统就巴以和平协议进行合作的热情正在日益消减。在与阿拉伯领导人多次会晤后，美国顾问贾里德·库什纳和贾森格林·布莱特尚未说服埃及或其他阿拉伯国家相信美国可以提供公平的解决方案。据悉，大多数阿拉伯领导人拒绝美国提出的方案和计划，并要求特朗普政府放弃这些计划。

（来源：《今日美国报》8月22日讯；雅各布·维特沙弗特、米娜·纳德：《埃及、沙特阿拉伯对特朗普的中东和平的"世纪协议"不太乐观》；Jacob Wirtschafter and Mina Nader. Egypt，Saudi Arabia Less Optimistic of Trump's 'Deal of Century' to Bring Middle East Peace. *USA Today*. August 22，2018。）

69. 美国削减对巴勒斯坦人援助，金额高达2亿美元

据《纽约时报》报道，特朗普政府8月24日宣布，美国不会再用2亿美元来援助西岸和加沙的巴勒斯坦人，并将资金重新投向其他地方的优先项目。以色列官员约什·布洛克对这次削减表示欢迎，称只要巴勒斯坦领导人继续支持恐怖主义并拒绝与特朗普总统进行相关谈判，巴勒斯坦人的"国际援助"不仅会被美国削减，而且也会被其他国家削减。

（来源：《纽约时报》8月24日讯；加德纳·哈里斯：《特朗普政府削减2亿多美元对巴勒斯坦人援助》；Gardiner Harris. Trump Administration Cuts More Than $200 Million in Aid for Palestinians. *New York Times*. August 24，2018。）

70. 内塔尼亚胡称欧盟援助伊朗计划是一个"大错误"

据自由电台报道，以色列总理内塔尼亚胡于8月24日在访问立陶宛期间批评欧盟对伊朗的经济援助计划，并表示欧盟在此时向伊朗政权提供资金是一个重大的错误，应该及时停止。对此，欧盟表示，这些资金旨在帮助伊朗"应对重大经济和社会挑战"，是合理且合适的。

（来源：自由电台8月24日讯；《以色列总理内塔尼亚胡称欧盟对伊朗的援助计划"大错特错"》；EU Aid Plan For Iran "Big Mistake"，Says Netanyahu. *Radio Liberty*. August 24，2018。）

71. 伊朗与叙利亚签署协议以深化军事合作

据《华尔街日报》报道，伊朗于8月27日表示已同意与叙利亚达成一项协议，以加深双方之间的军事合作，并重申伊朗目前并无撤出叙利亚的打算。这与此前叙利亚总统阿萨德的说法大相径庭，他曾表示，伊朗在叙利亚的存在不可谈判，也不会成为该国未来政治解决方案的一部分。

（来源：《华尔街日报》8月27日讯；阿萨·菲奇、桑尼·拉萨姆森：《伊朗与叙利亚签署协议以深化军事合作》；Asa Fitch and Sune Rasmussen. Iran Signs Deal With Syria to Deepen Military Cooperation. *Wall Street Journal*. August 27，2018。）

72. 伊朗敦促国际法院阻止美国重新对伊实施制裁

据路透社报道,伊朗方面8月27日要求国际法院命令美国取消对德黑兰实施的制裁,并声称美国的制裁违反了两国1955年友好条约中的条款。对此,美国国务卿迈克·庞培称,重新实施制裁是美国保护本国国家安全的合法权利。伊朗的诉讼试图干涉美国采取合法行动的权利,美国将驳斥伊朗在海牙国际法庭上这一毫无根据的说法。

(来源:路透社8月27日讯;斯蒂芬妮·伯格:《国际法院审理伊朗要求解除美国制裁的诉讼》;Stephanie van den Berg. World Court Hears Iran Lawsuit to Have U.S. Sanctions Lifted. *Reuters*. August 27, 2018。)

73. 美国认为重新对伊朗实施制裁是合法的

据美联社报道,美国国务院法律顾问珍妮弗·纽斯特德于8月28日表示,国际法院应拒绝伊朗要求暂停美国重新制裁的无理要求。纽斯特德说,美国重新对伊朗实施制裁是一项合法且合理的国家安全措施,不容在国际法庭上受到质疑。美国这样做是为了美国的国家安全以及追求更加和平的中东和一个更加和平的世界。

(来源:美联社8月28日讯;迈克·柯德尔:《美国坚持重新对伊朗实施制裁是合法的》;Mike Corder. US Insists Re-imposition of Iran Sanctions is Legal. *Associated Press*. August 28, 2018。)

74. 美国重新制裁伊朗后,伊朗议会罢免其财政部长

据路透社报道,美国重新对伊朗实施制裁后,伊朗里亚尔大幅贬值,伊朗国内经济形势恶化。伊朗议会于8月26日投票决定撤换经济事务和财政部长马苏德·卡尔巴森(Masoud Karbasian),这是迫于美国重新制裁的压力,伊朗高层调整经济官员的最新举措。上个月,伊朗总统哈桑·鲁哈尼接替了中央银行行长的职务。

(来源:路透社8月26日讯;巴巴克·德亨皮什:《伊朗议会罢免财政部长》;Babak Dehghanpisheh. Iranian Parliament Removes Finance Minister from Office. *Reuters*. August 26, 2018。)

75. 前约旦总理:如果我们变得更强大,我们将以武力夺取海法

据中东媒体研究所(MEMRI)撰文称,约旦前总理阿卜杜勒萨拉姆·马哈利于2018年8月18日表示,阿拉伯人如今没有实力,如果阿拉伯人拥有一定的军事力量,那么绝不会让以色列停留在海法。未来,如果可以用武力夺取海法,阿拉伯人绝不会因为已经达成的协议而退却。

(来源:中东媒体研究所8月29日文章;《前约旦总理阿卜杜勒萨拉姆·马哈利表示,如果我们变得更强大,我们将以武力夺取海法》;Former Jordanian PM Abdelsalam Al-Majali Defends Israel-Jordan Peace Treaty, Promises: If We Ever Become Stronger, We Will Take Haifa By Force. *MEMRI*. August 29, 2018。)

76. 俄罗斯和阿萨德政府准备发起对伊德利卜省叛军的最后攻击

据《英国独立报》报道,阿萨德总统的部队准备夺回反叛分子在叙利亚的最后一个主要阵地——伊德利卜省。伊德利卜省靠近土耳其边境,拥有近300万人口和许多

"基地"组织和"圣战"组织成员。据悉,俄罗斯已经向叙利亚海岸附近部署了至少十几艘军舰并决意清除这些反叛分子。

(来源:《英国独立报》8月29日讯;贝尔·特鲁:《俄罗斯在叙利亚海岸附近集结军事力量打击伊德利卜残余反叛分子》;Bel Trew. Russia Masses Huge Force off Syrian Coast for Final Assault on Rebels in Idlib. *Independent-UK.* August 29, 2018。)

77. 美国终止对联合国难民署的援助

据美国国务院发布消息,美国多年来一直承担着联合国难民署近东救济计划中较大的援助份额,经过美国政府仔细审查后,美国决定不会对联合国难民署近东救济计划再做出额外贡献,因为该计划成效甚微。因此,美国将加强与联合国、受援国政府和国际利益攸关方就援助新模式的对话和磋商,这些新模式包括美国和其他伙伴的直接或双边援助。

(来源:美国国务院8月31日讯;希瑟·奈特:《关于美国对近东救济工程处的援助》;Heather Nauert. On U. S. Assistance to UNRWA. *U. S. State Department.* August 31, 2018。)

78. 日本将停止进口伊朗石油

据《日本时报》报道,按照美国的相关要求,日本主要银行准备停止与伊朗的相关业务,日本的主要石油经销商预计将于2018年10月暂停从伊朗进口原油。由于伊朗石油价格比其他国家便宜,暂停进口将增加分销商的成本并可能导致日本油气价格上涨。

(来源:《日本时报》9月2日讯;《日本的石油经销商计划在今年10月停止进口伊朗原油》;Japan's Oil Distributors Plan to Stop Importing Iranian Crude in October. *Japan Times.* September 2, 2018。)

79. 以色列称俄罗斯地中海军事演习干扰以色列航班正常运行

据《以色列时报》报道,俄罗斯将于9月11日在地中海东部进行冷战结束后规模最大的军事演习,以色列机场管理局9月4日称,这次大规模军事演习将影响航班的正常运行,往返以色列的航班可能被迫中断。

(来源:《以色列时报》9月4日讯;托伊:《俄罗斯地中海演习将扰乱以色列航班》;Toi. Russian Drill in Mediterranean Expected to Disrupt Israel Flights this Weekend. *The Times of Israel.* September 4, 2018。)

80. 菲律宾总统感谢内塔尼亚胡对马拉维的及时援助

据《GMA新闻》报道,菲律宾总统罗德里戈·杜特尔特于9月3日在耶路撒冷发表讲话并感谢以色列的帮助,他认为以色列提供的帮助和支持对于击败"伊斯兰国"武装分子(这些武装分子去年围攻了马拉维市)是"至关重要的"。

(来源:《GMA新闻》9月3日讯;维吉尔·洛佩兹:《杜特尔特感谢内塔尼亚胡对马拉维困局的及时援助》;Virgil Lopez. Duterte Thanks Netanyahu for Israel's 'Critical Help' Ending Marawi Siege. *GMA News.* September 3, 2018。)

81. "伊斯兰国"从未离开伊拉克

据 Defense One 报道,伊拉克总理阿巴迪于 2017 年 12 月宣布了对 ISIS 的"最后胜利"。但本周在安巴尔省和基尔库克发生的多次袭击表明,ISIS 在这两个地区仍然非常活跃,这些袭击造成 8 名平民和 2 名警察当场死亡。华盛顿研究所的伊拉克专家迈克尔·奈次表示,"伊斯兰国"组织已经恢复了攻击的能力。

(来源:Defense One 9 月 3 日讯;克丽什纳多夫·卡拉穆尔:《"伊斯兰国"组织从未离开过伊拉克》;Krishnadev Calamur. ISIS Never Went Away in Iraq. *Defense One*. September 3, 2018。)

82. 埃及无力促使加沙实施停火协议

据 Israel Hayom 报道,在过去的十年中,以色列和哈马斯在 2008 年、2012 年和 2014 年进行了三场战争。如今,埃及为促成以色列和哈马斯在加沙地带实现长期停火所做的努力已经停滞不前,巴勒斯坦和以色列都表明了对长期停火协议可能导致谈判僵局出现的担心。

(来源:Israel Hayom 9 月 5 日讯;丹尼尔·西里奥蒂:《埃及对加沙地带的努力陷入停滞》;Daniel Siryoti. Egyptian Efforts to Broker Deal in Gaza Come to Grinding Halt. *Israel Hayom*. September 5, 2018。)

83. 美国停止向联合国难民署提供资金

华盛顿近东政策研究所发文称,华盛顿方面已宣布停止向联合国难民署(UNRWA)提供资金。联合国难民署是巴勒斯坦难民获得国际援助的主要组织。美国方面认为,此举不会对巴勒斯坦人造成严重影响,因为即使没有美国的资金,联合国难民署也有足够的资源来提供相应的救援服务。

(来源:华盛顿近东政策研究所 9 月 6 日撰文;詹姆斯·林赛:《联合国难民署的资金终止:下一步怎么办?》;James Lindsay. UNRWA Funding Cutoff: What Next? *Washington Institute for Near East Policy*. September 6, 2018。)

84. 美国及其盟国将对"伊斯兰国"发起最后的攻击

据《纽约时报》报道,"叙利亚民主力量"和库尔德民兵组织在叙利亚境内正在与"伊斯兰国"组织进行激烈对抗。美国及其盟国于 9 月 11 日表示,他们已经准备对叙利亚境内的"伊斯兰国"组织给予最后一击,并把恐怖分子从叙利亚哈金地区赶出去(哈金是该组织在叙利亚境内控制的最后一片地区)。

(来源:《纽约时报》9 月 11 日讯;鲁克米尼·卡利马奇:《打响最后一战:收复 ISIS 所占领土》;Rukmini Callimachi. Fight to Retake Last ISIS Territory Begins. *The New York Times*. September 11, 2018。)

85. 俄罗斯警告将对叙利亚境内美国军队所在地进行打击

据美国有线电视新闻网报道,俄罗斯与叙利亚政权上周两次警告美国军队,俄罗斯准备对叙利亚境内数十处美国军队所在的地区进行攻击,对此美国回应称,不要试图挑战美军的存在。美国官员表示,如果受到攻击,该地区的美军有权进行自卫,并且在行动前不需要得到上级的许可。

(来源:美国有线电视新闻网 9 月 7 日讯;芭芭拉·斯塔尔:《俄罗斯对美国试图在叙利亚实施军事行动的行为进行警告》;Barbara Starr. Russia Warns US of Pending Attack in Syrian Area with US Troops. *CNN*. September 7, 2018。)

86.《奥斯陆协议》并未终止巴以冲突

《中东季刊》撰文称,《奥斯陆协议》是拉宾与阿拉法特 14 次秘密谈判后的结果。具有讽刺意味的是,内塔尼亚胡从一开始就反对"奥斯陆进程",因为《奥斯陆协议》并没有终止巴以冲突,对以色列而言,该协议在以色列的家门口制造了一个无法消除的"恐怖主义实体",这个实体目前已导致 1600 名以色列人死亡,并侵害着犹太国家存在的合法性权利。

[来源:《中东季刊(2018 年秋季刊)》撰文;埃夫拉姆·卡什:《以色列在奥斯陆协定 25 年后:为什么拉宾会因此失败?》;Efraim Karsh. Israel 25 Years After the Oslo Accords: Why Did Rabin Fall for Them? *Middle East Quarterly* (*Fall* 2018)。]

87. 摩洛哥在伊朗问题上支持特朗普

据《布莱巴特新闻》报道,摩洛哥外交部部长纳赛尔·布瑞塔(Nasser Bourita)认为,特朗普政府与其前任相比,态度更加明确,立场更加坚定,因此摩洛哥政府支持特朗普对伊朗的态度和政策。这不仅因为摩洛哥需要美国的帮助,更重要的是摩洛哥政府认为伊朗正在诱导年轻的摩洛哥人拒绝接受摩洛哥政府推崇的温和逊尼派,转而接受伊朗政权支持下的激进什叶派。

(来源:《布莱巴特新闻》9 月 16 日讯;卡洛琳·克里克:《布雷特巴特新闻摩洛哥频道:我们在伊朗问题上支持特朗普,我们需要美国的帮助》;Caroline Glick. Morocco FM to Breitbart News: We Support Trump on Iran, Need America's Help. *Breitbart*. September 16, 2018。)

88. 欧盟委员会对爱尔兰提出警告

据《爱尔兰时报》报道,欧盟委员会已公开警告称,如果这项禁止从以色列定居点进口商品的法案通过,爱尔兰可能面临欧盟或第三方的侵权诉讼。贸易是欧盟的专属权限,根据欧盟法律,爱尔兰不能实施这种单方面禁令。

(来源:《爱尔兰时报》9 月 15 日讯;西蒙·卡斯维尔:《如果从以色列定居点进口的禁令通过,爱尔兰将面临多方反对》;Simon Carswell. State in Firing Line if Ban on Israeli Settlement Imports Passes. *Irish Times*. September 15, 2018。)

89. 叙利亚意外击落俄罗斯军用飞机

据美国有线电视新闻网报道,俄罗斯官方媒体称,叙利亚导弹在叙利亚西北部拉塔基亚地区击中了俄罗斯的 IL-20 海上巡逻机。美国一位官员表示,该巡逻机正是被俄罗斯几年前卖给叙利亚的 S-200 防空系统所击落,包含机长在内的 15 位人员死亡。

（来源：美国有线电视新闻网 9 月 18 日讯；芭芭拉·斯塔尔、瑞安·布朗、内森·霍奇：《叙利亚意外击落了一架俄罗斯军用飞机》；Barbara Starr, Ryan Browne and Nathan Hodge. Syria Accidentally Shot Down a Russian Military Plane. *CNN*. September 18, 2018。）

90. 俄罗斯称不会在伊德利卜省发起攻势

据英国《独立报》报道，俄罗斯和土耳其同意在叙利亚北部伊德利卜省建立一个缓冲区，以分隔叙利亚政府军和反政府武装，并防止政府军发动可能的进攻。俄罗斯国防部长称，叙利亚政府军及其盟友目前不会对伊德利卜省采取新的军事行动。

（来源：英国《独立报》9 月 17 日讯；玛丽亚·茨韦特科娃：《叙利亚战争：俄罗斯声称在与土耳其达成军事缓冲区协议后将不会对伊德利卜发起攻势》；Maria Tsvetkova. Syria War: Russia Claims There Will Be No Idlib Offensive After Agreement with Turkey to Create Military Buffer Zone. *The Independent-UK*. September 17, 2018。）

91. 土耳其的经济呈螺旋下降趋势

洛伊研究所撰文称，土耳其经济近几个月来一直呈下降状态，低汇率导致土耳其货币贬值，使得外汇偿债无法进行，建筑巨头濒临破产边缘。截至目前，里拉对美元贬值 40%，欧洲信贷机构向土耳其提供了价值超过 1600 亿美元的贷款。随着里拉在 2018 年大幅贬值，偿还债务对土耳其公司来说变得异常困难。

（来源：洛伊研究所撰文；艾坎·埃尔德米尔、约翰·勒克纳：《理解土耳其的经济意味着深入研究埃尔多安对世界的看法》；Aykan Erdemir and John Lechner. Making Sense of the Turkish Economy Means Delving into the Way Recep Tayyip Erdogan Views the World. *The Lowy Institute*. September 17, 2018。）

92. 俄罗斯巡逻机坠毁后，以色列将改善与莫斯科的关系

据路透社报道，以色列 9 月 20 日表示，不会停止对叙利亚的袭击，但继叙利亚地面火力误击一架俄罗斯巡逻机后，以方会采取更多措施防止与俄罗斯部队出现类似"冲突"。

（来源：路透社 9 月 20 日讯；丹·威廉姆斯：《以色列将在飞机坠毁后加强与莫斯科在叙利亚问题上的协调》；Dan Williams. Israel to Improve Coordination with Moscow Over Syria After Plane Crash. *Reuters*. September 20, 2018。）

93. 和平是如何在中东地区逐渐消失的

据《华盛顿邮报》撰文，2018 年 9 月的和平周年纪念日使人们不得不承认一个事实——美国人、以色列人和阿拉伯人为结束巴以冲突所做的努力基本上没有取得任何成果。以色列怀疑巴勒斯坦接受和平协议的初衷，阿拉伯方面也因旷日持久的和平进程而感到疲惫，美国和俄罗斯两个主要大国在中东地区的角逐，以及俄罗斯不断在地区问题上出现的霸权行为都导致了中东地区的和平日益消失。

（来源：《华盛顿邮报》9 月 18 日讯；大卫·伊格内休斯：《和平是如何在中东地区逐渐消失的》；David Ignatius. How Peace Keeps Receding in the Middle East. *Washington Post*. September 18, 2018。）

94. 约旦将从以色列进口 85% 的天然气

据《约旦时报》报道，约旦能源和矿产资源部秘书长阿玛尼阿扎姆（Amani Azzam）9月18日称，约旦与以色列已达成协议，约旦每日85%的天然气用量（约850万立方米）将从以色列进口，约旦政府正在建设一条65千米长的管道用于输送天然气，这些天然气最终将用于约旦国家电厂。

（来源：《约旦时报》9月19日讯；穆罕默德·加扎尔：《约旦不会储存以色列天然气》；Mohammad Ghazal. Jordan Will Not Be storing Israeli Gas. *The Jordan Times*. September 19, 2018。）

95. 以色列和阿拉伯国家关系改善

据英国《金融时报》报道，尽管《奥斯陆和平协议》签署25年后，巴以和平进程依然停顿不前，但以色列官员却强调，他们与阿拉伯国家的关系正在迅速改善。以色列总理内塔尼亚胡最近称赞以色列与邻国关系的"正常化"。以色列已与多个阿拉伯国家进行技术和经济方面的合作，同时也与几个国家签署了和平协议，但以色列与大部分阿拉伯国家仍处于冷和平状态。以色列官员指出，气氛正在发生转变，与阿拉伯国家（包括沙特阿拉伯等长期抵制以色列的国家）的秘密合作正在悄然扩大。

（来源：英国《金融时报》讯；鲁拉·卡拉夫：《以色列和阿拉伯国家互相关注》；Roula Khalaf. Israel and the Arab States Make Eyes at Each Other. *Financial Times-UK*。）

96. 俄罗斯将派遣 S-300 防空系统至叙利亚

据《华盛顿邮报》报道，俄罗斯国防部长绍伊9月26日表示，继上周叙利亚击落一架俄罗斯侦察机之后，莫斯科将在未来两周内向叙利亚输送S-300防空导弹系统。对此，以色列总理内塔尼亚胡表示，将先进军事系统转移到"不负责任的国家手中"将增加该地区的危险，以色列将继续捍卫自身安全和利益。

（来源：《华盛顿邮报》9月24日讯；安东·特罗亚诺夫斯基：《俄罗斯表示将向叙利亚派遣强大的防空导弹系统以对抗以色列》；Anton Troianovski. In a Blow to Israel, Russia Says It Will Send Syria Powerful Antiaircraft Missiles. *Washington Post*. September 24, 2018。）

97. 如果西班牙承认巴勒斯坦国，以色列可能会承认加泰罗尼亚

据犹太电报局报道，西班牙外交部长何塞普·博雷尔（Josep Borrell）表示，西班牙正在推动欧盟承认巴勒斯坦国。有报道称，不管欧盟的立场如何，西班牙方面都将承认巴勒斯坦为独立国家。对此，以色列表示，以方可能通过承认西班牙加泰罗尼亚地区为"独立国家"给予回应。

（来源：犹太电报局9月21日讯；《亲以集团就西班牙承认巴勒斯坦国发出警告》；Pro-Israel Group Warns Spain about Recognizing Palestinian State. *Jewish Telegraphic Agency*. September 21, 2018。）

98. 印度从 11 月起将停止进口伊朗石油

据彭博社报道，印度打算从11月起停止购买伊朗石油，这使伊朗在美国制裁打击下可能失去另一个主要客户。伦敦首席石油分析师森（Sen）在给客户的一份报告中表

示,11 月份伊朗出口量可能会下降至每天 100 万桶以下。

(来源:彭博社 9 月 26 日讯;德杰特·查克然波特、德瓦尼·潘迪亚、贾维尔·布拉辛迪亚:《11 月伊朗石油的进口量将降至零》;Debjit Chakraborty, Dhwani Pandya and Javier BlasIndia. Is Cutting Imports of Iranian Oil to Zero in November. *Bloomberg*. September 26, 2018。)

99. 博尔顿警告伊朗称美国"不会停止制裁"

据美国有线电视新闻网报道,美国国家安全顾问约翰·博尔顿 9 月 25 日在纽约举行的联合反对伊核峰会上表示,如果伊朗不改变自己的行为,继续支持和维护极端政权,美国将不会停止对伊朗的制裁。对此,伊朗回应称,美国这一做法违背了国际法,对国际关系的理解是独裁的而不是建立在法律之上的。

(来源:美国有线电视新闻网 9 月 25 日讯;妮科尔·高卢、詹妮弗·汉斯勒、扎卡里·科恩:《博尔顿警告伊朗,美国"会继续打压"》;Nicole Gaouette, Jennifer Hansler and Zachary Cohen. Bolton Warns Iran that US "Will Come After You". *CNN*. September 25, 2018。)

100. 特朗普:美国大使馆搬迁后,"以色列必须做一些对另一方有利的事情"

美国白宫发布消息称,9 月 26 日特朗普总统称美国会百分之百支持以色列。内塔尼亚胡表示感谢,认为美国一直以来都给予以色列足够的支持并且改变了历史,包括美国对伊朗政权的强硬态度以及对以色列迁都耶路撒冷的支持。以方表示会进一步与美国磋商中东和平进程。

(来源:美国白宫 9 月 26 日讯;《特朗普总统和以色列总理内塔尼亚胡在双边会晤前的讲话》;Foreign Policy. Remarks by President Trump and Prime Minister Netanyahu of Israel Before Bilateral Meeting. *White House*. September 26, 2018。)

101. 美国呼吁各方加大对伊朗的打压力度

据《阿联酋国家》报道,美国负责阿拉伯海湾事务的国务卿副助理蒂姆·伦德金(Tim Lenderking)在过去 3 周里一直致力于区域外交,为明年一月份美国主办的峰会奠定基础。该峰会将启动中东战略联盟(Mesa),概念类似于阿拉伯版北约,其成员国包括沙特阿拉伯、阿联酋、科威特、巴林、卡塔尔、阿曼、美国、埃及和约旦。

(来源:《阿联酋国家》9 月 26 日讯;米娜·阿尔·奥拉比、乔伊斯·卡拉姆:《中东战略联盟包括 9 个国家在内优先考虑伊朗的威胁》;Mina Al-Oraibi and Joyce Karam. Mesa to Include Nine Countries While Prioritising Iran Threat. *The National UAE*. September 26, 2018。)

102. 美国呼吁国际原子能机构调查内塔尼亚胡关于伊朗核计划的说法

据《路透社》报道,以色列总理内塔尼亚胡 9 月 27 日称,德黑兰有一个秘密原子仓库,有足够证据表明伊朗仍然试图获得核武器,而欧洲一直安抚伊朗,这是错误的并应及时停止,因此,以色列有足够的理由支持美国对伊朗的制裁。美国国务院就此呼吁国际原子能机构(IAEA)调查内塔尼亚胡关于伊朗核计划的说法。

(来源:《路透社》9 月 28 日讯;约翰·爱尔兰、阿尔沙德·穆罕默德:《内塔尼亚胡在联合国发表讲话,称伊朗拥有秘密核设施》;John Irish, Arshad Mohammed. Netanyahu, in U. N. Speech,

Claims Secret Iranian Nuclear Site. *Reuters*. September 28, 2018。)

103. 以色列：与俄罗斯的接触不受 IL-20 坠机影响

据俄罗斯卫星通讯社报道，俄罗斯国防部称，关于俄侦察机在叙被击落事件，以色列仅在空袭开始前一分钟通知俄罗斯，所提供的有关袭击地区和以色列 F-16 战斗机位置信息有误导性，因而有足够理由怀疑以色列飞行员利用俄罗斯飞机作为防御叙利亚防空系统的盾牌。对此，以色列驳斥了俄罗斯的相关指控，坚持认为莫斯科得到了有关空袭的及时警告。

（来源：俄罗斯卫星通讯社 9 月 27 日讯；《不受 IL-20 坠机影响，以色列与俄罗斯正通过安全渠道进行接触》；Israeli-Russian Contacts Via Secure Channels Unaffected by Il-20 Crash -Minister. *Sputnik-Russia*. September 27, 2018。)

104. 埃及武装西奈部落对抗"伊斯兰国"

据《每日邮报》报道，埃及军方已经开始为西奈半岛北部和中部的贝都因部落提供武器，并让他们在该地区巡逻，以长期打击"伊斯兰国"武装分子。但埃及军方没有公开承认为这些部落提供武器，只说埃及军方与部落之间为合作关系，部落为埃及军方提供相应情报。

（来源：《每日邮报》9 月 27 日讯；《埃及武装西奈部落对抗伊斯兰国家》；Egypt Arming Sinai Tribesmen in Fight Against Islamic State. *Daily Mail*. September 27, 2018。)

第四季度

1. 美国—以色列十年安全协议开始实施

据美国国务院发布消息称，美国于 10 月 1 日宣布，美以为期 10 年的安全协议开始实施。根据这一协议，美国将为以色列设立总额为 33 亿美元的军事项目预算，且在下一个 10 年内每年花费 500 万美元用以完善以色列的导弹防御合作计划。该谅解备忘录主要是为了保护美国和以色列的地区利益，压制反美势力。

（来源：美国国务院 10 月 2 日消息；《美国—以色列十年安全协议开始》；Ten-Year U. S. -Israel Security Agreement Begins. *U. S. State Department*. 2 October 2018。)

2. 叙利亚宣称将解放戈兰高地

据《英国周日快递》报道，叙利亚外交部长瓦立德·穆阿利穆（Walid Muallem）于 9 月 30 日在纽约宣布，以色列实际上是叙利亚南部恐怖组织的支持者，以色列以直接军事干预和多次袭击叙利亚领土的方式来帮助恐怖组织。他还指出，"正如我们将叙利亚南部从恐怖分子手中解放出来一样，叙利亚决心完全解放被占领的戈兰高地，直到恢复 1967 年 6 月 4 日前的状态。"

（来源：《英国周日快递》9 月 30 日文章；Martina Bet：《第三次世界大战：叙利亚指控以色列

支持其南部的恐怖组织》；Martina Bet：World War 3：SyriaAccuses Israel of 'Supporting Terrorists' in South as Tensions Escalate. 30 September 2018。)

3. 巴勒斯坦向国际法院起诉美将驻以使馆迁往耶路撒冷

据 WAFA – PA 报道，巴勒斯坦外交部部长马勒基于 9 月 29 日指出，美国宣布将驻以大使馆迁往耶路撒冷的行为严重违反了《维也纳外交关系公约》，巴勒斯坦将向国际法院提起诉讼，要求美国立即采取措施，将外交使团迁出耶路撒冷。马勒基指出，巴勒斯坦将捍卫自己的权利，并逐步采取措施，应对美国政府采取的非法行为。

（来源：WAFA – PA 9 月 29 日讯；《巴勒斯坦在国际法院对美国提起诉讼》；PalestineFiles Lawsuit Against US at the International Court of Justice. WAFA – PA. 29 September 2018。)

4. 内塔尼亚胡会见印度尼西亚副总统

据《耶路撒冷邮报》报道，以色列总理内塔尼亚胡于 9 月 30 日在纽约会见印度尼西亚副总统优素福·卡拉（Jusuf Kalla）。以色列与印度尼西亚并未建立正式的官方外交关系，双方仅保持商贸和旅游的往来。内塔尼亚胡在纽约参加联合国大会时，还先后会见了美国总统特朗普和埃及总统塞西等领导人。

（来源：《耶路撒冷邮报》10 月 2 日讯；Hagay Hacohen：《内塔尼亚胡会见印度尼西亚副总统》；Hagay Hacohen. Netanyahu Meets with Indonesian Vice President. Jersulem Post. 2 October 2018。)

5. 法国称伊朗情报部在巴黎附近制造炸弹袭击

据路透社报道，法国于 10 月 2 日称，伊朗情报部门策划了 6 月份对巴黎伊朗流亡者的袭击事件，因而冻结了属于伊朗情报部的财产，并扣押了 2 名涉案伊朗公民。据称，伊的袭击行动得到了高层的批准。伊朗总统鲁哈尼希望法国为代表的欧盟留在美国已经退出的伊核协议中，但这一行为很可能恶化法国与伊朗的关系。

（来源：路透社 10 月 2 日讯；John Irish、Richard Lough：《法国指责伊朗制造炸弹阴谋并冻结资产》；John Irish，Richard Lough：FrancePoints Finger at Iran over Bomb Plot，Seizes Assets. Reuters. 2 October 2018。)

6. 以色列称国际原子能机构必须尽快核查伊朗核设施

以色列总理办公室发布消息称，以色列总理办公室决定要敦促国际原子能机构尽快对伊朗核设施进行核查。国际原子能机构（IAEA）于 10 月 2 日宣称，已经核查了伊朗的核设施，以色列认为对伊朗核设施的核查需要更加细致。

（来源：以色列总理办公室 10 月 2 日消息；PM Netanyahu's Office on the IAEA Statement. 2 October 2018。)

7. 以色列将向英国提供战斗管理系统

据《以色列商业新闻》报道，10 月 2 日，以色列国防电子公司（Elbit Systems）与英国国防部签订了价值 1300 万美元的合同。以色列将向英军提供 Morpheus 战斗管理系统。据悉，该系统将为英国陆军提供经过验证的战斗管理应用程序。Elbit 的版本命令与控制平台的使用者遍布全球多个国家。

（来源：《以色列商业新闻》讯；《以色列提供给英军战斗管理系统》；The Israeli Company Will Provide the UK Ministry of Defense with Its MORPHEUS Battlefield Management Application. *Israel Business News*. 2 October 2018。）

8. 国际法院要求美解除部分对伊朗制裁

据 AP-NBC 新闻报道，10 月 3 日，国际法院在海牙做出判决：美国应在医药和医疗器械、食品、农业产品和确保民用航空安全必须的零配件等方面减少对伊朗的制裁。但是，美国将在其后的听证会上质疑法院的决定。美国对伊朗的制裁引起了伊朗国内的抗议运动。伊朗政府认为，制裁违反了美伊 1955 年的友好条约。

（来源：AP-NBC 新闻讯；《联合国最高法院要求美国在某些方面取消对伊朗的制裁》；U. S. Ordered to Lift Some Iran Sanctions by International Court of Justice. *AP-NBC News*. 2 October 2018。）

9. 美国劝说国际原子能机构对伊朗核设施继续进行核查

根据白宫的消息，在 10 月 3 日的新闻发布会上，美国国家安全顾问约翰·博尔顿就伊朗是否存在秘密的核武库，以及对以色列的核查要求做出回应称，美国情报界在审查相关材料，并将对以色列的努力和国际原子能机构下一步的工作给予大力支持。

（来源：美国白宫 10 月 3 日消息；《美国表示国际原子能机构应依据以色列的秘密报告对伊朗核设施采取后续行动》；U. S. Says IAEA Should Follow Up on Israeli Report of Secret Iranian Nuclear Warehouse. *White House*. 3 October 2018。）

10. 默克尔坚称伊朗绝不能拥有核武器

据《耶路撒冷邮报》报道，10 月 4 日，默克尔及其内阁成员对以色列进行了为期一天的访问。默克尔在耶路撒冷指出，以色列和德国一致认为，有必要采取一切措施阻止伊朗拥有核武器，但在两国如何合作的问题上存在分歧。在此之前，内塔尼亚胡曾严厉批评欧洲国家为维持伊朗核协议而做出的努力。德国和其他欧洲国家也一再抨击以色列在被占领的约旦河西岸修建定居点。

（来源：《耶路撒冷邮报》讯；塔玛·比利；《德国总理默克尔在耶路撒冷：伊朗禁止拥有核武器》；Tamer Beeri & Tovah Lazaroff, Merkel in Jerusalem: Iran Must Not Have Nuclear Weapons. *Jerusalem Post*. 4 October 2018。）

11. 以色列：即便叙利亚拥有 S-300 系统，以色列也不会停止军事行动

据俄罗斯塔斯社消息，以色列国防部长阿维格多·利伯曼在 10 月 3 日接受采访时表示，俄罗斯在叙利亚部署的 S-300 防空系统导致了俄国战机被击落。即便叙利亚已经部署了 S-300 系统，以色列也不能让伊朗在叙利亚的影响继续扩大。以色列将对伊朗运往叙利亚或由叙利亚运给黎巴嫩真主党的武器进行军事干预。

（来源：俄罗斯塔斯社 10 月 3 日讯；《以色列国防部长：以色列不能停止在叙利亚的行动即使大马士革拥有 S-300 系统》；Israeli Defense Minister: Israel Can't Stop Operations in Syria even though Damascus Now Has S-300s. *TASS-Russia*. 3 October 2018。）

12. 美国反恐战略重新关注伊朗及其代理人

据路透社和《纽约时报》报道，10月4日美国政府公布的美国反恐新战略文件中，更加重视伊朗和激进组织。该战略由国家安全顾问约翰·博尔顿公布。博尔顿指出，美国面临伊朗的威胁，伊朗赞助的黎巴嫩真主党、哈马斯和巴勒斯坦伊斯兰"圣战"组织继续对美国利益构成威胁。此外，博尔顿还指出，美国当前战略的重点是从源头上追捕极端分子并切断他们的经济来源。

（来源：路透社、《纽约时报》10月4日讯；《美国反恐战略重新关注伊朗和伊朗代理人》；U. S. Counterterrorism Strategy Puts New Focus on Iran and Proxies. *Reuters-New York Times*. 4 October 2018。）

13. 以色列将撤离联合国"近东救济工程处"

据 AP - VOA 新闻报道，10月4日，耶路撒冷市长巴卡特（Nir Barkat）表示将把联合国"近东救济工程处"撤离耶路撒冷。理由是，这一机构非法经营和煽动反对以色列。该机构在东耶路撒冷经营的学校、诊所和体育中心等将转交给以色列当局。市政当局虽然未给出确切的时间表，但表示该组织经营的有1800名学生的学校将于本学年结束时关闭。

（来源：AP - VOA 新闻10月4日讯；《耶路撒冷将"近东救济工程处"从城市撤离，将服务转移到以色列》；Jerusalem to Remove UN Agency for Palestinians From City. *AP - VOA News*. 4 October 2018。）

14. 里夫林总统敦促德国总理加入制裁伊朗

据《国土报》报道，10月4日，以色列总统鲁文·里夫林与访问以色列的德国总理默克尔会谈时表示：以色列不得不反对欧盟采取的旨在规避制裁伊朗的措施。现在是德国加入制裁伊朗的时候了，德国和欧盟不应该让伊朗得到喘息，这是以色列维持地区稳定的唯一途径。以色列希望同德国一起核查伊朗的核设施，禁止伊朗违背其承诺。

（来源：以色列《国土报》10月4日讯；诺阿·兰道：《里夫林总统极力促使德国总理加入制裁伊朗》；Noa Landau. President Rivlin Urges German Chancellor to Join Sanctions on Iran. *Ha'aretz*. 4 October 2018。）

15. 伊朗撤离"T-4"叙利亚的空军基地

据知情军方人士透露，伊朗已经开始撤离位于叙利亚霍姆斯的"T-4"空军基地，转而加强与俄罗斯在叙利亚的合作。9月18日，俄罗斯一架伊尔-20战斗机的坠毁，导致俄罗斯对叙利亚提供 S-300 防空系统。该系统将配备到叙利亚防空部队，用以打击以拉塔基亚目标的以色列空军。伊朗则逐渐将空军基地交与叙利亚政府军使用。

（来源：Enab Baladi 10月2日讯；《伊朗开始撤离霍姆斯的"T-4"空军基地》；Source：Iran Evacuates "T-4" Airbase in Rural Homs in Interest of Russia. *Enab Baladi*. 2 October 2018。）

16. 以色列与装备在叙利亚的俄罗斯 S-300 防空系统竞争

中东媒体研究所（MEMRI）10月5日发表评论文章称，俄罗斯支持以色列的重要敌人——叙利亚和伊朗。尽管俄罗斯并未阻止以色列轰炸叙利亚的伊朗目标，但俄罗斯支持伊朗扩张至叙利亚。9月18日，伊尔-20事件发生后，俄罗斯反对以色列的政策已经显现：向叙利亚装备S-300防空系统，用以保护在叙利亚的伊朗部队免受以色列袭击。俄罗斯的外交政策逐步朝支持阿拉伯国家反对以色列方向转变。

（来源：中东媒体研究所文章；Yigal Carmon：《以色列与叙利亚的俄罗斯S-300防空系统竞争》；Yigal Carmon. Israel Contends with Russia's S-300 Air Defense System in Syria. *MEMRI*. 5 October 2018。）

17. 俄专家表示以色列试图证明S-300未改变权力平衡

据俄罗斯塔斯社报道，10月8日，俄罗斯驻叙利亚前大使亚历山大·佐托夫在莫斯科召开的圆桌会议上表示，以色列仍将对叙利亚的伊朗部队和黎巴嫩真主党武装开展行动。以色列的行为源于其对潜在威胁的反应。佐托夫指出，俄罗斯应做出以下应对：军方在声明中表示以色列单方面发动军事行动是难以接受的。

（来源：俄罗斯塔斯社10月8日讯；《专家表示以色列试图证明叙利亚的S-300没有改变权力平衡》；Israel Trying to Show That S-300 in Syria Did Not Change Balance of Powers, Expert Says. *Tass-Russia*. 9 October 2018。）

18. 新解密文件揭示美国和苏联在1973年接近战争的原因

伍德罗·威尔逊研究中心利用新解密档案展现了美国和苏联在1973年差点走向战争的过程。10月24日，苏联领导人勃列日涅夫致信美国国务卿基辛格，要求以色列在击败埃及和叙利亚军队后，在战场上应主动停止军事行动。解密文件还显示勃列日涅夫要求政治局采取其他措施，比如，将一支海军停靠在特拉维夫附近，并让埃及使用苏联提供的火箭打击以色列境内目标等。

（来源：《纽约时报》10月9日讯；谢尔盖·拉琴科：《新解密的档案文献显示美苏在1973年接近战争的原因》；Sergey Radchenko. Newly Declassified Documents Show Why the Americans and the Soviets Came So Close to War in 1973. *The New York Times*. 9 October 2018。）

19. 尼基·海利辞去美国驻联合国大使职务

据《以色列时报》报道，美国驻联合国大使尼基·海利于10月9日宣布，将于今年年底前辞职。海利作为一名亲以色列的美国外交官，在联合国任职期间，曾采取多项争议措施维护美国和以色列的利益。她促使美国退出了联合国教科文组织和近东救济工程署，还为亲以色列的国家举办了一场聚会。美国总统特朗普、以色列总理内塔尼亚胡对海利任职时期的作为表示赞扬。

（来源：《以色列时报》10月9日讯；Josefin Dolsten、Ron Kampeas：《以色列的捍卫者尼基·海利辞去美国驻联合国大使职务》；Josefin Dolsten & Ron Kampeas. Jewish Telegraphic Agency, Nikki Haley, Fierce Defender of Israel, Resigns as US Ambassador to The UN. *The Times of Israel*. 9 October 2018。）

20. 伊朗承认一高级官员寻求瑞士的政治庇护

据耶路撒冷公共事务中心报道，10月7日，伊朗总统办公厅主任马哈茂德·瓦齐

（Mahmoud Vaezi）承认，总统办公室的一位高官前往瑞士寻求政治庇护。瓦齐称，这名官员前往瑞士后，一直未归，其家人希望这名官员能及时返回伊朗。这是鲁哈尼办公室高官首次寻求西方的政治庇护。此前有2名伊朗运动员在2018年5月参加澳大利亚的国际赛事时，寻求政治庇护，理由是体育运动中的管理腐败。

（来源：耶路撒冷公共事务中心10月7日讯；《伊朗承认一政府高级官员前往瑞士寻求政治庇护》；Iran Admits Senior Official Requested Political Asylum in Switzerland. *Jerusalem Center for Public Affairs*. 10 October 2018。）

21. 美国：伊朗军队撤离叙利亚是参与叙战后重建的重要条件

据犹太通讯社报道，10月10日，美国国务卿蓬佩奥明确指出，美国要求伊朗及其支持的武装人员完全撤离叙利亚，以和平解决叙利亚问题。这一主张表明，美国已经放弃了武力驱逐伊朗在叙利亚武装力量的政策。同时，美国强调在上述条件达成后，将为叙利亚战后重建提供资金。此外，蓬佩奥声称，美国将捍卫以色列在叙利亚采取遏制伊朗的行动的权利。

（来源：犹太通讯社10月10日讯；《蓬佩奥提出特朗普政府将在叙利亚的伊朗军队撤离后给予叙援助》；Mike Pompeo Says Trump Administration Will Leverage Aid to Syria to Remove Iranian Troops. *Jewish Telegraphic Agency*. 10 October 2018。）

22. 以色列密切关注伊朗在叙动向

以色列智库巴伊兰大学贝京－萨达特战略研究中心撰文称，以色列应该密切关注以色列存在被国防机构称之为"战争之间的战争"这一现象。2018年8月，伊朗国防部长访问了叙利亚，双方签署了军事合作协议，引起了以色列的高度关注。文章还讨论了伊朗在叙利亚战争中的战略及成效。文章强调，这场战争的目的是打破以色列面临的紧张局面，提高以色列的威慑力，推迟全面冲突的爆发。

（来源：贝京－萨达特战略研究中心文章；雅科夫·拉平：《"战争之间的战争"：以色列与伊朗和叙利亚的对决》；Yaakov Lappin, "The War Between Wars": Israel vs Iran in Syria. *Fathom*. 10 October 2018。）

23. 土耳其披露录音展现卡舒吉事件过程

据《华盛顿邮报》10月11日讯，土耳其宣称，有视频和音频证据证明贾马尔·卡舒吉在10月2日被杀害。音频的内容明确指向沙特对卡舒吉的死负有不可推卸的责任。据称，土耳其披露的录音中有卡舒吉被审讯、殴打和被谋杀的全过程。土耳其将这一录音也转交给美国。特朗普表示，尽管美国与土耳其、沙特均为伙伴关系，但是美国将彻查这一事件。

（来源：《华盛顿邮报》10月11日讯；谢恩·哈里斯：《土耳其告知美国政府有支撑卡舒吉被杀的证据》；Shane Harris, Turks Tell U. S. Officials They Have Audio and Video Recordings That Support Conclusion Khashoggi Was killed. *Washington Post*. 11 October 2018。）

24. 巴解组织称将不再与联合国和平特使合作

据《每日邮报》报道，巴勒斯坦解放组织（PLO）在10月11日明确表示，将不再与联合国和平特使尼古拉·姆拉德诺夫进行交涉，因为他的行为"超越了他的角色"。姆拉德诺夫与埃及保持协调，谋求使哈马斯与以色列签订长期休战协议，这一行为抛开了巴解组织和马哈茂德·阿巴斯为首的国际公认的政府。8日达成的联合国斡旋协议中，卡塔尔将负责加沙6个月的紧急燃料供应，但是阿巴斯政府被排除在外。

（来源：《每日邮报》10月11日讯；《联合国特使"不再为巴勒斯坦人接受"》；UN Envoy "No Longer Acceptable" for Palestinians. *Daily Mail*. 11 October 2018。）

25. 俄罗斯将承认西耶路撒冷为以色列首都

据i24News报道，10月11日，俄罗斯副外长米哈伊尔·波格丹诺夫称，俄罗斯不承认西耶路撒冷是以色列的首都是"非理性的"。他指出，巴勒斯坦定都东耶路撒冷，以色列有权定都西耶路撒冷。但他同时表示，俄罗斯将采取平衡政策，不会将其大使馆从特拉维夫迁至耶路撒冷。此外，波格丹诺夫还强调俄罗斯认为，耶路撒冷的未来应该由巴勒斯坦和以色列谈判决定。

（来源：i24News 10月11日讯；《俄罗斯副外长：不承认西耶路撒冷为以色列首都是"非理性的"》；Eylon Levy. Russian Deputy FM to i24 News："Irrational" Not to Recognize West Jerusalem as Israel's Capital. *i24News*. 11 October 2018。）

26. 伊朗、俄罗斯达成规避美国制裁的协议

据i24News报道，上个月俄罗斯总统普京与伊朗总统鲁哈尼在德黑兰达成协议，规避美国将于11月初生效的石油制裁。双方达成的协议内容包括：伊朗将经由里海向俄罗斯供应原油，再由俄罗斯出口到其他国家和地区。同时，以色列媒体还指出，目前尚不清楚俄罗斯对伊朗的支付方式。以色列媒体认为，伊俄协议是"违反美国制裁"的一项"非常重要的"协议，该协议目前仅涉及石油出口，但未来可能会产生更加广泛的影响。

（来源：i24News 10月15日讯；《伊朗、俄罗斯达成交易规避美国石油制裁》；Iran, Russia Reach Deal to Circumvent US Oil Sanctions：Israeli Report. *i24NEWS*. 15 October 2018。）

27. 土耳其释放美国牧师以期缓和与美国的关系

据《华尔街日报》报道，10月12日，土耳其法院解除了对被控在土耳其进行间谍活动的美国牧师安德鲁·布伦森的软禁。虽然根据恐怖主义相关罪名判处他3年零1个月的有期徒刑，但鉴于他在2年前已经开始服刑，并在7月份因健康原因改为家中监禁，法院决定将其当庭释放。

（来源：《华尔街日报》10月15日讯；David Gauthier-Villars、Summer Said；《土耳其释放美国牧师，缓和美国的紧张局势》；David Gauthier-Villars & Summer Said, Turkey Free American Postor Moving to Ease Tensions with U. S. *Wall Street Journal*. 15 October 2018。）

28. 伊朗在叙利亚的影响日益增长

据美国之音10月15日报道，自从2011年叙利亚内战爆发以来，伊朗对叙利亚的介入不断深入，影响逐渐加强。军事上从派遣军事顾问到全面的军事干预，2017年签

订的防御技术协议更是为伊朗军事人员留驻叙利亚提供了合法性。经济上,伊朗对叙利亚提供援助,资金高达数十亿美元。宗教上,伊朗试图利用叙利亚的人口变化和流离失所,加强叙利亚什叶派的主导地位。

(来源:美国之音新闻网 10 月 15 日讯;尼桑·艾哈迈多:《伊朗在叙利亚日益增长的影响引发了人们的关注》;Nisan Ahmado. Iran's Growing Influence in Syria Sparks Concern. *VOA News*. 15 October 2018。)

29. 以色列、美国赴乌克兰试验 S - 300 系统

据《以色列时报》10 月 16 日报道,以色列和美国派了一个秘密军事代表团到乌克兰试验俄罗斯制造的 S - 300 导弹防御系统性能。此前,以色列在与域内外国家举行演习的过程中就一直寻找克制 S - 300 系统的方法,并于 2007 年在与希腊进行的军事演习中进行预演。此后,虽然以色列与俄罗斯之间于 2014 年开通了热线,但双方的军事行动并未实现完全协调。

(来源:《以色列时报》10 月 16 日讯;《以色列、美国派秘密代表团访问乌克兰训练反对 S - 300》;Israel, US Send Secret Delegation to Ukraine to Train against S - 300. *The Times of Israel*. 16 October 2018。)

30. 美国计划迫使伊朗退出叙利亚

据 NBC 新闻 10 月 15 日报道,美国政府正在制定一项推动伊朗军队离开叙利亚的新战略。该计划将强调,通过政治和外交努力挤压伊朗,迫使其退出叙利亚。具体内容包括拒绝伊朗参与叙利亚重建,例如,对参与叙利亚重建的伊朗公司进行制裁。

(来源:NBC 新闻 10 月 15 日讯;考特尼·库伯、卡罗尔·E. 李:《美国计划迫使伊朗退出叙利亚》;Courtney Kube & Carol E. Lee. U. S. Planning to Force Iran Out of Syria. *NBC News*. 15 October 2018。)

31. 联大通过决议赋予巴勒斯坦人担任联合国主要机构领导人的权利

据美联社报道,10 月 16 日,联合国大会以 146 票赞成、3 票反对、15 票弃权通过决议,决定赋予巴勒斯坦人有权担任中国在内的 135 个发展中国家集团。美国驻联合国副大使乔纳森·科恩敦促对该决议投反对票,并表示:"我们无法支持巴勒斯坦人努力提高他们地位的行动。他说,美国不承认"巴勒斯坦国",如果采用这种误导的决议,让巴勒斯坦人担任该组织的主席,美国将提醒联合国成员"没有这样的国家已被接纳为联合国会员国"。以色列和澳大利亚投了反对票,西欧国家普遍投了赞成票,而许多东欧国家选择弃权。

(来源:美联社 10 月 16 日讯;《联合国批准决议,使巴勒斯坦人能够担任主席》;UN Approves Resolution Enabling Palestinians to Chair Group. *AP-Minneapolis Star Tribune*. 16 October 2018。)

32. 以色列轰炸加沙目标应对火箭弹袭击

据《以色列时报》报道,10 月 17 日,以色列在加沙轰炸了 20 个"军事设施"作为回应此前哈马斯对以色列的火箭弹袭击。用于攻击以色列的火箭弹不是标准的 Grad 品种,而是一种带有更大弹头的改进型号。以色列国防军发言人乔纳森中校说:"在加

沙只有两个组织拥有这种口径的火箭弹：哈马斯和巴勒斯坦伊斯兰'圣战'组织"。以色列战机轰炸了巴勒斯坦用以攻击以色列的地道、兵工厂隧道和其他设施。

（来源：《以色列时报》10 月 17 日讯；犹大·阿里·格罗斯：《以色列国防军称 20 个加沙目标遭到轰炸，将其归咎于哈马斯的火箭弹袭击》；Judah Ari Gross. IDF says 20 Gaza Targets Bombed, Including Tunnels；Blames Hamas for Rockets. *The Times of Israel*. 17 October 2018。)

33. 欧盟称巴勒斯坦武装分子必须停止向以色列发射火箭

据路透社报道，10 月 17 日，欧盟呼吁巴勒斯坦武装分子停止从加沙向以色列发射火箭和迫击炮，称针对平民的袭击是"不可接受的"。欧盟委员会在一份声明中说："巴勒斯坦武装分子从加沙向以色列发射火箭和迫击炮的行为必须立即停止……对平民的攻击是完全不可接受的。现在的首要任务是使冲突降级。"

（来源：路透社 10 月 17 日讯；《欧盟称巴勒斯坦武装分子必须停止向以色列发射火箭》；Alissa de Carbonnel. EU Says Rocket Fire by Palestinian Militants towards Israel "must stop". *Reuters*. October 17, 2018。)

34. 伊朗无人机飞越美国军舰在海湾较为常见

据美国海军学院新闻（USNI News）报道，10 月 16 日，美国海军陆战队指挥官表示，在海湾航行的美国军舰经常被伊朗无人机飞越侦查，干扰了美军在当地的行动。这个地区现在因伊朗无人机和巡逻艇尾随美国海军舰艇而闻名。"持续监视和分层防御是美国海军指挥官处理海湾空中和海上交通的基石"，两栖中队指挥官杰克·基尔曼上尉在小组讨论中解释说。

（来源：USNI News 10 月 16 日讯；本·维纳：《伊朗无人机飞越美国海湾军舰的现象较为普遍》；Ben Werner. Iranian Drone Overflights of U. S. Warships in Persian Gulf Now Common. *USNI News*. 16 October 2018。)

35. 普京称说服伊朗撤出叙利亚并非由俄罗斯决定

据路透社报道，俄罗斯总统普京参加 10 月 18 日在俄罗斯黑海度假胜地索契举行的年度瓦尔代（Valdai）国际辩论俱乐部会议。普京表示，不应该由俄罗斯说服伊朗将其部队撤出叙利亚，而且，那些要求伊朗离开的国家应该保证他们不会干涉叙利亚事务。此外，普京还希望大国不要无端干涉叙利亚内政。

（来源：路透社 10 月 18 日讯；Gleb Stolyarov：《普京表示：说服伊朗撤出叙利亚不是由俄罗斯决定的》；Gleb Stolyarov. Putin Says it's not up to Russia to Persuade Iran to Pull out of Syria. *Reuters*. 18 October 2018。)

36. 美国降低耶路撒冷巴勒斯坦外交使团级别

据美联社报道，10 月 18 日，美国降低了驻耶路撒冷外交使团的级别。驻耶路撒冷领事馆实际上相当于事实上的驻巴勒斯坦大使馆。这一举措立即遭到了巴勒斯坦的谴责，却受到了以色列的欢迎。这一举措意味着耶路撒冷领事馆不再拥有与驻以色列大使馆分开通报巴勒斯坦局势的权利。以色列外交部副部长称，此举"对以色列来说是美好的一天"，美国最终结束了耶路撒冷实际上的分裂，以色列非常感谢美国的友谊。

（来源：美联社—美国新闻 10 月 18 日讯；《美国降低耶路撒冷巴勒斯坦外交使团级别》；Josef Federman. US Downgrades Jerusalem Diplomatic Mission to Palestinians. *U. S News*. 18 October 2018。）

37. 美将军称以色列摧毁叙利亚的 S-300 防御系统

据《中东观察》报道，10 月 18 日，美国前国防部长彼得·兹瓦克表示，以色列将摧毁俄罗斯向叙利亚提供的S-300防御系统。兹瓦克称，以色列飞机终结叙利亚S-300系统的时机已经到来。以色列将竭尽全力打击这一系统。上周，第一批由 4 个发射器组成的S-300导弹系统抵达叙利亚，叙利亚军队计划在 3 个月内接受使用这一系统的培训。

（来源：《中东观察》10 月 18 日讯；《美国将军说，以色列将摧毁叙利亚的 S-300 防御系统》；Israel to Destroy Syria's S-300 Defence System, US General says. *Middle East Monitor*. 18 October 2018。）

38. 以色列与中亚国家的关系变暖

《耶路撒冷邮报》10 月 14 日文章分析了以色列与中亚国家关系的演变历程及特点。文章指出，以色列与中亚国家的友好关系可以追溯到中亚作为苏联加盟共和国时期。以色列和阿拉伯逊尼派国家关系的改善大多是基于现实政治或国家利益，与伊朗伊斯兰革命后输出革命密切相关。目前，温和、世俗的中亚穆斯林国家非常关注伊斯兰极端势力，并与以色列在安全领域展开合作。这些中亚国家的犹太难民历史大大促进了这些国家与以色列关系的改善。

（来源：《耶路撒冷邮报》10 月 14 日讯；阿里尔·本·所罗门：《以色列与中亚国家关系回暖》；Ariel Ben Solomon. Israel Ties Warming with Central Asian Countries. *The Jerusalem Post*. 14 October 2018。）

39. 约旦计划与以色列撤销部分和平条约

据《华盛顿邮报》报道，10 月 21 日，约旦国王阿卜杜拉二世表示，不打算与以色列续签 1994 年约旦—以色列和平协定的部分内容。约旦想要撤销沿约以边界两块土地 Kinneret 和 Zofar 的租赁权。上述两地已租借给以色列 25 年。

（来源：《华盛顿邮报》10 月 21 日讯；Ruth Eglash、Taylor Luck：《约旦计划与以色列撤销部分和平条约》；Ruth Eglash & Taylor Luck. Jordan plans not to Renew Special Land Arrangement with Israel. *Washington Post*. 21 October 2018。）

40. 以色列逮捕涉嫌绑架行动的巴勒斯坦官员

据路透社报道，10 月 22 日，以色列逮捕了巴勒斯坦民族权力机构的 2 名官员，声称他们涉嫌两周前协助绑架以色列居民。但 2 人都否认指控。巴勒斯坦权力机构谴责了以色列的"绑架行为"，要求以色列立即释放 2 名巴勒斯坦官员，但没有就这些指控的具体内容发表评论。根据以色列方面的消息，两周前被绑架的以色列人具备以色列和美国双重国籍。

（来源：路透社 10 月 22 日讯；Dan Williams、Nidal al-Mughrabi、Ali Sawafta、Ari Rabinovitch：《以色列逮捕涉嫌绑架的巴勒斯坦官员》；Dan Williams, Nidal al-Mughrabi, Ali Sawafta & Ari Rabinovitch. Israel Arrests Palestinian Officials Suspected of Abduction; Lawyers. *Reuters*. 22 October 2018。)

41. 在叙利亚的美国基地反击伊朗扩张

据《华盛顿邮报》10月22日报道，位于叙利亚南部的美国军事基地是美国抵消伊朗在叙利亚影响的重要基地。美国官员访问该基地后表示，在伊朗的影响下，美国军事基地的存在变得更加困难。美国在叙利亚的军事存在"证明了美国不是要离开中东或叙利亚，而是要满足我们和盟友——约旦、以色列、土耳其和伊拉克的安全需求"。

（来源：《华盛顿邮报》10月22日讯；Missy Ryan：《美军基地在特朗普的叙利亚战略中扮演着重大的角色》；Missy Ryan. Tiny U. S. Base Assumes Outsize Role in Trump's Syria Strategy. *The Washington Post*. 22 October 2018。)

42. 美国因卡舒吉事件对沙特官员采取行动

据《华尔街日报》报道，美国对21名涉嫌杀害贾马勒·卡舒吉的沙特官员采取外交行动。10月23日，特朗普总统表示，尽管他不想取消与沙特签署的有利可图的合同，但是，很明显沙特阿拉伯制造了"卡舒吉事件"。国务卿蓬佩奥指出，参与这一事件的沙特情报部门、皇家法院、外交部和其他政府部门的人员，将被撤销签证并进行特殊审查。

（来源：《华尔街日报》10月23日讯；彼得·尼古拉斯：《美国采取外交行动反对沙特制造的卡舒吉事件》；Peter Nicholas. U. S. Takes Diplomatic Action Against Saudis Believed Tied to Journalist's Killing. *Wall Street Journal*. 23 October 2018。)

43. 以色列采取行动取代"近东救济工程处"

据《以色列时报》报道，10月21日，耶路撒冷市长巴卡特（Nir Barkat）计划驱逐"近东救济工程处"。市政卫生工作人员进入巴勒斯坦 Shuafat 难民营，清除垃圾并提供其他清洁服务，逐步接管了"近东救济工程处"的服务。由于未经教育部许可，"近东救济工程处"所开设的七所学校将在本学年结束时关闭，学生将转入市立学校。"近东救济工程处"的医疗中心将由一个新的公共保健中心取代。

（来源：《以色列时报》10月21日讯；Tol Staff：《以色列采取行动取代耶路撒冷的近东救济工程处》；Tol Staff. Jerusalem Mayor Makes Rare Visit to East Jerusalem Refugee Camp. *The Times of Israel*. 21 October 2018。)

44. 美国财政部副部长称将强化对伊朗的经济制裁

据 Globes 报道，美国财政部副部长 Sigal Mandelker 指出，由于美国的制裁，伊朗的石油出口将大幅减少。Mandelker 领导的机构负责对伊朗实施金融制裁，其中有700名专业人员负责跟踪伊朗的资本，以阻止伊朗通过国际金融系统转移资金。Mandelker 宣称，将于11月4日生效的对伊朗的额外制裁措施会更加严厉。

（来源：Globes 10月21日讯；塔尔施耐德：《美国财政部副部长：对伊朗进行严厉打击的制裁》；Tal Schneider. US Treasury Undersecretary: Sanctions to Hit Iran Hard. *Globes*. 21 October 2018。)

45. 阿拉伯国家担心卡舒吉事件可能引发地区局势不稳

据《华盛顿邮报》报道，阿拉伯世界几乎所有国家都对卡舒吉事件感到震惊。他们担忧这一事件会破坏阿拉伯国家自身的稳定和安全。海湾地区一名官员说，在现任美国政府治下，沙特阿拉伯是阿拉伯与美国关系的支柱。阿联酋外交部长阿卜杜拉于10月16日发了推文，称"从阿拉伯海湾和该地区的角度来看，沙特的存在对于当前困难局势下的地区稳定至关重要，而危机不会改变这种现实"。

（来源：《华盛顿邮报》10月23日讯；Karen DeYoung、Souad Mekhennet：《阿拉伯国家担心卡舒吉整事件可能引发地区不稳》；Karen DeYoung & Souad Mekhennet. Arab States Fear Khashoggi Case Could Trigger Regional Instability. *The Washington Post*. 23 October 2018。）

46. 以色列航天公司赢得印度导弹防御合同

据路透社报道，10月24日，以色列航天公司（IAI）表示，该公司再次赢得了印度7.77亿美元的防务合同，将为印度海军的7艘船提供巴拉克8型导弹防御系统。去年，IAI达成了价值近20亿美元的协议，为印度军队和海军提供地对空导弹系统。以色列与美国和俄罗斯一道成为印度最大的武器供应国。

（来源：路透社10月24日讯；Tova Cohen、Ari Rabinovitch：《以色列航空航天公司赢得了7.77亿美元的印度导弹防御合同》；Tova Cohen & Ari Rabinovitch. Israel Aerospace Wins ＄777 Million India Contract for Missile Defence. *Reuters*. October 24. 2018。）

47. 以总理强调保护犹太人身份

以色列总理办公室发布消息，以色列总理内塔尼亚胡10月24日向犹太人北美联盟（JFNA）大会发表了保护犹太人身份的讲话。内塔尼亚胡指出，以色列的安全与全球犹太人的生存密切相关，必须通过发展犹太教育、加强希伯来语研究以及密切犹太人与以色列的接触，为世界犹太社区的持续性发展而努力。此外，在互联网时代更要保护犹太人身份，增强世界各地犹太人中的年轻人和儿童的犹太人意识。

（来源：以色列总理办公室10月24日消息；《内塔尼亚胡坚持维护犹太人身份的重要性》；PM Netanyahu Attends JFNA General Assembly. *Prime Minister's Office*. 24 October 2018。）

48. 美国制裁伊朗加剧了伊朗地区盟友的压力

据美联社、《华盛顿邮报》10月26日报道，贝鲁特南部什叶派郊区街头的巨型海报上展示了一名身着制服的真主党武装人员的画像，并贴出向支持者募捐的电话号码。由于伊朗受到美国制裁的财政压力持续加大，伊朗削减了支持真主党和什叶派民兵的资金。美国国务院7月份表示，伊朗自2012年以来花费了160多亿美元支持叙利亚的阿萨德及其在伊拉克和也门的代理人，并且每年还向真主党提供7亿美元的经费支持。

（来源：美联社、《华盛顿邮报》10月26日讯；Bassem Mroue，Qassim Abdul-Zahra：《美国对伊朗制裁影响伊朗的地区盟友》；Bassem Mroue and Qassim Abdul-Zahra. U. S. Sanctions on Iran Pressure Tehran's Regional Allies. *AP-Washington Post*. 26 October 2018。）

49. 戈兰高地的德鲁兹人首次获得地方选举的投票权

据法新社报道，10 月 26 日，以色列占领的戈兰高地的德鲁兹人将首次获得地方议会投票的权利。投票权利是德鲁兹律师向以色列最高法院申请选举一位能改善其社区服务的市长后得以实现的。叙利亚内战改变了这一地区 2.3 万名德鲁兹人的生活。

（来源：法新社 10 月 26 日讯；《在戈兰，德鲁兹争取在地方选举中首次投票》；In Golan, Druze Struggle over First Vote in Local Elections. *AFP-Daily Mail-UK.* 26 October 2018。）

50. 埃及促使以色列和哈马斯达成协议

据以色列《国土报》报道，10 月 26 日，在埃及斡旋下，以色列和哈马斯达成了旨在缓解加沙暴力冲突的短期协议。该协议并不包括停止巴勒斯坦人的游行，但要求停止任何暴力行为，包括在以色列边境上燃烧气球或风筝、使用爆炸物。作为回报，以色列将承诺扩大加沙海岸附近巴勒斯坦人的捕鱼区以及向加沙发电厂供应燃料。巴勒斯坦民族权力机构继续反对哈马斯和以色列之间绕过巴勒斯坦权力机构的任何协议。

（来源：以色列《国土报》10 月 26 日讯；杰克·库里：《埃及斡旋以色列、哈马斯达成协议，以缓解边境暴力》；Jack Khoury. Report：Egypt Reaches Agreement Between Israel, Hamas to Ease Violence on Border. *Ha'aretz.* 26 October 2018。）

51. 以色列建立新型抗艾滋病药物的工厂

据新华社报道，10 月 22 日，以色列经济部表示，将在以色列南部城市埃拉特成立第一家生产艾滋病新药的生物技术工厂。这种名为 Gammora 的药物由以色列制药公司 Zion Medical 开发，并已在人类身上成功进行过测试。该药物在治疗癌性肿瘤方面有一定效果。但是，这种新药消除了 HIV 病毒感染的细胞，而不是消除病毒，因此，面临着病毒变异和抗药性的风险。中国公司"深圳国际生物研究所"获得了在中国生产和销售该药物的权利。

（来源：新华社 10 月 22 日讯；周解荣：《以色列将建立第一家生产新型艾滋病药物的生物技术工厂》；Zhou jierong. Israel to Bbuild 1st Biotechnology Plant Producing New AIDS Drug. *Xinhua.* 23 October 2018。）

52. 阿曼表示接纳以色列为中东国家

据路透社报道，10 月 27 日，阿曼表示，以色列是一个可以被中东接纳的国家。阿曼外交部长阿拉维（Yousuf bin Alawi bin Abdullah）在巴林举行的安全峰会上说："以色列是中东国家……也许是时候让以色列像其他国家一样受到同样的对待，并承担同样的义务。"巴勒斯坦总统马哈茂德·阿巴斯和以色列总理内塔尼亚胡先后访问阿曼，并会见阿曼国王卡布斯。阿拉维还表示，阿曼正在帮助美国实现关于中东和平的"世纪交易"。

（来源：路透社 10 月 27 日讯；凯蒂·保罗：《接待以色列总理后，阿曼认为以色列是一个可以接受的中东国家》；Katie Paul. Oman Says Time to Accept Israel in Region, Offers Help for Peace. *Reuters.* 27 October 2018。）

53. 15 个阿拉伯、伊斯兰国家与以色列合作

据《英国中东观察》报道，截至 2018 年 10 月 29 日，有 15 个的阿拉伯伊斯兰国家与以色列建立了外交关系。其中，有 9 个国家与以色列有完全的外交关系，6 个保持较低程度的联系。"抵制、撤资和制裁以色列"运动（BDS）警告阿拉伯国家，"危险的现实"在于"阿拉伯国家与以色列前所未有的关系正常化"。巴勒斯坦民族运动呼吁所有的阿拉伯伊斯兰国家团结起来迫使以色列放弃占领领土，并承认巴勒斯坦人的权利。

（来源：《英国中东观察》10 月 30 日讯；《BDS：15 个阿拉伯、伊斯兰国家与以色列合作》；15 Arab, Islamic Countries Cooperate with Israel. *Middle East Monitor – UK*. 30 October 2018。）

54. 伊朗船只在波斯湾接近美国海军舰艇

据 NBC 新闻报道，10 月 26 日，6 艘全副武装的伊朗伊斯兰革命卫队的战舰接近美舰莫尔号和埃塞克斯号。此前，埃塞克斯号曾受到伊朗伊斯兰革命卫队的警告，称如果再派出直升机就将对埃塞克斯号进行攻击。埃塞克斯号官兵称，伊朗伊斯兰革命卫队对美国舰艇并未进行全面的"骚扰"。

（来源：NBC 新闻 10 月 27 日讯；考特尼·库贝：《伊朗船只接近波斯湾的海军舰艇而美国将军乘坐该船》；Courtney Kube. Iranian Boats Approach Navy Ship in Persian Gulf While U. S. general Aboard. *NBC News*. 27 October 2018。）

55. 以色列和波音公司签署互惠采购协议

据路透社报道，10 月 30 日，以色列经济部表示，波音与以色列签署了一项互惠采购协议，条件是波音公司与以色列的工业部门合作。波音公司正在以色列竞争一系列重要的国防部合同，包括购买额外的 F – 15 飞机、加油飞机和运输直升机。如果赢得以色列的主要防务合同，波音将在未来 10 年内在以色列投入数十亿美元。以色列国防部在一份声明中说，以色列预计将在未来 10 年内从波音公司购买大约 100 亿美元的军事物资。

（来源：路透社 10 月 31 日讯；Ari Rabinovitch：《以色列与波音公司签署互惠支出协议》；Ari Rabinovitch. Israel, Boeing Sign Reciprocal Spending Deal：Ministry. *Reuters*. 31 October 2018。）

56. 以色列：阿曼是以色列与阿拉伯国家的联系纽带

据 Ynet 新闻报道，10 月 27 日，内塔尼亚胡公开访问阿曼，会见苏丹国王卡布斯。内塔尼亚胡称对于以色列来说对阿曼的此次访问，有三个目的：一是可以通过阿曼打开与其他阿拉伯国家关系正常化的大门；二是以色列可能与温和逊尼派国家建立联盟关系，阻止伊朗地区影响力的扩大；三是希望对其他阿拉伯国家产生示范效应，主动公开与以色列的秘密联系。从 20 世纪 70 年代以来，以色列一直与阿曼保持秘密联系，对以色列阿拉伯国家关系的发展产生了重要作用。

（来源：Ynet 新闻 10 月 28 日讯；罗恩·伯格曼：《阿曼是以色列与中东的联系》；Ronen Bergman. Oman Is Israel's Link to the Middle East. *Ynet News*. 28 October 2018。）

57. 丹麦计划制裁伊朗

据法新社报道，10 月 31 日，丹麦首相在指责伊朗策划袭击丹麦境内的伊朗持不同政见者之后表示，丹麦将在未来几天与其他欧盟成员国加强磋商，以寻求共同的政策。英国和美国立即表态支持丹麦，丹麦驻伊朗大使也于 10 月 30 日被召回。丹麦外交部长安德斯·塞缪尔森开始与欧洲同行联系，讨论可能对伊朗实施的经济制裁。

（来源：法新社 10 月 31 日讯；《丹麦与可能的盟友协商制裁伊朗》；Denmark Consulting Allies over Possible Iran Sanctions. *AFP/The Local*. 31 October 2018。）

58. 韩国现代工程与建筑公司取消与伊朗的商务合同

据路透社报道，10 月 29 日，韩国现代工程与建筑公司取消了与伊朗总价为 5.21 亿美元（595 亿韩元）的石化产品合同。现代工程与建筑公司的一份监管文件指出，合同取消的原因是伊朗融资尚未完成以及伊朗的外部环境恶化。从 11 月 4 日起，美国对伊朗原油出口重启制裁，加剧了伊朗的经济困难。

（来源：路透社 10 月 29 日讯；Ju-min Park、Heekyong Yang：《韩国现代工程与建筑公司取消了与伊朗 5.21 亿美元的石化产品交易》；Ju-min Park & Heekyong Yang. South Korea's Hyundai E&C Cancels $521 Million Petrochemicals Deal, Cites Iran Financing Failure. *Reuters*. 29 October 2018。）

59. 美国宣布 8 个国家和地区享有临时石油制裁豁免

据彭博社援引一位美国官员的话称，美国政府同意 8 个国家和地区在下周重新实施对伊朗的制裁后可以继续购买伊朗石油。同时，美国国务院发言人称，这一举措的目的是逐渐缩减伊朗对其他国家的石油出口。首批拥有豁免权的 8 个国家和地区为：中国、印度、希腊、意大利、日本、土耳其、韩国和中国台湾地区。

（来源：彭博社 11 月 1 日讯；《美国批准八个国家临时伊朗石油制裁豁免》；U. S. Grants Eight Countries Temporary Iran Oil Sanctions Waivers. *Reuters-Los Angeles Times*. 1 November 2018。）

60. 埃及应对西奈恐怖主义取得进展

据 Jewish News Syndicate 10 月 30 日报道，以色列国家安全委员会前副主席，现任政策与战略研究所研究主任 Shaul Shay 博士表示，埃及打击西奈半岛的"伊斯兰国"附属恐怖组织的努力似乎取得了重大进展。据去年以色列的估计，西奈地区的"伊斯兰国"成员总数为 500—1000 人左右。而埃及通过大规模军事行动和基础设施建设、经济援助等措施，已经大大减轻了当地的恐怖主义威胁。

（来源：Jewish News Syndicate 10 月 30 日讯；Yaakov Lappin：《埃及在西奈的"伊斯兰国"战争中取得进展》；Yaakov Lappin. Egypt's War on ISIS in the Sinai Has Been "largely successful". *Jewish News Syndicate*. 30 October 2018。）

61. 埃及举办阿拉伯国家军事演习

据路透社 11 月 1 日讯，埃及军方于 10 月 31 日表示，即将举办有 8 个阿拉伯国家参加的军事演习，此举可能演变为一项反对伊朗的区域协议。这一演习被定名为"沙漠之盾",将于11月13日至16日举行,已经有来自阿拉伯联合酋长国、沙特阿拉伯、科威特、巴林和约旦的部队抵达,军方表示黎巴嫩和摩洛哥作为观察员国也将参加。此外,美国白宫也证实,今年7月美国有推动被称为"阿拉伯北约"的阿拉伯国家军事联盟的提案,但并未付诸实施。

(来源:路透社11月1日讯;Sami Aboudi:《埃及将围绕"阿拉伯北约"举办阿拉伯国家军事演习》;Sami Aboudi. Egypt hosts Arab Military Exercises in What Could Develop into an "Arab NATO" CAIRO. *Reuters*. 1 November 2018。)

62. 埃及代表团负责监督加沙地区边境抗议活动

据 Mada Masr-Egypt 报道,11月1日,"巴勒斯坦民主阵线"的消息人士称,埃及情报总局的官员将监督新的埃以协议的执行,以缓和巴勒斯坦、以色列围绕加沙地区的冲突。该官员还称,11月1日,巴勒斯坦多个派系召开会议,决定缩小抗议的规模。

(来源:Mada Masr-Egypt 11月2日讯;《埃及代表团负责监督加沙—以色列冲突的升级》;Egyptian Delegation to Oversee Gaza-Israel De-escalation, Monitor March of Return Protest Camps, Monitor Border Protest. *Mada Masr-Egypt*. 2 November 2018。)

63. ISIS 宣称对埃及基督徒遇袭事件负责

据《纽约时报》报道,11月2日,埃及南部7名科普特基督徒被害;开罗以南85千米的沙漠修道院附近的公共汽车遭遇袭击,造成至少16人伤亡。"伊斯兰国"(ISIS)宣称对上述事件负责。

(来源:《纽约时报》11月2日讯;Declan Walsh、Mohamed Ezz:《ISIS 声称对埃及基督徒的致命攻击》;Declan Walsh & Mohamed Ezz. ISIS Claims Deadly Attack on Christians in Egypt. *New York Times*. 2 November 2018。)

64. 美国宣布重启对伊朗制裁

美国白宫11月2日发布消息称,美国将重启伊核协议下取消的对伊朗的制裁措施。美国政府宣布将把700多名个人、实体重新列入制裁名单,包括伊朗主要银行、石油出口国和航运公司。美国指出制裁的目的是为了削减伊朗用于资助恐怖主义、开发核武器和弹道导弹计划的经费。尽管伊朗石油出口减少,美国仍然相信能源市场仍将保持良好供应。

(来源:美国白宫11月2日消息;《美国重新实施伊朗协议下取消的所有制裁措施》;U. S. Reimposes All Sanctions Lifted Under the Iran Deal. *White House*. 2 November 2018。)

65. 伊朗发起反对美国和以色列的大型集会

据伊朗《法尔斯新闻》报道,2019年11月4日,伊朗全国数百万人参加了大规模的反对美国和以色列的示威游行,其中包括很多学生。他们高呼"打倒美国"和"打倒以色列"的口号,用以纪念1979年伊朗学生宣布接管美国大使馆40周年。示威人群在游行过程中还焚烧了英美等国的国旗。11月3日,伊朗最高领袖哈梅内伊发表讲话谴责美国,称美国已经衰落。

（来源：伊朗《法尔斯新闻》11月4日讯；《伊朗人发起反对美国、以色列的大规模集会》；People, Students Stage Anti-US Rallies across Iran. *Fars-Iran*. 4 November 2018。）

66. 埃及表示与以色列签署和平协议是民心所向

据i24NEWS报道，11月5日，在与巴勒斯坦民族权力机构主席阿巴斯会晤后，埃及总统塞西称，埃及与以色列之间的和平协议是稳定和永久的。塞西随后还在沙姆沙伊赫举行的世界青年论坛上发表讲话，乐观地谈到了与以色列的和平，他说大多数埃及人都支持他。塞西说："当萨达特提出和平的想法时，没有人认为这个想法是普遍意见所能接受的。"塞西的讲话是埃及新任驻以色列大使到任之际发表的。

（来源：i24News 11月5日讯；《埃及领导人称大多数埃及人认为埃以和平协议是稳定和永久的》；Egyptian Leader Says Most Egyptians Support "Stable and Permanent" Peace Agreement with Israel. *i24News*. 5 November 2018。）

67. 国际金融信息系统将遵守美国对伊朗的制裁

据英国《金融时报》11月5日报道，国际金融信息系统（SWIFT）宣称，将遵守美国对伊朗的制裁决议。总部位于比利时的国际金融信息系统表示："为了保持全球金融系统作为中立服务提供商的弹性和完整性的使命，我们暂停某些伊朗银行对信息系统的访问。这种做法令人遗憾，但为了更广泛的全球金融体系的稳定和完整，我们不得不采取这一措施。"

（来源：英国《金融时报》11月5日讯；迈克尔·皮尔：《国际金融信息系统宣称将遵守美国对伊朗的制裁，直指欧盟》；Michael Peel. SWIFT to Comply with U. S. Sanctions on Iran in Blow to EU. *Financial Times-UK*. 5 November 2018。）

68. 美国称将在叙利亚清除"伊斯兰国"的最后痕迹

据《纽约时报》11月6日报道，美国宣称将在叙利亚东部与"伊斯兰国"的武装继续战斗，直至清除其最后的势力为止。10月，美国参谋长联席会议主席约瑟夫·邓福德上将宣布每月向该地区派遣约100名士兵。11月初导致美国飞机停飞的沙尘暴，使得"伊斯兰国"有复苏迹象。上周，叙利亚民主力量在美国的帮助下与"伊斯兰国"进行战斗，但是，在土耳其炮击了库尔德人阵地后暂停了行动。

（来源：《纽约时报》11月6日讯；埃里克·施密特：《在叙利亚与"伊斯兰国"的最后痕迹做斗争》；Eric Schmitt. Fight Against Last Vestige of ISIS in Syria Stalls. *New York Times*. 6 November 2018。）

69. 以色列与阿拉伯国家关系升温

据英国BBC 11月16日报道，自上个月以色列总理内塔尼亚胡访问阿曼之后，以色列与阿拉伯国家的关系在缓慢升温。上个月内塔尼亚胡对阿曼进行了为期8小时的访问，这是20多年来以色列领导人首次访问阿曼，标志着双方融冰之旅正式开始，具有重要的象征意义。对于以色列与阿拉伯关系升温，沙特阿拉伯采取积极的态度，巴勒斯坦人则持谨慎态度。目前，承认以色列的阿拉伯国家只有约旦和埃及。

（来源：英国BBC 11月16日讯；Yolande Knell：《阿以关系升温》；Yolande Knell. Israel-Arab

Ties Warm Up. *BBC*. 6 November 2018。)

70. 遭受制裁的伊朗的愤怒

据路透社报道，面对美国重新启动的制裁，伊朗民众非常愤怒。大多数伊朗人在美国制裁下，面临经济压力增加、生活成本提高等困境，但都在努力克服困难。少数伊朗民众则将矛头直指包括神职人员、官员及其家人在内的少数特权阶层，特权阶层对奢侈品的消费更给民众带来口实。尽管伊朗政府迅速采取措施以平息民众愤怒，但某些高级官员和神职人员依然成为舆论攻击的对象。

（来源：路透社 11 月 7 日讯；Babak Dehghanpisheh：《面对新的制裁，伊朗人的强大愤怒》；Babak Dehghanpisheh. Facing New Sanctions, Iranians Vent Anger at Rich and Powerful. *Reuters*. 7 November 2018。)

71. 法国向叙利亚 3 名高官发出逮捕令

据 France 24 报道，法国于 10 月 8 日向 3 名叙利亚高级情报官员和政府官员发出国际逮捕令，指控他们犯有战争罪。叙利亚阿萨德总统的资深顾问马姆卢克（Mamlouk）、空军情报部门负责人贾米尔·哈桑（Jamil Hassan）和空军情报高级官员阿卜杜勒·萨拉姆（Abdel Salam）均名列其中，他们被指控犯有酷刑、危害人类罪和战争罪。此外，法庭还表示，无论他们在不在法国都将得到应有的审判。

（来源：France 24、法新社和路透社 10 月 8 日讯；《法国发布三名叙利亚安全官员因战争罪行而被捕的逮捕令》；France Issues Arrest Warrants for Three Syrian Security Officials over Prison Torture. *France 24 with AFP and Reuters*. 8 November 2018。)

72. 联合国核查"伊斯兰国"在伊拉克留下的乱葬墓

据 AP 报道，联合国调查人员于 11 月 6 日核查了伊朗克北部 200 多座集体坟墓，发现了 6000 至 1.2 万具尸体。从 2014 到 2017 年，"伊斯兰国"统治伊拉克北部时犯下了累累暴行。他们在周边进行武装行动时，对被俘的安全部队成员、少数民族、雅兹迪教派等人进行了血腥的杀戮。联合国表示，这一行为构成了种族灭绝。此外，还发现了 2014 年"斯坎切尔大屠杀"的 1700 多名受害者遗体。

（来源：AP 11 月 6 日讯；《联合国核查了伊拉克"伊斯兰国"留下的 200 个乱葬坑》；UN Verifies 200 Mass Graves Left by Islamic State in Iraq. *AP*. 6 November 2018。)

73. 阿拉伯人抵制耶路撒冷城市选举

据《以色列时报》报道，根据耶路撒冷市政网站上公布的结果，10 月 30 日举行的耶路撒冷市政选举中，阿拉伯人未能赢得市议会席位。阿拉伯人获得占总数 1.2% 的选票（3001 张），但获得一个席位需要大约 8000 张选票。选举日，东耶路撒冷的投票站非常冷清，阿拉伯人普遍抵制这一选举。东耶路撒冷阿拉伯人抵制选举延续了几十年，2013 年的地方选举中甚至只有不到 1% 的阿拉伯人投票。

（来源：《以色列时报》11 月 7 日讯；亚当·拉斯冈：《耶路撒冷阿拉伯人继续抵制城市选举》；Adam Rasgon. Jerusalem Arabs Continued Their Boycott of City Elections. *Times of Israel*. 7 November

2018。)

74. 以色列确保其利益不会因叙利亚有 S-300 系统而改变

据俄罗斯塔斯社报道，11月7日，以色列国防军发言人乔纳森·康里克斯（Jonathan Conricus）宣称，尽管叙利亚部署了俄罗斯的 S-300 防空系统，以色列军方仍有能力保护本国的安全和利益。康里克斯指出，以色列军方将继续执行政府指令，保障国家安全。他还提到，以色列空军训练有素，情报系统出色，能圆满执行政府的指令。

（来源：俄罗斯塔斯社11月7日讯；《尽管在叙利亚安置了俄罗斯的 S-300 系统，以色列仍将确保其利益》；Israel to Secure its Interests Despite Placement of S-300 Systems in Syria. *Tass-Russia*. 7 November 2018。)

75. 以色列呼吁与海湾国家加强合作

据路透社报道，11月8日，以色列运输和情报部长卡茨（Yisrael Katz）访问阿曼后称，以色列和海湾阿拉伯国家应在航空安全以及交通运输和旅游业等其他民用领域进行合作。以色列与海湾国家合作空间较大，以色列在海水淡化、灌溉农业和医药方面也能为海湾国家提供帮助。此外，卡茨还指出，加强双方的合作可以促进彼此的利益。

（来源：路透社11月9日讯；亚历山大·康威尔：《以色列部长呼吁与海湾国家合作》；Alexander Cornwell. Israeli Minister Calls for Cooperation with Gulf States. *Reuters*. 9 November 2018。)

76. 卡塔尔称将援助加沙地带

据《华尔街日报》11月9日报道，以色列允许卡塔尔为加沙的哈马斯政府雇员提供薪水，并向5万个家庭提供每户100美元的援助。此外，卡塔尔还向加沙提供了足够的燃料，为居民提供每天16小时的电力。

（来源：《华尔街日报》11月9日讯；Felicia Schwartz、Abu Bakr Bashir：《卡塔尔将提供加沙的薪资和电力》；Felicia Schwartz & Abu Bakr Bashir. Qatar Funds Salaries. Electricity in Gaza. *Wall Street Journal*. 9 November 2018。)

77. 以总理称欧洲国家应改变对以色列的敌对态度

据《以色列时报》报道，11月11日，内塔尼亚胡在法国出席第一次世界大战纪念仪式后表示，以色列是中东地区的欧洲盾牌，屏蔽了恐怖主义的蔓延。他说："当我们保护自己时，我们也在保护欧洲。"他建议，欧洲领导人应该"改变他们对我们的态度"。近年来，以色列多次强调自己为盟国提供情报以防范恐怖袭击的作用。

（来源：《以色列时报》11月11日讯；《内塔尼亚胡：欧洲国家应该改变对以色列的单方面和敌对的做法》；Netanyahu: European Nations Should Change "One-Sided and Hostile Approach" to Israel. *Times of Israel*. 11 November 2018。)

78. 美国宣称将加大对伊朗的制裁力度

据民主国防基金会的分析，自从上周美国对伊朗实施制裁以来，美国财政部认定

706 个实体、个人在"伊朗的恶意活动"中发挥作用,这是向伊朗施压的重要一步。219 名首次列入制裁名单的实体和个人中,许多是哈梅内伊商业帝国的组成部分,包括支持伊斯兰革命卫队的金融机构以及负责伊朗核武器和弹道导弹计划的公司和个人。美国国家安全顾问约翰·博尔顿指出,这只是美国经济制裁的开始,以后还将继续增大。

(来源:民主国防基金会消息;Annie Fixler、Zachary Jutcovich:《新的伊朗制裁为增加经济压力留下了空间》;Annie Fixler & Zachary Jutcovich. New Iran Sanctions Leave Room for Additional Economic Pressure. *Foundation for Defense of Democracies*. 9 November 2018。)

79. 以色列通报加沙战斗情况

据《以色列时报》报道,11 月 13 日,为应对哈马斯向以色列境内目标发射火箭弹,以色列国防军袭击了加沙地带的 150 多个军事目标。以色列国防军发言人康里库斯称,哈马斯和伊斯兰"圣战"组织向以色列发射了 400 多枚迫击炮弹和火箭弹,以色列征召了部分空军预备役部队。他说:"哈马斯的领导层大部分时间都停留在地下,使用计时器和其他遥控装置发射火箭,以避免遭到以色列空袭。"

(来源:《以色列时报》11 月 13 日讯;犹大·阿里·格罗斯:《以色列国防军发言人报道加沙战斗》;Judah Ari Gross. IDF Spokesman Reports on Gaza Fighting. *Times of Israel*. 13 November 2018。)

80. 以色列国防部长利伯曼辞职

据《耶路撒冷邮报》报道,11 月 15 日,以色列国防部长阿维格多·利伯曼宣布辞职(Avigdor Liberman),原因是不满以色列对巴勒斯坦火箭攻击的软弱反应。他称,政府已屈服于恐怖主义,并在新闻发布会上坚决拒绝与哈马斯停火,认为哈马斯不应随意在以色列边境制造动乱。利伯曼执政联盟要求联盟政府迅速采取行动,以决定选举日期。

(来源:《耶路撒冷邮报》11 月 15 日讯;《以色列国防部长辞职》;Israel's Defense Minister Resigns. *Jerusalem Post*. 15 November 2018。)

81. 以色列和哈马斯在加沙地带停火

据《华盛顿邮报》报道,11 月 13 日,加沙的巴勒斯坦各派别表示经埃及斡旋,已经与以色列达成停火协议,自 2014 年战争以来最严重的武装冲突终于停火。以色列称加沙地带向以色列发射了 460 枚火箭弹,以色列飞机则对加沙进行了 160 多次空袭。

(来源:《华盛顿邮报》11 月 13 日讯;露丝·艾格拉斯:《自 2014 年战争以来最严重的战斗后加沙停火》;Ruth Eglash. Palestinian Factions Say Gaza Cease-fire Reached after Worst Fighting since 2014 war. *Jerusalem Post*. 13 November 2018。)

82. 国际原油产量增加抵消制裁伊朗后原油市场的缺口

据《华尔街日报》报道,11 月 13 日,欧佩克(OPEC)和俄罗斯原油产量在 10 月持续攀升,抵消了美国制裁伊朗后国际原油市场的缺口。其中,石油供应量的增加主要来自阿联酋、沙特阿拉伯和俄罗斯。

（来源：《华尔街日报》11 月 13 日讯；Sarah McFarlane：《欧佩克、俄罗斯原油产量增加抵消伊朗损失》；OPEC, Russia Crude Production Increases Offset Iran losses. *Wall Street Journal*. 13 November 2018。）

83. 美国学者撰文分析伊朗核问题

美国学者迈克尔·赫什在《外交政策》上撰文分析伊朗核问题，他认为，伊朗的核设施比西方情报机构和国际原子能机构所预测的更为先进。如果伊朗重新启动其离心机，可以在 7—12 个月内生产武器级铀。赫什认为，华盛顿和国际原子能机构不断低估德黑兰的核能力。如果伊朗退出 2015 年签订的核协议，它将会在几个月内拥有核武器。

（来源：《外交政策》11 月 13 日文章；迈克尔·赫什：《与情报机构的思想相比，伊朗更接近核弹》；Michael Hirsh. Iran Was Closer to a Nuclear Bomb Than Intelligence Agencies Thought. *Foreign Policy*. 13 November 2018。）

84. 欧盟计划与伊朗难以实现非美元贸易结算

据路透社报道，由于对美国制裁的担忧，欧盟与伊朗进行非美元贸易结算的计划难以实现。这一计划目的在于保护欧盟与伊朗的贸易免受美国的新制裁。奥地利明确拒绝了这一计划，比利时和卢森堡则持保留态度。文章认为，欧盟在这一问题上的退缩，将会导致伊朗强硬派得势，并刺激伊朗更大规模地介入当前的中东事务。

（来源：路透社 11 月 14 日讯；约翰·爱尔兰：《欧盟计划难以实现非美元伊朗贸易，石油销售解体》；John Irish. EU Plan to Enable Non-Dollar Iran Trade, Oil Sales Unraveling. *Reuters*. 14 November 2018。）

85. 哈马斯抨击美国对其二号人物的赏金

据土耳其阿纳多卢通讯社报道，11 月 14 日，哈马斯强烈抨击了美国悬赏哈马斯二号人物萨利赫·阿鲁里（Saleh al-Arouri）的行为。此前，美国悬赏 500 万美元，用以征集哈马斯政治局副主席萨利赫·阿鲁里的相关信息。哈马斯声明中表示，此举"符合以色列的利益，是针对巴勒斯坦人民的种族主义和侵略政策"，并表示萨利赫·阿鲁里将继续留在哈马斯政治局副主席的职位上。美国财政部早在 2015 年就将萨利赫·阿鲁里的名字添加到"恐怖主义"名单中。

（来源：阿纳多卢通讯社 11 月 14 日讯；Nour Abu Aisha：《哈马斯抨击美国对该组织二号人物的赏金》；Nour Abu Aisha, Hamas Slams U. S. Bounty on Its Second-in-Command. *Anadolu*. 14 November 2018。）

86. 以色列专家称加沙停火并非哈马斯的胜利

据俄罗斯 Sputnik 报道，11 月 14 日，希伯来大学的政治学家亚伯拉罕·迪斯金教授对加沙最近发生的事件进行了评论，他告诉斯普拉特尼克广播电台："据我评估的情况，哈马斯是真的要求停火……以色列的军事行动非常谨慎，尽量不造成太多人员伤亡，特别是平民伤亡，但我认为哈马斯受到的打击非常严重……这与哈马斯的胜利相距甚远。尽管哈马斯这样说，但我认为恰恰相反。"

（来源：俄罗斯 Sputnik 11 月 14 日讯；Khalil Hamra：《以色列专家：加沙停火不是哈马斯的胜利》；Khalil Hamra. Israeli Expert: Gaza Ceasefire Was No Hamas Victory. *Sputnik-Russia*. 14 November 2018。)

87. 美国将否决联合国关于戈兰高地的决议

美国驻联合国代表团发布消息称，11 月 15 日，美国将对联合国关于以色列占领下的戈兰高地的决议投反对票。美国驻联合国大使尼基·海利说："当联合国对戈兰高地进行无用的年度投票时，美国将不再弃权"。

（来源：美国驻联合国代表团 11 月 15 日消息；《美国投票反对联合国对戈兰高地的决议》；Ambassador Haley on the United States Changing its Vote from Abstain to No on the Annual UN Resolution on the Golan Heights. *United States Mission to the United Nations*. 15 November 2018。）

88. 17 名涉嫌谋杀卡舒吉的沙特人将受到美国制裁

据《纽约时报》报道，11 月 15 日，在沙特阿拉伯检察官宣布对 5 名参与卡舒吉事件的犯罪嫌疑人做出死刑判决后，美国宣布对涉及卡舒吉案件的 17 名沙特嫌疑犯进行制裁。特朗普对这一决议并未做出表态，此前，他坚决反对将卡舒吉案件与沙特王储相联系。而针对 17 名嫌疑人的制裁也并未平息美国国会的愤怒，美国官员仍认为卡舒吉事件是有预谋的，沙特王储仍在掩饰自己的行为。

（来源：《纽约时报》11 月 15 日讯；Mark Landler、Gardiner Harris：《涉嫌参与谋杀卡舒吉的 17 名沙特人将受到美国制裁》；Mark Landler & Gardiner Harris. U. S. Levels Sanctions on 17 Saudis for Alleged Involvement in Khashoggi Killing. *The New York Times*. 15 November 2018。）

89. "近东救济工程处"缩小资金缺口

据路透社报道，11 月 16 日，联合国巴勒斯坦援助机构"近东救济工程处"基本上已经弥补美国退出所造成的 3 亿美元的缺口。因联合国大会拒绝美国承认耶路撒冷为以色列首都的提案，美国宣布撤销对联合国救济工程处的大部分资金。此举使欧盟成为"近东救济工程处"最大的捐助者。随后，日本也增加了资金。沙特、卡塔尔、科威特、阿联酋等 4 个海湾国家则捐助了 2 亿美元。

（来源：路透社 11 月 16 日讯；汤姆·迈尔斯：《联合国巴勒斯坦援助机构在特朗普退出后缩小了资金缺口》；Tom Miles. U. N. Palestinian Aid Agency Nnarrows Funding Gap after Trump Exit. *Leuters*. 16 November 2018。）

90. 内塔尼亚胡兼任以色列国防部长

据《以色列时报》报道，11 月 18 日的电视讲话中，内塔尼亚胡宣布，他将担任国防部长职务，拒绝接受重新选举的要求，并表示以色列正处于军事行动当中。他表示，尽管执政联盟出现危机，但在此时举行大选是"不负责任的"。由于利伯曼辞职，执政联盟减少到 61 席，但仍占多数。在教育部长贝内特（Naftali Bennett）表示他领导的党仍是政府的一部分后，内塔尼亚胡政府将继续运行。

（来源：《以色列时报》11 月 18 日讯；拉乌尔·沃特利夫：《内塔尼亚胡成为以色列国防部

长，新选举没有进行》；Raoul Wootliff. Naming Himself Defense Chief, Netanyahu Says 'no room for politics' in Security. *The Times of Israel*. 18 November 2018。）

91. 以色列坚持对戈兰高地的控制

据《华盛顿邮报》报道，11 月 16 日，联合国大会委员会周五以 151 票赞成、14 票弃权的表决结果通过了一项草案，该草案认定以色列占领下的戈兰高地属于叙利亚政府，以色列占领属于非法行为。美国在投票中由以往的弃权改为反对票。以色列大使丹尼·达农（Danny Danon）感谢美国对这一决议的立场，并表示对该地区的真正威胁来自叙利亚和伊朗。达农表示，戈兰高地对以色列的安全至关重要，并且是其合法的领土，以色列不会退出。

（来源：《华盛顿时报》11 月 16 日讯；卡罗尔·莫雷洛：《叙利亚和以色列外交官在戈兰高地问题上发生冲突》；Carol Morello. Syrian and Israeli Diplomats Clash at UN over Golan Heights. *Washington Post*. 16 November 2018。）

92. 美国称卡舒吉事件尚未做出结论

据《华盛顿邮报》报道，尽管美国中情局（CIA）认定是沙特王储下令杀害卡舒吉，但美国务院在 11 月 17 日回应称，尚未得出最终结论。特朗普也表示，CIA 的评估结果"为时过早"。美国国务院发言人表示："关于谋杀卡舒吉的问题，仍有许多未解决的问题……美国国务院将继续与其他国家合作，寻找事实真相，对杀害卡舒吉的相关人士追究责任……与此同时，美国将保持与沙特之间的重要战略关系。"

（来源：《华盛顿邮报》11 月 17 日讯；沙恩·哈里斯、格雷格·米勒、约什·道西：《中情局总结沙特王储与贾马尔·卡舒吉暗杀事件》；Shane Harris. Greg Miller and Josh Dawsey, CIA Concludes Saudi Crown Prince Ordered Jamal Khashoggi's Assassination. *The Washington Post*. 17 November 2018。）

93. 学者撰文分析卡舒吉事件对沙特王室的影响

耶路撒冷公共事务中心撰文分析了卡舒吉遇害对沙特王室的影响。据美国知情者称，谋杀卡舒吉是在穆罕默德·本·萨勒曼直接授意下进行的；但最后沙特声称，谋杀与萨勒曼无关。很明显，沙特的反应过于缓慢，并没有抓住国际舆论的变化，也没有提供足够的答案。萨勒曼不再被视为改革派或有远见的人，而是一个无所不用其极的残酷的政治家。特朗普感到沙特误导了他，并在媒体和国会压力下，首次对沙特实施制裁。而土耳其、卡塔尔、伊朗、叙利亚等国成为这一事件的最终赢家。

（来源：耶路撒冷公共事务中心文章；Jacques Neriah：《卡舒吉事件对沙特王室的影响》；Jacques Neriah. Implications of the Khashoggi Murder for the House of Saud. *Jerusalem Center for Public Affairs*. 19 November 2018。）

94. 约旦要求以色列增加供水

据《以色列时报》报道，约旦官员在 11 月 19 日抵达以色列，要求以色列增加对约旦的供水量。约旦与以色列 1994 年 11 月签署和平条约，其中两份附件规定，两国交界处两块土地主权归属约旦，允许以色列租用土地，租期 25 年。作为和平协议的一部分，以色列已向约旦输送了 5000 万立方米的水。近期，约旦宣布不会续签和平协议，以色列在供水问题上的态度可能发生变化。最近数月以色列压制巴勒斯坦人在巴以边界地带的示威，招致不少约旦民众谴责，再加上以色列欢迎美国大使馆迁至耶路撒冷，这些因素可能促使约旦政府不再与以色列续约。

（来源：《以色列时报》11 月 21 日讯；Toi Staff：《约旦官员要求以色列增加供水》；Toi Staff. Jordanian Officials Said to Ask Israel to Boost Water Supply. *The Times of Israel*. 21 November 2018。）

95. 特朗普称美国将继续成为沙特坚定的合作伙伴

美国白宫发布消息称，11 月 20 日，特朗普发表声明谈到美国与沙特阿拉伯的关系：一方面，谴责了沙特对卡舒吉的谋杀，认为这一行为难以宽恕，并宣布制裁 17 名嫌疑人；另一方面，特朗普强调珍视与沙特阿拉伯的关系，称"在我们与伊朗的非常重要的斗争中，沙特是一个伟大的盟友……美国打算继续成为沙特阿拉伯的坚定伙伴"。白宫认为，建立坚定的伙伴关系将确保美国、以色列和地区伙伴的利益。

（来源：美国白宫 11 月 20 日消息；《特朗普：美国打算继续保持沙特阿拉伯的坚定合作伙伴关系》；Statement from President Donald J. Trump on Standing with Saudi Arabia. *White House*. 20 November 2018。）

96. 以色列在加沙地带的利益

特拉维夫大学国家安全研究所撰文分析了以色列在加沙地带的利益。去年，哈马斯改善了对以色列和巴勒斯坦权力机构的战略态势。自从被选为加沙哈马斯政治局主席以来，叶海亚·辛瓦尔（Yahya Sinwar）已经将斗争的重点从关注宗教—民族主义转向人道主义—民生领域。发射火箭弹被沿着边界围栏的大规模游行所取代。文章认为，以色列目前的政策目标是阻止哈马斯再度使用武力。

（来源：特拉维夫大学国家安全研究所 11 月 20 日文章；金·拉维、乌迪·德克尔：《以色列对加沙的利益》；Kim Lavi & Udi Dekel. Looking at the Gaza Strip: From Short Term to Long Term. *The Institute for National Security Studies*. 20 November 2018。）

97. 2018 年前三季度伊朗对欧盟出口增长 25%

据《金融论坛》11 月 21 日报道，2018 年欧盟对伊朗的出口增长了 25%。2018 年前三个季度，伊朗与 28 个欧盟成员国之间的贸易额为 148.9 亿欧元，与去年同期相比增长了 7.5%。伊朗对欧盟的出口增长了 25%，而进口下降了 8%。伊朗在此期间的五大贸易伙伴为：意大利、西班牙、德国、法国和希腊，贸易额分别为 37.8 亿欧元、23.1 亿欧元、22.8 亿欧元、22.5 亿欧元和 11.1 亿欧元。与克罗地亚（6321 万欧元）、匈牙利（8776 万欧元）、拉脱维亚（639 万欧元）、西班牙（23.1 亿欧元）和奥地利（577.34 亿欧元）的贸易额增长最快。

（来源：《金融论坛》11 月 21 日讯；《2018 年伊朗对欧盟出口增长 25%》；Iran-EU Trade Rises 7.5% to 25% 3 Quarters of 2018. *Financial Tribune*. 21 November 2018。）

98. 伊朗宣称可以打击美国在中东的基地

据伊朗国防部 11 月 22 日消息，伊朗军方称，美国在阿富汗、阿联酋和卡塔尔的基地以及美国在波斯湾的航空母舰都在伊朗导弹触手可及的范围内。此外，卡塔尔、阿联酋、阿富汗的美国空军基地也都在伊朗导弹覆盖范围内。军方还声称，伊朗的无人机技术已经有一定突破，对周边美国军事基地情报的掌握较为全面。

（来源：伊朗国防部 11 月 22 日消息；《伊朗警告它可能打击美国的基地》；US bases in Qatar, UAE, Afghanistan within Reach of Iran Missiles：IRGC. *Home Iran Defence*. 22 November 2018。）

99. 美国拒绝波拉德移民以色列的请求

据《耶路撒冷邮报》报道，11 月 21 日，美国司法部拒绝了内塔尼亚胡的请求，允许乔纳森·波拉德在以色列的剩余假释期内服刑。波拉德于 2015 年 11 月 20 日因传递机密信息而服刑 30 年，后被假释。内塔尼亚胡已与美国司法部磋商数月，试图确保波拉德被转移到以色列，但美国司法部鉴于波拉德犯罪的严重性，拒绝了这一请求。

（来源：《耶路撒冷邮报》11 月 21 日讯；吉尔霍夫曼：《美国拒绝波拉德移民以色列的请求》；Gil Hoffman. U. S. Reject Netanyhu's Request to Allow Pollard to Immrgate to Israel. *Jerusalem Post*. 21 November 2018。）

100. 美国指责伊朗未通报其化学武器

据路透社报道，11 月 22 日，美国大使肯尼斯·沃德称，伊朗没有向"禁止化学武器组织"通告其所有化学武器的能力，违反了国际防扩散公约。他在"禁止化学武器组织"会议上说，伊朗没有报告航空炸弹的生产设施。沃德引用了发现的化学填充的炮弹、迫击炮和炸弹作为证据。他称"美国也担心伊朗正在寻求破坏中枢神经系统的化学物质。"

（来源：路透社 11 月 22 日讯；Anthony Deutsch：《美国指责伊朗没有通报其化学武器》；Anthony Deutsch. U. S. Ambassador：Iran Failed to Declare All Chemical Weapons to Global Agency. *Reuters*. 22 November 2018。）

101. 吉拉德访问欧洲批评欧洲支持 BDS 运动

据《耶路撒冷邮报》报道，以色列公共安全和战略事务部长吉拉德·厄丹（Gilad Erdan）在 11 月 22 日访问欧洲时，批评欧洲支持的 BDS 运动（"抵制、制裁、撤资以色列"）。他认为恐怖组织和 BDS 组织之间存在"旋转门"。他将呼吁欧洲领导人停止向 BDS 运动或与恐怖组织有联系的非政府组织提供官方资助。

（来源：《耶路撒冷邮报》11 月 22 日讯；Herb Keinon：《吉拉德·厄丹欧洲之行：你们资助 BDS 是支持恐怖组织的运动》；Herb Keinon. Gilad Erdan to Europe：You Fund BDS, A Movement Aiding Terror Groups. *Jerusalem Post*. 22 November 2018。）

102. 美学者撰文分析埃及的经济复兴情况

美国华盛顿近东政策研究所学者撰文，分析了埃及的经济复兴。国际货币基金组织对埃及的经济改革做出了积极评估。2011 年埃及革命引发了经济危机，外国直接投资和旅游收入大幅下降。2013 年塞西总统推翻穆斯林兄弟会领导的政府后，接受了国际货币基金组织的紧缩计划，通过减税和削减能源补贴来削减开支。目前，埃及的财政健康状况已基本恢复到革命前的水平。国际货币基金组织预计，埃及今年的增长率将达到 5.3%，2019 年将达到 5.5%。从 2017 年 9 月到 2018 年 9 月，埃及的外国游客数量增加了 40%。

（来源：美国华盛顿近东政策研究所 11 月 19 日文章；巴拉克·巴菲：《埃及经济崛起，权利下降》；Barak Barfi. Egypt's Economy Rising, Rights Declining. *The Washington Institute*. 19 November 2018。）

103. 鲁哈尼称以色列是西方创造的"癌症肿瘤"

据卡塔尔半岛电视台报道，11 月 24 日，伊朗总统哈桑·鲁哈尼称以色列为"癌症肿瘤"，是西方国家建立的"傀儡政权"。虽然伊朗领导人经常谴责以色列并预言其灭亡，但鲁哈尼很少采用这种言论。他称，如果伊朗屈服于美国的压力，相当于"叛国"行为。

（来源：卡塔尔半岛电视台 11 月 24 日讯；《伊朗的鲁哈尼称以色列为罕见爆发的"癌症肿瘤"》；Iran's Rouhani Calls Israel a "cancerous tumor", in Rare Outburst. *Al jazeera*. 24 November 2018。）

104. 乍得总统代比访问以色列

据以色列《国土报》报道，11 月 25 日，乍得总统伊德里斯·代比访问以色列，在耶路撒冷与以色列总理内塔尼亚胡进行会谈。乍得的消息人士称，以色列今年向乍得军队提供了武器和其他装备，帮助打击北方叛乱分子。乍得曾与以色列建交，但在 1972 年迫于利比亚前领导人卡扎菲的压力，与以色列断交。

（来源：以色列《国土报》11 月 25 日讯；诺阿·兰道：《乍得穆斯林总统访问以色列》；Noa Landau. President of Chad Visits Israel, 46 Years After Ties Were Severed. *Haaretz*. 25 November 2018。）

105. 以色列、塞浦路斯、希腊和意大利就欧洲天然气管道达成协议

据路透社报道，11 月 25 日，经过两年的密集讨论，以色列、塞浦路斯、希腊和意大利在欧盟的支持下达成合作协议，决定建设从东地中海向欧洲出口天然气的水下管道。以色列、塞浦路斯、希腊和意大利于 2017 年 12 月首次签署了谅解备忘录。目前，各国敲定了有关天然气管道建设的合作细节。估计需要一年时间来安排项目融资，5 年时间铺设管道，管道将在 2025 年修建完成。

（来源：路透社 11 月 25 日讯；Sonia Gorodeisky：《以色列—欧洲天然气管道协议达成》；Sonia Gorodeisky. Agreement Reached on Israel-Europe Gas Pipeline. *Reuters*. 25 November 2018。）

106. 美国国务卿称鲁哈尼的评论"危险且不负责任"

美国国务院 11 月 26 日发布消息，国务卿蓬佩奥谴责了伊朗总统鲁哈尼将以色列称为"癌症性肿瘤"和"傀儡政权"的评论。蓬佩奥认为，这些声明是在呼吁战争，加剧了该地区的紧张局势。在一次关于伊斯兰团结的国际会议上，鲁哈尼鼓励世界各地的穆斯林团结起来反对美国。蓬佩奥称，这是一个"危险且不负责任"的举措，将进

一步加深伊朗的孤立。

（来源：美国国务院 11 月 26 日消息；《蓬佩奥：伊朗总统致力于进一步将伊朗政权与世界和伊朗人民隔离开来》；Michael R. Pompeo. Iran's President Works To Further Isolate Iranian Regime From Both World and Iranian People. *U. S State Department*. 26 November 2018。）

107. 学者分析美国对叙利亚的政策

Asharq Al-Awsat-UK 撰文分析了美国对叙利亚的政策。美国从叙利亚民主力量（QSD）招募、培训了 3 万名以库尔德人为主体的民兵组织，以打击叙利亚境内伊朗支持的武装部队。美国借助和支持叙利亚库尔德人，以对抗"伊斯兰国"、伊朗、叙利亚甚至土耳其。美国也在效仿伊朗，将战争转变为"代理人战争"。

（来源：Asharq Al-Awsat-UK 文章；阿卜杜勒·拉赫曼·拉希德：《美国在叙利亚的代理人》；Abdulrahman Al-Rashed. America's Proxy in Syria. *Asharq Al-Awsat-UK*. 27 November 2018。）

108. 美国游说欧洲在联合国投票谴责哈马斯

据法新社报道，11 月 27 日，以色列大使丹尼·达农表示，美国正在联合国努力争取欧洲国家的支持，以达成谴责哈马斯的决议。联合国大会将在 11 月 30 日或 12 月 4 日就美国提出的"谴责哈马斯向以色列发射火箭并要求其停止使用暴力"的议案进行表决。如果议案通过，这将是联合国大会首次通过投票谴责哈马斯。

（来源：法新社 11 月 27 日讯；《美国游说欧洲在联合国投票谴责哈马斯》；US lobbies Europe to Back UN Vote on Condemning Hamas. *AFP-Daily Mail-UK*. 27 November 2018。）

109. 美国务卿称美沙关系至关重要

11 月 27 日，美国国务卿蓬佩奥在《华尔街日报》发表文章称，一方面，美国不会宽恕沙特对卡舒吉的谋杀，这与美国的价值观冲突；另一方面，美国不能降格与沙特的关系，沙特是中东稳定的强大力量，关系到美国及其盟国的国家安全。

（来源：《华尔街日报》11 月 27 日讯；《美国与沙特的伙伴关系至关重要》；Mike Pompeo. The U. S. -Saudi Partnership Is Vital. *The Wall Street Journal*. 27 November 2018。）

110. 以色列与苏丹召开秘密会议

据 Axios 报道，11 月 28 日，一名知情人士透露了 2017 年以色列和苏丹官员在土耳其伊斯坦布尔举行会议的重要信息，指出双方讨论了两国关系的前景以及以色列在医药、农业和经济领域对苏丹可能的援助，并讨论了是否有可能恢复以色列与阿拉伯国家的外交关系。苏丹曾经是哈马斯的重要支持者，也是伊朗的盟友。2014 年以来，苏丹开始与伊朗保持距离，向沙特阿拉伯靠拢。

（来源：Axios 11 月 28 日讯；巴拉克·拉维德：《以色列与苏丹之间的秘密会议》；Barak Ravid. Scoop：The Secret Meeting between Israel and Sudan. *Axios*. 28 November 2018。）

111. 美国要求巴勒斯坦释放因向定居者出售土地而被拘的公民

据 Axios 报道，11 月 28 日，美国政府要求巴勒斯坦权力机构释放被关押在拉马拉的美国公民 Isaam Akel。两个月前，Akel 因涉嫌向以色列人出售耶路撒冷房产而被逮捕。美国驻以色列大使戴维·弗里德曼在"推特"上写道："阿克尔被捕与美国和所有倡导和平共处的人的价值观是对立的。美国要求巴勒斯坦立即释放他。"

（来源：Axios 11 月 28 日讯；Barak Ravid：《美国要求巴勒斯坦释放因向定居者出售土地而被拘留的公民》；Barak Ravid. U. S. Demands Palestinians Release Citizen Held for Selling Land to Settlers. *Axios*. 28 November 2018。）

112. 美国在叙利亚北部设观察哨

据 Military.com 报道，美国国防部长马蒂斯命令美军在叙利亚北部设立观察哨所，目的是阻止土耳其军队袭击美国支持的叙利亚反对派。马蒂斯称，美国通过与叙利亚民主力量（SDF）的合作，来消除"伊斯兰国"在叙利亚的最后残余。

（来源：Military.com 11 月 27 日讯；理查德·西斯克：《马蒂斯命令美军在叙利亚北部设立观察哨》；Richard Sisk. Mattis Orders US Troops to Set Up Observation Posts in Northern Syria. *Military.com*. 27 November 2018。）

113. 叙利亚宣称击落"敌对目标"

据路透社报道，11 月 29 日，叙利亚防空部队击落了首都大马士革南部基斯瓦镇上空的"敌对目标"。叙利亚官方媒体引用了军方的消息，但未说明目标是什么或来自何处。俄罗斯方面宣称，叙利亚击落了 1 架以色列战机和 4 枚导弹，但遭到以色列军方的否认。

（来源：路透社 11 月 30 日讯；苏莱曼·哈利迪、丹·威廉姆斯：《叙利亚宣称击落"敌对目标"》；Suleiman Al-Khalidi & Dan Williams. Syria Says downs "Hostile Targets" in Suspected Israeli attack. *Reuters*. 30 November 2018。）

114. 以色列暂不任命驻土耳其大使

据阿纳多卢通讯社报道，11 月 27 日，以色列外交部发言人表示，以色列已决定不再任命驻土耳其大使，以回应土耳其驱逐以色列大使的行为，同时决定不再按照互惠原则在伊斯坦布尔任命新领事。但是他也说："恢复彼此的外交代表符合以色列和土耳其的利益"。今年 5 月，土耳其驱逐了以色列驻土耳其大使并召回本国驻以大使，原因是"以色列在加沙地带杀害和平抗议者"。

（来源：阿纳多卢通讯社 11 月 29 日讯；Abdelraouf Arnaout：《以色列决定不任命新任驻土耳其大使》；Abdelraouf Arnaout. Israel Decides not to Appoint New Ambassador to Turkey. *Anadolu*. 29 November 2018。）

115. 学者撰文分析土耳其与以色列关系

民主国防基金会学者撰文分析了土耳其与以色列关系，指出双方贸易蓬勃发展但政治互信度不高。土耳其和以色列已经争吵了 10 年，但经济关系依然强劲。以色列是土耳其十大出口市场之一。土耳其航空公司是特拉维夫以外第二大最受欢迎的航空公司。以色列是阿塞拜疆和伊拉克库尔德地区石油的最大买家，部分原因是土耳其提供了便利的条件。文章认为，埃尔多安积极干预巴以冲突是土以互不信任的主要根源。土耳其充当哈马斯的赞助者和保护者，但土耳其和以色列之间的贸易量仍在继续增加。

（来源：民主国防基金会11月29日文章；Aykan Erdemir、David May：《土耳其与以色列的关系：贸易蓬勃发展但信任度不高》；Aykan Erdemir & David May. Turkey-Israel Relations：Flourishing Trade but Little Trust. *Foundation for Defense of Democracies.* 29 November 2018。）

116. 欧洲同意支持联合国谴责哈马斯的决议

据《以色列时报》11月30日报道，欧盟同意支持美国在联合国大会发起的谴责哈马斯的议案。该决议草案谴责哈马斯多次向以色列发射火箭弹并煽动暴力，从而使平民处于危险中，要求哈马斯和包括巴勒斯坦伊斯兰"圣战"组织在内的其他激进组织停止一切挑衅和暴力活动。

（来源：《以色列时报》11月30日讯；拉斐尔·阿伦：《欧洲同意支持联合国决议谴责哈马斯》；Raphael Ahren. Europe Agrees to back UN Resolution Condemning Hamas Terror Group. *The Times of Israel.* 30 November 2018。）

117. 蓬佩奥称伊朗导弹能携带多个弹头

据NBC新闻报道，12月1日，美国国务卿蓬佩奥表示，伊朗政府刚刚试射了一枚能够装载多枚弹头的中程导弹。这一型号的导弹能够击中欧洲部分地区和中东任何地方。蓬佩奥指出，这项测试违反了联合国安理会的决议，这一决议呼吁伊朗不要"进行任何与弹道导弹有关的活动"。

（来源：NBC News12月2日讯；Phil McCausland、Farnoush Amiri：《蓬佩奥说伊朗导弹能携带多个弹头》；Phil McCausland & Farnoush Amiri. Iran Test Fires Ballistic Missile Capable of Carrying Warheads，Pompeo Says. *NBC News.* 2 December 2018。）

118. 美国敦促欧洲制裁伊朗导弹

据《纽约时报》报道，12月3日；特朗普政府敦促欧洲对伊朗的弹道导弹计划实施严厉的制裁。美国伊朗问题特使布莱恩·胡克表示，伊朗不顾联合国安理会的要求继续进行导弹研发和试验，是对该地区乃至世界的威胁。此前，美国和其他国家在周末谴责了伊朗的导弹发射。胡克还驳斥了伊朗坚持其导弹项目是防御性的说法。

（来源：《纽约时报》12月3日讯；《美国敦促欧洲对伊朗实施对导弹的制裁》；U. S urges Europe to Impose Sanctions on Iran over Missiles. *New York Times.* 3 December 2018。）

119. 默克尔敦促欧盟国家不要将大使馆迁往耶路撒冷

据《耶路撒冷邮报》报道，12月4日，德国总理默克尔发起一场运动，阻止中东欧国家将其首都迁往耶路撒冷。默克尔呼吁罗马尼亚总统克劳斯·约翰尼斯不要将大使馆迁往耶路撒冷。

（来源：《耶路撒冷邮报》12月4日讯；本杰明·温塔尔：《默克尔敦促欧盟国家不要向耶路撒冷迁移大使馆》；Benjamin Weinthal. Merkel Urged EU Countries not to Move Embassies to Jerusalem. *Jerusalem Post.* 4 December 2018。）

120. 卡塔尔将于 2019 年退出欧佩克

据半岛电视台 12 月 4 日报道，卡塔尔能源部长 Saad Sherida al-Kaabi 宣布卡塔尔将于 2019 年 1 月退出欧佩克，并计划在未来几年内将天然气产量从每年 7700 万吨增加到每年 1.1 亿吨。卡塔尔是世界上最大的液化天然气（LNG）供应商，产量占世界总产量的近 30%。

（来源：半岛电视台 12 月 4 日讯；《卡塔尔将于 2019 年 1 月撤出欧佩克》；Qatar to Withdraw from OPEC in January 2019. *Al Jazeera*. 4 December 2018。）

121. 美国要求阿拉伯国家在联合国支持制裁哈马斯

据以色列《国土报》报道，12 月 6 日美国中东和平进程特别代表杰森格林·布莱特致函摩洛哥、阿曼、巴林、约旦、沙特阿拉伯、科威特、阿联酋、埃及和卡塔尔的外交官，要求他们支持联合国谴责哈马斯的决议。格林布拉特指出，反对恐怖主义的国家"没有理由"反对这一决议。

（来源：以色列《国土报》12 月 6 日讯；《美国要求阿拉伯国家支持联合国对哈马斯的决议》；Amir Tibon. White House Asks Arab Countries to Support UN Resolution Against Hamas. *Haaretz*. 6 December 2018。）

122. 联合国大会谴责哈马斯的决议并未生效

据联合国新闻报道，12 月 6 日，多数联合国成员国投票赞成美国周四提出的谴责哈马斯的议案。议案谴责哈马斯"多次向以色列发射火箭弹并煽动暴力，从而使平民处于危险之中"。虽然有 87 票赞成，57 票反对，33 票弃权，但这一议案未获通过。在对该决议进行主要表决前，要进行程序性表决，而程序性表决要求 2/3 多数通过。

（来源：联合国 12 月 6 日讯；《美国谴责哈马斯的议案在联合国大会未能通过》；US Resolution to Condemn Activities of Hamas Voted Down in General Assembly. *UN News*. 6 December 2018。）

123. 伊朗扩大导弹试验

据 Die Welt-Germany 报道，西方的情报文件显示伊朗弹道导弹试验的次数增加了一倍以上。伊朗今年增加了参与试验的导弹型号。2018 年，伊朗试验发射了至少 7 枚中程导弹用于导弹测试。此外，伊朗还发射了至少 5 枚近程导弹和巡航导弹，此举也可能违反核协议的国际法律框架。文章认为伊朗导弹测试可能在两方面取得成果：一是提高导弹运载系统的稳定性；二是提高了导弹命中的准确性。

（来源：Die Welt-Germany 12 月 8 日讯；Daniel-Dylan Böhmer：《伊朗大大扩展了导弹试验》；Daniel-Dylan Böhmer. Iran Significantly Expands Missile Testing. *Die Welt-Germany*. 8 December 2018。）

124. 巴勒斯坦人在加沙举行示威游行

据《耶路撒冷邮报》报道，12 月 7 日，上万名巴勒斯坦人在以色列边界隔离栏附近举行示威游行，哈马斯高级领导人参加。参加示威的巴勒斯坦人向以色列安全部队投掷石块并试图破坏边境屏障。以色列国防军向示威者开枪，造成人员受伤。

(来源:《耶路撒冷邮报》12 月 7 日讯;Zachary Keyser:《75 人在加沙示威中受伤》;Zachary Keyser. Thirty-seven Injured as Thousands Protest on Gaza-Israel Border. *Jerusalem Post.* 7 December 2018。)

125. 伊朗革命卫队宣称伊朗导弹射程超 2000 千米

据伊朗《法尔斯新闻》报道,12 月 3 日,伊朗伊斯兰革命卫队空军指挥官表示,伊朗已经掌握了导弹射程超过 2000 千米的技术,且有能力制造更远射程的导弹。这名官员还表示,对伊朗造成威胁的周边军事基地均在伊朗导弹射程范围内。他还抨击了西方,称美国和欧盟如同一个剪刀的两个刀片,给伊朗施加了巨大的压力。

(来源:伊朗《法尔斯新闻》讯;《革命卫队军官:伊朗可以扩大导弹射程 2000 千米》;Commander: 2,000km Missile Range No Divine Decree, But Longer Range Not Needed. *Fars News.* 10 December 2018。)

126. 德国对伊朗出口迅速上涨

据路透社报道,美国重启对伊朗石油和航运业的制裁之后,德国对伊朗的出口有所增长。这一趋势表明尽管有可能被美国列入黑名单,德国中小型企业仍然愿意继续开展与伊朗的业务。大约 1000 家德国公司与伊朗存在商务往来,其中有 130 家公司在伊朗设立了分支机构。

(来源:路透社 12 月 11 日讯;《德国对伊朗的出口在美国制裁之后飙升》;Rene Wagner & Joseph Nasr. German Exports to Iran Soar Ahead of U. S. Sanctions. *Reuters.* 11 December 2018。)

127. 美国敦促联合国在伊朗导弹禁试方面采取措施

据美国有线电视新闻网(CNN)报道,12 月 12 日,美国国务卿蓬佩奥呼吁联合国禁止伊朗进行弹道导弹试验,并宣称"伊朗利用各国的善意,蔑视多项安理会决议,寻求建立强大的弹道导弹力量"。他呼吁各国"制定检查和阻截措施",旨在打击伊朗绕过现有武器限制的努力。自从伊朗核协议于 2016 年生效以来,伊朗逐渐加强其弹道导弹研发活动,并在特朗普退出伊核协议后进一步加强研发。

(来源:美国有线电视新闻网(CNN)12 月 12 日讯;扎卡里·科恩、詹妮弗·汉斯勒:《蓬佩奥敦促联合国禁止伊朗的导弹试验》;Zachary Cohen & Jennifer Hansler. Pompeo Urges UN to Ban Iranian Missile Tests. CNN. 12 December 2018。)

128. 美国国务院称耶路撒冷是以色列首都

美国国务院发布消息称,美国将承认耶路撒冷为以色列首都,并说明这一承认仅仅是对现实的认可。国务院副发言人于 12 月 11 日提到美国是第一个承认以色列和第一个承认耶路撒冷是以色列首都的国家,这是对现实的承认。他还指出,耶路撒冷一直是以色列议会、最高法院、政府机构、总统和总理的驻地。但美国长期以来未能认清这一现实,没能使巴勒斯坦和以色列达成新的和平协议。

(来源:美国国务院 12 月 11 日消息;Robert Palladino:《国务院会谈记录》;Robert Palladino. Department Press Briefing. *U. S. State Department.* 11 December 2018。)

129. 土耳其将受美国支持的叙利亚库尔德人视为威胁

据《华尔街日报》报道，12月12日，土耳其总统埃尔多安指出，土耳其将在叙利亚东北部进行军事干预，打击美国支持的库尔德反政府武装。五角大楼发言人明确回应，任何一方对叙利亚东北部采取单方面军事行动，特别是美国人员可能在场或在附近，都将是一个引发严重关切的问题，任何此类行动都是不可接受的。此外，他还表示库尔德人是美国反对"伊斯兰国"的坚实伙伴。随即，美国设置了观察哨，旨在防止库尔德人袭击土耳其。

（来源：《华尔街日报》12月12日讯；David Gauthier-Villars：《土耳其威胁要瞄准叙利亚的库尔德人》；David Gauthier-Villars. Turkey Will Target U. S. -Backed Syrian Kurds Within Days. *The Wall Street Journal*. 12 December 2018。）

130. 美国参议院就也门内战和卡舒吉时事件做出决议

据《华盛顿邮报》报道，12月13日，美国参议院以56票对41票通过决议，决定美国不再支持沙特领导的在也门的军事行动，然后一致批准了一项措施：指责王储穆罕默德·本·萨勒曼下令在伊斯坦布尔杀害记者贾马勒·卡舒吉。涉及也门的决议由民主党人伯尼·桑德斯（Sens. Bernie Sanders）和迈克·李（Mike Lee）提出；与特朗普同一阵营的7名共和党人支持民主党，对此投了赞成票。

（来源：《华盛顿邮报》12月13日讯；Karoun Demirjian：《参议院投票谴责沙特王储暗杀卡舒吉，终止对也门战争的支持》；Karoun Demirjian. Senate Votes to Condemn Saudi Crown Prince for Khashoggi Killing, End Support for Yemen War. *Washington Post*. 13 December 2018。）

131. 以色列将在耶路撒冷建立外交大院

据彭博社报道，12月12日，以色列建筑和住房部表示，以色列正在推进一项占地25英亩的外交大院建造计划，预计将在2019年5月美国代表团从特拉维夫迁往耶路撒冷后正式启动。以色列住房部长坚信更多国家将会把大使馆迁到耶路撒冷，但相当多的国家因为巴勒斯坦的反对，对此持保留态度。

（来源：彭博社12月12日讯；Alisa Odenheimer：《以色列将在耶路撒冷建立外交大院》；Alisa Odenheimer. Israel to Build Diplomatic Compound in Jerusalem Despite Uproar. *Bloomberg*. 12 December 2018。）

132. 澳大利亚承认西耶路撒冷是以色列首都

据ABC新闻报道，12月15日，澳大利亚政府承认西耶路撒冷为以色列首都，但大使馆仍设在特拉维夫。澳方还表示，将推迟从特拉维夫迁出大使馆，但将在西耶路撒冷设立贸易和国防办公室。尽管如此，澳大利亚仍承认巴勒斯坦人以东耶路撒冷作为首都并建立国家的愿望，这一行动体现了澳在巴以问题上维持平衡立场。

（来源：ABC新闻12月15日讯；Jade Macmillan：《澳大利亚政府承认西耶路撒冷是以色列的首都，但大使馆仍然在特拉维夫》；Australian government recognizes West Jerusalem as Israel's Capital but Keeps Embassy in Tel Aviv. *ABC News*. 15 December 2018。）

133. 50万巴勒斯坦人参加哈马斯周年纪念活动

据 i24News 报道，12月15日，50万名巴勒斯坦人聚集在加沙，举行纪念哈马斯建立31周年的集会。哈马斯领袖哈尼亚在集会上发表演说称，哈马斯愿意在推动巴勒斯坦统一问题上尽最大努力，与巴勒斯坦民族权力机构组成民族团结政府。哈马斯高度评价了加沙地带在巴勒斯坦斗争中发挥的作用，并声明已做好与阿巴斯会面的准备。

（来源：i24News 12月15日讯；《50万名巴勒斯坦人聚集在加沙参加哈马斯周年集会》；50万 Palestinians Gather in Gaza for Hamas Anniversary Rally. i24*News*. 15 December 2018。）

134. 美不再谋求推翻巴沙尔政权

据法新社报道，12月17日，美国驻叙利亚特别代表杰弗里（James Jeffrey）在华盛顿向大西洋理事会（Atlantic Council）表示，美国不再寻求推翻叙利亚总统巴沙尔·阿萨德，但除非叙利亚政权"从根本上改变"，否则美国不会为叙利亚重建提供资金。杰弗里说，巴沙尔需要妥协，因为他还没有赢得内战。据他估计，叙利亚境内还有10万名反对派武装。杰弗里还呼吁驱逐伊朗军队，但美国接受伊朗在叙利亚发挥部分外交影响。

（来源：法新社12月17日讯；《美国接受阿萨德留在叙利亚，但不会提供援助》；US Accepts Assad Staying in Syria – but won't give aid. *AFP*. 17 December 2018。）

135. 俄罗斯飞机坠毁后，以色列与俄罗斯合作加强

据《耶路撒冷邮报》报道，12月17日，俄罗斯外长拉夫罗夫（Sergei Lavrov）在莫斯科会见以色列犹太机构负责人埃尔佐格（Isaac Herzog）时表示，自去年9月俄罗斯一架情报飞机被叙利亚防空炮火击落以来，以色列和俄罗斯军方再次实现密切合作。拉夫罗夫还表示，以色列国防军和俄罗斯军队的代表举行了几次"专业的"会晤，他希望以"不危及俄罗斯士兵生命的方式"继续合作，也确保以色列的安全。

（来源：《耶路撒冷邮报》12月17日讯；Herb Keinon：《俄罗斯和以色列军队在飞机坠毁后"密切合作"》；Herb Keinon. Russian, Israel Armies "cooperating closely" after Downing of Plane. *Jerusalem Post*. 17 December 2018。）

136. 解决巴以冲突需要务实的范式

《阿拉伯周刊》12月16日发表评论称，尽管对以色列的怀疑和怨恨在阿拉伯街头、媒体和专业协会中仍然普遍存在。然而，阿拉伯国家对伊朗在地区不断扩大影响的恐惧以及对以色列技术实力和文化兼容性的认识，正在逐步推进阿拉伯国家与以色列的高层接触。以色列正在向海湾地区伸出援手，并寻求在北非和阿拉伯世界建立具有历史意义的外交关系。阿拉伯国家与以色列的接触具有潜在好处，可以对巴勒斯坦起到至关重要的支持作用。

（来源：《阿拉伯周刊》12月16日讯；杰森·艾萨克森：《务实的范式转变将有助于解决巴以冲突》；Jason Isaacson. Pragmatic Paradigm Shift Will Help Resolve Palestinian-Israeli Conflict. *The Arab Weekly*. 16 December 2018。）

137. 北约与以色列举行海上医疗演习

据《英国国防杂志》报道，12 月 18 日，希腊海军护卫舰"纳瓦里农"（HS Navarinon）号与以色列海军"埃拉特"（INS Eilat）号护卫舰进行了医疗救援演习，以色列为希腊护卫舰上的船员提供医疗救助服务。作为 1994 年 12 月建立的北约地中海对话的成员，以色列是北大西洋联盟非常积极的伙伴。

（来源：《英国国防杂志》12 月 18 日讯；乔治·艾利森：《北约与以色列进行海上医疗演习》；George Allison. NATO Conducts Maritime Medical Exercise with Israel. *UK Defence Journal*. 18 December 2018。）

138. 卡舒吉事件导致沙特与以色列接触减少

据《华尔街日报》12 月 19 日报道，知情人士称，沙特王储穆罕默德·本·萨勒曼受卡舒吉事件牵连，限制了他与以色列进行外交接触的兴趣，两国关系降温。沙特前皇家法院顾问阿卡塔尼（Saud al-Qahtani）和前情报副局长阿西里（Ahmed al-Assiri）曾在与以色列的秘密接触中发挥了重要作用。以色列摩萨德负责人约西·科恩（Yossi Cohen）在 2017 年中与沙特官员多次会面。目前，以色列、沙特和阿联酋密切关注也门和伊朗的动向，并进行情报共享。

（来源：《华尔街日报》12 月 19 日讯；Margherita Stancati、Summer Said：《卡舒吉事件后，沙特与以色列接触减少》；Margherita Stancati & Summer Said. Covert Saudi Outreach to Israel Sputters after Journalist's Murder - Felicia Schwartz. *Wall Street Journal*. 19 December 2018。）

139. 海利敦促巴勒斯坦接受与以色列达成的和平协议

据美国之音报道，12 月 18 日，即将离任的美国驻联合国大使尼基·海利敦促巴勒斯坦人接受和平协议，她说，他们将比以色列获益更多。以色列已经明确表示愿意为和平做出重大妥协，但是不会以太高的代价达成和平协议。海利还指出，巴勒斯坦经济状况不佳，缺乏包括医疗和电力在内的基本公共服务。随着双方冲突不断加剧，伤亡也逐渐增加。

（来源：美国之音 12 月 18 日讯；Margaret Besheer：《海利敦促巴勒斯坦接受与以色列达成的和平协议》；Margaret Besheer. Haley Urges Palestinians to Accept a Peace Deal with Israel. *VOA News*. 18 December 2018。）

140. 美国准备从叙利亚撤军

据《华尔街日报》报道，12 月 18 日，美国官员表示，因为即将完成消灭"伊斯兰国"的行动，美国将从叙利亚撤军。该官员还指出，美国撤军后将会持续关注伊朗在叙利亚的影响力。因为在美军部署的 al-Tanf 市，伊朗支持的武装也在附近开展活动。尽管库尔德人组成的叙利亚民主力量在反对"伊斯兰国"战争中实力激增，但美国撤军后，他们很可能成为土耳其攻击的目标。

（来源：《华尔街日报》12 月 18 日讯；Dion Nissenbaum、Nancy A. Youssef：《美国准备从叙利亚撤军》；Dion Nissenbaum & Nancy A. Youssef. U. S. Preparing to Withdraw Its Forces from Syria. *Wall*

Street Journal. 18 November 2018。)

141. 伊朗面临 40 年来最严峻的威胁

耶路撒冷公共事务中心 12 月 20 日撰文,分析了伊朗当前正面临着 40 年来前所未有的严峻威胁。12 月 12 日,伊朗最高领袖哈梅内伊警告说,敌人希望在 2019 年推翻伊朗政权。12 月 18 日,情报部长马哈茂德·阿拉维告诉伊朗议会:与伊朗接壤的国家正在直接打击伊朗政权。威胁主要体现在政治和经济方面:首先是前总统内贾德成为政府最激烈的批评者之一,他积极呼吁鲁哈尼辞职;已故国王的儿子礼萨·巴列维(Prince Reza Pahlavi)在美国的活动也不断加强,希望推翻现政府;资深宗教领袖 Mohsen Qhara'ati 也表示,政府应该接受人民不支持的事实。其次是在美国制裁下,伊朗经济逐渐恶化。不仅石油产量每天减少至少 100 万桶,而且,石油出口也出现严重减少。汽车行业将面临失业率剧增的困境。通货膨胀、食品价格上涨也为伊朗民众带来更多困难。

(来源:耶路撒冷公共事务中心 12 月 20 日文章;《伊朗政权在经济恶化和加强反对势力的情况下面临 40 年来最严重的威胁》;Jerusalem Center - Iran Desk. Iranian Regime Faces Most Serious Threat in 40 Years with Worsening Economy and Strengthening Opposition Forces. *Jerusalem Center for Public Affairs*. 20 December 2018。)

142. 特朗普坚持美国必须从叙利亚撤军

据 The Hill 报道,12 月 19 日,特朗普为从叙利亚撤军做出辩护。他认为,打击"伊斯兰国"是叙利亚、伊朗、俄罗斯等国的共同任务,撤军将使上述国家在没有美国的情况下打击"伊斯兰国"。特朗普反问民众是否希望美国成为中东警察,在耗费大量资金和生命的基础上维护其他国家的安全。18 日,特朗普在未征求国会意见的情况下突然宣布从叙利亚撤军,令五角大楼措手不及。

(来源:The Hill 12 月 20 日讯;凯尔·巴鲁克、迈克尔·伯克:《特朗普坚持从叙利亚撤军:"我们想永远在那里吗?"》;Kyle Balluck & Michael Bruke. Trump Defends Withdrawal from Syria:"Do We Want to Be There forever?". *The Hill*. 20 December 2018。)

143. 法国称在"伊斯兰国"被击败之前不会撤军

据路透社 12 月 20 日报道,法国官员称,法国将在叙利亚北部部署部队,直到"伊斯兰国"武装被完全消灭。法国特种部队将与库尔德人武装和叙利亚政府军配合,对"伊斯兰国"实施空袭。同时,法国官员也表示了对美国的不满,认为撤军是"严重的意外",因为"联盟的脊柱是美国"。法国国防部长称:"'伊斯兰国'没有从地图上消失……这个恐怖组织必须一劳永逸地在军事上被击败"。法国外交部称,巴黎会小心翼翼地确保该地区所有美国伙伴的安全,包括担心土耳其袭击的库尔德人武装。

(来源:路透社 12 月 20 日讯;约翰·爱尔兰、让-巴蒂斯特·维伊:《法国称"伊斯兰国"没有被击败,部队将留在叙利亚》;John Irish & Jean-Baptiste Vey. France Says Islamic State not Defeated, Troops to Remain in Syria. *Reuters*. 20 December 2018。)

144. 近一半美军将从阿富汗撤出

据《纽约时报》报道，12 月 20 日，美国国防官员表示，特朗普已下令军方在未来几个月内从阿富汗撤军 7000 人。此前，主持与塔利班谈判的国防部长马蒂斯辞职，美国在阿富汗驻军失去了最有影响力的声音。有人担心美国撤军将危及美国在阿富汗驻军，除现有的 1.4 万名美国士兵外，还有 8000 名北约盟军部署在阿富汗，负责训练阿富汗部队。自 2001 年以来，已有超过 2400 名美国人在阿富汗死亡，今年有 13 人在战斗中丧生。

（来源：《纽约时报》12 月 20 日讯；托马斯·吉本斯-内夫、穆吉布·马沙尔：《将有一半的美国军队从阿富汗撤军》；Thomas Gibbons-Neff & Mujib Mashal. U. S. to Withdraw About 7，000 Troops From Afghanistan，Officials Say. *The New York Times*. 20 December 2018。）

145. 美国从叙利亚撤军震撼中东

据《纽约时报》报道，12 月 19 日，美国决定从叙利亚撤出 2000 名士兵。这一决定将对中东局势造成巨大影响：一是为伊朗扩大地区影响扫清障碍，伊朗将为伊拉克什叶派、叙利亚和黎巴嫩真主党提供大量支持；二是加深了盟友的不信任，叙利亚的库尔德武装认为遭到背叛，并以释放"伊斯兰国"囚犯相威胁。一位西方官员表示，"如果'伊斯兰国'囚犯被释放，那将是一场真正的灾难，将对欧洲构成重大威胁。"分析人士表示，库尔德人很可能会与叙利亚政府达成协议，获取在东部有限的自治。

（来源：《纽约时报》12 月 20 日讯；大卫·M. 哈尔布芬格：《美国撤军叙利亚后伊朗与俄罗斯的动向》；David M. Halbfinger. Syria Pullout by U. S. Tilts Mideast Toward Iran and Russia，Isolating Israel. *The New York Times*. 20 December 2018。）

146. 美国难以与俄罗斯、伊朗和土耳其博弈影响叙利亚未来

据《华盛顿邮报》12 月 20 日报道，美国迅速从叙利亚撤军并未导致美国在叙利亚的失利，是美国经过长期考量的选择。由于在叙利亚维持的军事存在不大，美国无法真正与俄罗斯或伊朗竞争。3 月，特朗普曾指出，"我们正在打败'伊斯兰国'……我们很快就会从叙利亚出来"。俄罗斯、伊朗较早介入叙利亚内战，2015 年俄罗斯的强力介入巩固了巴沙尔的统治。同时，美国迅速撤军也导致了盟友库尔德人的怀疑和美国国内的批评。

（来源：《华盛顿邮报》12 月 20 日讯；Aaron David Miller、Richard Sokolsky：《美国不可能与俄罗斯、伊朗和土耳其竞争影响叙利亚的未来》；Aaron David Miller & Richard Sokolsky. Trump's critics leaving Syria means we lose. We already did. *Washington Post*. 20 December 2018。）

147. 以色列是世界上受教育程度最高的国家之一

据 the Israel 21c 12 月 20 日报道，根据经济合作与发展组织编制的 2017 年数据，以色列民众受教育程度排名世界第三。25—64 岁年龄段的以色列公民中，有 50.9% 的人拥有高等教育学位。报告指出，犹太人的高等学校入学年龄普遍高于大多数西方同龄人，因为以色列大多数人在高中毕业后至少在军队服役两年。

（来源：the Israel 21c 12 月 20 日讯；阿比盖尔·克莱因·莱希曼：《以色列是世界上受教育程度最高的第三大国》；Abigail Klein Leichman. Israel Ranks as World's Third Most Educated Country. *the Israel* 21c. 20 December 2018。）

148. 伊朗外长称伊朗无人呼吁毁灭以色列

据法达电台 12 月 23 日发布的消息，伊朗外交部长穆罕默德·贾瓦德·扎里夫告诉法国周刊 Le Point，伊朗无人提到试图"消灭"以色列。尽管"以色列之死"被全球公认为伊朗商标标语之一，但扎里夫坚持认为，伊朗没有人曾以毁灭以色列相威胁。此外，扎里夫没有对哈梅内伊最近发表的"将以色列从地图上抹去的必要性"的言论做出解释。Le Point 质疑了扎里夫的否认，并要求扎里夫解释为什么"以色列之死"的标语被贴在伊斯兰革命卫队的导弹上。

（来源：法达电台 12 月 23 日讯；《扎里夫声称伊朗没有人曾呼吁过以色列的毁灭》；Zarif Claims No One In Islamic Republic Has Ever Called For Israel's Destruction. *Radio Farda*. 23 December 2018。）

149. 美国制裁导致伊朗与全球交易商的食品交易暂停

据路透社 12 月 21 日报道，因为美国对伊朗的制裁导致贸易支付所需的银行系统陷于瘫痪，伊朗主要贸易伙伴已暂停对伊朗的食品供应。尽管食品、药品和其他人道主义用品在豁免行列，但美国的强力制裁导致了很多外国银行的伊朗业务陷于瘫痪。此前，曾参与伊朗贸易的一些规模较小的银行也不得不与伊朗暂停交易。一位欧洲消息人士表示，"依靠现有机制基本不可能获得报酬，使得许多国际贸易商暂时无法开展新业务"。

（来源：路透社 12 月 21 日讯；Jonathan Saul、Parisa Hafezi：《全球交易商因美国的制裁行为而停止新的伊朗食品交易》；Jonathan Saul & Parisa Hafezi. Exclusive：Global Traders Halt New Iran Food Deals as U. S. Sanctions Bite - Sources. *Reuters*. 21 December 2018。）

150. 以色列空袭叙利亚和西奈半岛的"伊斯兰国"武装

据 i24News 报道，12 月 23 日，以色列对叙利亚和埃及西奈半岛的"伊斯兰国"武装进行了大规模空袭。以色列一方面与西方国家分享军事情报，另一方面主动参与打击"伊斯兰国"。据以色列 Kan TV 报道，以色列空军近年来频繁针对叙利亚和埃及西奈半岛的"伊斯兰国"据点和军事人员进行空袭。

（来源：i24News 12 月 23 日讯；《以色列对叙利亚和西奈半岛的"伊斯兰国"进行了空袭》；Israel Has Carried Out Airstrikes on ISIS in Syria and Sinai. *i24News*. 23 December 2018。）

151. 特朗普称美国可利用伊拉克作为进入叙利亚的基地

据《华盛顿邮报》报道，12 月 26 日，特朗普在访问伊拉克时表示，美军在伊拉克继续维持存在，是便于在必要时进入叙利亚。他还指出，与叙利亚不同，美国目前并未考虑从伊拉克撤出美军，美军将继续留在中东地区对抗伊朗，伊拉克是抵御伊朗地区扩张的坚实堡垒。

（来源：《华盛顿邮报》12 月 26 日讯；《特朗普：美国可以利用伊拉克作为叙利亚行动的基地》；U. S Forces Will Stay in Iraq and Could Reenter Syria from There；Trump Says. *Washington Post.* 26 December 2018。）

152. 内塔尼亚胡在空军飞行员课程毕业典礼上讲话

以色列总理办公室发布消息称，12 月 26 日，内塔尼亚胡在以色列空军飞行员的毕业典礼上发言时表示，以色列对伊朗在叙利亚的军事存在表示强烈反对。美国从叙利亚撤军后，以色列仍将坚定不移地采取维护地区"安全"的立场。内塔尼亚胡同时表示，以色列将继续打击黎巴嫩真主党，直至最终将其消灭。

（来源：以色列总理办公室 12 月 26 日消息；《内塔尼亚胡总理在 IAF 飞行员课程毕业典礼上的讲话》；Excerpt from PM Netanyahu's Remarks at the IAF Pilots´ Course Graduation Ceremony. *Prime Minister's Office.* 26 December 2018。）

153. 叙利亚库尔德领导人期待俄、叙援助

据路透社报道，12 月 28 日，在美国决定撤军后，叙利亚北部的库尔德领导人敦促俄罗斯和叙利亚政府派遣部队保护他们免受土耳其威胁。"叙利亚民主力量"（SDF）控制的领土约占叙利亚的 1/4，其中大部分位于幼发拉底河以东，受到土耳其的军事威胁。"叙利亚民主力量"的民兵是美国与"伊斯兰国"战斗中的主要盟友，但土耳其认为该武装威胁土耳其国家安全，并经常出兵打击这一武装。

（来源：路透社 12 月 28 日讯；艾伦·弗朗西斯：《对美国失望，叙利亚库尔德领导人期待俄罗斯和阿萨德》；Ellen Francis. Let down by U. S., Syrian Kurdish Leaders Look to Russia and Assad. *Reuters.* 28 December 2018。）

154. 美国从叙利亚撤军将花费数月时间

据 ABC 新闻报道，12 月 27 日，在特朗普宣布将于叙利亚撤军的一周后，美国军方正在起草一项几个月内将美军撤出的计划。军方称，政府和军方没有就此问题最终做出决定；军方主要考虑从叙利亚撤军时的安全保障问题。相关官员称，美国空军仍将继续展开空袭，为美军撤离提供空中支援。

（来源：ABC 新闻 12 月 27 日讯；路易斯·马丁内斯：《美军从叙利亚撤军可能需要数月时间》；Luis Martinez. US Troop Withdrawal from Syria Could Take Several Months. *ABC news.* 27 December 2018。）

155. 2018 年近 3 万犹太人移居以色列

据以色列《国土报》报道，2018 年有 2.96 万犹太人移居以色列，比 2017 年增长 5%。相比于去年，俄罗斯移民以色列的人数为 1.05 万，增长了 45%；乌克兰移民下降了 9%，为 0.65 万。来自北美与西欧的英国、法国移民均呈下降趋势。据研究机构初步估计，尽管美国反犹主义抬头，但北美移民以色列的犹太人数量仍呈下降趋势。

（来源：以色列《国土报》12 月 27 日讯；朱迪·马尔兹：《2018 年，2.96 万名犹太人移居以色列》；Judy Maltz. Exclusive Number of Russians Moving to Israel Sees Dramatic Rise, American Aliyah

Figures Drop. *Ha'aretz*. 27 December 2018。)

156. 美国撤出叙利亚后伊拉克将发挥更大作用

据路透社报道，12月31日，伊拉克总理表示，美国从叙利亚撤军后，伊拉克将在地区内发挥更大作用。此前，伊拉克与叙利亚达成协议，伊拉克将对叙利亚境内的"伊斯兰国"武装发动空袭。此外，在伊朗支持下，伊拉克什叶派准军事组织也开始在叙利亚境内与"伊斯兰国"武装分子交战。

（来源：路透社12月31日讯；《美国退出后，伊拉克暗示在叙利亚将发挥更大作用》；Iraq Hints at Bigger Role in Syria after U. S. Withdrawal. *Reuters*. 31 December 2018。)

157. 美国支持以色列对伊朗的"自卫权"

美国国务院发布消息称，美国将确认以色列对伊朗的"自卫权利"。12月28日，美国国务院副发言人罗伯特·帕拉迪诺表示：美国支持以色列维护国家安全免受侵害的权利，美国将对以色列反对伊朗"侵略性"的行动采取完全支持的态度，美国承诺确保以色列对伊朗的决定性的军事优势。美国同时指出，对以色列的安全承诺将是持久和不可动摇的。

（来源：美国国务院12月28日消息；《以色列的自卫权利》；Israel's Right to Self-Defense. *U. S. Department of State*. 28 December 2018。)

2018 年中东地区大事记

1月1日　伊朗多地反政府示威游行继续，有10人在夜间的反政府抗议活动中被打死。

1月2日　唐纳德·特朗普威胁称，如果巴勒斯坦不愿意进行巴以和谈，美国将削减对巴援助。

1月3日　伊朗最高领袖哈梅内伊谴责外国势力煽动伊朗国内的抗议示威活动。鲁哈尼表示："造成此次抗议示威的主要原因是民众对经济的不满。"

1月4日　叙利亚反政府武装袭击了位于叙利亚西部靠近地中海的赫梅米姆空军基地，有7架俄罗斯战斗机在这次袭击当中损毁，另有10名官兵不同程度受伤。

1月5日　叙利亚首都大马士革附近由反政府武装控制的东古塔地区遭到空袭，30名平民在这次空袭中遇难，其中包括妇女和儿童。

1月6日　联合国安理会召开紧急会议讨论伊朗局势。截止6日，伊朗抗议示威活动已造成22人遇难，1000余人被逮捕。

1月8日　叙利亚反对派控制的伊德利卜省发生汽车炸弹袭击，造成至少23人遇难。

1月9日　约旦情报部门挫败了一起由"伊斯兰国"策划的恐怖袭击活动；叙利亚政府军表示，大马士革北部在内的叙利亚领土受到以色列导弹打击。

1月10日　伊朗议员马哈穆德·萨迪吉表示，在示威活动中被逮捕的人数高达3700人。

1月11日　美国众议院通过决议谴责伊朗政府镇压抗议示威活动；欧洲外交政策高级代表莫盖里尼表示，应继续维护和执行伊核协议。

1月13日　特朗普表示，美国暂不退出伊核协议，但会对伊朗施加新的制裁。

1月14日　突尼斯部分政党和工会组织了抗议示威活动以表达对经济和就业的不满，突尼斯政府宣布向贫穷家庭增加7030万美元的援助计划。

1月15日　伊拉克巴格达市中心的泰伦广场发生自杀式炸弹袭击，至少38人遇害。"伊斯兰国"疑似策划并发动了这次袭击。

1月17日　美国政府扣押了6500万美元用于援助巴勒斯坦的资金，并称："如果巴勒斯坦不进行改革将会扣押更多。"

1月19日　美国副总统彭斯出访中东，他将在4天内先后访问埃及、约旦和以色列。

1月21日　土耳其军队向叙利亚阿芙林地区受美国支持的库尔德武装发动进攻，并称下一步将攻打曼比季。

1月22日　彭斯访问以色列并表示美国驻以色列大使馆将在2019年年底前搬迁至耶路撒冷。

1月23日　美国针对土耳其在叙利亚北部发动的攻势，呼吁土耳其政府保持克制。

1月24日　美国称其领导的"反恐联盟"在叙利亚东部的军事打击中，至少击毙150名"伊斯兰国"恐怖分子。

1月31日　总部设在英国的"叙利亚人权瞭望台"称，俄罗斯在伊德利卜发动的针对叙利亚反对派武装的空袭，造成至少15名贫民伤亡。

2月3日波兰通过禁止任何表示该国在犹太人大屠杀期间与纳粹德国串通一气的法案，以色列谴责波兰的这一做法是否认波兰在二战中对犹太人的罪行。

2月4日　一架俄罗斯战机在反政府武装控制的萨拉齐布镇被击落，飞行员跳伞后被反政府武装打死。

2月6日　俄罗斯空军在叙利亚北部伊德利卜省发动攻击，空袭造成16人遇难，并炸毁了一些学校和医院。

2月8日　美国政府对伊朗政府关押伊朗裔美国公民巴格尔·纳玛兹表示担忧。伊朗政府此前指控巴格尔与美国政府合作刺探伊朗情报，美国对此予以否认。

2月9日　美国领导的反恐联盟空袭了叙利亚北部亲政府武装，造成大约100名武装人员丧生。联军称这些武装人员此前参与了对叙利亚民主力量（SDF）总部的袭击。

2月10日　以色列一架F-16战斗机在轰炸叙利亚境内伊朗目标后，在返回途中被击落，2名飞行员受伤。美国国防称："以色列有权捍卫自己不受侵犯。"

2月11日　作为战机被击落的报复，以色列打击了叙利亚境内十几个伊朗和叙利亚军事目标，包括导弹防御设施和指挥中心。

2月12日　巴基斯坦塔利班证实，其副总指挥汗·赛义德·沙伊纳在美国无人机针对巴基斯坦和阿富汗边境的军事行动中丧生。

2月14日　美国国务卿在科威特发表讲话，号召"反恐联盟"的盟国聚焦于持久击败"伊斯兰国"组织，继续打击恐怖分子。

2月15日　美国国务卿蒂勒森造访约旦，赞赏约旦切断同朝鲜外交关系的做法。

2月17日　美国国务卿蒂勒森同土耳其总统及外交部长举行部门磋商，会谈结束后双方表示将妥善安排两军部署，避免两军在叙利亚发生冲突。

2月18日　伊朗阿斯曼航空公司的一架由德黑兰飞往亚苏季的民航飞机在扎格罗斯山脉坠机，机上65人全部遇难。

2月20日　亲叙利亚政府的武装对叙利亚首都大马士革东郊的东古塔地区展开新一轮攻势，造成至少100人遇难，其中包括平民。

2月21日　伊朗首都德黑兰爆发苏菲派和军警的武装冲突，造成至少5名安保人员被打死，300多名参与冲突的人员被逮捕。

2月22日　联合国秘书长古特雷斯呼吁安理会同意在叙利亚实施紧急停火30天，并帮助被困在东古塔的40万居民。

2月23日　国际原子能机构发布季度报告认为，伊朗遵照2015年限制其核武器开发的国际协议，继续限制其核计划。

3月1日　美国中央司令部司令约瑟夫·沃特尔上将指责俄罗斯在叙利亚和平进程当中"帮倒忙"。

3月2日　俄罗斯单方面宣布在东古塔地区每天停战5小时，以便让平民离开交战区。美国国务院发言人希瑟·诺尔特指责俄罗斯没有遵守联合国的30天停火协议。

3月4日　土耳其空袭叙利亚北部受库尔德武装控制的阿芙林地区，造成至少有36名武装人员丧生。

3月5日　叙利亚总统阿萨德在叙利亚国营电视台发表讲话，表示东古塔地区打击反政府武装的攻势会继续进行。

3月6日　土耳其在萨姆松省逮捕了4名涉嫌威胁美国驻安卡拉大使馆安全的伊拉克人。

3月7日　一架俄罗斯安-26运输机在赫迈米姆空军基地试图着陆时坠毁，机上39人全部遇难。

3月11日　叙利亚政府军从反对派武装手中夺回了东古塔地区的控制权。

3月17日　一架美军直升机在执行运输任务过程中，在伊拉克安巴尔省坠毁，机上3人遇难。

3月19日　土耳其和叙利亚政府军夺取了叙北部阿芙林地区的控制权，此前，这一地区由库尔德武装控制。

3月20日　巴勒斯坦权力机构主席阿巴斯在拉马拉举行的巴勒斯坦领导层会议上抨击美国在巴以问题上偏袒以色列。

3月21日　沙特王储穆罕默德·本·萨勒曼和美国总统特朗普在白宫举行会谈，双方关注的焦点在伊朗问题。

3月24日　美国司法部门起诉9名伊朗人，这9人被指控为伊斯兰革命卫队工作，并针对数百所美国及外国大学、私营公司和政府机构进行网络攻击。

3月25日　美国军方在利比亚西南部乌巴里地区发动的空袭当中击毙2名恐怖分子。

3月26日　也门胡塞武装向沙特利雅得地区发射多枚导弹，造成1死2伤，死者是利雅得一居民区的一名埃及公民。

3月31日　巴勒斯坦加沙地带爆发大规模示威活动并导致与以色列军方的冲突，至少15名巴勒斯坦人丧生，另有1400多人受伤，其中750多人被以色列军方用实弹打伤。

4月2日　俄罗斯军方称已和东古塔地区的叙反对派武装达成协议，允许他们从东古塔撤离。

4月5日　美国总统特朗普表示美国已经成功打击了"伊斯兰国"，美军将会撤出叙利亚。

4月9日　叙利亚政府军位于霍姆斯省的一个军事基地遭到导弹袭击，包括伊朗军队成员在内的14人丧生，美国否认导弹由他们发射。

4月10日　叙利亚境内发生化学武器袭击事件，美国表示，将查明谁要对化武袭击负责，并暗示俄、伊是化武袭击的幕后黑手。

4月13日　以色列军警使用催泪瓦斯并开枪击退了在加沙地带试图穿越边境的巴勒斯坦人，造成1名巴勒斯坦人遇难，900多人受伤。

4月14日　英法美联军向叙利亚3个军事目标发动军事打击，叙利亚、中国、俄罗斯、伊朗等国谴责联军的单边行动违法。

4月17日　俄罗斯表示将确保9名来自"禁止化学武器组织"的调查专家访问叙利亚据称发生化武袭击地点；美国国务院指责俄罗斯"试图把叙利亚问题复杂化"。

4月18日　国际化学武器监管机构"控制化学武器组织"的国际视察员星期二进入叙利亚的杜马市进行调查。

4月19日　联合国一个负责协助化武调查人员的安保小组在叙利亚杜马地区遭到炮击，未造成人员伤亡。

4月21日　加沙地带发生抗议示威活动，以色列军方打死4名巴勒斯坦人，其中包括1名儿童，另有150多人受伤。

4月22日　利比亚海军在西部海岸打捞出11具偷渡者尸体，他们试图穿越地中海偷渡到欧洲。

4月23日　马克龙出访美国，将劝说特朗普在叙利亚保留美国军队。

4月26日　马克龙在美国国会发表演讲，希望美国留在伊核协议已经达成的框架内。

4月27日　美国国防部长称美国尚未就是否退出伊核协议达成最终意见，美国正在和盟友积极协商最终意见。

4月28日　美国总统特朗普和德国总理默克尔举行会谈。会后默克尔表示："伊核协议很不完善，没有解决所有问题。"

4月29日　美国国务卿蓬佩奥出访沙特和以色列，蓬佩奥表示："伊朗若不肯修改协议，美国会退出伊核协议。"

4月30日　叙利亚哈马和阿勒颇的2个军事基地遭到袭击，26名武装人员遇难，其中大部分是伊朗人。

5月1日　以色列总理内塔尼亚胡发表电视讲话，向民众展示了以色列情报部门掌握的大量关于"伊朗核武器研发"的资料，包括文件、图表、视频等。

5月6日　美国总统特朗普和英国首相特蕾莎·梅通电话，特蕾莎·梅劝说特朗普留在伊核协议框架内。

5月8日　英国外交大臣鲍里斯·约翰逊拜会美国国务卿蓬佩奥和美国国际安全顾问博尔顿，劝说美国方面留在伊核协议框架内。

5月9日　美国总统特朗普在白宫宣布美国正式退出伊核协议，并恢复对伊朗的制裁。

5月10日　法国外交部长德勒里昂表示："尽管美国退出了伊核协议，但世界6大国和伊朗的协议并没有作废。"伊朗议会议长拉里贾尼表示："伊朗应做好恢复所有核研发项目的准备。"

5月11日　以色列向叙利亚境内的军事目标发动空袭，伊朗随后向戈兰高地发射20枚火箭弹反击。

5月14日　美国将驻以色列大使馆从特拉维夫搬迁至耶路撒冷，加沙地带爆发严重的冲突抗议事件，至少43名巴勒斯坦人被打死，另有500多人受伤。

5月25日　利比亚城市班加西发生汽车炸弹袭击，7人遇难。

5月26日　美国国务卿蓬佩奥称："伊朗如果接受美国关于修改伊核协议的要求，将被美国视为友好国家。"

5月30日　以色列对加沙地带的哈马斯发动军事打击。

6月1日　利比亚东部城市德尔纳爆发伊斯兰武装和哈夫塔尔将军之间的冲突，造成12万平民被困。

6月5日　以色列总理内塔尼亚胡会见德国总理默克尔，内塔尼亚胡警告德国不要对伊朗的行为坐视不管，否则将加剧欧洲难民问题。

6月6日　伊朗原子能机构负责人萨利希表示，如果伊核协议崩溃，伊朗将重启铀浓缩的项目。

6月7日　伊拉克萨德尔城区的一个军备库发生爆炸，造成至少16人丧生。

6月13日　伊朗总统鲁哈尼表示，如果不能从伊核协议当中收益，伊朗难以履行伊核协议。

6月19日　五角大楼称美国和土耳其已经开始在叙利亚北部的曼比季地区开展联合巡逻的活动。

6月24日　伊拉克军方表示，伊拉克在叙利亚东部发动的空袭击毙了45名"伊斯兰国"恐怖分子。

6月25日　沙特取消关于女性不得驾驶汽车的禁令，成为全球最后一个取消女性驾驶禁令的国家。

6月26日　艾尔多安赢得土耳其大选，将继续担任土耳其总统；叙利亚大马士革机场附近的军事目标受到2枚以色列导弹的打击。

6月27日　美国政府要求世界各国从11月开始停止购买伊朗的石油。

7月2日　伊朗东南部霍拉姆沙赫尔发生抗议示威活动，示威者与军警发生冲突，多人受伤。

7月4日　美国政府宣布将重启对伊朗的经济制裁。

7月5日　"伊斯兰国"领导人巴格达迪的儿子巴德里，在叙利亚西部城市霍姆斯向俄罗斯军队发动汽车炸弹袭击时身亡。

7月11日　美国总统蓬佩奥在布鲁塞尔表示，美国不会让伊朗破坏国际原油的供应。

7月14日　巴基斯坦西南部俾路支省发生自杀式爆炸袭击，造成至少128人遇难。

7月15日　以色列向加沙地带哈马斯的40多个军事目标发动大规模空袭，哈马斯随后发射了50多枚火箭弹予以还击。

7月16日　美国媒体报道以色列特工潜入了伊朗的库房，盗取了有关伊朗核计划的大量文件和将近200个电脑硬盘。

7月17日　美国宣布将制裁所有和伊朗存在贸易往来的国家，并拒绝了欧盟提出的免于制裁的请求。

7月19日　以色列议会通过了民族国家法，鼓励犹太人在约旦河西岸兴建定居点并认定"只有犹太人享有自治权"。

7月22日　以色列从叙利亚战区撤出了422名"白头盔"志愿救援人员及其家属，并将他们转移到约旦。

7月23日　阿富汗首都喀布尔发生针对流亡国外的第一副总统杜斯塔姆的自杀式炸弹袭击，造成16人遇难，60多人受伤。杜斯塔姆本人未遭受伤害。

7月25日　以色列军方声称击落1架试图进入叙利亚领空的叙利亚战斗机。

7月27日　美国领导的联军承认在叙利亚和伊拉克边境打击"伊斯兰国"的军事袭击中造成大量平民伤亡。

7月28日　美国要求土耳其立即释放被其逮捕的美国牧师布伦森，布伦森被土耳其政府指控从事间谍活动和恐怖主义活动。

7月30日　以色列总理内塔尼亚胡提议成立包括美国、以色列、约旦和海合会6国在内的"阿拉伯版北约"。

8月2日　土耳其法院拒绝释放美国牧师布伦森，美国财政部对2名土耳其官员进行了制裁。

8月3日　伊朗宣布将在波斯湾举行大规模军演，并宣称，随时有能力封锁霍尔木兹海峡。

8月4日　美国国务卿蓬佩奥会见土耳其外长，敦促土耳其方面尽快释放美国牧师布伦森。

8月7日　美国总统特朗普签署恢复制裁伊朗的法案；伊朗则放宽外汇管制并抢购美元试图缓解制裁带来的影响。

8月10日　沙特领导的阿拉伯联军对也门胡塞武装进行了空袭，造成至少43人遇难，其中很大一部分是儿童。

8月14日　针对美国的经济制裁，土耳其总统埃尔多安号召民众抵制美国的电子产品来进行反击。

8月17日　美国财政部长努姆钦表示如果土耳其不释放美国牧师布伦森，美国将加大对土耳其的经济制裁。

8月19日　以色列关闭了通往加沙地带的唯一的路上通道，土耳其官员表示，救援通道并没有关闭。

8月20日　安卡拉的美国驻土耳其大使馆遭到枪击，枪手从一辆汽车上射击，随后逃离，事件未造成人员伤亡。

8月22日　美国国家安全顾问博尔顿表示，美国对伊朗的制裁会比2015年伊核协议签订之前更加严厉。

8月23日　"伊斯兰国"领导人巴格达迪在沉默近一年后再度发声，鼓励其支持者不要放弃斗争。

8月25日　美国政府削减了2亿元用于援助巴勒斯坦的资金。

8月30日　美国国防部长马蒂斯抨击俄罗斯在叙利亚内战中的作用，并敦促莫斯科方面阻止叙利亚政府"继续使用化学武器"。

9月1日　美国海军在亚丁湾破获一起武器走私案件，走私的武器原本将用于供应也门的胡塞武装。

9月4日　美国政府停止向巴勒斯坦难民救济工程处提供经费，特朗普政府批评这一组织肆意扩大可领取救济的人数。

9月6日　美国政府警告叙利亚巴沙尔总统不要对伊德利卜发动军事进攻。

9月11日　美国政府责令巴勒斯坦民族解放组织关闭在华盛顿的办事处。

9月23日　伊朗南部胡齐斯坦省阅兵遭受恐怖袭击，25人遇难，60余受伤。

9月25日　美国政府表示特朗普总统愿意在出席纽约联合国大会期间与伊朗总统鲁哈尼举行会谈。

9月26日　叙利亚防空武器误伤俄罗斯战机，俄罗斯表示，将向叙利亚交付更先进的S-300防空导弹，以色列对此表示担忧。

9月28日　以色列总理内塔尼亚胡在联合国大会上展示了伊朗核设施的照片，指责伊朗方面掩盖自己的核武器研发项目。

10月4日　联合国最高法院要求美国解除对伊朗的部分制裁，包括医药、食品和飞机零件；美国退出1955年与伊朗签订的友好条约。

10月10日　沙特记者卡舒吉2号进入沙特驻伊斯坦布尔使领馆后失踪，土耳其调查人员进入沙特领事馆展开调查。

10月12日　美国国会要求特朗普总统向沙特施压，调查卡舒吉失踪一案。

10月13日　土耳其释放此前被关押的美国牧师布伦森。

10月14日　特朗普称会彻查卡舒吉失踪案，如果沙特参与此案将会受到严厉惩罚。

10月15日　美国总统特朗普表示沙特记者卡舒吉可能已经遇害。

10月16日　澳大利亚总理表示澳政府正在考虑承认耶路撒冷作为以色列首都的地位，并考虑将澳驻以使馆搬迁至耶路撒冷。

10月17日　美国国务卿先后拜会沙特外长朱拜尔和国王萨勒曼，讨论卡舒吉失踪案。

10月18日 美国国务卿会见土耳其总统埃尔多安,蓬佩奥表示,沙特承诺将会公布卡舒吉遇害案的调查结果。土耳其调查人员再次进入使领馆搜查。

10月20日 沙特宣称,卡舒吉在使馆打斗过程中死亡,特朗普对沙特的调查报告表示认可。

10月22日 沙特官方表示:"杀害卡舒吉是一个巨大的错误";沙特王储向卡舒吉家属致电慰问。

10月24日 土耳其总统埃尔多安承诺将公布卡舒吉死亡的细节。

10月25日 美国总统特朗普称沙特王室要为卡舒吉遇害负责。

10月31日 土耳其要求沙特交代杀害卡舒吉的主使。

11月5日 美国恢复对伊朗的制裁,并要求其他国家停止从伊朗进口石油。

11月12日 加沙地带爆发巴勒斯坦人和以色列军警的冲突,造成6名巴勒斯坦人和1名以色列军人丧生。

11月13日 巴勒斯坦加沙地带的哈马斯武装向以色列南部发射多枚火箭弹,以色列空军以空袭反击。

11月16日 美国宣布制裁17名和卡舒吉遇害案有关的沙特政府人员。

11月17日 美国中央情报局发布报告,认定沙特王储萨勒曼是杀害卡舒吉的主谋。

11月21日 美国总统特朗普表示,认定萨勒曼为杀害卡舒吉为主谋的报道不准确,美国如果离弃沙特后果严重。

11月23日 美国代表诺德在海牙禁止化学武器年会上宣称,伊朗正在研发用于军事用途的化学武器。

11月29日 美国国务卿蓬佩奥称,沙特王室和卡舒吉遇害案之间没有直接联系。

11月30日 美国参议院通过法案,终止美国对沙特在也门军事行动的援助。

12月1日 美国政府指责伊朗在中东散播先进武器系统破坏地区和平。

12月8日 石油输出国组织同意减少石油生产以稳定国际油价。

12月14日 美国国务卿蓬佩奥在联合国安理会指责伊朗在大力发展弹道导弹。

12月15日 首轮也门问题和谈在瑞士结束,双方实现停火并准备交换战俘。

12月19日 美国批准向土耳其出口35亿美元军火,此前,土耳其方面曾表示,如果不能从美国采购军火,土耳其将转而采购俄罗斯的军事装备。

12月20日 美国宣布将从叙利亚撤军,首批非战斗行政人员已经离开叙利亚。

12月24日 阿富汗首都喀布尔一栋政府大楼发生自杀式爆炸袭击,造成至少25人死亡,20人受伤。

12月26日 美国总统特朗普造访美驻伊拉克军事基地,此次出访没有事先告知伊拉克政府。

12月27日 沙特国王萨勒曼宣布更换内阁成员,包括原外交大臣朱拜尔在内的多名官员调整职务。